AF900760

Die business judgment rule (§ 93 I 2 AktG) in der Entscheidungspraxis

Intradisziplinäre Forschung zur Compliance
Studien zur Rechtsentwicklung und -praxis
Herausgegeben von Andrea Lohse, Roman Seer und Katharina Uffmann

Band 10

Zur Qualitätssicherung und Peer Review der vorliegenden Publikation

Die Qualität der in dieser Reihe erscheinenden Arbeiten wird vor der Publikation durch Herausgeber der Reihe geprüft.

Notes on the quality assurance and peer review of this publication

Prior to publication, the quality of the work published in this series is reviewed by editors of the series.

Claudia Fobe

Die business judgment rule (§ 93 I 2 AktG) in der Entscheidungspraxis

Eine kritische Würdigung der Rechtsentwicklung seit der ARAG/Garmenbeck-Entscheidung

PETER LANG

Bibliografische Information der Deutschen Nationalbibliothek
Die Deutsche Nationalbibliothek verzeichnet diese Publikation in der Deutschen Nationalbibliografie; detaillierte bibliografische Daten sind im Internet über http://dnb.d-nb.de abrufbar.

Zugl.: Bochum, Univ., Diss., 2021

Gedruckt auf alterungsbeständigem,
säurefreiem Papier.

D 294
ISSN 2196-9795
ISBN 978-3-631-86920-8 (Print)
E-ISBN 978-3-631-87245-1 (E-PDF)
E-ISBN 978-3-631-87246-8 (EPUB)
DOI 10.3726/b19398

© Peter Lang GmbH
Internationaler Verlag der Wissenschaften
Berlin 2022
Alle Rechte vorbehalten.

Peter Lang – Berlin · Bern · Bruxelles · New York ·
Oxford · Warszawa · Wien

Das Werk einschließlich aller seiner Teile ist urheberrechtlich geschützt. Jede Verwertung außerhalb der engen Grenzen des Urheberrechtsgesetzes ist ohne Zustimmung des Verlages unzulässig und strafbar. Das gilt insbesondere für Vervielfältigungen, Übersetzungen, Mikroverfilmungen und die Einspeicherung und Verarbeitung in elektronischen Systemen.

Diese Publikation wurde begutachtet.

www.peterlang.com

Meiner Familie

Vorwort

Die vorliegende Arbeit wurde im Jahr 2021 von der Juristischen Fakultät der Ruhr-Universität Bochum als Dissertation angenommen. Für die Veröffentlichung sind Rechtsprechung und Literatur, soweit möglich, bis August 2021 berücksichtigt worden.

Bedanken möchte ich mich insbesondere bei Frau Professorin Dr. Andrea Lohse für ihre umfassende Förderung meiner Arbeit. Sie hat das Thema vorgeschlagen, mir während der gesamten Promotion wertvolle Anregungen gegeben und mich sehr gut betreut, mir aber zugleich auch viel Freiheit bei der Bearbeitung gelassen.

Herrn Professor Dr. Frank A. Schäfer danke ich für die Übernahme und zügige Erstellung des Zweitgutachtens.

Weiterhin bedanke ich mich bei meinen Freundinnen, meinem Bruder und meinem Vater – in stiller Verbundenheit –, dass sie mir stets Rückhalt gegeben und immer an mich geglaubt haben.

Schließlich gilt mein größter Dank meiner Familie – meinem Ehemann Peter und meiner Tochter Luisa. Sie haben während der Anfertigung meiner Dissertation alle Höhen und Tiefen mitgetragen. Mit ihrer Geduld, Fürsorge und bedingungslosen Unterstützung konnte ich meine Promotion verwirklichen. Ihnen ist diese Arbeit gewidmet.

Essen, im Januar 2022 Claudia Fobe

Inhaltsverzeichnis

A. Einleitung

I. Einführung in das Thema

Der Gesetzgeber hat im Jahre 2005 im Rahmen des Gesetzes zur Unternehmensintegrität und Modernisierung des Anfechtungsrechts (UMAG)[1] mit Bezug auf die ARAG/Garmenbeck-Entscheidung[2] den § 93 I 2 in das Aktiengesetz eingeführt. Damit wurde gesetzlich festgeschrieben, dass es bei unternehmerischen Entscheidungen unter bestimmten Voraussetzungen an einer Pflichtverletzung des Vorstands fehlt, obwohl der Gesellschaft durch sein Handeln ein Schaden zugefügt worden ist. Der Gesetzgeber begründete die Kodifizierung des Richterrechts mit der gleichzeitigen Verschärfung des Verfolgungsrechts einer Aktionärsminderheit bei Schadensersatzansprüchen gegen Organmitglieder durch die Einführung einer eigenständigen Aktionärsklage (mit vorgelagertem Zulassungsverfahren) mit einem Quorum von lediglich 1 % des Grundkapitals oder einem anteiligen Betrag von 100.000 Euro in § 148 AktG. Er wollte „klarstellen“, dass eine Erfolgshaftung der Organmitglieder gegenüber der Gesellschaft bei unternehmerischen Entscheidungen ausscheidet und keine Haftung für Fehler innerhalb des unternehmerischen Ermessensspielraums besteht.[3]

Die Haftung des Vorstands bei unternehmerischen Entscheidungen sollte im Wege der Einräumung eines "safe harbour" eingeschränkt werden.[4] Dem Vorstand sollte ermöglicht werden, unter den gesetzlichen Voraussetzungen auch Entscheidungen zu treffen, die Risiken für die Gesellschaft mit sich bringen, ohne stets die Sorge haben zu müssen, haftungsrechtlich belangt zu werden, weil sich im Nachhinein das Risiko realisiert hat und der Gesellschaft ein Schaden entstanden ist, für den er Ersatz zu leisten hätte. Der Geschäftsleiter könnte bei einer reinen Erfolgshaftung bemüht sein, Risiken völlig zu vermeiden, was nicht förderlich für die Entwicklung der Gesellschaft am Markt, deren Wettbewerbsfähigkeit und die Steigerung der Ertragsfähigkeit und damit letztlich auch nicht im Interesse der Anteilseigner wäre.[5] Der Erfolg eines Unternehmens hängt auch von einer gewissen Risikobereitschaft des Geschäftsleiters ab, beispielsweise im Hinblick

---

1 Art. 1.1 UMAG, BGBl. I, S. 2802 ff.

2 *BGH*, Urteil vom 21.04.1997, II ZR 175/95, BGHZ 135, S. 244 – ARAG/Garmenbeck.

3 RegBegr. UMAG-E, BT-Drucksache 15/5092, S. 1, 11; auf S. 1 wird die Kodifizierung der business judgment rule vorgeschlagen, um „sicherzustellen“, dass die unternehmerische Entscheidungsfreiheit nicht durch unabwägbare Haftungsrisiken eingeschränkt wird.

4 RegBegr. UMAG-E, BT-Drucksache 15/5092, S. 1, 11.

5 *Fleischer*, ZIP 2004, S. 685, 685 f.; *ders.*: in *Spindler/Stilz*, AktG, § 93 Rdn. 60; *Koch*: in *Hüffer/Koch*, AktG, § 93 Rdn. 9; *Spindler*: in Münchener Kommentar zum AktG, § 93 Rdn. 43.

auf Innovationen und Investitionen. Unternehmerische Entscheidungen unterliegen oftmals erheblichen Unsicherheiten.[6] Es kann geschehen, dass infolge einer unter größter Sorgfalt getroffenen Entscheidung dem Unternehmen wegen einer nicht vorhersehbaren späteren wirtschaftlichen Entwicklung am Markt ein Schaden entsteht. Hat eine Maßnahme unter erheblichem Zeitdruck zu erfolgen, kann der Gesellschaft ein chancenreiches Geschäft entgehen, wenn der Entscheidungsprozess zu viel Zeit in Anspruch nimmt (was wiederum eine Pflichtverletzung des Organs darstellen könnte). Diese Besonderheiten der unternehmerischen Entscheidung rechtfertigen unter gewissen Voraussetzungen eine Haftungseinschränkung.

Es ist ferner zu bedenken, dass bei der Zulassung einer umfänglichen gerichtlichen Kontrolle unternehmerischer Entscheidungen des Vorstands eine rückblickende Beurteilung vorzunehmen wäre, da der Richter aus der Sicht des Vorstands bei der Vornahme der Entscheidung zu bewerten hätte, ob dieser richtig gehandelt hat. Eine solche gedankliche Wiederherstellung der damaligen – häufig sehr komplexen – Situation ist sehr schwierig und es können sich dabei rasch Fehler einschleichen, zumal der Richter selbst kein Unternehmer ist. Außerdem besteht wegen seiner Kenntnis der später eingetretenen Tatsachen die Gefahr, dass er das Schadenspotenzial der Maßnahme als von vorneherein höher einordnet, als es tatsächlich war.[7]

Aus den vorgenannten Gründen hat der Gesetzgeber unter bestimmten Voraussetzungen eine Haftungsprivilegierung des Vorstands im Rahmen unternehmerischer Entscheidungen im Sinne eines Schutzes vor Schadensersatzforderungen der Gesellschaft bei sich nachträglich herausstellenden Fehlbeurteilungen gesetzlich normiert.[8]

Der Gesetzgeber hatte damals sicherlich nicht damit gerechnet, dass im Jahr 2014 auf dem 70. Deutschen Juristentag[9] und darüber hinaus bis heute intensiv diskutiert wird, ob die Haftung des Vorstands bei unternehmerischen Entscheidungen zu weit gefasst und zu streng ist. Das Haftungsrisiko des Vorstands wird inzwischen als extrem hoch beurteilt, gerade mit Blick auf den Umstand, dass schon bei leichtester Fahrlässigkeit umfassend gehaftet wird.[10] Es werden seit ein paar Jahren Haftungsbegrenzungen unterschiedlicher Art vorgeschlagen, etwa eine gesetzliche Beschränkung der Haftung auf Vorsatz und grobe Fahrlässigkeit[11] oder

---

6 *Fleischer*: in *Spindler/Stilz*, AktG, § 93 Rdn. 60; *Spindler*: in Münchener Kommentar zum AktG, § 93 Rdn. 43.

7 *Fleischer*: in *Spindler/Stilz*, AktG, § 93 Rdn. 60; *Hopt/Roth*: in Großkommentar zum AktG, § 93 Rdn. 61; *Koch*, ZGR 2006, S. 769, 782.

8 Ein weiterer Grund war ein Ausgleich für die vorgesehene Regelung eines verschärften Verfolgungsrechts einer Aktionärsminderheit nach § 148 AktG, so RegBegr. UMAG-E, BT-Drucksache 15/5092, S. 1, 11.

9 70. Deutscher Juristentag, Abteilung Wirtschaftsrecht, am 17. und 18.09.2014 in Hannover.

10 Vgl. *Freund*, NZG 2015, S. 1419.

11 Vgl. *Hoffmann*, NJW 2012, S. 1393, 1395; *Spindler*, AG 2013, S. 889, 894 f.

eine satzungsmäßige Festlegung von Haftungshöchstgrenzen[12], die Beschränkung der Vorstandshaftung auf die Deckungssumme der D&O-Versicherung[13] oder die Anwendung der arbeitsrechtlichen Grundsätze über die Haftung von Arbeitnehmern[14].

Der Gedanke der Haftungsprivilegierung des Vorstands hat sich gegenteilig entwickelt. Befürchtungen werden laut, dass Vorstände zunehmend risikoavers handeln bzw. ihre eigene Absicherung bei riskanten Geschäften in übersteigertem Maße und unter immensem Kostenaufwand vornehmen werden oder gar abgeneigt sein könnten, überhaupt einen Führungsposten anzunehmen.[15] Insbesondere in Situationen erhöhter Risiken wie beispielsweise bei einer bereits vorhersehbaren möglichen Unternehmenskrise wird ein freies Leitungsamt nur schwer zu besetzen sein.[16] Es stellt sich die Frage, was seit 2005 in Zusammenhang mit der Haftungsprivilegierung des Vorstands geschehen ist und woraus dieser Richtungswechsel in den letzten Jahren resultiert.

Zunächst ist eine zunehmende Verfolgung von Schadenersatzansprüchen der Gesellschaft gegen ihre Organmitglieder zu verzeichnen. Während diese früher zumeist von einer Geltendmachung verschont blieben, hat die Zahl der Schadensersatzklagen von Gesellschaften gegen ihre Unternehmensleiter – auch veranlasst durch die Folgen der Finanzkrise, die Einführung der D&O-Versicherung und strengere Anforderungen an unternehmerische Compliance – inzwischen stark zugenommen.[17] Hierdurch wurde in der Praxis aber auch erkennbar, wie einschneidend die Rechtsfolgen für die Unternehmensleitung sind. Es werden Schäden in Millionen- und Milliardenhöhe geltend gemacht, die für die betroffenen Organmitglieder zumeist existenzvernichtend sein werden, da sie in diesem Ausmaß von der D&O-Versicherung nicht mehr vollständig gedeckt werden.[18]

Die gestiegene Zahl von Organhaftungsklagen im Bereich unternehmerischer Entscheidungen lässt nun die Untersuchung zu, ob es im Laufe der Zeit rechtliche Entwicklungen mit Blick auf die Anwendung der business judgment rule gegeben hat. Gerade in diesem Bereich werden zwar sehr häufig außergerichtliche Vergleiche geschlossen oder gerichtliche Verfahren im Wege von Vergleichen zwischen den Gesellschaften und ihren Organmitgliedern beendet, sodass es zu keinem Urteilsspruch kommt und keine rechtlichen Erwägungen und Argumentationen

---

12 Vgl. *Fleischer*, ZIP 2014, S. 1305, 1312 f.; *Habersack*, ZHR 177 (2013), S. 782, 803 f.; *Spindler*, AG 2013, S. 889, 896.

13 Vgl. *G. Wagner*, ZHR 178 (2014), S. 227, 278 f.

14 Vgl. *Hoffmann*, NJW 2012, S. 1393, 1396 f.; *Koch*, AG 2012, S. 429, 435 ff.

15 Vgl. *Bayer/Scholz*, NZG 2014, S. 926, 927; *Fleischer*, ZIP 2014, S. 1305, 1310; *Scholz*, Die existenzvernichtende Haftung von Vorstandsmitgliedern in der Aktiengesellschaft, S. 230 f., 236 und 263; *Spindler*, AG 2013, S. 889, 895.

16 Beispiel bei *Doralt*, ZGR 2019, S. 996, 1007.

17 Vgl. *Dietz-Vellmer*, NZG 2011, S. 248; *Hopt/Roth*: in Großkommentar zum AktG, § 93 Rdn. 40.

18 Vgl. die Beispiele von Haftungssummen aus der Rspr. bei *Hopt*, ZIP 2013, S. 1793, 1794.

des Spruchkörpers veröffentlicht werden.[19] Vergleiche werden etwa geschlossen, wenn es um sehr komplexe Fälle geht, die im Klageverfahren nur sehr schwer aufzuklären sind, oder es sich um so immens hohe Schadensersatzforderungen handelt, dass die Fähigkeit zur Erstattung durch den Beklagten oder die Absicherung durch seine Versicherung äußerst zweifelhaft ist.[20] Jedoch lassen die vielen übrigen Verfahren, in denen im Laufe der Zeit gerichtliche Entscheidungen getroffen worden sind, die Prüfung zu, ob und inwieweit eine Rechtsentwicklung seit ARAG/Garmenbeck stattgefunden hat. Deren Herausarbeitung und Analyse ist Gegenstand der vorliegenden Arbeit.

1. Aktuelle Relevanz des Themas

Obwohl die Grundsatzentscheidung des BGH zur business judgment rule nunmehr 24 Jahre zurückliegt, hat dieses Thema nichts an Relevanz und Brisanz verloren. Bis heute wird in der Wirtschaftspresse regelmäßig über Fälle berichtet, in denen eine Haftung von Unternehmensleitern oder Aufsichtsräten wegen ihres unternehmerischen Handelns im Raume steht.

So sei beispielsweise auf den Dieselskandal bei VW hingewiesen, der seit seiner Aufdeckung im Jahr 2015 und sicherlich noch viele Jahre u.a. Gerichte, Staats- und Rechtsanwälte beschäftigt. VW baute seit dem Jahr 2006 eine Software in Dieselfahrzeuge ein, die deren Motoren manipulieren konnte. Um die gesetzlichen Grenzwerte für den Schadstoffausstoß einhalten zu können, musste die Flüssigkeit Adblue in die VW-Dieselmotoren eingespritzt werden. Aus Kostengründen erfolgte diese Einspritzung nur bei Messungen der Abgaswerte auf dem Prüfstand. Diese Testerkennung wurde in die eingebaute Motorsteuergeräte-Software implementiert, sodass die Einspritzung von Adblue im normalen Fahrbetrieb wieder abgestellt wurde. Das hatte zur Folge, dass die Fahrzeuge im Straßenverkehr ein Vielfaches der Abgasmenge ausstießen, welche zulässig war.[21] Nun wird argumentiert, dass die Entscheidungen zur Manipulation mithilfe der Software allein von Mitarbeitern der Motorenentwicklung getroffen wurden und der Vorstand von VW bis zuletzt nichts davon gewusst habe, demnach auch nicht die Tragweite der Gesetzesverstöße habe einschätzen können.[22] Selbst, wenn dies der

---

19 Vgl. *Dietz-Vellmer*, NZG 2011, S. 248; *Hopt/Roth*: in Großkommentar zum AktG, § 93 Rdn. 42.

20 *Dietz-Vellmer*, NZG 2011, S. 248.

21 Vgl. zum Sachverhalt Handelsblatt vom 07.02.2019: Wie die Kontrolle bei VW versagte, https://www.handelsblatt.com/unternehmen/industrie/dieselskandal-wie-die-kontrolle-bei-vw-versagte/23955944.html, zuletzt besucht am 13.08.2021.

22 Vgl. *Handelsblatt* vom 10.09.2018: Dieselskandal, Darum geht es bei der Milliardenklage der Aktionäre gegen Volkswagen, https://www.handelsblatt.com/unternehmen/industrie/dieselskandal-darum-geht-es-bei-der-milliardenklage-der-aktionaere-gegen-volkswagen/23016814.html, zuletzt besucht am 13.08.2021.

Realität entspräche, drängt sich hier die Frage auf, wie es geschehen kann, dass das deliktische Handeln im Unternehmen über viele Jahre nicht zur Kenntnis des Vorstands gelangt ist und das von ihm eingerichtete Compliance-System an dieser Stelle offensichtlich versagt hat. War es möglicherweise zumindest im technischen Bereich nicht ausreichend?[23] Inzwischen hat VW einen Vergleich mit ehemaligen Vorstandsmitgliedern über Ansprüche wegen der Verletzung aktienrechtlicher Sorgfaltspflichten geschlossen. Man hat sich auf 288 Mio. Euro Schadensersatz geeinigt, wobei dieser Betrag größtenteils durch Versicherungen abgedeckt wird.[24]

Auch die Vorwürfe unterschiedlicher Pflichtverletzungen gegen den ehemaligen Vorstandsvorsitzenden der Arcandor AG Thomas Middelhoff gingen in den letzten Jahren durch die Presse und die juristische Literatur. Die Nutzung kostenintensiver Charter- und Helikopterflüge zu dienstlichen Terminen warf die Frage auf, ob Middelhoff im Einzelfall annehmen durfte, zum Wohle der Arcandor AG zu handeln.[25] Weitere mögliche Pflichtverletzungen betrafen die Herstellung einer Festschrift für den ehemaligen Vorstandsvorsitzenden der Bertelsmann AG durch die Arcandor AG und finanzielle Zuwendungen an die Universität Oxford. Hier stand ein Überschreiten des unternehmerischen Ermessensspielraums durch Middelhoff bei Entscheidungen über Unternehmensspenden und Sponsoring der Gesellschaft infrage, da die Festschrift für die Arcandor AG keinerlei Werbewert hatte und die Zuwendungen an die Universität von beträchtlichem Ausmaß waren.[26]

Ebenfalls sorgt die haftungsrechtliche Aufarbeitung der sogenannten Cum-Ex-Geschäfte seit Jahren für regelmäßige Medienberichte. In den Jahren 2002 bis 2012 wurden in Zusammenhang mit diesen Geschäften unberechtigte Steuererstattungen von ca. 12 Mrd. Euro geleistet.[27] Bei Cum-Ex-Geschäften wurden Wertpapiere börsennotierter Unternehmen rund um den Dividendenstichtag rasch hintereinander zwischen mehreren Beteiligten hin und her geschoben. Dies führte zur doppelten oder sogar mehrfachen Erstattung nur einmal abgeführter Kapitalertragsteuer für die Dividendenzahlung. Inzwischen fordern die Steuerbehörden diese Zahlungen u.a. bei zahlreichen Bankunternehmen zurück, die in diese Geschäfte verwickelt waren. Durch hohe Bußgelder und Beratungskosten für Rechtsanwälte und Steuerberater zur Aufklärung der Sachverhalte können den betroffenen Unternehmen beträchtliche finanzielle Einbußen entstehen. Im Innenverhältnis kommen

23 Vgl. *Handelsblatt* vom 07.02.2019: Wie die Kontrolle bei VW versagte, https://www.handelsblatt.com/unternehmen/industrie/dieselskandal-wie-die-kontrolle-bei-vw-versagte/23955944.html, zuletzt besucht am 13.08.2021.

24 Vgl. *Handelsblatt* vom 09.06.2021: 288 Millionen Euro Schadensersatz: Winterkorn und Ex-Kollegen zahlen Rekordsumme an VW, https://www.handelsblatt.com/unternehmen/industrie/volkswagen-288-millionen-euro-schadenersatz-winterkorn-und-ex-kollegen-zahlen-rekordsumme-an-vw/27266660.html, zuletzt besucht am 15.08.2021.

25 Vgl. Fleischer/Bauer, ZIP 2015, S. 1901, 1906 f.

26 Vgl. Fleischer/Bauer, ZIP 2015, S. 1901, 1909 f.

27 BT-Drucksache 18/3735, S. 1.

daher Schadensersatzansprüche gegen beteiligte Vorstands- und Aufsichtsratsmitglieder in Betracht, wenn sie ihre Pflichten gegenüber der Gesellschaft in Zusammenhang mit den Cum-Ex-Geschäften verletzt haben.[28] Die Hypo Vereinsbank AG hatte im Jahr 2016 eine Schadensersatzklage gegen drei ehemalige Vorstandsmitglieder erhoben und forderte einen Betrag von 180 Mio. Euro, da Risikohinweise in Bezug auf Cum-/Ex-Geschäfte übersehen oder missachtet wurden und keine ausreichende Überprüfung stattgefunden hat.[29] Die Beteiligten haben sich inzwischen außergerichtlich geeinigt.[30] Es stellt sich hier auch die interessante Frage, ob und unter welchen Voraussetzungen die Leitungsorgane betroffener Unternehmen auf eingeholte Gutachten von Rechtsberatern vertrauen durften und so einer möglichen Haftung entgehen können.[31]

Schließlich sei noch kurz auf den aktuellen Wirecard-Skandal mit Vorwürfen der Marktmanipulation[32] und Veruntreuung[33] verwiesen, die zurzeit untersucht und sicherlich noch Haftungsfragen im Innenverhältnis aufwerfen werden.

Allein diese Sachverhalte zeigen bereits, wie brisant das Thema der Organhaftung bei unternehmerischen Entscheidungen ist. Die Geltendmachung solcher Schadensersatzansprüche nimmt stetig zu.

---

28 *Florstedt*, NZG 2017, S. 601.

29 Vgl. *Handelsblatt* vom 11.01.2018: Cum-Ex-Verhandlung der HVB, Richter mahnt zur Einigung,
https://www.handelsblatt.com/finanzen/banken-versicherungen/cum-ex-verhandlung-der-hvb-richter-mahnt-zur-einigung/20838406.html, zuletzt besucht am 13.08.2021;
Handelsblatt vom 14.09.2016: HVB verklagt drei Ex-Vorstände auf 180 Millionen, https://www.handelsblatt.com/finanzen/banken-versicherungen/cum-ex/schadenersatz-wegen-cum-ex-deals-hvb-verklagt-drei-ex-vorstaende-auf-180-millionen/14540860.html, zuletzt besucht am 13.08.2021;
Handelsblatt vom 01.03.2016: HVB will Ex-Vorstände wegen Cum-Ex-Deals haftbar machen, https://www.handelsblatt.com/finanzen/banken-versicherungen/cum-ex/teures-nachspiel-in-muenchen-hvb-will-ex-vorstaende-wegen-cum-ex-deals-haftbar-machen/13032878.html, zuletzt besucht am 13.08.2021.

30 Vgl. *Finanzbusiness* vom 07.04.2021: HVB belastet durch Kreditausfälle und Cum-Ex-Ermittlungen, https://finanzbusiness.de/nachrichten/banken/article12882238.ece, zuletzt besucht am 15.08.2021.

31 Vgl. *Florstedt*, NZG 2017, S. 601, 605.

32 Vgl. *Handelsblatt* vom 05.06.2020: Bafin zeigt Wirecard-Chefs wegen Verdachts der Marktmanipulation an,
https://www.handelsblatt.com/finanzen/banken-versicherungen/banken/zahlungsdienstleister-bafin-zeigt-wirecard-chefs-wegen-verdachts-der-marktmanipulation-an-razzia-in-konzernzentrale/25891714.html, zuletzt besucht am 15.08.2021.

33 Vgl. *Finance-Magazin* vom 11.01.2021: Wirecard: Marsalek soll halbe Milliarde abgezweigt haben,
https://www.finance-magazin.de/transformation/deutschland/wirecard-marsalek-soll-halbe-milliarde-abgezweigt-haben-42899, zuletzt besucht am 15.08.2021.

2. Entwicklungen mit Blick auf den Tatbestand des § 93 I 2 AktG

Zunächst ist die Entscheidungspraxis in Zusammenhang mit den einzelnen Tatbestandsmerkmalen des § 93 I 2 AktG auf Entwicklungen hin zu untersuchen. Die business judgment rule enthält unbestimmte Begriffe wie unternehmerische Entscheidung, angemessene Informationsgrundlage und Handeln zum Wohle der Gesellschaft, die im Laufe der Zeit von der Rechtsprechung näher konkretisiert worden sind. Starke Entwicklungen sind insbesondere bei dem Merkmal der angemessenen Informationsgrundlage zu verzeichnen. Der BGH und die Oberlandesgerichte haben in mehreren, in der Literatur zum Teil lebhaft diskutierten Entscheidungen, im Detail die Anforderungen an die Art und den Umfang der Informationspflicht ausgeführt. Auf diese Urteile und Beschlüsse wird in dieser Arbeit noch ausführlich eingegangen.

Darüber hinaus ist der Umgang der Rechtsprechung mit einer Ausweitung des Tatbestands auf Fälle, die eigentlich nicht bzw. nicht eindeutig in den Anwendungsbereich des § 93 I 2 AktG fallen, herauszuarbeiten. Es sei an dieser Stelle nur kurz auf die Fälle der nützlichen Vertragsbrüche und Gesetzesverstöße sowie auf Entscheidungen unter Rechtsunsicherheit hingewiesen. Auch die Entwicklung der Entscheidungspraxis im Compliance-Bereich ist zu untersuchen. Die neuere Rechtsprechung tendiert zur Haftung des Vorstands bei der Verletzung von Organisationspflichten.[34] Wenn der Vorstand dafür Sorge zu tragen hat, dass ein mangelfreies, auf das Unternehmen ausgerichtetes Organisationssystem eingerichtet und laufend ausreichend überwacht wird, wäre möglicherweise auch an eine Haftung des Vorstands im aktuellen VW-Skandal wegen der Verletzung einer solchen Pflicht zu denken.

3. Entwicklungen durch Einschreiten des Gesetzgebers

Insbesondere durch die Finanzkrise ist eine verschärfte Regulierung unternehmerischen Handelns ausgelöst worden. Daraus entstehen immer mehr aufsichtsrechtliche Anforderungen an Leitungs- und Aufsichtsorgane. Es sind aufsichtsrechtliche Vorgaben eingeführt worden, die gesetzliche Bindungen darstellen, bei deren schuldhafter Verletzung eine Haftung entsteht.[35] Bei Legalitätspflichten bleibt für ein unternehmerisches Ermessen grundsätzlich kein Raum. Dadurch wird eine Verschiebung der unternehmerischen Leitungs- und Sorgfaltspflicht in Richtung Legalitätspflicht bewirkt und der originäre Anwendungsbereich der business judgment rule verkleinert.[36] Eine solche Einschränkung erhöht das Haftungsrisiko des

34 Vgl. *LG München I*, Urteil vom 10.12.2013, 5 HK O 1387/10, ZIP 2014, S. 570 – Siemens/Neubürger (nicht rechtskräftig).

35 Beispielsweise für Banken: §§ 25a Abs. 1, 25c Abs. 3, Abs. 4a und 4b KWG; für Versicherungen: § 23 VAG.

36 *Ihrig/C. Schäfer*, Rechte und Pflichten des Vorstands, § 38 Rdn. 1524.

Geschäftsleiters, da ihm in diesen Situationen kein safe harbour mehr zur Verfügung steht.

Demgegenüber kommt es zu Entwicklungen in der Entscheidungspraxis, unter strengen Voraussetzungen bei der Verletzung gesetzlicher Pflichten einen Verschuldensvorwurf zu verneinen, wenn der Geschäftsleiter einem Rechtsirrtum unterliegt, der auf einem Beratungsfehler beruht.[37]

II. Gegenstand der Untersuchung

1. Gegenstand mit Blick auf die Unternehmensorgane

a. Vorstand und Aufsichtsrat der AG

§ 93 I 2 AktG gilt unmittelbar für den Vorstand einer Aktiengesellschaft. Über § 116 AktG findet die Vorschrift auch Anwendung auf das Handeln des Aufsichtsrats. Bei unternehmerischen Entscheidungen des Aufsichtsrats wie beispielsweise Personalentscheidungen oder Entscheidungen über die Ausübung von Zustimmungsvorbehalten kann auch das Aufsichtsorgan die Haftungsprivilegierung beanspruchen.[38] Bereits in der ARAG/Garmenbeck-Entscheidung, also vor der Kodifizierung der business judgment rule in § 93 I 2 AktG, hat der BGH auch dem Aufsichtsrat einen unternehmerischen Ermessensspielraum zugesprochen, wenn er unternehmerisch tätig wird oder unternehmerisches Handeln des Vorstands im Rahmen seiner Kontrollpflicht nach § 111 AktG überwacht.[39] Mit Blick auf die Kontrollpflicht wird allerdings zwischen präventiver und nachträglicher Überwachung des Vorstands unterschieden und dem Aufsichtsrat für Letztere kein weiter unternehmerischer Ermessensspielraum bei seiner eigenen Entscheidung gewährt.[40] Der Aufsichtsrat trifft aufgrund seiner Aufgaben allerdings unternehmerische Entscheidungen nicht in dem Ausmaß wie der Vorstand.[41]

Somit kommt die Anwendung der business judgment rule sowohl für unternehmerische Entscheidungen des Vorstands als auch des Aufsichtsrats einer Aktiengesellschaft in Betracht.

---

37 So *BGH*, Urteil vom 27.03.2012, II ZR 171/10, CCZ 2013, S. 34 ff.; *BGH*, Urteil vom 20.09.2011, II ZR 234/09, NZG 2011, S. 1271 ff. – ISION; *BGH*, Urteil vom 14.05.2007, II ZR 48/06, AG 2007, S. 548 ff.

38 *Habersack*: in Münchener Kommentar zum AktG, § 116 Rdn. 43; *Spindler*: in *Spindler/Stilz*, AktG, § 116 Rdn. 43.

39 *BGH*, Urteil vom 21.04.1997, II ZR 175/95, BGHZ 135, S. 244, 254, 255 – ARAG/Garmenbeck.

40 *BGH*, Urteil vom 21.04.1997, II ZR 175/95, BGHZ 135, S. 244, 255 – ARAG/Garmenbeck.

41 Vgl. *Pitkowitz*, Praxishandbuch Vorstands- und Aufsichtsratshaftung, S. 119 Rdn. 397.

b. *Geschäftsführer der GmbH*

Hinsichtlich der Haftung des Geschäftsführers einer GmbH nach § 43 GmbHG hat der Gesetzgeber keine gesetzliche Regelung im Sinne der business judgment rule in das Gesetz eingeführt. Eine dem § 93 I 2 AktG entsprechende Norm fehlt im GmbHG. Allerdings geht aus der Regierungsbegründung zum UMAG hervor, dass der Gesetzgeber das Erfordernis eines unternehmerischen Ermessens nicht allein auf Vorstände einer Aktiengesellschaft bezieht, sondern dies ein allgemeiner Gedanke in Zusammenhang mit jeglichem unternehmerischen Handeln darstellt.[42] Der BGH hat bereits vor Inkrafttreten des UMAG die Grundsätze aus der ARAG/Garmenbeck-Entscheidung auf die Geschäftsführerhaftung angewandt und damit entschieden, dass Gleiches für den Geschäftsführer der GmbH gelten soll.[43] Nach der Kodifizierung in § 93 I 2 AktG hat er dies weiter verfolgt.[44] Auch in der Literatur ist eine Übertragung der Regelung des § 93 I 2 AktG auf Geschäftsführer wegen weitestgehend gleicher Interessenlage anerkannt, wobei Unterschiede zwischen der Vorstands- und der Geschäftsführerhaftung mit Blick auf das Weisungsrecht der Gesellschafter einer GmbH in unternehmerischen Angelegenheiten zu berücksichtigen sind.[45] Häufiger als bei Vorständen wird eine Anwendung der business judgment rule wegen des Vorliegens von Interessenkonflikten bei Geschäftsführern abzulehnen sein, da viele Geschäftsführer gleichzeitig Gesellschafter der GmbH sind.[46]

Im Ergebnis findet die business judgment rule auch auf Geschäftsführer einer GmbH Anwendung.

c. *Vorstand der Genossenschaft*

Die Haftung von Vorständen der Genossenschaften ist in § 34 GenG geregelt. Auch hier fehlt es wie bei den GmbH-Geschäftsführern an einer ausdrücklichen Übertragung der business judgment rule des § 93 I 2 AktG in das Gesetz. Wieder kann mit der Regierungsbegründung zum UMAG argumentiert werden, dass der allgemeine Gedanke der Regelung auf alle Unternehmen anzuwenden ist. Wie Vorstände

---

42 RegBegr. UMAG-E, BT-Drucksache 15/5092, S. 1, 12.

43 *BGH*, Urteil vom 04.11.2002, II ZR 224/00, BGHZ 152, S. 280, 282.

44 *BGH*, Beschluss vom 14.07.2008, II ZR 202/07, NZG 2008, S. 751, 752; *BGH*, Urteil vom 18.06.2013, II ZR 86/11, GmbHR 2013, S. 1044, 1047 für die Haftung eines Geschäftsführers einer Komplementär-GmbH gegenüber der Kommanditgesellschaft, wenn die vorrangige Aufgabe der Komplementär-GmbH in der Führung der Geschäfte der Kommanditgesellschaft liegt.

45 Ausführlich dazu *Fleischer*, NZG 2011, S. 521, 523 f.; vgl. auch *Fleischer*: in Münchener Kommentar zum GmbH-Gesetz, § 43 Rdn. 71; *Kleindiek*: in *Lutter/Hommelhoff*, GmbH-Gesetz, § 43 Rdn. 23; *Beurskens*: in *Baumbach/Hueck*, GmbH-Gesetz, (22. Aufl.), § 43 Rdn. 34.

46 *Lutter*, ZIP 2007, S. 841, 848.

von Aktiengesellschaften und GmbH-Geschäftsführer treffen auch Vorstände von Genossenschaften unternehmerische Entscheidungen und tätigen risikoreiche Geschäfte. In der Rechtsprechung sind es häufig Vorstände von Genossenschaftsbanken, denen ein unternehmerischer Ermessensspielraum zugebilligt wird.[47]

Somit fallen auch unternehmerische Entscheidungen der Vorstände von Genossenschaften unter den Anwendungsbereich des § 93 I 2 AktG.

d. Ergebnis

Zusammenfassend ist festzuhalten, dass diese Arbeit die Haftung von Vorständen und Aufsichtsräten der Aktiengesellschaften, die Haftung von Geschäftsführern der Gesellschaften mit beschränkter Haftung und die Haftung von Vorständen der Genossenschaften mit Blick auf die business judgment rule umfasst. Auf all diese Organmitglieder ist § 93 I 2 AktG bei Vorliegen der Normvoraussetzungen anwendbar.

2. Gegenstand mit Blick auf den untersuchten Zeitraum

Der untersuchte Zeitraum erstreckt sich von der ARAG/Garmenbeck-Entscheidung über die Einführung der business judgment rule in § 93 Abs. 1 Satz 2 bis heute. Es wird stets mit der Ausgangslage begonnen, wobei in diesem Zusammenhang auch ein Blick auf die US-amerikanische business judgment rule geworfen wird. Bezüglich der ARAG/Garmenbeck-Entscheidung wird vielfach eine Herleitung der Voraussetzungen des unternehmerischen Handlungsspielraums von der US-amerikanischen business judgment rule angenommen.[48] Auch der Gesetzgeber hat in der Regierungsbegründung zum UMAG auf das angelsächsische Recht Bezug genommen und eine Regelung vorgeschlagen, die dem amerikanischen „Vorbild" folgen soll.[49] Da die Rechtssysteme und Verfahrensmöglichkeiten aber sehr unterschiedlich sind, ist keine Übernahme der US-amerikanischen Regelung erfolgt, sondern eher eine Anlehnung bzw. Orientierung an diesen Grundsätzen.[50] Die Erfahrungen mit der business judgment rule im US-amerikanischen Gesellschaftsrecht und die Entscheidungsgründe der US-Gerichte können auch im deutschen Gesellschaftsrecht genutzt werden.[51]

---

47 *BGH*, Beschluss vom 03.11.2008, II ZR 236/07, ZIP 2009, S. 223; *BGH*, Urteil vom 21.03.2005, II ZR 54/03, NZG 2005, S. 562, 563; *BGH*, Urteil vom 03.12.2001, II ZR 308/99, ZIP 2002, S. 213, 214.

48 *Fleischer*, ZIP 2004, S. 685, 686; *Henze*, NJW 1998, S. 3309, 3310; *Kindler*, ZHR 162 (1998), S. 101, 107; *Kock/Dinkel*, NZG 2004, S. 441, 443; *Paefgen*, AG 2004, S. 245, 247.

49 RegBegr.BT-Drucksache 15/5092, S. 1, 11.

50 *Pitkowitz*, Praxishandbuch Vorstands- und Aufsichtsratshaftung, S. 117 Rdn. 392; *Spindler*: in Münchener Kommentar zum AktG, § 93 Rdn. 44; *von Werder/Feld*, RIW 1996, S. 481.

51 *Horn*, ZIP 1997, S. 1129, 1134.

a. US-amerikanisches Recht

Im US-amerikanischen Recht ist die business judgment rule aufgrund von Richterrecht, insbesondere durch die Rechtsprechung von Delaware, entwickelt worden.[52] Es existiert keine einheitliche Fassung der business judgment rule; vielmehr wird ihr Inhalt unterschiedlich ausformuliert[53]. So hat das American Law Institute in seinen Principles of Corporate Governance[54] die business judgment rule wie folgt gefasst:

> "A director or officer who makes a business judgment in good faith fulfills his duty of care if the director or officer (1) is not interested in the subject of the business judgment; (2) is informed with respect to the subject of the business judgment to the extent the director or officer reasonably believes to be appropriate under the circumstances; and (3) rationally believes that the business judgment is in the best interests of the corporation."[55]

Die Rechtsprechung in Delaware gestaltet die business judgment rule in etwas anderer Form aus: "It is a presumption that in making a business decision the directors of a corporation acted on an informed basis, in good faith and in the honest belief that the action taken was in the best interests of the company."[56]

Hervorzuheben ist insbesondere ein bedeutsamer Unterschied der US-amerikanischen Regelung zur deutschen business judgment rule, der die Beweislast betrifft. Im US-amerikanischen Recht ist die unternehmerische Entscheidung der gerichtlichen Kontrolle entzogen, soweit nicht widerlegt werden kann, dass der Geschäftsleiter unter den Voraussetzungen der business judgment rule (ohne Eigeninteresse, ausreichend informiert und zum Wohl des Unternehmens) gehandelt hat.[57] Der deutsche Gesetzgeber hat sich indes für eine Vermutung des Vorliegens einer

---

52 Vgl. *Kock/Dinkel*, NZG 2004, S. 441, 445; *Merkt*, US-amerikanisches Gesellschaftsrecht, Rdn. 907, wobei inzwischen ein paar Gliedstaaten die business judgment rule gesetzlich geregelt haben, Rdn. 953; *von Werder/Feld*, RIW 1996, S. 481.

53 Vgl. *Kock/Dinkel*, NZG 2004, S. 441, 445; *Merkt*, US-amerikanisches Gesellschaftsrecht, Rdn. 932.

54 § 4.01 (c) (1994).

55 Verdeutscht bei *Merkt*, US-amerikanisches Gesellschaftsrecht, Rdn. 933: „Ein director, der ein business judgment in gutem Glauben (good faith) trifft, genügt der ihm obliegenden Sorgfaltspflicht, wenn er (i) unabhängig (not interested) entscheidet, (ii) hinsichtlich des Gegenstands der Entscheidung nach seiner Überzeugung und bei Berücksichtigung der Umstände angemessen informiert ist und (iii) vernünftigerweise annehmen darf, seine Entscheidung liege im besten Interesse der Gesellschaft."

56 So beispielsweise: *Supreme Court of Delaware*, Entscheidung vom 13.03.1986 – Revlon Inc. v. MacAndrews & Forbes Holding, 506 A.2d 173, 180; *Supreme Court of Delaware*, Entscheidung vom 01.03.1984 – *Aronson v. Lewis*, 473 A.2d 805, 812.

57 *Hopt/Roth*: in Großkommentar zum AktG, § 93 Rdn. 22; *Möslein*, Grenzen unternehmerischer Leitungsmacht im marktoffenen Verband, S. 42.

Pflichtverletzung ausgesprochen, die vom Geschäftsleiter zu entkräften ist. Für das Vorliegen der Tatbestandsmerkmale des § 93 I 2 AktG trägt der Betroffene die Darlegungs- und Beweislast.[58]

Auf die einzelnen Voraussetzungen der US-amerikanischen business judgment rule wird im Rahmen der Untersuchung der Tatbestandsmerkmale der deutschen Regelung eingegangen.

b. ARAG/Garmenbeck

Im Fall ARAG/Garmenbeck klagten Mitglieder des Aufsichtsrats der beklagten ARAG AG auf Feststellung der Nichtigkeit von Aufsichtsratsbeschlüssen, mit denen die Geltendmachung von Schadensersatzansprüchen gegen den Vorstandsvorsitzenden der ARAG AG abgelehnt wurde. Sie waren der Auffassung, dass sich der Vorstandsvorsitzende beim Betreiben von zweifelhaften Geschäften mit der Garmenbeck Ltd., einer Briefkastenfirma in London, deren Geschäftsführer ein vorbestrafter Elektroinstallateur war, schadensersatzpflichtig gemacht hat. Die ARAG AG und zwei 100 %ige Tochtergesellschaften, deren alleinvertretungsberechtigter Geschäftsführer der Vorstandsvorsitzende der ARAG AG war, schlossen mit der Garmenbeck Ltd. sowohl Geschäfte über Kapitalanlagen zu weit über dem üblichen Zinsniveau liegenden Zinsen als auch Kreditgeschäfte zu weit unter dem üblichen Zinsniveau liegenden Zinsen ab. Diese günstigen Konditionen basierten auf einem „Schneeball-System", das im Jahr 1990 endgültig scheiterte, woraufhin den ARAG Gesellschaften sowohl Zinsausfallschäden in Höhe von 421 TDM als auch ein weiterer Schaden in Höhe von rund 80 Mio. DM entstanden. Der Letztere resultierte aus Kreditanlagegeschäften, bei denen eine Tochtergesellschaft der ARAG AG der Garmenbeck Ltd. zunächst im Wege von Vorschaltdarlehen die finanziellen Mittel überließ. Die hierzu benötigten Bankkredite sollten unmittelbar von der Garmenbeck Ltd. bei der Bank getilgt werden. Bei der Auszahlung der Mittel an die Garmenbeck Ltd. bestand bei den betroffenen Geschäften ausnahmsweise keine Bankgarantie, um diese abzusichern. Aufgrund der Insolvenz der Garmenbeck Ltd. konnten die Bankkredite bei Fälligkeit nicht mehr zurückgezahlt werden, sodass sich die ARAG AG verpflichtet sah, die Rückzahlung für ihre Tochtergesellschaft vorzunehmen.[59]

In diesem Fall hatte der BGH gleich in zweifacher Hinsicht über mögliche Handlungsspielräume von Gesellschaftsorganen zu entscheiden. Einerseits hat er den Handlungsspielraum des Vorstands bei der Geschäftsleitung in Zusammenhang mit dem Betreiben der fragwürdigen Geschäfte, die zu einem Schaden der Gesellschaft geführt haben, untersucht, andererseits ein Ermessen des Aufsichtsrats bei der Entscheidung über die Geltendmachung von Schadensersatzansprüchen gegen

58 RegBegr. UMAG-E, BT-Drucksache 15/5092, S. 1, 12.

59 *BGH*, Urteil vom 21.04.1997, II ZR 175/95, BGHZ 135, S. 244, 245 ff. – ARAG/Garmenbeck.

den Vorstand. Auf die Einzelheiten der Entscheidung wird im Rahmen der Untersuchung der Tatbestandsmerkmale des § 93 I 2 AktG und der Herausarbeitung der Anwendung dieser Vorschrift außerhalb des originären Anwendungsbereichs eingegangen.

III. Gang und Zielsetzung der Untersuchung

Die Untersuchung gliedert sich in folgende Bereiche: In Abschnitt B wird zunächst die chronologische Rechtsentwicklung der business judgment rule durch die Rechtsprechung mit Schwerpunkt auf den einzelnen Tatbestandsmerkmalen – die unternehmerische Entscheidung, unter B.I., die angemessene Informationsgrundlage unter B.II. und das Handeln zum Wohle der Gesellschaft unter B.III. – dargestellt. Der Tatbestand des § 93 I 2 AktG wird in seinem originären Anwendungsbereich untersucht. Jeder Entscheidung folgt eine eigene Würdigung, in der u.a. Bezug auf die Ausgangslage genommen, eine mögliche Weiterentwicklung mit Blick auf die Ausgangslage und die zeitlich vorausgegangene Rechtsprechung herausgearbeitet sowie eine Einordnung in Fallgruppen vorgenommen wird. Fazite zu den einzelnen Merkmalen zeigen auf, ob die Anforderungen an sie im Laufe der Zeit möglicherweise niedriger oder höher geworden sind, ob die Rechtsprechung dazu tendiert, die business judgment rule eher streng oder weit zu fassen. Auf diesbezügliche Kritik und Vorschläge der Literatur wird eingegangen und eine eigene Bewertung vorgenommen. Es schließt sich in Abschnitt C die Untersuchung der Rechtsentwicklung zu Fallkonstellationen außerhalb des originären Anwendungsbereichs des § 93 I 2 AktG an. Die Rechtsprechung wird analysiert, der Meinungsstand in der Literatur herausgearbeitet und Stellung zu den einzelnen Standpunkten bezogen. Schließlich wird in einem Gesamtergebnis in Abschnitt D aufgezeigt, ob durch die erfolgte Rechtsentwicklung der business judgment rule insgesamt ein over- oder underenforcement entstanden ist und welche Konsequenzen aus dem gewonnenen Ergebnis gezogen werden sollten, damit ein ausgewogenes Maß an Haftung erreicht werden kann, bei dem einerseits die Haftung des Geschäftsleiters nicht zu sehr eingeschränkt wird, um zu gewährleisten, dass er als treuhänderischer Verwalter fremden Vermögens sorgfältig und nicht mit übertriebener Risikofreude mit diesem umgeht und der Gesellschaft keine Schäden entstehen, andererseits aber auch einer Risikoaversion des Geschäftsleiters vorgebeugt und seine Existenzvernichtung durch immense Schadensersatzforderungen vermieden wird.

B. Rechtsentwicklung der einzelnen Tatbestandsmerkmale der business judgment rule

I. Unternehmerische Entscheidung

Das erste zu untersuchende Tatbestandsmerkmal des § 93 I 2 AktG ist das Vorliegen einer unternehmerischen Entscheidung. Mit dieser Voraussetzung wird der Anwendungsbereich der business judgment rule festgelegt, denn nur bei deren Vorliegen wird der unternehmerische Ermessensspielraum eröffnet. Aus diesem Grund ist der Auslegung dieses unbestimmten Rechtsbegriffes eine sehr große Bedeutung beizumessen.[60]

1. Ausgangslage

a. US-amerikanische business judgment rule

Die US-amerikanische business judgment rule sieht eine Haftungsprivilegierung bei einer unternehmerischen Entscheidung (business decision) vor. Eine solche muss aus einem bewussten Entscheidungsprozess resultieren, der unternehmerische Belange betrifft.[61] Die Entscheidung kann sowohl durch ein Handeln als auch durch ein Unterlassen erfolgen; allerdings ist Letzteres von einem bloßen Untätigbleiben abzugrenzen. Der *director* muss sich bewusst für eine von mehreren Handlungsalternativen entscheiden.[62]

Nicht unter den Schutz der business judgment rule fallen Entscheidungen, die gegen gesetzliche Vorgaben verstoßen.[63] Die Überprüfung der Einhaltung zwingender gesetzlicher Vorschriften verbleibt bei den Gerichten.

b. ARAG/Garmenbeck

In der ARAG/Garmenbeck-Entscheidung wird das Tatbestandsmerkmal der unternehmerischen Entscheidung insoweit konkretisiert, als der BGH – wie die US-amerikanische business judgment rule – auf eine Entscheidung zwischen mehreren Handlungsalternativen abstellt.[64] Bei der Ausführung unternehmerischer

---

60 Vgl. *Holle*, AG 2011, S. 778, 779.
61 *Von Werder/Feld*, RIW 1996, S. 481, 482.
62 *Kock/Dinkel*, NZG 2004, S. 441, 446; *Paefgen*, AG 2004, S. 245, 251; *von Werder/Feld*, RIW 1996, S. 481, 482.
63 *Merkt*, US-amerikanisches Gesellschaftsrecht, Rdn. 950; *Paefgen*, AG 2004, S. 245, 251.
64 *BGH*, Urteil vom 21.04.1997, II ZR 175/95, BGHZ 135, S. 244, 254 – ARAG/Garmenbeck.

Aufgaben soll dem Vorstand eine Handlungsfreiheit gewährt werden. Dem Aufsichtsrat soll eine solche nur dann zustehen, wenn auch er unternehmerische Aufgaben wahrnimmt oder diejenigen des Vorstands präventiv überwacht.[65] Der BGH nennt Beispiele unternehmerischer Aufgaben des Aufsichtsrats: „Bestellung und Abberufung von Vorstandsmitgliedern oder im Rahmen des § 111 IV 2 AktG",[66] also bei Zustimmungsvorbehalten.

Der BGH grenzt die unternehmerische Entscheidung von rechtlich gebundenen Entscheidungen ab, indem er zunächst auf den weiten Handlungsspielraum des Vorstands bei seinen Geschäften hinweist, dann aber Einschränkungen insoweit vornimmt, als u.a. „das Verhalten des Vorstands aus anderen Gründen als pflichtwidrig gelten muss".[67] Aus dieser Formulierung wird hergeleitet, dass das Handeln nicht gegen rechtlich vorgegebene Pflichten verstoßen darf.[68] Dies entspricht der Bestimmung des Begriffs der unternehmerischen Entscheidung bei der US-amerikanischen business judgment rule.

c. UMAG

Etwas ausführlicher wird die Voraussetzung einer unternehmerischen Entscheidung in der Regierungsbegründung zum UMAG herausgearbeitet. Dort wird dieser Begriff ebenfalls sowohl negativ als auch positiv umschrieben.

Der Gesetzgeber grenzt die unternehmerische Entscheidung von Handlungen des Geschäftsleiters ab, zu deren Vornahme er rechtlich verpflichtet ist.[69] Dazu zählen gesetzliche, satzungsmäßige, anstellungsvertragliche oder nach der Geschäftsordnung oder durch Hauptversammlungsbeschluss vorgegebene Maßnahmen.[70] Verstöße gegen die Satzung liegen insbesondere auch vor, wenn Maßnahmen außerhalb des satzungsmäßig festgelegten Unternehmensgegenstands erfolgen.[71] Für Verstöße gegen die Legalitätspflicht gilt die Haftungsprivilegierung der business judgment rule nicht, da bei einem Vollzug dieser Pflicht kein Raum für eigene Entscheidungen bleibt. Der Vorstand hat solche rechtlichen Vorgaben zu befolgen, ohne dass ihm Handlungsalternativen eingeräumt sind. Der Gesetzgeber nimmt

---

65 *BGH*, Urteil vom 21.04.1997, II ZR 175/95, BGHZ 135, S. 244, 254 f. – ARAG/Garmenbeck.

66 *BGH*, Urteil vom 21.04.1997, II ZR 175/95, BGHZ 135, S. 244, 254 f. – ARAG/Garmenbeck.

67 *BGH*, Urteil vom 21.04.1997, II ZR 175/95, BGHZ 135, S. 244, 253 f. – ARAG/Garmenbeck; *Paefgen*, AG 2004, S. 245, 252 nennt die Bezugnahme auf die Legalitätspflichten „verklausuliert".

68 *Thümmel*, AG 2004, S. 83, 86.

69 RegBegr. UMAG-E, BT-Drucksache 15/5092, S. 1, 11.

70 Vgl. *Hopt/Roth*: in Großkommentar zum AktG, § 93 Rdn. 82; *Koch*: in *Hüffer/Koch*, AktG, § 93 Rdn. 16; *Krieger/Sailer-Coceani*: in *K. Schmidt/Lutter*, AktG, § 93 Rdn. 15; *Pitkowitz*, Praxishandbuch Vorstands- und Aufsichtsratshaftung, S. 119 Rdn. 400.

71 *Koch*: in *Hüffer/Koch*, AktG, § 93 Rdn. 16; *C. Schäfer*, ZIP 2005, S. 1253, 1256.

ausdrücklich auch eine Abgrenzung zwischen fehlerhaften unternehmerischen Entscheidungen und dem Verstoß gegen Informationspflichten vor,[72] worunter solche aufgrund gesellschafts- und kapitalmarktrechtlicher Vorgaben fallen[73].

Die fehlerhafte unternehmerische Entscheidung wird ferner auch von Verstößen gegen Loyalitäts- bzw. Treuepflichten abgegrenzt.[74] Solche Pflichten des Vorstands gegenüber der Gesellschaft ergeben sich aufgrund seiner Stellung als treuhänderischer Verwalter des für ihn fremden Vermögens der Gesellschaft, aber auch aus seiner Organeigenschaft.[75] Das Aktiengesetz regelt Tatbestände der Treuepflicht etwa in § 88 (Wettbewerbsverbot) oder in § 93 I 3 (Verschwiegenheitspflicht). Darüber hinaus beinhaltet die allgemeine Treuepflicht ein Verbot der Verfolgung eigener Interessen zulasten der Gesellschaft. Der Vorstand muss das Wohl der Gesellschaft dem eigenen Nutzen oder dem Vorteil Dritter überordnen. Dies kommt bei Interessenkonflikten des Handelnden zum Tragen, bei denen er sein eigenes oder ein fremdes Interesse in den Vordergrund stellt und damit bewusst gegen die Interessen der Gesellschaft verstößt.[76]

In der Regierungsbegründung zum UMAG wird die unternehmerische Entscheidung auch positiv umschrieben. Sie ist „infolge ihrer Zukunftsbezogenheit durch Prognosen und nicht justiziable Einschätzungen geprägt".[77] Daraus ergibt sich das Vorliegen einer gewissen Unsicherheit, wie sich die der Entscheidung zugrunde liegenden Verhältnisse entwickeln werden.[78] Unternehmerische Entscheidungen lassen dem Vorstand im Gegensatz zu gebundenen Entscheidungen die Möglichkeit, zwischen verschiedenen Alternativen zu wählen[79]. Es ist beim Handeln noch

---

72 RegBegr. UMAG-E, BT-Drucksache 15/5092, S. 1, 11.

73 *Fleischer:* in *Spindler/Stilz*, AktG, § 93 Rdn. 67.

74 RegBegr. UMAG-E, BT-Drucksache 15/5092, S. 1, 11.

75 *Pitkowitz*, Praxishandbuch Vorstands- und Aufsichtsratshaftung, S. 18 Rdn. 61; *Spindler:* in Münchener Kommentar zum AktG, § 93 Rdn. 125.

76 Vgl. *Fleischer*, ZIP 2004, S. 685, 690; *Koch*, ZGR 2006, S. 769, 785; *Spindler*, NZG 2005, S. 865, 871. Anders dagegen *C. Schäfer*, ZIP 2005, S. 1253, 1255 f., wonach eine unternehmerische Entscheidung auch bei eigennützigen Zielen des Handelnden anzunehmen ist.

77 RegBegr. UMAG-E, BT-Drucksache 15/5092, S. 1, 11; diese Kriterien werden auch hervorgehoben von *Hölters:* in *Hölters*, AktG, § 93 Rdn. 30; *Mertens/Cahn:* in Kölner Kommentar zum AktG, § 93 Rdn. 19.

78 Vgl. *Koch:* in *Hüffer/Koch*, AktG, § 93 Rdn. 18; *C. Schäfer*, ZIP 2005, S. 1253, 1256.

79 In der RegBegr. UMAG-E, BT-Drucksache 15/5092, S. 1, 11 wird von einem „unternehmerischen Handlungsspielraum" gesprochen; *Krieger/Sailer-Coceani:* in *K. Schmidt/Lutter*, AktG, § 93 Rdn. 15; *Lutter*, ZIP 2007, S. 841, 843; *Semler:* in Festschrift für *Ulmer*, S. 627; *Spindler:* in Münchener Kommentar zum AktG, § 93 Rdn. 48. *Hopt/Roth:* in Großkommentar zum AktG, § 93 Rdn. 80 weist hinsichtlich des Bestehens von Handlungsalternativen des Vorstands darauf hin, dass eine unternehmerische Entscheidung im Einzelfall auch dann gegeben ist, wenn der Vorstand aufgrund bestimmter tatsächlicher Umstände genötigt ist, nur die eine Variante zu wählen.

nicht abzusehen, welche der Handlungsmöglichkeiten die Optimale für die Gesellschaft ist. Der Gesetzgeber berücksichtigt auch Entscheidungen, die auf „Instinkt, Erfahrung, Phantasie oder Gespür für die Märkte und die Reaktion der Abnehmer und Konsumenten"[80] basieren.

Von dem Begriff der unternehmerischen Entscheidung werden sowohl aktives Tätigwerden als auch das Unterlassen von Handlungen erfasst, wobei in beiden Fällen eine bewusste Entscheidung erforderlich ist.[81] Ein bewusstes Unterlassen ist denkbar, wenn das Organ entscheidet, dass eine bestehende Geschäftschance für das Unternehmen nicht ergriffen werden soll, weil nach dessen Abwägung der Chancen und Risiken der betreffenden Maßnahme die Risiken überwiegen.[82] Eine lediglich fehlende Beachtung von Chancen durch unbewusstes Verhalten stellt dagegen keine unternehmerische Entscheidung dar.[83]

d. Zusammenfassung

Die Umschreibungen des Begriffs der unternehmerischen Entscheidung der US-amerikanischen business judgment rule und der ARAG/Garmenbeck-Entscheidung finden sich in der Begründung des Gesetzgebers zum UMAG wieder. Es muss eine bewusste Auswahl einer von mehreren Handlungsmöglichkeiten getroffen werden. Sowohl ein Handeln als auch ein Unterlassen kommen in Betracht. Schließlich ist der Begriff der unternehmerischen von dem der rechtlich gebundenen Entscheidung abzugrenzen.

Die Regierungsbegründung geht zudem auf eine Zukunftsbezogenheit und einen prognostischen Charakter der Entscheidung ein. Damit verbunden sind Unsicherheiten und Risiken für die Gesellschaft, da sich erst zu einem späteren Zeitpunkt herausstellen wird, ob die Entscheidung letztlich auch die richtige war. Es wird auch eine Abgrenzung der unternehmerischen Entscheidung zur Befolgung von Treue- und Informationspflichten vorgenommen.

2. Die unternehmerische Entscheidung in der Rechtsprechung

Geschäftsleiter, aber auch Aufsichtsräte, die unternehmerisch tätig werden, müssen unternehmerische Entscheidungen treffen. Bei Ersteren wird es fast täglich vorkommen, dass sie zur Erfüllung ihrer Leitungsaufgabe nach § 76 AktG über entsprechende Maßnahmen in Zusammenhang mit der geschäftlichen Situation

---

80 RegBegr. UMAG-E, BT-Drucksache 15/5092, S. 1, 11 f.; zustimmend: *Hopt/Roth*: in Großkommentar zum AktG, § 93 Rdn. 80; ablehnend für den Fall, dass diese Entscheidungen aus objektiver Sicht nicht nachzuvollziehen sind: *Spindler*: in Münchener Kommentar zum AktG, § 93 Rdn. 51.

81 RegBegr. UMAG-E, BT-Drucksache 15/5092, S. 1, 11.

82 *Kock/Dinkel*, NZG 2004, S. 441, 443; *Mertens/Cahn*: in Kölner Kommentar zum AktG, § 93 Rdn. 22. *Semler*: in Festschrift für *Ulmer*, S. 627, 627 f.

83 *Spindler*: in Münchener Kommentar zum AktG, § 93 Rdn. 51.

und Entwicklung des Unternehmens zu entscheiden haben. Dabei kann es sich um strategische Entscheidungen von erheblicher Bedeutung für das Unternehmen handeln, die eine hohe Komplexität aufweisen, aber auch um alltägliche Maßnahmen, die keine so große Tragweite haben. Aufsichtsräte können im Rahmen von Zustimmungsvorbehalten an diesen Entscheidungen mitwirken, aber auch eigene unternehmerische Entscheidungen etwa bei Verträgen mit Abschlussprüfern oder Personalentscheidungen mit Blick auf den Vorstand treffen.[84]

Nachfolgend werden Sachverhalte genannt, in denen die Rechtsprechung das Vorliegen unternehmerischer Entscheidungen bejaht hat. Dabei wird das Augenmerk zunächst auf Fälle gerichtet, die den Tatbestand des § 93 I 2 AktG nach Ansicht der Gerichte in seinem originären Anwendungsbereich betreffen, also Sachverhalte, die nach der Rechtsprechung ohne Weiteres die Voraussetzungen der unternehmerischen Entscheidung erfüllen. Im Anschluss der einzelnen Entscheidungen wird jeweils eine kritische Würdigung mit Blick auf das Tatbestandsmerkmal der unternehmerischen Entscheidung vorgenommen.

a. BGH, Urteil vom 21.12.2005, 3 StR 470/04 – Mannesmann

aa. Einordnung durch das Gericht

In diesem strafrechtlichen Verfahren ging es u.a. um die Zuerkennung freiwilliger Anerkennungsprämien durch Mitglieder des Aufsichtsratsausschusses der Mannesmann AG an Vorstandsmitglieder in Zusammenhang mit der Übernahme der Mannesmann AG durch Vodafone. Die Anklageschrift hatte den Ausschussmitgliedern Untreue zum Nachteil der Mannesmann AG vorgeworfen. Der BGH stellte im Rahmen seiner Prüfung einer aktienrechtlichen Pflichtverletzung des Aufsichtsratsausschusses fest, dass dessen Vergütungsentscheidungen unternehmerische Entscheidungen darstellen, für die ein weiter Handlungsspielraum gegeben sei, da sie wegen ihrer Zukunftsbezogenheit eine Abwägung von Chancen und Risiken erfordern und aufgrund von Prognosen erfolgen, die die Gefahr einer Fehleinschätzung beinhalten. Er verweist dabei auf die ARAG-Garmenbeck/Entscheidung und lehnt eine Pflichtverletzung ab, solange nicht die Grenzen des unternehmerischen Ermessens überschritten sind.[85] Eine Beschränkung des weiten Handlungsspielraums sieht er in § 87 I 1 AktG,[86] wonach die Gesamtbezüge des Vorstandsmitglieds angemessen im Verhältnis zu seinen Aufgaben und der Lage der Gesellschaft sein müssen.[87]

---

84 *Semler*: in Festschrift für *Ulmer*, S. 627, 629.

85 *BGH*, Urteil vom 21.12.2005, 3 StR 470/04, BGHSt 50, 331, 336 – Mannesmann.

86 § 87 I 1 AktG in der Fassung vor Inkrafttreten des Art. 1 des Gesetzes zur Angemessenheit der Vorstandsvergütung vom 31.07.2009, BGBl. I, S. 2509 ff.

87 *BGH*, Urteil vom 21.12.2005, 3 StR 470/04, BGHSt 50, 331, 337 – Mannesmann.

bb. Eigene Würdigung

Der BGH stellt für den Begriff der unternehmerischen Entscheidung auf die Merkmale der Zukunftsbezogenheit, des Vorliegens von Risiken und der Unsicherheit aufgrund von Prognosen ab. Dies entspricht der Ausgangslage, da diese Kriterien in der Regierungsbegründung zum UMAG aufgeführt werden. Eine negative Umschreibung des Begriffs im Wege einer Abgrenzung der unternehmerischen zur gesetzlich gebundenen Entscheidung erfolgt nicht.

Vergütungsentscheidungen des Aufsichtsrats werden ausdrücklich als unternehmerische Entscheidungen anerkannt; es wird jedoch nicht weiter darauf eingegangen, worin deren Zukunftsbezogenheit und Behaftung mit Unsicherheiten sowie Risiken zu sehen sind. Bei der Festlegung einer Vorstandsvergütung, die gemäß § 87 AktG u.a in einem angemessenen Verhältnis zur Lage der Gesellschaft zu stehen hat, wird es regelmäßig zu Unsicherheiten mit Blick auf die zukünftige Entwicklung des Unternehmens kommen, da lediglich prognostiziert werden kann, ob und wie sich die wirtschaftliche Lage der Gesellschaft verändert.[88] In Anbetracht des zugrunde liegenden Sachverhalts, in dem es um Anerkennungsprämien für besondere Leistungen der Vorstandsmitglieder in der Vergangenheit geht, könnte jedoch an einer Zukunftsbezogenheit und dem Vorliegen von Unsicherheiten und Risiken gezweifelt werden. Durch solche Zahlungen können allerdings Anreize für amtierende bzw. potenzielle Vorstandsmitglieder hinsichtlich ihrer künftigen Leistungen gesetzt werden, was wiederum zu einer gewissen Lenkungsmöglichkeit bezüglich der Unternehmenspolitik des Vorstands führt.[89] Das so belohnte Vorstandsmitglied wird darin bestärkt, auch künftig besondere Leistungen zu erbringen, um erneut eine Prämie zu erhalten. Potenziellen Vorstandsmitgliedern wird gezeigt, dass ein außergewöhnlicher Einsatz für das Unternehmen anerkannt wird und sich entsprechend bezahlt macht. Das Vorliegen von Unsicherheiten und Risiken könnte allenfalls mit der Begründung angenommen werden, dass die richtige Ausgestaltung der Anreize für die Zukunft nur unter Prognosen erfolgen kann und sie sich im Nachhinein aufgrund der weiteren Entwicklung des Unternehmens und des Marktes möglicherweise nicht mehr als geeignet erweist.[90] Diese Überlegungen sprechen für das Vorliegen der vom BGH genannten Kriterien einer unternehmerischen Entscheidung, wobei die Begründung des Bestehens von Unsicherheiten und Risiken sehr schwerfällig ist.

Der BGH hat die Regelung des § 87 I 1 AktG a.F.,[91] wonach der Aufsichtsrat bei der Festsetzung der Gesamtbezüge des Vorstandsmitglieds dafür zu sorgen hat,

---

88 Vgl. *Spindler*: in Münchener Kommentar zum AktG, § 87 Rdn. 139; *ders.*, AG 2011, S. 725, 726.

89 Vgl. *Bayer/Meier-Wehrsdorfer*, AG 2013, S. 477, 480.

90 Vgl. *Spindler*: in Münchener Kommentar zum AktG, § 87 Rdn. 139; *ders.*, AG 2011, S. 725, 726.

91 § 87 I 1 AktG in der Fassung vor Inkrafttreten des Art. 1 des Gesetzes zur Angemessenheit der Vorstandsvergütung vom 31.07.2009, BGBl. I, S. 2509 ff.

dass sie in einem angemessenen Verhältnis zu den Aufgaben des Vorstandsmitglieds sowie zur Lage der Gesellschaft stehen, als Einschränkung des weiten Handlungsspielraums des Aufsichtsrats bei seiner Entscheidung betrachtet. Es könnte andersherum so argumentiert werden, dass diese Vorschrift eine gesetzliche Vorgabe für die Festlegung der Vorstandsvergütung regelt, also eine rechtlich gebundene Entscheidung vorliegt, die einen unbestimmten Rechtsbegriff, nämlich die Angemessenheit der Vergütung, enthält, und daher dem Aufsichtsrat ein gewisser Beurteilungsspielraum gewährt wird.[92] Diese Möglichkeit der dogmatischen Einordnung der Vergütungsfestsetzung wird nicht angesprochen.

Der BGH ist wie selbstverständlich von der Anwendung der business judgment rule ausgegangen, ohne das Vorliegen einer unternehmerischen Entscheidung zu hinterfragen. Sein Urteil hat eine diesbezügliche Diskussion in der Literatur ausgelöst, auf die später einzugehen sein wird.

b. OLG Oldenburg, Urteil vom 22.06.2006, 1 U 34/03

aa. Einordnung durch das Gericht

Das OLG Oldenburg hatte über die Haftung eines Geschäftsführers einer Kliniken betreibenden GmbH nach § 43 GmbHG zu entscheiden.[93] In Zusammenhang mit zwei Lebenssachverhalten wurden ihm Pflichtverletzungen vorgeworfen, zum einen bei dem Abschluss einer Nachtragsvereinbarung mit einem Mitarbeiter der Gesellschaft über eine Bonuszahlung für den Fall, dass dieser nicht kündigt, zum anderen bei dem Erwerb einer verlustbringenden Klinik.[94] Das Gericht nahm in beiden Fällen unternehmerische Entscheidungen an und berücksichtigte mit Verweis auf § 93 I 2 AktG und die ARAG/Garmenbeck-Rechtsprechung den dadurch sich eröffnenden Ermessensspielraum des Geschäftsführers.[95] Die Entscheidung über die Bonusgewährung unterfiele seinem Aufgabenbereich und habe auch keiner Zustimmung bedurft.[96] Mit Blick auf den Abschluss der Verträge für den Kauf der Klinik nahm das OLG Oldenburg eine „typische"[97] unternehmerische Entscheidung an.

---

92 Vgl. *Habersack*: in Münchener Kommentar zum AktG, § 116 Rdn. 43; *Koch*: in *Hüffer/Koch*, AktG, § 116 Rdn. 19.

93 Die Nichtzulassungsbeschwerde wurde durch Beschluss des *BGH* vom 14.05.2007, II ZR 165/06, abgewiesen.

94 *OLG Oldenburg*, Urteil vom 22.06.2006, 1 U 34/03, zitiert nach juris, Rdn. 4 (auszugsweise abgedruckt in NZG 2007, S. 434 ff.).

95 *OLG Oldenburg*, Urteil vom 22.06.2006, 1 U 34/03, zitiert nach juris, Rdn. 26, 29 und 35.

96 *OLG Oldenburg*, Urteil vom 22.06.2006, 1 U 34/03, zitiert nach juris, Rdn. 28.

97 *OLG Oldenburg*, Urteil vom 22.06.2006, 1 U 34/03, zitiert nach juris, Rdn. 35.

bb. Eigene Würdigung

Das OLG Oldenburg ordnete sowohl den Abschluss der Bleibevereinbarung mit dem Mitarbeiter als auch den Unternehmenskauf ohne Weiteres als unternehmerische Entscheidungen ein, die die Anwendbarkeit der business judgment rule ermöglichen. Es fehlt an jeglicher Definition dieses Begriffes oder an einer expliziten Begründung, warum es sich bei diesen beiden Maßnahmen um unternehmerische Entscheidungen handelt.

Unter Heranziehung der Begriffsumschreibungen der US-amerikanischen business judgment rule, der ARAG-Garmenbeck-Entscheidung und der Gesetzesbegründung zum UMAG ergibt sich für die Bonusvereinbarung und den Klinikerwerb Folgendes: Keine der beiden Maßnahmen des Geschäftsführers unterliegt einer gesetzlichen Bindung. Anders als in der vorgenannten Entscheidung des BGH kommt § 87 AktG nicht zur Anwendung, da es sich um eine Vergütungsvereinbarung zwischen dem Geschäftsführer und einem Mitarbeiter handelt. In beiden Fällen bestehen unterschiedliche Handlungsalternativen für den Geschäftsführer und es liegen bewusste Entscheidungen vor.

Bei dem Abschluss der Bleibevereinbarung handelt es sich um eine Entscheidung, die sich auf die Zukunft auswirkt, da der Bonus dafür gezahlt wird, dass der Mitarbeiter für einen bestimmten Zeitraum auf eine Kündigung verzichtet und auch künftig – zumindest für eine gewisse Zeit – im Unternehmen bleibt. Unsicherheiten und Risiken können sich daraus ergeben, dass nicht vorhergesehen werden kann, ob der Mitarbeiter auch weiterhin so wichtig und quasi „unersetzlich“ für das Unternehmen bleibt, da sich sowohl das Unternehmen als auch der Arbeitnehmer weiterentwickeln und diesbezügliche Veränderungen eintreten können. Zudem kann nie mit völliger Gewissheit feststehen, dass der Mitarbeiter ohne die Bonuszahlung gekündigt hätte, sodass das gleiche Ergebnis auch ohne eine Leistung der Gesellschaft erreicht worden wäre.

Bei einem Unternehmenserwerb sind die Kriterien der Zukunftsbezogenheit, Unsicherheit und Risikobehaftung erfüllt. Die Entscheidung zum Kauf eines Unternehmens ist mit Wertungen, Prognosen und Einschätzungen verbunden. Für die Ermittlung des Kaufpreises ist eine Feststellung des gegenwärtigen Unternehmenswerts der Zielgesellschaft erforderlich, die von der Prognose abhängt, wie sich das Unternehmen zukünftig entwickelt.[98] Das kann nicht sicher vorhergesagt werden, da dies durch unterschiedliche interne und externe Faktoren beeinflusst wird wie beispielsweise die Entwicklung der relevanten Märkte oder von Ressourcen im Unternehmen. Unsicherheiten und Risiken entstehen ferner durch die Ungewissheit, ob die Integration des erworbenen Unternehmens erfolgreich verläuft, beispielsweise die Zusammenführung des Personals, der Betriebsmaschinen oder der Produktsortimente,[99] und sich die erhofften Synergieeffekte auch realisieren.

98 Vgl. *Hüffer*, ZHR 172 (2008), S. 572, 574 f.
99 Vgl. *Böttcher*, NZG 2007, S. 481, 482.

Es bleibt festzuhalten, dass das OLG Oldenburg zutreffend unternehmerische Entscheidungen angenommen hat.

c. *BGH, Urteil vom 03.03.2008, II ZR 124/06 – UMTS*

aa. Einordnung durch das Gericht

Dem BGH lag die Klage eines Aktionärs der Deutschen Telekom AG gegen die Bundesrepublik Deutschland nach den §§ 317 I und IV, 309 IV 1 und 2 AktG zur Entscheidung vor. Die Bundesrepublik beherrschte die Telekom. Zur damaligen Zeit wurde der Erwerb von UMTS-Lizenzen aus wirtschaftlicher Sicht sehr positiv bewertet, da die UMTS-Technologie eine hervorragende Steigerung der Wettbewerbschancen am Markt versprach. Bei einer Versteigerung von UMTS-Lizenzen durch die Bundesrepublik hatte ein Tochterunternehmen der Telekom für den Erwerb von Lizenzpaketen allerdings übersteigerte Versteigerungsentgelte zu leisten. Der Aktionär der Telekom machte einen Schadensersatzanspruch nach §§ 311 I, 317 I 1 AktG gegen die Bundesrepublik geltend, da diese die abhängige Telekom zu einer nachteiligen Teilnahme an der Versteigerung veranlasst habe.[100] Der BGH hatte § 317 II AktG zu prüfen, wonach die Ersatzpflicht nicht eintritt, wenn auch ein ordentlicher und gewissenhafter Geschäftsleiter einer unabhängigen Gesellschaft das Rechtsgeschäft unter gleichen Bedingungen vorgenommen oder die Maßnahme getroffen oder unterlassen hätte. Bezug nehmend auf die Einhaltung der Sorgfaltspflicht des Leitungsorgans nach § 93 I 1 AktG wurden Ausführungen zum weiten Handlungsspielraum gemacht, der bei einem unternehmerischen Handeln erforderlich wäre und es wurde auf die ARAG/Garmenbeck-Entscheidung verwiesen.[101] Der BGH stellte fest, dass für den Vorstand der Telekom nicht nur eine bestimmte Entscheidung rechtlich möglich war, sondern er zwischen mehreren Alternativen wählen konnte.[102] Der Erwerb der UMTS-Lizenzen wurde somit als unternehmerische Entscheidung eingeordnet.

bb. Eigene Würdigung

Der BGH begründet das Vorliegen einer unternehmerischen Entscheidung mit unterschiedlichen rechtlich zulässigen Handlungsalternativen, aus denen ausgewählt werden kann. Dies entspricht der Ausgangslage, da eine Abgrenzung der unternehmerischen Entscheidung von der rechtlich gebundenen Entscheidung erfolgt, bei der es nur eine zulässige Handlungsmöglichkeit gibt, nämlich die gesetzlich vorgegebene.

Eine positive Umschreibung des Begriffs der unternehmerischen Entscheidung findet sich in dem Urteil nicht. Der Erwerb der UMTS-Lizenzen sollte den

100 *BGH*, Urteil vom 03.03.2008, II ZR 124/06, BGHZ 175, 365, 366 – UMTS.
101 *BGH*, Urteil vom 03.03.2008, II ZR 124/06, BGHZ 175, 365, 369 – UMTS.
102 *BGH*, Urteil vom 03.03.2008, II ZR 124/06, BGHZ 175, S. 365, 371 – UMTS.

Einstieg in den UMTS-Markt ermöglichen, der erhebliche wirtschaftliche Chancen versprach. Es handelte sich um eine Entscheidung über die Investition in eine neue Technologie, die sehr zukunftsträchtig war. Aufgrund der noch fehlenden Erfahrung mit dieser Technologie konnte die Entscheidung zur Ersteigerung der Lizenzen für ein Entgelt von beträchtlicher Höhe nur unter Prognosen und Einschätzungen erfolgen und war daher mit Unwägbarkeiten und großen finanziellen Risiken verbunden. Es war nicht sicher vorauszusehen, wie sich dieser neue Markt entwickeln und ob sich der Preis für die Lizenzen letztlich als angemessen darstellen würde.

Der Einordnung des BGH kann daher auch bei Zugrundelegung der Aspekte aus der Regierungsbegründung zum UMAG gefolgt werden.

d. OLG Celle, Urteil vom 28.05.2008, 9 U 184/07

aa. Einordnung durch das Gericht

Das OLG Celle hatte über einen Schadensersatzanspruch wegen Pflichtverletzungen des Finanzvorstands bei einer Kreditvergabe zu entscheiden.[103] Es handelte sich um ungesicherte Kredite an einen finanzschwachen Vertragspartner.[104] Da die Ereignisse im Jahr 2001 und damit vor der Kodifizierung der business judgment rule geschehen sind, wurden die Kriterien der US-amerikanischen business judgment rule herangezogen und hierbei auf den BGH verwiesen, der seit seiner ARAG/Garmenbeck-Entscheidung diese Kriterien für die Prüfung des Vorliegens eines unternehmerischen Ermessens anwende. Das OLG betonte das Vorliegen einer Entscheidung mit unternehmerischem Handlungsspielraum und das Fehlen einer rechtlichen Vorgabe.[105] Kreditvergaben sind danach ein weiteres Beispiel für unternehmerische Entscheidungen.

bb. Eigene Würdigung

Das OLG Celle nimmt – wie der BGH in seiner UMTS-Entscheidung – eine Abgrenzung der unternehmerischen zur rechtlich gebundenen Entscheidung vor und bezieht sich dabei auf die Ausgangslage. Weitere Erörterungen zum Vorliegen einer unternehmerischen Entscheidung werden nicht ausgeführt. Aufgrund des Fehlens der gesetzlichen Vorgabe wird auf das unternehmerische Handlungsermessen geschlossen.

Die Kriterien der Zukunftsbezogenheit und Behaftung mit Risiken und Unsicherheiten sind bei Kreditvergaben insoweit erfüllt, als die finanziellen Mittel erst zu einem in der Zukunft liegenden Zeitpunkt zurückzuzahlen sind und sich eine

---

103 *OLG Celle*, Urteil vom 28.05.2008, 9 U 184/07, zitiert nach juris, Rdn. 1 (auszugsweise abgedruckt in AG 2008, S. 711 ff.).

104 *OLG Celle*, Urteil vom 28.05.2008, 9 U 184/07, zitiert nach juris, Rdn. 4 und 5.

105 *OLG Celle*, Urteil vom 28.05.2008, 9 U 184/07, zitiert nach juris, Rdn. 35.

bei Darlehensauszahlung vorhandene Bonität des Schuldners im Laufe der Zeit verändern kann. Somit besteht immer auch die Gefahr eines teilweisen oder gar völligen Kreditausfalls, die durch die Ausgestaltung des Kreditvertrags auf verschiedene Weisen – beispielsweise durch die Beschränkung der Kredithöhe, die Hereinnahme von Sicherheiten, die Beachtung von Beleihungsobergrenzen – reduziert werden kann. Der Einordnung durch das OLG Celle ist somit zuzustimmen.

e. OLG Stuttgart, Beschluss vom 14.10.2010. 20 W 16/06 – Daimler/ Chrysler

aa. Einordnung durch das Gericht

In diesem Fall ging es um die Überprüfung der Angemessenheit des Umtauschverhältnisses bei der Verschmelzung zweier voneinander unabhängiger Aktiengesellschaften.[106] Das Gericht stellte fest, dass bei der Prüfung der Einhaltung der Sorgfaltspflicht des Vorstands bei der Festlegung des Umtauschverhältnisses die business judgment rule Anwendung findet.[107] Es wurde ausdrücklich darauf hingewiesen, dass der Rechtsgedanke des § 93 I 2 AktG für die Verhandlung über den Abschluss eines Verschmelzungsvertrages gilt und diese eine unternehmerische Entscheidung darstellt, „die auf der Grundlage von Prognosen im Rahmen eines Ermessensspielraums vorgenommen wird".[108]

bb. Eigene Würdigung

Das OLG Stuttgart stellt auf erforderliche Prognosen bei der Festlegung der Verschmelzungswertrelation im Rahmen des Verschmelzungsvertrags ab und verwendet damit ein Kriterium der unternehmerischen Entscheidung, das auch die Regierungsbegründung zum UMAG aufgestellt hat. Die Zukunftsbezogenheit liegt darin, dass die Bewertungen der an der Verschmelzung beteiligten Unternehmen anhand von Planungen, die in die Zukunft gerichtet sind, und auf diesen basierende Entwicklungen der Unternehmen ermittelt werden. Prognosen über künftige Ergebnisse bzw. Erfolge der Unternehmen sind stets mit Unsicherheiten behaftet. Damit besteht das Risiko, dass sich die Unternehmensentwicklungen anders als prognostiziert gestalten und sich das im Verschmelzungsvertrag bestimmte Umtauschverhältnis im Nachhinein als unangemessen herausstellt.

Eine Abgrenzung zur gebundenen Entscheidung hat das OLG Stuttgart nicht vorgenommen. Der Verschmelzungsvertrag wird zwischen den Leitungsorganen

---

106 Die dagegen erhobene Verfassungsbeschwerde hat das *BVerfG* mit Beschluss vom 24.05.2012, 1 BvR 3221/10, AG 2012, S. 674 nicht zur Entscheidung angenommen.

107 *OLG Stuttgart*, Beschluss vom 14.10.2010, 20 W 16/06, zitiert nach juris, Rdn. 102 – Daimler/Chrysler (auszugsweise abgedruckt in AG 2011, S. 49 ff.).

108 *OLG Stuttgart*, Beschluss vom 14.10.2010, 20 W 16/06, zitiert nach juris, Rdn. 104 – Daimler/Chrysler.

der beiden beteiligten Unternehmen ausgehandelt und die Vertragsparteien können selbst bestimmen, welche für diesen Zweck geeignete Methode sie zur Unternehmensbewertung heranziehen. Es fehlt an rechtlichen Vorgaben, sodass keine gebundene Entscheidung vorliegt, sondern aus mehreren rechtlich zulässigen Handlungsalternativen gewählt werden kann.

Der Abschluss des Verschmelzungsvertrags erfüllt somit die Kriterien einer unternehmerischen Entscheidung, sodass die Einordnung durch das OLG Stuttgart zu befürworten ist.

f. OLG Frankfurt, Urteil vom 07.12.2010, 5 U 29/10

aa. Einordnung durch das Gericht

Im Rahmen einer Klage auf Nichtigerklärung von Beschlüssen der Hauptversammlung hinsichtlich der Entlastung von Vorstands- und Aufsichtsratsmitgliedern hatte das OLG darüber zu entscheiden, ob Vorstand und Aufsichtsrat bei der Übernahme der Dresdner Bank durch die Commerzbank Sorgfaltspflichten verletzt haben.[109] Es wurde ausdrücklich erklärt, dass der Erwerb der Bank eine unternehmerische Entscheidung darstellt, die unter § 93 I 2 AktG fällt.[110] Die Vereinbarung des Kaufpreises sei „eine Prognoseentscheidung des Vorstands bei Abschluss des Kaufvertrags".[111]

bb. Eigene Würdigung

Wie bereits das OLG Oldenburg[112] ordnet auch das OLG Frankfurt einen Unternehmenserwerb als unternehmerische Entscheidung ein und begründet dies mit der Zugrundelegung von Prognosen bei der Bestimmung des Kaufpreises. Wie bei der Würdigung des vorgenannten Urteils dargestellt, liegen die in der Ausgangslage beschriebenen Voraussetzungen für eine unternehmerische Entscheidung vor.

g. BGH, Urteil vom 22.02.2011, II ZR 146/09

aa. Einordnung durch das Gericht

Der BGH hatte über einen Schadensersatzanspruch einer Wirtschaftsprüfungsgesellschaft in der Rechtsform einer AG gegen ihr Vorstandsmitglied wegen einer Pflichtverletzung bei der Entscheidung über die Erweiterung einer Niederlassung

---

109 Die Beschwerde gegen die Nichtzulassung der Revision wurde vom BGH mit Beschluss vom 07.02.2012, II ZR 253/10, AG 2012, S. 248 zurückgewiesen.

110 *OLG Frankfurt*, Urteil vom 07.12.2010, 5 U 29/10, zitiert nach juris, Rdn. 108 (auszugsweise abgedruckt in AG 2011, S. 173 ff.).

111 *OLG Frankfurt*, Urteil vom 07.12.2010, 5 U 29/10, zitiert nach juris, Rdn. 128.

112 *OLG Oldenburg*, Urteil vom 22.06.2006, 1 U 34/03; siehe oben unter Gliederungspunkt B I 2 b.

zu befinden. Das Vorstandsmitglied hatte eine Personalaufstockung sowie eine Vergrößerung der Räumlichkeiten veranlasst, da es von einer künftigen Expansion der Geschäfte ausging. Die erstellten Umsatzprognosen realisierten sich jedoch nicht und die Niederlassung musste später geschlossen werden.[113] Die Gesellschaft machte geltend, das Vorstandsmitglied habe eine falsche Umsatz- und Ertragsprognose erstellt und auf dieser Grundlage eine Entscheidung getroffen, die einen Schaden bei ihr verursacht habe. Die Investitionsentscheidung wurde als unternehmerische Entscheidung eingeordnet. Es wurde betont, dass diese Entscheidung nicht schon wegen des Nichteintritts des angestrebten Erfolgs pflichtwidrig sei.[114]

bb. Eigene Würdigung

Der BGH nimmt eine unternehmerische Entscheidung an, ohne dies näher zu erläutern. Er erwähnt Umsatz- und Ertragsprognosen, die der Entscheidungsträger zuvor erstellt hat.

Investitionsentscheidungen sind zukunftsbezogen und von Unsicherheiten geprägt, da eingeschätzt werden muss, ob und wie sich der Kapitaleinsatz auf die künftige Entwicklung des Unternehmens auswirkt. Vorliegend wurde anhand von Umsatzplanungen der künftige Geschäftsverlauf der Niederlassung prognostiziert und eine Expansion erwartet, die so nicht eingetreten ist, sodass die Investition in die Erweiterung der Niederlassung ohne Nutzen für das Unternehmen und der Einsatz der finanziellen Mittel ohne Erfolg war. Aufgrund späterer Entwicklungen, die anders als vorhergesehen verlaufen, kann sich eine Investition als verfehlt erweisen. Es besteht somit das Risiko, dass die Investition sich nicht lohnt und der Gesellschaft lediglich einen finanziellen Nachteil bringt.

Da Investitionsentscheidungen auch keine rechtlich gebundenen Entscheidungen darstellen, sind die Kriterien entsprechend der Ausgangslage für eine unternehmerische Entscheidung erfüllt.

h. BGH, Urteil vom 18.06.2013, II ZR 86/11

aa. Einordnung durch das Gericht

In diesem Fall machte der Insolvenzverwalter einer GmbH & Co. KG u.a. einen Schadensersatzanspruch gegen den Geschäftsführer der Komplementär-GmbH wegen zweier überhöhter Honorarzahlungen an eine beauftragte Rechtsanwaltskanzlei geltend.[115] Die Beauftragung der Kanzlei erfolgte zunächst jeweils mündlich. Nachdem die Aufträge ausgeführt waren, wurden schriftliche Honorarvereinbarungen geschlossen, wobei die Honorarbeträge deutlich höher als die gesetzlichen Anwaltsgebühren ausfielen.[116] Der BGH sah in der Auswahl des

113 *BGH*, Urteil vom 22.02.2011, II ZR 146/09, NZG 2011, S. 549 f.
114 *BGH*, Urteil vom 22.02.2011, II ZR 146/09, NZG 2011, S. 549, 550.
115 *BGH*, Urteil vom 18.06.2013, II ZR 86/11, GmbHR 2013, S. 1044, 1045.
116 *BGH*, Urteil vom 18.06.2013, II ZR 86/11, GmbHR 2013, S. 1044 f.

Beraters und der inhaltlichen Ausgestaltung des Beratervertrags eine unternehmerische Entscheidung, da das Überschreiten der Gebührensätze der damals anzuwendenden BRAGO in der Form von Pauschal- oder Stundenhonoraren nicht per se verboten sei und es durchaus im Interesse der Gesellschaft liegen könne, teureren Rechtsrat einzuholen. Das gelte auch bei einer zunächst mündlichen Beauftragung und erst nachträglich erfolgender schriftlicher Honorarvereinbarung oder Honorarzahlung.[117]

bb. Eigene Würdigung

Der BGH verwies auf § 3 I BRAGO, wonach bei einer schriftlichen Vereinbarung eine höhere als die gesetzliche Anwaltsvergütung gefordert werden kann. Es ist daher durchaus zulässig, die gesetzlichen Gebühren übersteigende Honorare zu vereinbaren, sodass keine zwingende gesetzliche Vorgabe zur Zahlung einer bestimmten Vergütung besteht. Im Übrigen präzisiert er seine Annahme einer unternehmerischen Entscheidung mit Blick auf die Auswahl des Beraters und die Honorarvereinbarung nicht.

Eine Zukunftsbezogenheit ist mit Blick auf die Auswahl des Beraters zu bejahen, da er erst zu einem späteren Zeitpunkt, nämlich nach seiner Beauftragung tätig wird. Die schriftliche Honorarvereinbarung wurde vorliegend allerdings erst nachträglich abgeschlossen, sodass die höhere Vergütung erst wirksam festgelegt wurde, nachdem der Berater bereits tätig geworden ist.[118] Daher scheint es an einer Maßnahme zu fehlen, die in die Zukunft wirkt. Allenfalls könnte argumentiert werden, dass die nachträgliche Honorarvereinbarung einen Anreiz für die Anwaltskanzlei setzt, auch bei künftiger Beauftragung durch die Gesellschaft besonders gute Leistungen zu erbringen, weil die bereits erbrachten so hoch honoriert wurden. Es besteht eine gewisse Ähnlichkeit mit dem Sachverhalt der Mannesmann-Entscheidung des BGH hinsichtlich der Zahlung von Anerkennungsprämien an Vorstandsmitglieder durch den Aufsichtsrat[119]. Auch dort ging es um nachträgliche Vergütungen.

Das Vorliegen von Unsicherheiten und Risiken bei der Auswahl der Rechtsanwaltskanzlei kann insoweit angenommen werden, als dass der ausgesuchte Berater für das der Beauftragung zugrunde liegende Rechtsgebiet fachlich nicht ausreichend kompetent sein kann, weil er beispielsweise nicht über erforderliches

117 *BGH*, Urteil vom 18.06.2013, II ZR 86/11, GmbHR 2013, S. 1044, 1047.

118 Zwar hat der Geschäftsführer im Verfahren vorgetragen, dass bereits im Rahmen der mündlichen Beauftragung der Kanzlei ein Betrag vereinbart worden sei, der dem nachträglich schriftlich vereinbarten entspreche (*BGH*, Urteil vom 18.06.2013, II ZR 86/11, GmbHR 2013, S. 1044, 1047). An dieser möglicherweise bereits getroffenen Entscheidung hinsichtlich des Honorars hat der BGH seine Prüfung der Pflichtverletzung aber nicht angeknüpft. Vielmehr hat er nur auf die schriftliche Honorarvereinbarung abgestellt.

119 Siehe oben unter Gliederungspunkt B I 2 a.

Spezialwissen verfügt, und seine Leistung nicht zu einem zufriedenstellenden Ergebnis führt.

Mit Blick auf die Honorarvereinbarung lassen sich Unsicherheiten und Risiken nicht so leicht begründen. Die beauftragte Kanzlei war bereits tätig. Betrachtet man die Anreizwirkung für die Anwaltskanzlei, auch bei künftiger Beauftragung besonders gute Leistungen zu erbringen, ist dies allenfalls mit Prognosen für eine richtige Ausgestaltung des Anreizes verbunden. Die Bereitschaft zur Zahlung über den gesetzlichen Gebühren liegender Honorare wird für Anwaltskanzleien grundsätzlich einen Anreiz bedeuten. Allerdings könnte sich die Ausgestaltung in Bezug auf die Höhe der Honorare aufgrund der weiteren Marktentwicklung künftig als nicht mehr geeignet erweisen, einen Anreiz für besondere Leistungen zu bewirken.

3. Fazit

a. Zusammenfassung und Würdigung

Diese Beispiele zeigen, dass unternehmerische Entscheidungen in der Rechtsprechung ohne umfassende Definitionen und Erläuterungen bestimmt werden. Auf die in der Ausgangslage dargestellten negativen und positiven Umschreibungen der unternehmerischen Entscheidung wird, wenn überhaupt, nur knapp eingegangen. So werden in einigen Urteilen das Erfordernis von Handlungsalternativen, der prognostische Charakter und die Abgrenzung zu rechtlich gebundenen Entscheidungen hervorgehoben. Bei Anwendung der Kriterien aus der Ausgangslage stellt man fest, dass diese in den Sachverhalten erfüllt sind. Im Rahmen des originären Anwendungsbereichs des Tatbestandsmerkmals der unternehmerischen Entscheidung hat es im Laufe der Zeit in der Rechtsprechung keine weiteren Konkretisierungen dieses Begriffs oder die Anwendung anderer Kriterien als diejenigen der Ausgangslage gegeben.

Lediglich der Umfang der Fallbeispiele hat naturgemäß zugenommen. So werden M&A-Transaktionen, Investitionen, Kreditvergaben, Aushandlungen von Verschmelzungen, Honorarvereinbarungen mit Beratern und Personalentscheidungen als unternehmerische Entscheidungen des Geschäftsleiters und Vergütungsregelungen für Vorstandsmitglieder als solche des Aufsichtsrats eingeordnet.

b. Diskussionsstand in der Literatur und Würdigung der Ansichten

Zunächst ist festzuhalten, dass die vorgenannten Einordnungen von Maßnahmen als unternehmerische Entscheidungen durch die Rechtsprechung bis auf eine Ausnahme von der Literatur befürwortet bzw. zumindest nicht angezweifelt werden.[120]

---

120 So etwa *Fleischer:* in *Spindler/Stilz*, AktG, § 93 Rdn. 68, der Investitionsentscheidungen in neue Technologien, die Erweiterung des Geschäftsbetriebs als unternehmerische Entscheidungen „par excellence" und M&A-Transaktionen sowie die Vergabe von Großkrediten als „Paradebeispiele" für unternehmerische Entscheidungen

Lediglich die Mannesmann-Entscheidung des BGH zum Vorliegen einer unternehmerischen Entscheidung bei der Zahlung von Anerkennungsprämien[121] sowie seine Feststellung, dass Vergütungsentscheidungen des Aufsichtsrats unternehmerische Entscheidungen darstellen[122], ist auf Kritik gestoßen, die noch darzustellen sein wird.

aa. Erfordernis von Zukunftsbezogenheit, Prognose- und Risikocharakter der unternehmerischen Entscheidung

In der Literatur werden die Kriterien für das Vorliegen einer unternehmerischen Entscheidung aus der Ausgangslage nicht durchweg übernommen bzw. nicht immer für erforderlich gehalten. Zur positiven Umschreibung des Begriffs der unternehmerischen Entscheidung werden auch betriebswirtschaftliche Kriterien herangezogen. So wird eine unternehmerische Entscheidung als „bewusste Auswahl einer unternehmerischen Handlungsmöglichkeit von besonderer wirtschaftlicher Tragweite aus verschiedenen Alternativen, wobei sich diese Tragweite entweder aus dem Umfang oder Risiko für die Vermögens- oder Ertragslage des Unternehmens ergeben kann oder aus deren prägender Beeinflussung der zukünftigen Gesamtentwicklung des Unternehmens“ definiert.[123] Allerdings ist zu berücksichtigen, dass nicht alle unternehmerischen Entscheidungen per se eine bedeutsame Tragweite haben, da auch alltägliche Entscheidungen unter diesen Begriff fallen. Daher sollte eine Abhängigkeit von der Bedeutung und Größe der geplanten Maßnahme nicht erfolgen.[124] Anzuerkennen ist sicherlich, dass für die Haftungsfrage und die Klärung der Voraussetzungen der business judgment rule Entscheidungen von großer Tragweite besonders relevant sind.

Mit Blick auf die Kriterien, die die Regierungsbegründung zum UMAG nennt, wird teilweise infrage gestellt, ob die Zukunftsbezogenheit der Entscheidung sowie deren Prognose- und Risikocharakter zwingend erforderlich sind. Diese Eigenschaften werden zwar als häufig auf unternehmerische Entscheidungen zutreffende Charakteristika anerkannt, aber nicht als gesetzlich vorgegebene Voraussetzung für die Anwendung der business judgment rule gewertet.[125] Eine unternehmerische Entscheidung wird vielmehr in jeder Maßnahme des Leitungsorgans gemäß § 76 I AktG gesehen.[126] Die Gegenansicht hält an den Kriterien der

---

bezeichnet; *Hopt/Roth*: in Großkommentar zum AktG, § 93 Rdn. 87; *Koch*: in *Hüffer/Koch*, AktG, § 93 Rdn. 16.

121 Siehe oben unter Gliederungspunkt B I 2 a.

122 *BGH*, Urteil vom 21.12.2005, 3 StR 470/04, BGHSt 50, 331, 336 – Mannesmann.

123 *Mutter*, Unternehmerische Entscheidungen und Haftung des Aufsichtsrats der Aktiengesellschaft, S. 23; ihm folgend: *Heermann*, AG 1998, S. 201, 203.

124 Vgl. *Lieder*, ZGR 2018, S. 523, 531.

125 *Hopt/Roth*: in Großkommentar zum AktG, § 93 Rdn. 84; *Koch*, ZGR 2006, S. 769, 787, der die Ausführungen in der Regierungsbegründung zu diesen Kriterien als „nicht eindeutig“ bewertet; *Langenbucher*, DStR 2005, 2083, 2086.

126 Vgl. *Hauschka*, GmbHR 2007, S. 11, 13; *Langenbucher*, DStR 2005, 2083, 2086.

Regierungsbegründung fest und fordert stets eine zukunftsbezogene und risikobehaftete Maßnahme.[127]

Für eine weite Auslegung wird angeführt, dass eine Haftungsprivilegierung auch bei Entscheidungen erforderlich ist, bei denen das Leitungsorgan die Folgen seines Handelns genau absehen kann.[128] Dagegen spricht der Sinn und Zweck der business judgment rule. Sie soll für den Fall Anwendung finden, dass das Leitungsorgan einen besonderen Schutz im Sinne eines sicheren Hafens benötigt, weil es Entscheidungen zu treffen hat, deren Auswirkungen auf das Unternehmen sich im Zeitpunkt der Entscheidung noch nicht mit Gewissheit vorhersehen lassen und die sich im Nachhinein durchaus als Fehlentscheidung herausstellen können.[129] Mit dem Haftungsfreiraum soll einer Risikoaversion vorgebeugt werden.[130] Dem Leitungsorgan wird ein Handlungsermessen eingeräumt, das nur dann Sinn macht, wenn die Entscheidung unter Unsicherheit und prognostisch getroffen wird.[131] Der Sinn und Zweck der business judgment rule, diesen besonderen Schutz vor einer Inanspruchnahme durch die Gesellschaft zu gewähren, wenn sich die Entscheidung aufgrund von Ungewissheit und Risikobehaftung später als falsch herausstellt, spricht gegen eine Einbeziehung auch solcher Entscheidungen, denen keinerlei Unsicherheit zugrunde liegt, sondern deren Folgen von Anfang an klar sind. Auch der weitere Zweck des § 93 I 2 AktG, die richterliche Kontrolle der unternehmerischen Entscheidung einzuschränken und damit Rückschaufehler zu verhindern[132], ist nur dann sinnvoll, wenn für den Richter die Entscheidungsbeurteilung sich

---

127 *Brömmelmeyer*, WM 2005, S. 2065, 2066; *Hoor*, DStR 2004, S. 2104, 2108; *Koch*: in *Hüffer/Koch*, AktG, § 93 Rdn. 18 hält Entscheidung unter Unsicherheit für erforderlich, nicht aber die Zukunftsbezogenheit; *S.H. Schneider*, DB 2005, S. 707, 711 definiert die unternehmerische Entscheidung nach Herausarbeitung der einzelnen Kriterien wie folgt: „Bewusste Auswahl des Organs der Gesellschaft aus mehreren tatsächlich möglichen und rechtlich zulässigen Verhaltensalternativen, wobei zum Zeitpunkt der Entscheidungsfindung wegen unvorhersehbarer Sachverhaltsentwicklung noch nicht absehbar ist, welche der zur Verfügung stehenden Alternativen sich als die im Nachhinein für das Unternehmen wirtschaftlich vorteilhafteste herausstellen wird und deshalb die Gefahr besteht, dass die getroffene Wahl im Nachhinein von Dritten als von Anfang an erkennbar falsch angesehen wird."; *U. H. Schneider*: in *Krieger/Schneider*, Handbuch Managerhaftung, § 2 Rdn. 2.16 und 2.19; *Semler*: in Festschrift für *Ulmer*, S. 627, 627 f.; *Winnen*, Die Innenhaftung des Vorstandes nach dem UMAG, S. 194.

128 *Hopt/Roth*: in Großkommentar zum AktG, § 93 Rdn. 84.

129 Siehe oben unter Gliederungspunkt A I.

130 RegBegr. UMAG-E, BT-Drucksache 15/5092, S. 1, 12; *BGH*, Urteil vom 21.04.1997, II ZR 175/95, BGHZ 135, S. 244, 253 – ARAG/Garmenbeck; *Brömmelmeyer*, WM 2005, S. 2065, 2066.

131 Vgl. *Brömmelmeyer*, WM 2005, S. 2065, 2066; *Koch*: in *Hüffer/Koch*, AktG, § 93 Rdn. 18; *von Falkenhausen*, NZG 2012, S. 644, 646 formuliert sehr anschaulich: „Wenn es keine Unsicherheit gibt, gibt es nur einen richtigen Weg."

132 Siehe oben unter Gliederungspunkt A I.

nicht genauso darstellen muss wie zum Entscheidungszeitpunkt.[133] Es werden demnach Kriterien für nicht notwendig angesehen, die gerade für das Eingreifen der business judgment rule vorausgesetzt werden.

Ein weiteres Argument für die fehlende Notwendigkeit des Vorliegens eines Risikos ist der Wille des Gesetzgebers, eine rückschauende Risikoeinschätzung zu verhindern.[134] Dieses Argument zieht nicht, da es für den Richter relativ einfach ist, im Nachhinein zu beurteilen, ob ein Risiko bestanden hat oder nicht. Dabei geht es gerade nicht um eine Einschätzung des Risikos an sich, da nicht der Inhalt der Entscheidung richterlich kontrolliert wird.

Für ein fehlendes Erfordernis der Zukunftsbezogenheit wird insbesondere auch die Mannesmann-Entscheidung des BGH[135] angeführt, in der die Vergütungsentscheidung des Aufsichtsratsausschusses als unternehmerische Entscheidung eingeordnet wurde, obwohl die in Rede stehenden Anerkennungsprämien an Vorstandsmitglieder für besondere Leistungen in der Vergangenheit gezahlt wurden.[136] Diese Entscheidung des Aufsichtsrats ist zunächst auf die Vergangenheit bezogen, wirkt sich aber – wie oben dargelegt – auch auf die Zukunft aus, da beispielsweise Anreize für die künftige Tätigkeit der Mitglieder des Vorstands gesetzt werden.[137] Manche Stimmen gehen sogar so weit, dass sie jeder vergangenheitsbezogenen Entscheidung ein zukunftsbezogenes Element zuordnen.[138]

Schließlich wird eine weite Auslegung des Begriffs der unternehmerischen Entscheidung auch damit begründet, dass sehr viele Handlungen auf Unsicherheit basieren würden und zukunftsbezogen seien und dies nicht nur für die Tätigkeit eines Leitungsorgans charakteristisch sei. Auch die Gefahr von Rückschaufehlern sei ebenso bei anderen Haftungssituationen möglich.[139] Diese Argumentation ist nicht weiterführend, da dies nicht dafür spricht, die genannten Kriterien für die Anwendung der business judgment rule nicht vorauszusetzen, sondern eher die Frage aufwirft, ob möglicherweise auch in anderen Fällen eine Haftungsprivilegierung sinnvoll wäre.

Es bleibt festzuhalten, dass die Kriterien der Risikobehaftung, des Prognosecharakters und der Zukunftsbezogenheit Voraussetzungen für die Anwendung der Haftungsprivilegierung bedeuten und nicht lediglich charakteristisch für unternehmerische Entscheidungen sind. Nur eine solche unternehmerische Entscheidung

---

133 Vgl. *C. Schäfer*, ZIP 2005, S. 1253, 1256.

134 *Hauschka*, GmbHR 2007, S. 11, 13.

135 *BGH*, Urteil vom 21.12.2005, 3 StR 470/04, BGHSt 50, 331 – Mannesmann; siehe oben unter Gliederungspunkt B I 2 a.

136 *Hopt/Roth*: in Großkommentar zum AktG, § 93 Rdn. 84; *Koch*, ZGR 2006, S. 769, 787 f.

137 So *S. Binder*, Grenzen der Vorstandshaftung, S. 102; *Spindler*: in Münchener Kommentar zum AktG, § 93 Rdn. 49.

138 Vgl. *Hölters*: in *Hölters*, AktG, § 93 Rdn. 30; *von Falkenhausen*, NZG 2012, S. 644, 647.

139 *Langenbucher*, DStR 2005, S. 2083, 2086.

eröffnet den Anwendungsbereich der business judgment rule, da sie dem Sinn und Zweck des § 93 I 2 AktG entspricht.

bb. Unternehmerische Entscheidung bei der Festsetzung von Vorstandsvergütungen durch den Aufsichtsrat

Einige Stimmen lehnen die Annahme einer unternehmerischen Entscheidung bei der Festlegung von Vorstandsvergütungen generell ab.[140] Sie sind der Auffassung, dass es sich um rechtlich gebundene Entscheidungen handelt, die kein unternehmerisches Ermessen des Aufsichtsrats zulassen. Nach § 87 I AktG sei der Aufsichtsrat gesetzlich dazu verpflichtet, eine angemessene Vorstandsvergütung zu bestimmen. In § 116 S. 3 AktG sei zudem ausdrücklich geregelt, dass die Aufsichtsratsmitglieder zum Schadensersatz verpflichtet sind, wenn sie eine unangemessene Vergütung festlegen. Lediglich aufgrund des Erfordernisses der Angemessenheit der Vergütung nach § 87 I AktG ergebe sich ein gewisser Beurteilungsspielraum, da es sich um einen unbestimmten Rechtsbegriff handele.[141] Es wird zudem auf die weitere Konkretisierung der Angemessenheit im Rahmen des § 87 I AktG durch Art. 1 des VorstAG[142] verwiesen. Die Gesamtbezüge müssen nun auch der Leistung des Vorstandsmitglieds entsprechen. Ferner wurde die Vorschrift insoweit ergänzt, dass die Gesamtvergütung ohne besondere Gründe nicht die übliche Vergütung überschreiten darf. Dies bringe eine weitere Verrechtlichung der Vergütungsfestlegung mit sich.[143]

Die überwiegende Meinung in der Literatur sieht – wie der BGH in seiner Mannesmann-Entscheidung – in der Festsetzung von Vorstandsvergütungen eine unternehmerische Entscheidung.[144] Dies wird mit dem prognostischen Charakter

140 So etwa *Bayer/Meier-Wehrsdorfer*, AG 2013, S. 477, 480; *Habersack*: in Münchener Kommentar zum AktG, § 116 Rdn. 43; *Koch*: in *Hüffer/Koch*, AktG, § 116 Rdn. 19; *Kropff*: in Festschrift für *Raiser*, S. 225, 234; *C. Schäfer*, ZIP 2005, S. 1253, 1258; *Schwark*: in Festschrift für *Raiser*, S. 377, 391 f.

141 *Bayer/Meier-Wehrsdorfer*, AG 2013, S. 477, 480 halten die Vergütungsentscheidung aber für „vergleichbar" mit einer unternehmerischen Entscheidung.

142 Gesetz zur Angemessenheit der Vorstandsvergütung vom 31.07.2009, BGBl. I, S. 2509 ff.

143 *Bayer/Meier-Wehrsdorfer*, AG 2013, S. 477, 480.

144 *Bauer/Arnold*, AG 2009, S. 717, 718; *Cahn*, WM 2013, S. 1293, 1294; *Fleischer*: in *Spindler/Stilz*, AktG, § 87 Rdn. 39; *ders.*, DB 2006, S. 542, 543; *Fleischer/Bedkowski*, AG 2009, S. 677, 684; *Gaul/Janz*, NZA 2009, S. 809, 814; *Hoffmann-Becking*, NZG 2006, S. 127, 128; *ders.*, ZHR 169 (2005), S. 155, 157 f.; *Kort*, NZG 2006, S. 131, 132; *ders.*, NJW 2005, S. 333, 334; *Lieder*, ZGR 2018, S. 523, 547; *Lutter*, ZIP 2007, S. 841, 847; *Mertens/Cahn*: in Kölner Kommentar zum AktG, § 87 Rn. 4; *Seibt*: in *K. Schmidt/Lutter*, AktG, § 87 Rdn. 16; *Spindler*: in Münchener Kommentar zum AktG, § 87 Rdn. 40 und 139; *ders.*, AG 2011, S. 725, 726; *Thümmel*, AG 2004, S. 83, 88; *Weber*, in *Hölters*, AktG, § 87 Rdn. 14.

der Festsetzung der Vergütung begründet. So sind beispielsweise Erwägungen darüber anzustellen, ob die Art und Höhe der Vergütung dauerhafte Anreize für die Vorstandsmitglieder setzt und wie sich das Unternehmen und die Aufgaben des Vorstands entwickeln werden.[145] Unter Berücksichtigung der Laufzeit der Anstellungsverträge ergeben sich dabei Unsicherheiten, da Einschätzungen für einen zukünftigen Zeitraum von mehreren Jahren vorzunehmen sind. Zwar regelt § 87 II AktG die Möglichkeit einer Herabsetzung der Vorstandsvergütung bei einer Verschlechterung der Gesellschaftslage. Diese Möglichkeit steht jedoch dem Prognosecharakter der Vergütungsentscheidung nicht entgegen, da diese zum Schutz des Vorstands grundsätzlich für die gesamte Laufzeit des Anstellungsvertrags zu treffen ist und für eine ausnahmsweise Herabsetzung strenge Voraussetzungen erfüllt sein müssen.[146] Zudem zeigt diese Regelung gerade, dass die Vergütungsfestsetzung mit Unsicherheiten behaftet ist, da sich die Umstände anschließend verändern können, ohne dass dies bei der Entscheidung des Aufsichtsrats bereits vorhersehbar war. Es wird nicht lediglich eine einzige Vergütung angemessen sein, sodass unterschiedliche Handlungsalternativen für den Aufsichtsrat bestehen.

Nach alledem stellt die Vergütungsentscheidung durch den Aufsichtsrat eine unternehmerische Entscheidung dar, sodass keine Pflichtverletzung vorliegt, wenn der Aufsichtsrat vernünftigerweise annehmen durfte, auf der Grundlage angemessener Information zum Wohl der Gesellschaft gehandelt zu haben. Es kommt erst dann eine Pflichtverletzung in Betracht, wenn es sich aus Ex-ante-Sicht um grob bzw. eindeutig unangemessene Vergütungen handelt[147] und damit der unternehmerische Ermessensspielraum überschritten ist.

c. Ergebnis

Mit Blick auf das Tatbestandsmerkmal der unternehmerischen Entscheidung in seinem originären Anwendungsbereich hat es keine Rechtsentwicklung im Vergleich zur Ausgangslage gegeben. Vereinzelt verwenden die Gerichte die Umschreibungen des Gesetzgebers im positiven und negativen Sinn, um Maßnahmen des Leitungsorgans einzuordnen. In den übrigen Entscheidungen wird ohne nähere Erläuterung eine unternehmerische Entscheidung angenommen. Hier werden weder Abgrenzungen zu gebundenen Entscheidungen noch die Kriterien der Ausgangslage – Zukunftsbezogenheit, Prognose- und Risikocharakter – im Detail geprüft. Letzteres könnte darauf hindeuten, dass die Rechtsprechung möglicherweise, wie es auch eine oben dargelegte Literaturmeinung vertritt,[148] die Kriterien

---

145 *Gaul/Janz*, NZA 2009, S. 809, 814; *Spindler*: in Münchener Kommentar zum AktG, § 87 Rdn. 40 und 139; *ders.*, AG 2011, S. 725, 726.

146 Vgl. *Spindler*: in Münchener Kommentar zum AktG, § 87 Rdn. 139; *ders.*, AG 2011, S. 725, 726.

147 Vgl. *Mertens/Cahn*: in Kölner Kommentar zum AktG, § 87 Rn. 4; *Seibt*: in *K. Schmidt/Lutter*, AktG, § 87 Rdn. 16.

148 Siehe oben unter Gliederungspunkt B I 3 b aa.

nicht stets für erforderlich, sondern lediglich für charakteristisch mit Blick auf unternehmerische Entscheidungen hält. Allerdings lässt sich dies nicht belegen, da die Gerichte sich dazu nicht äußern und die Kriterien tatsächlich fast durchweg erfüllt sind. Auch die Literatur schließt sich der Rechtsprechung bei der Einordnung von bestimmten Maßnahmen als unternehmerische Entscheidungen an und kritisiert diese lediglich zum Teil bei Vergütungsentscheidungen des Aufsichtsrats.

II. Handeln auf der Grundlage angemessener Information

§ 93 I 2 AktG setzt ferner voraus, dass das handelnde Leitungsorgan die Informationen, die seiner Entscheidung zugrunde liegen, vernünftigerweise für angemessen erachten durfte. Damit ist für das Vorliegen einer Pflichtverletzung maßgeblich, ob die Entscheidung des Geschäftsleiters sorgfältig vorbereitet worden ist. Es wird eine Phase des Entscheidungsverfahrens untersucht, die dem eigentlichen Entschluss des Leitungsorgans vorausgeht. Dieses Tatbestandsmerkmal hat in der Praxis insoweit die größte Bedeutung mit Blick auf das Eingreifen der business judgment rule, als viele unternehmerische Entscheidungen an einer nicht ausreichenden Informationsgrundlage scheitern. Gerade bei komplexen Sachverhalten wird das Leitungsorgan nicht nur aus eigener Erfahrung und mit seinen eigenen Kenntnissen Entscheidungen sorgsam vorbereiten können, sondern muss weitere Informationen einholen oder andere kompetente Personen um Rat fragen.

1. Ausgangslage

a. US-amerikanische business judgment rule

Im US-amerikanischen Recht ist es für die Überprüfung der Einhaltung der Sorgfaltspflicht des *director* von großer Bedeutung, dass eine informierte Entscheidung (informed decision) getroffen worden ist. Er muss hinsichtlich des Gegenstands der Entscheidung nach seiner Überzeugung und bei Berücksichtigung der Umstände angemessen informiert sein.[149] Nur bei angemessener Informationsgrundlage bezüglich aller relevanten Fragen wird dieses Tatbestandsmerkmal der business judgment rule erfüllt.[150] Für das Verfahren zur Vorbereitung der Entscheidung werden sowohl Anforderungen an die Art und Weise der Entscheidungsfindung als auch an die Art und den Umfang der zu berücksichtigenden und zu bewertenden Informationen gestellt.[151]

Zunächst ist bedeutsam, ob die Formalitäten für das Treffen der Entscheidung ausreichend beachtet worden sind. Es wird etwa darauf geachtet, dass die Sitzung,

---

149 Vgl. § 4.01 (c) der Principles of Corporate Governance des American Law Institute, oben unter Gliederungspunkt A II 2 a.
150 *Merkt*, US-amerikanisches Gesellschaftsrecht, Rdn. 938.
151 *Lohse*, Unternehmerisches Ermessen, S. 249; *von Werder/Feld*, RIW 1996, S. 481, 489.

in der die Entscheidungsfindung stattfinden soll, nicht zu kurzfristig einberufen wird und die Tagesordnung ausdrücklich auf die zu treffende Entscheidung hinweist, damit den *directors* genügend Vorbereitungszeit zur Verfügung steht, um sich mit der in der Sitzung zu beschließenden Maßnahme auseinandersetzen oder gegebenenfalls vorab ausgeteilte Unterlagen durcharbeiten zu können.[152] Entstehen aus solchen Vorbereitungen für die Sitzung Fragen oder gar Zweifel bei den *directors,* sind diese in der Sitzung zu äußern und müssen sich die Teilnehmer damit auseinandersetzen. Daher wird auch berücksichtigt, ob die Sitzungsdauer lang genug ist und unter Umständen Unterbrechungen angeordnet werden, um zu gewährleisten, dass alle Teilnehmer hinreichend informiert werden und die Möglichkeit haben, die Informationen zu überprüfen oder auch von Beratern überprüfen zu lassen.[153] Das Zeitkriterium spielt demnach eine große Rolle: Die *directors* haben sich für die Entscheidungsfindung mit Blick auf die Umstände des Einzelfalls ausreichend Zeit zu nehmen.[154]

Grundsätzlich sind Entscheidungen auf der Grundlage aller bedeutsamen verfügbaren Informationen zu treffen.[155] Die Anforderungen an die Art und den Umfang der einzuholenden Informationen richten sich insbesondere nach der zur Verfügung stehenden Zeit, der Relevanz der Entscheidung für das Unternehmen und dem Kostenvolumen für die Einholung der Informationen.[156] Es wird also auch berücksichtigt, ob die Entscheidung unter Zeitdruck getroffen werden muss. Allerdings darf auch dann nicht auf grundlegende Informationen verzichtet werden, wenn daraus ein unberechenbares Risiko entsteht.[157] Die *directors* haben festzulegen, welche Informationsquellen in welchem Umfang für ihre Entscheidung geeignet und erforderlich sind, und auf welche Weise sie diese Informationen erlangen können. Diese Festlegung könnte wiederum als eine unternehmerische Entscheidung betrachtet werden, die dem Schutz der business judgment rule unterfällt.[158] Die eingeholten Informationen sind zu überprüfen und zu bewerten. Die *directors* müssen sich mit den vorliegenden Informationen auseinandersetzen. Alternative Lösungen sind herauszuarbeiten, zu bewerten und abzuwägen, sodass letztendlich die optimale Lösung gefunden wird.[159]

Die erforderlichen Informationen können aus internen oder externen Quellen beschafft werden.[160] Zu den internen Quellen gehören auch Ausschüsse des *board*

152 *von Werder/Feld,* RIW 1996, S. 481, 489.
153 *Lohse,* Unternehmerisches Ermessen, S. 249; *von Werder/Feld,* RIW 1996, S. 481, 489.
154 *Kock/Dinkel,* NZG 2004, S. 441, 447.
155 *Kock/Dinkel,* NZG 2004, S. 441, 446; *von Werder/Feld,* RIW 1996, S. 481, 490.
156 *Abeltshauser,* Leitungshaftung im Kapitalgesellschaftsrecht, S. 83.
157 *von Werder/Feld,* RIW 1996, S. 481, 490.
158 So etwa *Oltmanns,* Geschäftsleiterhaftung und unternehmerisches Ermessen, S. 95; *von Werder/Feld,* RIW 1996, S. 481, 490.
159 *Lohse,* Unternehmerisches Ermessen, S. 250; *von Werder/Feld,* RIW 1996, S. 481, 490.
160 *von Werder/Feld,* RIW 1996, S. 481, 491.

of directors und sachkompetente Mitarbeiter, wenn davon ausgegangen werden kann, dass sie vertrauenswürdig sind. Externe Quellen sind etwa Rechtsberater, Wirtschaftsprüfer oder andere Experten, die zu dem betreffenden Entscheidungsproblem aufgrund ihres Fachwissens kompetente Auskünfte geben können.[161] Der jeweilige Berater muss alle relevanten Unterlagen und Daten zur Erstellung seiner Information zur Verfügung gestellt bekommen. Es reicht allerdings für das Vorliegen einer angemessenen Informationsgrundlage nicht aus, dass die Informationen von vertrauenswürdigen und sachkompetenten Personen stammen. Vielmehr sind diese Auskünfte, Berichte, Stellungnahmen oder Gutachten kritisch zu betrachten, unter den *directors* zu besprechen, Ergänzungen anzufordern und bei Zweifeln eine weitere Beratung durch einen unabhängigen Dritten einzuholen. Eine Auseinandersetzung mit den Informationen wird verlangt. Sie müssen für die *directors* nachvollziehbar sein.[162] Bei Erfüllung all dieser Voraussetzungen besteht ein "right of reliance" für den *director* hinsichtlich des externen Rats.

Die Rechtsprechung hat in vielen Entscheidungen beurteilt, wann eine ausreichende Informationsgrundlage anzuerkennen ist und in welchen Fällen Informationsdefizite bestehen. Es handelt sich jeweils um Einzelfallentscheidungen, die nicht ohne Weiteres zu verallgemeinern sind. Es kommt stets auf die besonderen Umstände des betreffenden Sachverhalts an.[163]

b. ARAG/Garmenbeck

In der ARAG/Garmenbeck-Entscheidung wird eine Schadensersatzpflicht des Vorstands bei der Leitung seiner Geschäfte erst in Betracht gezogen, wenn „die Grenzen, in denen sich ein von Verantwortungsbewusstsein getragenes, ausschließlich am Unternehmenswohl orientiertes, auf sorgfältiger Ermittlung der Entscheidungsgrundlagen beruhendes unternehmerisches Handeln bewegen muss, deutlich überschritten sind, ...".[164] Der BGH hat auch bereits das Erfordernis einer sorgfältig ermittelten Tatsachengrundlage für den Fall der Haftungsprivilegierung des Vorstands bei unternehmerischen Entscheidungen gesehen.[165] Die Anforderungen an eine sorgfältige Entscheidungsvorbereitung wurden in der Entscheidung des BGH nicht weiter erläutert. Dies war nicht erforderlich, da dem Vorstand nicht eine unzureichende Tatsachenaufklärung vorgeworfen wurde, sondern das fehlende Handeln zum Wohle der ARAG AG.

161 *von Werder/Feld*, RIW 1996, S. 481, 491.
162 *von Werder/Feld*, RIW 1996, S. 481, 492.
163 *Lohse*, Unternehmerisches Ermessen, S. 251.
164 *BGH*, Urteil vom 21.04.1997, II ZR 175/95, BGHZ 135, S. 244, 253 – ARAG/Garmenbeck.
165 *Schäfer*, ZIP 2005, S. 1253, 1258.

c. UMAG

Unternehmerische Entscheidungen sind nur dann pflichtgemäß, wenn der Handelnde vernünftigerweise davon ausgehen durfte, dass sie auf angemessener Grundlage getroffen worden sind.[166] Wie weit die Informationsbeschaffungspflicht reicht, hängt von der Art und den Umständen der betreffenden Entscheidung ab. Der Geschäftsleiter hat hinsichtlich der Art und des Umfangs, also der Angemessenheit der Informationsbeschaffung, die zur Verfügung stehende Zeit und die Art und Bedeutung der Entscheidung in seiner Abwägung einzubeziehen und dabei anerkannte betriebswirtschaftliche Verhaltensmaßstäbe zu beachten.[167] Es wird Rücksicht darauf genommen, dass viele unternehmerische Entscheidungen unter Zeitdruck zu treffen sind, was eine vollumfängliche Sammlung und Ausschöpfung aller Informationen unmöglich machen kann.[168] Der Vorstand ist gehalten, betriebswirtschaftliche Schwerpunkte mit Blick auf den Informationsbedarf zu setzen, wobei die Kriterien Rentabilität, Risikobewertung, Investitionsvolumen und Finanzierung genannt werden, ohne dass diese abschließend wären.[169] Der Gesetzgeber gewährt dem Vorstand einen Spielraum zur Abwägung des Informationsumfangs unter Berücksichtigung verschiedener Kriterien[170] und gibt nicht strikt vor, dass stets alle Informationen eingeholt werden müssen. Der Vorstand muss sich in der Entscheidungsvorbereitungsphase aus seiner Ex-ante-Perspektive eine Annahme zum Informationsbedarf unter Berücksichtigung der konkreten Umstände des Einzelfalls bilden. Eine routinemäßige Anforderung von Gutachten, Stellungnahmen oder Marktanalysen wird ausdrücklich nicht verlangt.[171] Der Vorstand hat individuell nach der konkreten Situation zu entscheiden, ob und inwieweit er solche Informationsquellen nutzt.

Mit der Formulierung des vernünftigerweise Annehmen-Dürfens wird sowohl ein objektiver als auch subjektiver Maßstab gesetzt.[172] Zunächst wird auf die Sicht des Leitungsorgans abgestellt, da es – subjektiv – die Annahme trifft, ob es bei seiner Entscheidung angemessen informiert war. Diese Betrachtungsweise wird dann durch das „vernünftigerweise ... dürfen" wieder objektiviert.[173] Die

166 Bemerkenswert ist hier, dass *Goette*, ZGR 2008, S. 436, 448, diesen Wortlaut des § 93 I 2 AktG als falsch erachtet, da das „vernünftigerweise Annehmen dürfen" sich lediglich auf das Handeln zum Wohle der Gesellschaft beziehen dürfe. Erst im Anschluss an die Informationsbeschaffung und die Risikoabwägung werde das unternehmerische Ermessen eröffnet.

167 RegBegr. UMAG-E, BT-Drucksache 15/5092, S. 1, 12.

168 RegBegr. UMAG-E, BT-Drucksache 15/5092, S. 1, 12.

169 RegBegr. UMAG-E, BT-Drucksache 15/5092, S. 1, 12.

170 RegBegr. UMAG-E, BT-Drucksache 15/5092, S. 1, 12.

171 RegBegr. UMAG-E, BT-Drucksache 15/5092, S. 1, 12.

172 *Hopt/Roth*: in Großkommentar zum AktG, § 93 Rdn. 103; *Koch*: in *Hüffer/Koch*, AktG, § 93 Rdn. 21; *ders*, ZGR 2006, S. 769, 788.

173 RegBegr. UMAG-E, BT-Drucksache 15/5092, S. 1, 11.

Informationsauswahl aus ex ante Sicht des Vorstands muss dem Gericht bei der nachträglichen Überprüfung als vernünftig im Sinne von plausibel bzw. nachvollziehbar erscheinen.[174]

In der Regierungsbegründung wird auf unternehmerische Entscheidungen verwiesen, die auf „Instinkt, Erfahrung, Phantasie, Gespür und Gefühl" beruhen.[175] Bemerkenswert ist, dass solche intuitiven Entscheidungen gerade nicht auf sachliche Informationen fundieren, aber dennoch unter die business judgment rule fallen können.[176] Es wird ferner festgestellt, dass sachlich scheinende Informationen nicht immer auch tatsächlich objektiv sind, sondern beispielsweise durch Strömungen oder Stimmungen am Markt subjektiv beeinflusst sein können.[177] Bei solchen Informationen ist Vorsicht geboten, da sie sich nicht als Grundlage vernünftiger Entscheidungen eignen.[178]

Der Gesetzgeber ist in seiner Begründung mit Blick auf den Umfang der Pflicht zur Informationseinholung sehr moderat. Er betont, dass der Mut des Vorstands zum Eingehen von Risiken nicht genommen werden soll.[179] Allerdings sollen Entscheidungen auch nicht ohne Vorbereitung und leichtfertig getroffen werden, sondern entsprechend der Umstände der konkreten Entscheidungssituation, eben angemessen, fundiert erfolgen, um das mit ihnen verbundene Risiko möglichst gering zu halten.[180]

d. Zusammenfassung

Nach der US-amerikanischen business judgment rule, der ARAG/Garmenbeck-Entscheidung und dem UMAG wird für eine Haftungsprivilegierung des handelnden Organmitglieds eine sorgfältige Ermittlung der Informationsgrundlage gefordert. Während der Entscheidung des BGH keine weiteren Einzelheiten zu den Anforderungen an Art und Umfang der Informationen zu entnehmen sind, konkretisieren die US-amerikanische Rechtsprechung und der deutsche Gesetzgeber diese Voraussetzung näher. Grundsätzlich sind alle relevanten verfügbaren Informationen einzuholen. Allerdings sind auch die Umstände des Einzelfalls zu berücksichtigen, sodass Kriterien wie beispielsweise Zeitdruck, Kosten der Informationsbeschaffung oder das Investitionsvolumen bei der betreffenden Maßnahme das Informationserfordernis beeinflussen können. Der Handelnde muss eine gründliche Abwägung des Informationsbedarfs vornehmen und beurteilen, welche Informationsgrundlage in der vorliegenden Situation angemessen ist. Keinesfalls

---

174 *Koch*: in *Hüffer/Koch*, AktG, § 93 Rdn. 21; *Krieger/Sailer-Coceani*: in *K. Schmidt/Lutter*, AktG, § 93 Rdn. 17; *Mertens/Cahn*: in Kölner Kommentar zum AktG, § 93 Rn. 34.

175 RegBegr. UMAG-E, BT-Drucksache 15/5092, S. 1, 11.

176 Vgl. *Grundei/von Werder*, AG 2005, S. 825, 830.

177 RegBegr. UMAG-E, BT-Drucksache 15/5092, S. 1, 12.

178 Vgl. *Grundei/von Werder*, AG 2005, S. 825, 827.

179 RegBegr. UMAG-E, BT-Drucksache 15/5092, S. 1, 12.

180 RegBegr. UMAG-E, BT-Drucksache 15/5092, S. 1, 12.

darf auf fundamentale Informationen verzichtet und eine Entscheidung getroffen werden, deren Risiko mangels Informationen überhaupt nicht einzuschätzen ist.

Das Organmitglied kann zur Informationsbeschaffung interne und externe Personen mit Gutachten, Berichten, Analysen, Stellungnahmen etc. beauftragen. Die US-amerikanische business judgment rule stellt konkrete Anforderungen auf, wann der Handelnde sich auf die Informationen Dritter verlassen darf: Der Berater muss fachlich kompetent und vertrauenswürdig sein. Ihm müssen alle erheblichen Unterlagen und Daten mit Blick auf die zu erstellende Information überlassen werden, und schließlich hat eine Plausibilitätsüberprüfung der erhaltenen Information zu erfolgen.

2. Handeln auf der Grundlage angemessener Information in der Rechtsprechung

Die nachfolgenden Entscheidungen wurden unter der Prämisse ausgewählt, dass einer der Schwerpunkte bei der Frage nach dem Vorliegen oder Nichtvorliegen einer ausreichenden Informationsgrundlage für die betreffende Maßnahme liegt. Dabei werden auch bemerkenswerte Urteile der unteren Instanzen berücksichtigt, soweit sie rechtskräftig geworden sind.

Wie bei dem Tatbestandsmerkmal der unternehmerischen Entscheidung wird auch die angemessene Informationsgrundlage zunächst nur im originären Anwendungsbereich betrachtet. Entscheidungen, bei denen eine Einarbeitung von Bestandteilen der business judgment rule in die Legalitätspflicht in Betracht kommt, werden erst unter Gliederungspunkt C untersucht.

a. LG Düsseldorf, Urteil vom 27.05.2005, 39 O 73/04

Das Landgericht Düsseldorf hatte über Schadensersatzansprüche der Messe Düsseldorf GmbH gegen zwei ehemalige Geschäftsführer nach § 43 II GmbHG zu entscheiden.

aa. Sachverhalt

Die GmbH warf ihren Geschäftsführern vor, ihre Sorgfaltspflichten u.a. dadurch verletzt zu haben, dass sie im Jahr 1999 Veranstaltungsserien trotz hoher Anlaufverluste und zur Vermeidung weiterer Verluste nicht abgebrochen haben.[181] Es handelte sich um Ausstellungen, die für Anhänger bestimmter Filme gedacht waren und in verschiedenen Städten durchgeführt werden sollten, um neue Geschäftsfelder zu erschließen und durch zusätzliche Veranstaltungen die Auslastung der Messehallen der GmbH zu fördern.[182] Das Landgericht Düsseldorf hatte nicht darüber

---

181 *LG Düsseldorf*, Urteil vom 27.05.2005, 39 O 73/04, zitiert nach juris, Rdn. 1(auszugsweise abgedruckt in GmbHR 2005, S. 1298 ff.).

182 *LG Düsseldorf*, Urteil vom 27.05.2005, 39 O 73/04, zitiert nach juris, Rdn. 2.

zu befinden, ob die ursprüngliche Entscheidung, die Veranstaltungsreihen überhaupt durchzuführen, möglicherweise pflichtwidrig war.[183]

Die Geschäftsführer hatten eine Analyse der Kostenstruktur erstellt und ließen bei jeder Veranstaltung – auch im Rahmen von Besucherbefragungen – untersuchen, welche Maßnahmen künftig zur Verbesserung getroffen werden könnten, um die folgenden Veranstaltungen daran auszurichten. Darauf aufbauend wurden Prognosen erstellt, ob sich weitere Veranstaltungen rechnen würden.[184] Die prognostizierten Zahlen der Besucher wurden auf Angaben sachkundiger Dritter und eigene Erfahrungswerte gestützt.[185] Die Geschäftsführer holten je zwei Marketingpläne und Marktanalysen ein, wobei je eine von der Tochtergesellschaft der Messe Düsseldorf GmbH erstellt worden war.[186]

bb. Entscheidungsgründe

Das Landgericht Düsseldorf billigte den Geschäftsführern bei ihrer Entscheidung über einen Abbruch der Veranstaltungen einen Ermessensspielraum zu und verwies auf die ARAG/Garmenbeck-Rechtsprechung und damit auch auf das Erfordernis der sorgfältigen Ermittlung der Entscheidungsgrundlagen.[187] Es sah die Informationsbeschaffung für die Entscheidung der Geschäftsführer, die Veranstaltungsreihen nicht abzubrechen, als sorgfältig und ausreichend an. Insbesondere auf den Marketingplan und die Marktanalyse der Tochtergesellschaft hätten die Geschäftsführer sich verlassen können, da diese schon wegen der gesellschaftsrechtlichen Verbindung von Tochter- und Muttergesellschaft vertrauenswürdig seien.[188]

cc. Eigene Würdigung

Das Landgericht Düsseldorf legte seiner Entscheidung die BGH-Rechtsprechung im Fall ARAG/Garmenbeck zugrunde. Konkrete Ausführungen, was unter einer sorgfältigen Entscheidungsvorbereitung zu verstehen ist und welche Anforderungen an Art und Umfang der erforderlichen Informationen zu stellen sind, werden nicht gemacht. Das Landgericht Düsseldorf benennt die eingeholten Informationen und erachtet sie als ausreichend. Dabei wird ein besonderer Wert auf die interne Informationsquelle gelegt, wenn der Marketingplan und die Marktanalyse der Tochtergesellschaft wegen der Konzernverbindung als besonders vertrauenswürdig und verlässlich dargestellt werden. Im Ergebnis kann dies Zustimmung finden, da verschiedene Informationsquellen genutzt wurden und Marketingpläne

---

183 *LG Düsseldorf*, Urteil vom 27.05.2005, 39 O 73/04, zitiert nach juris, Rdn. 62.
184 *LG Düsseldorf*, Urteil vom 27.05.2005, 39 O 73/04, zitiert nach juris, Rdn. 73 f.
185 *LG Düsseldorf*, Urteil vom 27.05.2005, 39 O 73/04, zitiert nach juris, Rdn. 80 f.
186 *LG Düsseldorf*, Urteil vom 27.05.2005, 39 O 73/04, zitiert nach juris, Rdn. 83 und 87.
187 *LG Düsseldorf*, Urteil vom 27.05.2005, 39 O 73/04, zitiert nach juris, Rdn. 63.
188 *LG Düsseldorf*, Urteil vom 27.05.2005, 39 O 73/04, zitiert nach juris, Rdn. 83 und 87.

sowie Marktanalysen ausreichende Informationen gewähren können. Bei den internen Informationsquellen hätte auch überprüft werden sollen, inwieweit eine fachliche und personelle Unabhängigkeit gewährleistet war.

b. OLG Oldenburg, Urteil vom 22.06.2006, 1 U 34/03

Diese Entscheidung wurde bereits oben bei den Beispielen zur unternehmerischen Entscheidung genannt.[189] Das OLG Oldenburg hatte über die Haftung eines Geschäftsführers einer Kliniken betreibenden GmbH nach § 43 II GmbHG zu entscheiden. Von den ihm vorgeworfenen Pflichtverletzungen ist im Rahmen der Untersuchung des Tatbestandsmerkmals der angemessenen Informationsgrundlage diejenige interessant, bei der es um die fehlerhafte Entscheidung zum Erwerb einer verlustbringenden Klinik geht.

aa. Sachverhalt

Der Geschäftsführer der GmbH kaufte diese Klinik im Rahmen der Insolvenz der damaligen Trägergesellschaft, wobei die erforderliche Zustimmung des Aufsichtsrats nachträglich eingeholt wurde. Die GmbH macht einen Schadensersatzanspruch in Höhe von rund 2,7 Mio. Euro nebst Zinsen wegen nutzloser Vermögensaufwendungen geltend und begründet ihn u.a. mit der falschen Kaufentscheidung des Geschäftsführers.[190] Die weitere Begründung der unvollständigen Information des Aufsichtsrats über den Kauf der Klinik und der dadurch fehlerhaft herbeigeführten Zustimmung dieses Gremiums soll hier nicht untersucht werden, da es sich insoweit um eine Legalitätspflichtverletzung handelt.[191]

Der Geschäftsführer hatte seiner Investitionsentscheidung eine Wirtschaftlichkeitsberechnung zur Risikoanalyse aus Januar 2000 zugrunde gelegt, die von dem Verwaltungsleiter der betroffenen Klinik erstellt worden war. Dieser war bereits zu der Zeit für die Klinik verantwortlich, als sie wirtschaftliche Verluste machte. Die Daten dieser Berechnung deckten sich nicht mit denen, die einer von der Geschäftsführung selbst bereits im November 1999 erstellten Analyse zugrunde lagen und die ebenfalls von dem damaligen Verwaltungsleiter zur Verfügung gestellt wurden. Der Geschäftsführung fielen bei der Anfertigung ihrer Analyse unvollständige Buchführungsunterlagen, ungenaue Bilanzen und nicht nachvollziehbare Umsatzzahlen auf. Während die Geschäftsführung die Verkaufsverhandlungen nach der ersten – eigenen – Wirtschaftlichkeitsberechnung u.a. wegen der jahrelangen Verluste der Klinik abgebrochen hatten, entschied sie sich nach der zweiten – vom Verwaltungsleiter erstellten – Berechnung, die, obwohl in den zwei vergangenen Monaten keine Änderungen mit Blick auf die Situation der Klinik eingetreten waren, zu positiven Ergebnissen kam, für den Kauf. Diese positiven

---

189 Siehe unter Gliederungspunkt B I 2 b.

190 *OLG Oldenburg*, Urteil vom 22.06.2006, 1 U 34/03, zitiert nach juris, Rdn. 4 und 6.

191 *OLG Oldenburg*, Urteil vom 22.06.2006, 1 U 34/03, zitiert nach juris, Rdn. 52 ff.

Resultate folgten aus geschönten Hochrechnungen für die folgenden Jahre. Wichtige Aspekte für die Einordnung der wirtschaftlichen Lage der Klinik waren überhaupt nicht berücksichtigt worden.[192]

bb. Entscheidungsgründe

Das OLG Oldenburg hat die Kaufentscheidung als unternehmerische Entscheidung eingeordnet und dem Geschäftsführer einen Ermessensspielraum zugebilligt. Es betonte, dass bei einer solchen Entscheidung die Pflicht des Geschäftsführers bestehe, deren Grundlagen sorgfältig zu ermitteln, und nahm Bezug auf die ARAG/Garmenbeck-Entscheidung.[193] Diese Pflicht sei verletzt worden, da es an einer auf sorgfältigen und ausreichenden Informationen basierenden unternehmerischen Entscheidung fehle, weil die Tatsachen nicht vollständig und in der erforderlichen Art und Weise aufgeklärt worden seien.[194] Es sei keine der Bedeutung des Erwerbsgeschäfts angemessene Analyse im Vorfeld der Entscheidung erfolgt, die die Möglichkeit einer Risikoeinschätzung zugelassen hätte.[195] Es hätten so viele Widersprüche und Unstimmigkeiten in den vorhandenen Zahlen und Daten, die der ehemalige Verwaltungsleiter zur Verfügung gestellt hatte, vorgelegen, dass Zweifel an der Richtigkeit der Berechnung hätten aufkommen müssen und eine vollumfängliche Prüfung dieser Daten erforderlich gewesen wäre. Ebenso hätten die Tatsachen, dass die Klinik insolvent war, eine nachhaltige Verlustsituation der Klinik in den letzten Jahren festgestellt wurde und die Geschäftsführung bei ihrer eigenen Analyse zu einer negativen Prognose gekommen ist, Anlass für weitere Untersuchungen geben müssen.[196]

Bei der Beurteilung, welchen Umfang die Aufklärungspflicht des Geschäftsführers bei Unternehmenskäufen haben muss, ließ das OLG Oldenburg ausdrücklich offen, ob bei jedem Unternehmenserwerb eine sogenannte Due Diligence erfolgen müsse und damit in einem standardisierten Verfahren Informationen über die zu erwerbende Gesellschaft einzuholen und zu bewerten seien.[197] Für den konkreten Fall hielt das Gericht eine Due Diligence jedenfalls für erforderlich und zumutbar, um bei all den vorliegenden Unsicherheiten eine Überprüfung der relevanten Daten, der Ursachen für die nachhaltigen Verluste der Klinik und eine fehlerfreie Analyse des Umsatz- und Gewinnpotenzials vorzunehmen. Dabei sah das OLG Oldenburg auch das Erfordernis, unabhängige objektive Berater zu involvieren, etwa Wirtschaftsprüfer.[198]

---

192 *OLG Oldenburg*, Urteil vom 22.06.2006, 1 U 34/03, zitiert nach juris, Rdn. 40.
193 *OLG Oldenburg*, Urteil vom 22.06.2006, 1 U 34/03, zitiert nach juris, Rdn. 26; das *OLG Oldenburg* nannte auch schon § 93 I 2 AktG n.F., wobei diese Vorschrift für die zu bewertenden Handlungen noch keine Geltung hatte.
194 *OLG Oldenburg*, Urteil vom 22.06.2006, 1 U 34/03, zitiert nach juris, Rdn. 34 und 48.
195 *OLG Oldenburg*, Urteil vom 22.06.2006, 1 U 34/03, zitiert nach juris, Rdn. 36.
196 *OLG Oldenburg*, Urteil vom 22.06.2006, 1 U 34/03, zitiert nach juris, Rdn. 40 und 44.
197 *OLG Oldenburg*, Urteil vom 22.06.2006, 1 U 34/03, zitiert nach juris, Rdn. 43.
198 *OLG Oldenburg*, Urteil vom 22.06.2006, 1 U 34/03, zitiert nach juris, Rdn. 44.

cc. Eigene Würdigung

Das OLG Oldenburg bezog sich auf die ARAG/Garmenbeck-Entscheidung und verneinte die sorgfältige Ermittlung der Informationsgrundlagen im zu entscheidenden Fall. § 93 I 2 AktG war zum Zeitpunkt des Urteils zwar schon in seiner aktuellen Fassung in das Aktiengesetz eingefügt, aber auf den zugrunde liegenden Sachverhalt noch nicht anzuwenden. Anders als der BGH und das Landgericht Düsseldorf in der zuvor betrachteten Entscheidung konkretisiert das OLG Oldenburg die Voraussetzung der sorgfältigen Ermittlung der Informationsgrundlage etwas näher, wenn es bei der Entscheidungsvorbereitung eine der Tragweite des Geschäfts angemessene Analyse zur Einschätzung der Risiken verlangt. Auch die US-amerikanische business judgment rule und die Gesetzesbegründung zum UMAG stellen u.a. auf die Bedeutung der Maßnahme ab, um den Informationsbedarf zu konkretisieren.

Das OLG Oldenburg erachtete die Informationsgrundlage als unzureichend, da sie allein auf der offensichtlich fehlerhaften Wirtschaftlichkeitsberechnung und auf weiteren Informationen des ehemaligen Verwaltungsleiters beruhten. Dem ist zuzustimmen, zumal der Verwaltungsleiter als Informationsquelle ungeeignet erscheint und als befangen angesehen werden kann, da ihm aufgrund seiner Position eine gewisse Mitverantwortung für die Zahlen der insolvent gewordenen Klinik zuzusprechen ist und er Interesse an einer weiteren Tätigkeit für die GmbH hatte. Aus diesen Gründen lag ihm sehr viel an dem Verkauf der Klinik, sodass an seiner Objektivität Zweifel hätten bestehen müssen. Hier stellt das OLG Oldenburg auf die Verlässlichkeit und Unabhängigkeit des Gutachters ab. Es handelt sich dabei um Voraussetzungen des "right of reliance" der US-amerikanischen business judgment rule. Da die Berechnungen des Verwaltungsleiters Widersprüche und Unstimmigkeiten aufwiesen und es deshalb an einer Nachvollziehbarkeit seiner Informationen fehlte, hielt das OLG Oldenburg eine umfassende Überprüfung der Berechnungen durch unabhängige Experten für geboten und nannte als Beispiel Wirtschaftsprüfer. Dem ist zuzustimmen, da eine erneute Befassung des Verwaltungsleiters mit seinen eigenen Berechnungen wegen seines Interessenkonflikts in dieser Sache wenig sinnvoll erscheint.

Dem Urteil lässt sich entnehmen, dass ein Leitungsorgan bei jedem Unternehmenskauf überlegen muss, ob eine Due Diligence durchgeführt werden sollte, um eine spätere Haftung für einen Sorgfaltspflichtverstoß zu vermeiden. Obwohl das OLG Oldenburg in der Regel die Durchführung einer Due Diligence bei einem Unternehmenskauf als erforderlich ansieht, stellt es keine starre Pflicht auf, sondern lässt je nach Sachverhaltsgestaltung auch ein Absehen davon zu.[199] Es reicht jedenfalls nicht aus, sich lediglich auf Informationen der zu erwerbenden

199 *Liese/Theusinger*, Anmerkung zum *OLG Oldenburg*, Urteil vom 22.06.2006, 1 U 34/03, BB 2007, S. 71, 72, weist darauf hin, dass auch die Entscheidung des Leitungsorgans über den Umfang einer Due Diligence eine unternehmerische Entscheidung darstellt, die einen Beurteilungsspielraum eröffnet.

Gesellschaft zu verlassen, wenn diese zweifelhaft sind und sich bei eigener Überprüfung Unstimmigkeiten ergeben. Bei einem Erwerb eines Unternehmens, das sich in der Krise befindet oder insolvent ist, ist besondere Vorsicht geboten.[200] Diese differenzierte Betrachtungsweise ist zu befürworten, da sie Ausnahmen von der Pflicht einer aufwendigen und formalen Durchführung einer Due Diligence im Einzelfall zulässt. Im vorliegenden Fall allerdings konnte keine Ausnahme gemacht werden, da aufgrund der Situation des zu erwerbenden Objekts und den vielen offensichtlichen Unstimmigkeiten bei den zur Verfügung gestellten Informationen eine umfassende Überprüfung des Klinikunternehmens erforderlich war.

c. *OLG Celle, Urteil vom 28.05.2008, 9 U 184/07*

Dieses Urteil wurde bereits bei den Beispielen zur unternehmerischen Entscheidung genannt.[201] Das OLG Celle hatte über einen Schadensersatzanspruch in Höhe von rund 4,3 Mio. Euro wegen Pflichtverletzungen des Finanzvorstands der Rechtsvorgängerin der klagenden Bank, mit der sie später verschmolzen wurde, bei einer Kreditvergabe zu entscheiden.[202]

aa. Sachverhalt

Der Finanzvorstand hatte ein ungesichertes Darlehen in Höhe von maximal 15 Mio. DM an ein Start-up-Unternehmen zur Finanzierung seines laufenden Geschäftsbetriebs vergeben.[203] Dieser Darlehensvertrag aus dem Jahr 2001 war Teil eines Kooperationsvertrags zwischen der Klägerin, deren Rechtsvorgängerin und dem Unternehmen, in dem die Übertragung von Standorten für Windenergieanlagen durch das Unternehmen an die Rechtsvorgängerin der Klägerin und die Übertragung von Aktien der Klägerin im Gegenzug vereinbart wurden.[204] In den Jahren 2001 und 2002 wurden zwei Darlehensbeträge ausgezahlt. Nach Kündigung der Verträge durch die Rechtsvorgängerin der klagenden Bank verlangte diese erfolglos die Rückzahlung der Beträge. Das Start-up-Unternehmen wurde insolvent.[205]

200 Siehe hierzu auch die Anmerkungen zum *OLG Oldenburg*, Urteil vom 22.06.2006, 1 U 34/03 von *Himmelsbach/Krüger*, NZI 2007, S. 309, 310 und *Liese/Theusinger*, BB 2007, S. 71.

201 Siehe oben unter Gliederungspunkt B I 2 d.

202 *OLG Celle*, Urteil vom 28.05.2008, 9 U 184/07, zitiert nach juris, Rdn. 1, 2 und 16 (auszugsweise abgedruckt in AG 2008, S. 711 ff.).

203 *OLG Celle*, Urteil vom 28.05.2008, 9 U 184/07, zitiert nach juris, Rdn. 4.

204 *OLG Celle*, Urteil vom 28.05.2008, 9 U 184/07, zitiert nach juris, Rdn. 3.

205 *OLG Celle*, Urteil vom 28.05.2008, 9 U 184/07, zitiert nach juris, Rdn. 5.

bb. Entscheidungsgründe

Das OLG Celle lehnte einen Schadensersatzanspruch aus § 93 I AktG a.F. gegen den Finanzvorstand ab, da dieser seine Pflichten bei der Kreditvergabe nicht verletzt habe.[206]

Es zog die Kriterien der US-amerikanischen business judgment rule heran, da § 93 I 2 AktG noch nicht anzuwenden war, und führte aus, dass der BGH seit seinem Urteil in der Sache ARAG/Garmenbeck ein unternehmerisches Ermessen unter Heranziehung der US-amerikanischen Regel ausgestalte. Mit Blick auf die Informationsbeschaffungspflicht stellte es fest, dass das Vorstandsmitglied „die ihm zur Verfügung stehenden Erkenntnisquellen auszuschöpfen hat, dabei aber die Reichweite der Ermittlung unter Abwägung von Kosten und Nutzen bei Einbeziehung der Eilbedürftigkeit der Entscheidung festzulegen hat."[207] Ihm wurde vorgeworfen, es habe sich nicht im erforderlichen Maße über die Art des Darlehens, das mit dem Darlehen verbundene Risiko und die Ausgestaltung solcher Darlehensverträge mit Start-up-Unternehmen informiert.[208] Das OLG Celle berief sich darauf, dass der Finanzvorstand gewusst habe, dass das betroffene Unternehmen erst kurz zuvor gegründet und nur mit dem Mindestkapital ausgestattet worden war. Zudem war auch bekannt, dass es keine Vermögenswerte besaß, die als Sicherung hätten dienen können. Der Vorstand hätte auch im Wege eines Risikomanagementverfahrens keine Informationen erhalten, die er nicht schon vorher gehabt habe.[209]

cc. Eigene Würdigung

Während das OLG Oldenburg auf die Kriterien der ARAG/Garmenbeck-Entscheidung zurückgriff, bezog sich das OLG Celle insbesondere auf die Voraussetzungen der US-amerikanischen business judgment rule. Es betonte, dass diese Rechtsfigur durch die Kodifizierung des § 93 I 2 AktG im Rahmen des UMAG in das deutsche Aktiengesetz „übernommen" werden sollte.[210] Das erscheint mit Blick auf die Ausführungen in der Regierungsbegründung zum UMAG[211] etwas zu weit gefasst, da lediglich eine Orientierung an der US-amerikanischen business judgment rule erfolgen sollte.

In dieser Entscheidung werden hinsichtlich des Umfangs der Information die zur Verfügung stehende Zeit und die Kosten-Nutzen-Relation der Informationsbeschaffung berücksichtigt. Diese Kriterien zur Konkretisierung der Informationseinholungspflicht finden sich sowohl in der US-amerikanischen Rechtsprechung

206 *OLG Celle*, Urteil vom 28.05.2008, 9 U 184/07, zitiert nach juris, Rdn. 33 ff.
207 *OLG Celle*, Urteil vom 28.05.2008, 9 U 184/07, zitiert nach juris, Rdn. 35.
208 *OLG Celle*, Urteil vom 28.05.2008, 9 U 184/07, zitiert nach juris, Rdn. 10.
209 *OLG Celle*, Urteil vom 28.05.2008, 9 U 184/07, zitiert nach juris, Rdn. 42.
210 *OLG Celle*, Urteil vom 28.05.2008, 9 U 184/07, zitiert nach juris, Rdn. 35.
211 RegBegr.BT-Drucksache 15/5092, S. 1, 11; siehe oben unter Gliederungspunkt A II 2.

als auch in der Regierungsbegründung zum UMAG. Wenn dem Vorstand die Informationen, die er aus einer bestimmten Informationsquelle für seine Entscheidung erlangen kann, bereits bekannt sind, hält das OLG Celle das Ausschöpfen dieser Quelle für nicht erforderlich. Dafür spricht, dass es nicht sinnvoll erscheint, Zeit und finanzielle Mittel für eine Informationsbeschaffung zu verwenden, die keine weiteren Erkenntnisse für die Entscheidung des Organmitglieds erwarten lässt. Im Gegenteil kann ein solches Vorgehen pflichtwidrig sein, weil der Gesellschaft dadurch unnütze Kosten entstehen.

d. BGH, Beschluss vom 14.07.2008, II ZR 202/07

Der BGH hat mit seinem Beschluss über die Nichtzulassungsbeschwerde der Klägerinnen das Urteil der Vorinstanz[212] aufgehoben und an einen anderen Senat des Gerichts zurückverwiesen.

aa. Sachverhalt

Klägerinnen waren eine GmbH & Co. KG und ihre Komplementär-GmbH, die den ehemaligen Geschäftsführer der GmbH wegen Pflichtverletzungen bei der Umfinanzierung von Krediten in Höhe von insgesamt 80 Mio. DM im Jahre 1999 mit einer Teilklage über 2 Mio. Euro in Haftung nehmen wollten.[213] Das OLG München hatte einen Schadensersatzanspruch nach § 43 II GmbHG verneint, da der Geschäftsführer nicht gegen seine Pflichten verstoßen habe, weil seine Entscheidung für die Umfinanzierungsmaßnahme auf einer ausreichenden Informationsgrundlage – selbst erstellte Berechnungen und ein Maßnahmeplan – beruht habe.[214]

bb. Entscheidungsgründe

Der BGH stellte die Verletzung des Anspruchs der Klägerinnen auf rechtliches Gehör in entscheidungserheblicher Weise fest, da das OLG München mehrfach Vortrag der Klägerinnen, zum Teil mit Beweisen unterlegt, nicht berücksichtigt habe. In diesem Vortrag wurde u.a. dargelegt, warum die Entscheidungsvorbereitung des Geschäftsführers den Anforderungen an eine ausreichende Grundlage für die erfolgte Maßnahme der Umfinanzierung nicht gerecht geworden sei. Seine Berechnungen seien unzureichend und fehlerhaft gewesen. Mit Blick auf die Tragweite der Umfinanzierung hätten nach betriebswirtschaftlichen Grundsätzen umfassende Planrechnungen zu den Vor- und Nachteilen der Maßnahme vorgenommen werden müssen.[215]

---

212 *OLG München*, Urteil vom 08.08.2007, 7 U 1917/07, zitiert nach BeckRS 2008, 17279.
213 Siehe Tatbestand in der Entscheidung des *OLG München*, Urteil vom 08.08.2007, 7 U 1917/07, zitiert nach BeckRS 2008, 17279.
214 *BGH*, Beschluss vom 14.07.2008, II ZR 202/07, NZG 2008, S. 751.
215 *BGH*, Beschluss vom 14.07.2008, II ZR 202/07, NZG 2008, S. 751, 752.

Der BGH führte mit Blick auf das weitere Verfahren nach Zurückverweisung aus, dass einem Geschäftsführer Haftungsfreistellung im Zusammenhang mit unternehmerischen Entscheidungen nur gewährt werden könne, wenn seine Maßnahme auf einer sorgfältigen Ermittlung der Entscheidungsgrundlagen basiert. Dabei müssten „in der konkreten Entscheidungssituation alle verfügbaren Informationsquellen tatsächlicher und rechtlicher Art ausgeschöpft und auf dieser Grundlage die Vor- und Nachteile der bestehenden Handlungsoptionen sorgfältig abgeschätzt und den erkennbaren Risiken Rechnung getragen werden."[216]

cc. Eigene Würdigung

Mit dem Hinweis auf die Notwendigkeit der sorgfältigen Ermittlung der Entscheidungsgrundlagen wird die Rechtsprechung der ARAG/Garmenbeck-Entscheidung aufgegriffen, da derselbe Wortlaut verwendet wird.[217] Die weiteren vom BGH aufgestellten Anforderungen an die Haftungsprivilegierung des Geschäftsführers mit Blick auf die Entscheidungsgrundlage sind vom Wortlaut her sehr streng gefasst.[218] Der BGH nannte keine Gründe für seine Aussage zum Umfang der Informationsbeschaffung.[219] Die Anforderungen erscheinen viel höher als die der ARAG/Garmenbeck-Entscheidung – sorgfältige Ermittlung der Entscheidungsgrundlagen –, könnten allerdings insoweit eine Konkretisierung bedeuten, als nur bei deren Erfüllung von einer sorgfältigen Entscheidungsvorbereitung ausgegangen wird. Dafür würde auch sprechen, dass der BGH in der vorliegenden Entscheidung keinen Abstand von seiner früheren Rechtsprechung nimmt.

Die aufgestellten Anforderungen sind viel strenger als die Vorgaben der US-amerikanischen business judgment rule, wonach eine angemessene

---

216 *BGH*, Beschluss vom 14.07.2008, II ZR 202/07, NZG 2008, S. 751, 1. Leitsatz und S. 751, 752.

217 Der *BGH* verweist zwar auf BGHZ 152, 280; da in dieser Entscheidung aber die sorgfältige Ermittlung der Entscheidungsgrundlagen nicht ausdrücklich erwähnt wurde, jedoch an zwei Stellen auf die ARAG/Garmenbeck-Entscheidung verwiesen und dieses Urteil auch auf Geschäftsführer einer GmbH angewendet wurde, ist davon auszugehen, dass letztlich der Wortlaut aus der ARAG/Garmenbeck-Entscheidung gemeint war; vgl. auch *Redeke*, Entscheidungsbesprechung, NZG 2009, S. 496.

218 Siehe hierzu auch *J.-H. Binder*, AG 2012, S. 885, 887; *Redeke*, Entscheidungsbesprechung, NZG 2009, S. 496.

219 Diesbezüglich verweist der *BGH* lediglich auf *Goette*: in Festschrift 50 Jahre BGH, S. 123, 140 f., der dem Spruchkörper in der vorliegenden Entscheidung angehörte; dieser wiederum verwies in seinem Beitrag auf zwei Urteile des *BGH*, Urteil vom 06.06.1994, II ZR 292/91, BGHZ 126, S. 181, 200 und Urteil vom 01.07.1991, II ZR 180/90, ZIP 1991, S. 1140 (*Goette*: in Festschrift 50 Jahre BGH, S. 123, 141, Fußnote 151), die die Haftung von Geschäftsführern bei nicht rechtzeitiger Konkursanmeldung wegen falscher Fortführungsprognosen gegenüber Neugläubigern betrafen, also keine unternehmerische Entscheidung; vgl. auch Freitag/Korch, ZIP 2012, 2281, 2282.

Informationsgrundlage erforderlich ist, die nicht stets alle verfügbaren Informationen zu umfassen hat, sondern vom konkreten Einzelfall und den jeweiligen Rahmenbedingungen der Entscheidung abhängt.[220] Die zuvor betrachteten Entscheidungen des Landgerichts Düsseldorf, des OLG Oldenburg und des OLG Celle stellen ebenfalls viel geringere Anforderungen auf. Auch der Wortlaut des § 93 I 2 AktG spricht gegen eine derart strenge Auslegung des Informationsumfangs, denn auch hier wird nur eine angemessene Informationsgrundlage verlangt. Zu berücksichtigen ist jedoch, dass der BGH diese Vorschrift bei seinem Beschluss nicht anzuwenden hatte, da die infrage stehenden Handlungen des Geschäftsführers im Jahre 1999 vorgenommen wurden und daher zeitlich vor seiner Geltung lagen.[221] Der BGH hat die Vorschrift auch nicht erwähnt, obwohl sie zur Zeit seines Beschlusses bereits seit Jahren in Kraft war.

Bemerkenswert ist, dass unter einer Zugrundelegung solcher strengen Anforderungen an den "safe harbour" des Leitungsorgans, wonach alle verfügbaren Informationsquellen ohne jegliche Einschränkung verwendet werden müssten, eine Verrechtlichung und damit die Möglichkeit einer uneingeschränkten richterlichen Überprüfung der Entscheidungsgrundlage zugelassen würde. Der Handelnde dürfte bei der Entscheidungsvorbereitung keinerlei eigene Abwägung des Informationsbedarfs im konkreten Fall vornehmen, sondern müsste stets nach strikter Vorgabe handeln. Es käme nicht darauf an, welche Informationen er aus Ex-ante-Sicht für erforderlich halten durfte. Kriterien wie Zeitdruck, Tragweite der Entscheidung oder Kosten-Nutzen-Verhältnis wären nicht zu berücksichtigen. Ein solches Verständnis der pflichtgemäßen Informationsbeschaffung würde eine Haftungsprivilegierung von Organmitgliedern bei unternehmerischen Entscheidungen nur in den wenigsten Fällen zulassen.

e. *BGH, Beschluss vom 03.11.2008, II ZR 236/07*

Der BGH hat mit seinem Beschluss über die Nichtzulassungsbeschwerde des Beklagten das Urteil der Vorinstanz[222] aufgehoben und zurückverwiesen.

aa. Sachverhalt

Klägerin war eine Genossenschaftsbank, die ihren Vorstand wegen Pflichtverletzungen bei Kreditvergaben haftbar machen wollte. Das OLG Dresden hatte Sorgfaltspflichtverletzungen des Vorstands nach § 34 I GenG in Zusammenhang mit zwei Kreditbewilligungen bejaht.[223]

---

220 Siehe oben unter Gliederungspunkt B II 1 a und b.

221 Siehe Tatbestand in der Entscheidung des *OLG München*, Urteil vom 08.08.2007, 7 U 1917/07, zitiert nach BeckRS 2008, 17279.

222 *OLG Dresden*, Urteil vom 25.09.2007, 2 U 318/07, zitiert nach juris.

223 *OLG Dresden*, Urteil vom 25.09.2007, 2 U 318/07, zitiert nach juris, Rdn. 27, 31 und 91.

bb. Entscheidungsgründe

Vorliegend interessant ist das Kreditengagement „G“ im Jahre 1998, weil hier überprüft wurde, ob der Vorstand ausreichende Informationen eingeholt hatte, um das Risiko bei der Kreditgewährung einschätzen zu können, er also seine Entscheidung zur Kreditvergabe sorgfältig vorbereitet hat.[224]

Der BGH schloss sich dem OLG Dresden an und stellte fest, dass der Vorstand sich keine aktuellen Informationen über die wirtschaftlichen Verhältnisse des Kreditnehmers beschafft hatte und er damit seine Vorstandspflichten nach § 34 I GenG verletzt habe.[225] Der BGH verweist insoweit auf seinen Beschluss vom 14.07.2008,[226] der die Vorgabe aufstellte, dass in der konkreten Entscheidungssituation alle verfügbaren Informationsquellen zu verwenden seien.[227] Allerdings wiederholte er diese Vorgabe im vorliegenden Beschluss nicht, sondern führte aus, dass „für die Ausübung unternehmerischen Ermessens erst dann Raum sei, wenn der Vorstand die Entscheidungsgrundlagen sorgfältig ermittelt und das Für und Wider verschiedener Vorgehensweisen abgewogen habe“.[228]

cc. Eigene Würdigung

Auch bei dieser Entscheidung ist zu berücksichtigen, dass die maßgeblichen Handlungen des Geschäftsleiters – die Kreditbewilligung im Rahmen des Kreditengagement „G“– im Jahr 1998 lagen und damit zeitlich vor der Geltung des § 93 I 2 AktG. Diese Vorschrift wird auch nicht erwähnt.

In seinem Beschluss nimmt der BGH einerseits durch seinen Verweis auf seine frühere Entscheidung aus dem gleichen Jahr einen indirekten Bezug auf die strengen Anforderungen an die Informationsbeschaffung, andererseits verwendet er den milderen Wortlaut der ARAG/Garmenbeck-Entscheidung und prüft lediglich eine sorgfältige Informationsbeschaffung. Der BGH äußert sich wieder nicht zu diesen unterschiedlichen Ansätzen. Es erfolgt auch keine Distanzierung von den aufgestellten strikten Erfordernissen für den Informationsumfang in seiner Entscheidung vom 14.07.2008. Dies erscheint wieder nur dann stimmig, wenn man beide Aussagen zusammenführt und annimmt, dass der BGH auf seine sehr eng gefassten Vorgaben nicht verzichtet, sondern nur unter diesen Voraussetzungen

---

224 *BGH*, Beschluss vom 03.11.2008, II ZR 236/07, ZIP 2009, S. 223.
225 *BGH*, Beschluss vom 03.11.2008, II ZR 236/07, ZIP 2009, S. 223.
226 *BGH*, Beschluss vom 14.07.2008, II ZR 202/07, NZG 2008, S. 751; siehe oben unter Gliederungspunkt B II 2 d.
227 Diese Entscheidung wird besprochen von *Geschwandtner*, BB 2009, 465, der auf eine vernünftigerweise angenommene angemessene Informationsgrundlage für die Entscheidung des Vorstands abstellen möchte. Hierbei ist aber zu berücksichtigen, dass die infrage stehenden Handlungen des Vorstands zeitlich vor der Geltung des § 93 I 2 AktG lagen, da die Kreditvergabe im Jahr 1998 erfolgte.
228 *BGH*, Beschluss vom 03.11.2008, II ZR 236/07, ZIP 2009, S. 223, 1. Leitsatz.

eine sorgfältige Ermittlung der Entscheidungsgrundlagen anerkennt. Dies läge auch auf der Linie der zuvor betrachteten BGH-Entscheidung aus dem Jahr 2008.

f. OLG Düsseldorf, Beschluss vom 09.12.2009, I-6 W 45/09 – IKB

Dieser Beschluss betraf eine Beschwerde gegen die Stattgabe eines Antrags auf gerichtliche Bestellung eines Sonderprüfers nach § 142 II AktG.[229]

aa. Sachverhalt

Aktionäre der IKB Deutsche Industriebank AG hatten beim Landgericht Düsseldorf die Bestellung eines Sonderprüfers beantragt, der Vorwürfe verschiedener Pflichtverletzungen sowohl des Vorstands als auch des Aufsichtsrats der IKB in Zusammenhang mit Derivategeschäften untersuchen sollte, die diese Gesellschaft im Jahre 2007 in die Krise geführt hatten. Das Landgericht hatte dem Antrag stattgegeben. Hiergegen erhob die IKB Beschwerde beim Oberlandesgericht Düsseldorf.

bb. Entscheidungsgründe

Das OLG Düsseldorf hatte zu prüfen, ob Tatsachen vorlagen, die den Verdacht rechtfertigen, dass bei einem Vorgang der Geschäftsführung Unredlichkeiten oder grobe Verletzungen des Gesetzes oder der Satzung vorgekommen sind. Hier interessant ist der Vorwurf eines Pflichtverstoßes durch den Vorstand, auf den das OLG die business judgment rule anwendete und den hinreichenden Verdacht für eine grobe Pflichtverletzung dahin gehend begründete, dass seine Entscheidung entweder nicht auf ausreichenden Informationen beruht habe oder bewusst unvertretbare Risiken eingegangen worden seien.[230] Die Entscheidungsgründe mit Blick auf die erste Alternative sollen an dieser Stelle näher betrachtet werden.[231]

Das OLG Düsseldorf bezog sich auf § 93 I 2 AktG und stellte die Voraussetzung der Pflicht des Vorstands zur Einholung von Informationen heraus. Dabei verlangte es „die Ausschöpfung aller ihm zur Verfügung stehenden Erkenntnisquellen."[232] Aufgrund der Art der Verbriefungsgeschäfte, die als neuartige Finanzgeschäfte überaus kompliziert und unüberschaubar gefährlich gewesen seien, wurde davon ausgegangen, dass es für den Vorstand fast unmöglich gewesen sei, sich in ausreichendem Maße zu informieren. Der Vorstand hatte Bewertungen von US-amerikanischen Rating-Agenturen eingeholt und sich auf diese externen Informationsquellen verlassen. Das OLG Düsseldorf sah diese Informationen nicht

---

229 *OLG Düsseldorf*, Beschluss vom 09.12.2009, I-6 W 45/09, AG 2010, S. 126 – IKB.
230 *OLG Düsseldorf*, Beschluss vom 09.12.2009, I-6 W 45/09, AG 2010, S. 126, 128 – IKB.
231 Die Untersuchung der zweiten Alternative erfolgt später unter Gliederungspunkt B III 2.
232 *OLG Düsseldorf*, Beschluss vom 09.12.2009, I-6 W 45/09, AG 2010, S. 126, 128 – IKB.

als ausreichend an und bemängelte, dass sich der Vorstand nicht allein auf diese Bewertungen habe verlassen dürfen, sondern eigene Informationsquellen hätte schaffen und auswerten müssen. Es ging davon aus, dass die Rating-Agenturen Interessenkonflikten unterlägen, da diese ihre Auftraggeber zunächst bei den Finanzprodukten gestaltend und beratend begleiteten und diese später bewerteten. Solche Interessenkollisionen seien dem Vorstand auch erkennbar gewesen. Ferner würden die Gewährleistungsansprüche mit Blick auf die erteilten Informationen vertraglich ausgeschlossen. Und schließlich betonte das OLG Düsseldorf die geringe Erfahrung der Rating-Agenturen mit den betreffenden – noch jungen – Verbriefungsgeschäften.[233]

cc. Eigene Würdigung

Das OLG Düsseldorf ist der Rechtsprechung des BGH gefolgt und hat auf die Ausschöpfung aller verfügbaren Informationsquellen abgestellt. In seiner Formulierung fehlt der Zusatz „in der konkreten Entscheidungssituation“; im Übrigen ist der Wortlaut gleich. Zu beachten ist bei dieser Entscheidung, dass – anders als bei den früheren Beschlüssen des BGH – § 93 I 2 AktG ausdrücklich angewendet wurde. Das OLG Düsseldorf nannte zunächst die Voraussetzungen dieser Vorschrift, eben auch die angemessene Informationsgrundlage, stellte dann aber sofort fest, dass diese Pflicht zur Informationseinholung alle zur Verfügung stehenden Informationen umfasst.[234] Mit Blick auf die Begründung des Gesetzgebers ist diese Anforderung zu streng gefasst, da dieser dem Vorstand einen gewissen Handlungsspielraum bei der Auswahl und Gewichtung der Informationen belässt.[235]

Allerdings wurde vorliegend ausschließlich auf die Informationen der Rating-Agenturen vertraut, sodass selbst bei einer weniger strengen Anforderung an die Informationsbeschaffung die Argumente des OLG Düsseldorf, gerade auch mit Blick auf die bestehenden Interessenkonflikte und der geringen Erfahrung der Rating-Agenturen, stichhaltig sein dürften.[236] Die Regierungsbegründung zum UMAG und auch die US-amerikanische business judgment rule verlangen bei Entscheidungen von sehr großer Tragweite und mit besonders hohem Risiko einen

233 *OLG Düsseldorf*, Beschluss vom 09.12.2009, I-6 W 45/09, AG 2010, S. 126, 128 – IKB.
234 *OLG Düsseldorf*, Beschluss vom 09.12.2009, I-6 W 45/09, AG 2010, S. 126, 128 – IKB.
235 Siehe oben unter Gliederungspunkt B II 1 c; vgl. auch *Freitag/Korch*, ZIP 2012, S. 2281, 2285 und *Müller-Michaels/Wingerter*, AG 2010, S. 903, 907, die diese umfassende Forderung des OLG für falsch halten, da sie nicht berücksichtigt, dass der Umfang der Informationseinholung sich auch nach wirtschaftlichen Kriterien wie etwa der Kosten zu richten habe.
236 Vgl. Fleischer, NJW 2010, S. 1504, 1505 und auch die Anmerkung zu diesem Urteil von *Spindler*, NZG 2010, S. 281, 284, der bei neuen Geschäften für deren Risikoeinschätzung eine Informationsbeschaffung auf breiter Ebene verlangt, die auch eigene Analysen umfasst und Ratings nur als eine Unterstützung bei der Entscheidungsfindung ansieht.

entsprechend großen Informationsumfang. Der Ansicht des OLG Düsseldorf, dass die Ausschöpfung weiterer Informationsquellen erforderlich gewesen wäre, ist daher zu folgen.

Bei der Prüfung des OLG Düsseldorf, ob sich der Vorstand auf die Bewertungen der Rating-Agenturen habe verlassen dürfen, klingt das "right of reliance" aus der US-amerikanischen Rechtsprechung zur business judgment rule an. Wegen des Vorliegens von Interessenkonflikten wurden die Unabhängigkeit der Rating-Agenturen und ein Sich-Verlassen-Dürfen auf diese Expertise verneint. Solche Interessenwidersprüche sind hier wegen der Vorbefassung der Rating-Agenturen mit der Ausgestaltung der Wertpapiere nicht von der Hand zu weisen und waren auch aus der maßgeblichen Ex-ante-Sicht des Entscheidungsträgers offensichtlich. Das OLG Düsseldorf stellte ferner die fachliche Qualifikation der Rating-Agenturen zur Bewertung der damals neuen Finanzprodukte infrage, da sie noch keine diesbezüglichen Erfahrungswerte auf diesem jungen Markt besaßen. Wenn auch grundsätzlich von einer fachlichen Kompetenz staatlich anerkannter Rating-Agenturen in solchen Fragen auszugehen ist, sprechen die genannten Besonderheiten im vorliegenden Fall dafür, deren Beratung nicht allein für die Entscheidungsgrundlage ausreichen zu lassen, sondern daneben andere Informationsquellen wie beispielsweise eigene Analysen zu nutzen, um eine ausreichende Informationsgrundlage zur Abwägung der Chancen und Risiken der Finanzprodukte zu erhalten.

g. *OLG Köln, Beschluss vom 22.02.2010, 18 W 1/10*

Dieser Beschluss betraf die Beschwerde gegen die gerichtliche Bestellung eines Sonderprüfers nach § 142 II AktG.[237] Das OLG Köln hatte daher zu prüfen, ob Tatsachen vorlagen, die den Verdacht rechtfertigen, dass bei einem Vorgang der Geschäftsführung Unredlichkeiten oder grobe Verletzungen des Gesetzes oder der Satzung vorgekommen sind.

aa. Sachverhalt

Das OLG Köln befasste sich mit einer möglichen Sorgfaltspflichtverletzung des Vorstands und des Aufsichtsrats der Mistral Media AG, einer Holdinggesellschaft im Medienbereich, beim Kauf einer Fernsehproduktions-GmbH im Jahre 2006 mit Blick auf den vereinbarten Kaufpreis. Zum Erwerbszeitpunkt wies das Unternehmen einen Jahresüberschuss von 1,6 Mio. Euro und einen Jahresumsatz von 17 Mio. Euro auf. Die AG zahlte einen Kaufpreis von 33 Mio. Euro zzgl. 450.000 Euro Erwerbsnebenkosten. Nach einem Ergebnisrückgang des erworbenen Unternehmens im Jahr 2007 musste die AG eine Wertberichtigung für die Beteiligung von 33,5 Mio. Euro auf 16,8 Mio. Euro vornehmen.[238] Kausal für diesen

237 *OLG Köln*, Beschluss vom 22.02.2010, 18 W 1/10, AG 2010, S. 414.
238 *OLG Köln*, Beschluss vom 22.02.2010, 18 W 1/10, AG 2010, S. 414.

Ergebnisrückgang waren insbesondere die vorübergehende Einstellung einer Fernsehserie und die Reduzierung der Ausstrahlung einer weiteren Serie in diesem Geschäftsjahr.[239]

bb. Entscheidungsgründe

Das OLG Köln hielt die Beschwerde gegen die Bestellung des Sonderprüfers für begründet, da keine Anhaltspunkte vorlägen, die eine Unredlichkeit oder einen groben Verstoß iSv. § 142 II AktG wahrscheinlich erscheinen ließen. Bei der Prüfung einer Sorgfaltspflichtverletzung nach § 93 I AktG wurde darauf hingewiesen, dass die Entscheidung, ein Unternehmen zu einem bestimmten Kaufpreis zu erwerben, eine unternehmerische Entscheidung darstellen würde, auf die die business judgment rule anzuwenden wäre. Bei der Ermittlung des Unternehmenswertes und damit der Grundlage des Kaufpreises sei das übliche, anerkannte Ertragswertverfahren in methodisch richtiger Weise angewandt worden.[240] Besondere Risiken der zu erwerbenden GmbH, zu denen auch die Umstände für den tatsächlich erfolgten Ergebnisrückgang zählten, seien mit einem Risikozuschlag berücksichtigt worden.[241] Die zugrunde gelegten Prämissen seien richtig gewesen. Da dieses Verfahren Prognosen über zu erwartende Erträge des zu erwerbenden Unternehmens aufstelle und die Entwicklung im Einzelfall anders als prognostiziert verlaufen könne, verbleibe stets eine Unsicherheit und damit auch das Risiko, dass der tatsächliche Unternehmenswert geringer als der in diesem Verfahren ermittelte ist. Die aufgestellten Prognosen in dem Bewertungsgutachten seien plausibel gewesen. Das OLG Köln sah keine Anhaltspunkte, dass der Vorstand oder Aufsichtsrat vor Vertragsschluss hätte erkennen können, dass der Wert der GmbH als Grundlage des Kaufpreises tatsächlich deutlich geringer war.[242]

cc. Eigene Würdigung

Verweise auf die ARAG/Garmenbeck-Rechtsprechung oder andere Entscheidungen des BGH erfolgen nicht; es wird lediglich an einer Stelle des Beschlusses kurz auf die Anwendung des § 93 I 2 AktG wegen Vorliegens einer unternehmerischen Entscheidung eingegangen, ohne konkret unter die einzelnen Voraussetzungen zu subsumieren.

Aus den Entscheidungsgründen wird ersichtlich, dass das OLG Köln die Informationsgrundlage zur Bestimmung des Kaufpreises – das Gutachten über die Unternehmensbewertung nach der Ertragswertmethode – als ausreichend angesehen hat. Es stellt demnach nicht die strenge Anforderung, alle verfügbaren Informationsquellen zu nutzen. Dem Ergebnis des OLG Köln ist zuzustimmen, da der

---

239 *OLG Köln*, Beschluss vom 22.02.2010, 18 W 1/10, AG 2010, S. 414, 416.
240 *OLG Köln*, Beschluss vom 22.02.2010, 18 W 1/10, AG 2010, S. 414, 415.
241 *OLG Köln*, Beschluss vom 22.02.2010, 18 W 1/10, AG 2010, S. 414, 416.
242 *OLG Köln*, Beschluss vom 22.02.2010, 18 W 1/10, AG 2010, S. 414, 415.

Kaufpreis nach sachlichen Kriterien und unter Anwendung einer anerkannten Bewertungsmethode bestimmt worden ist. Weitere Informationen hätten keine zusätzlichen Erkenntnisse gebracht, da auch sie die konkrete Weiterentwicklung des zu erwerbenden Unternehmens nicht mit Sicherheit hätten bestimmen können. Auch in der Regierungsbegründung zum UMAG wird keine routinemäßige Anforderung von Gutachten verlangt, sondern lediglich die Einholung solcher Informationen, die erforderlich und sinnvoll erscheinen.[243]

h. OLG Stuttgart, Beschluss vom 14.10.2010, 20 W 16/06 – Daimler/Chrysler

Dieser Beschluss wurde bereits bei den Beispielen zur unternehmerischen Entscheidung genannt.[244]

Das OLG Stuttgart hatte im Spruchverfahren über den Antrag von Aktionären der Daimler Benz AG zu entscheiden, die die Festsetzung einer baren Zuzahlung nach § 15 UmwG beanspruchten, da sie der Ansicht waren, dass das Umtauschverhältnis im Rahmen der Verschmelzung der Daimler Benz AG auf die Antragsgegnerin, die Daimler Chrysler AG, im Jahr 1998 zu niedrig bemessen war.[245]

aa. Sachverhalt

Das Umtauschverhältnis war zwischen den Vorständen der beiden Gesellschaften ausgehandelt worden, wobei die Unternehmenswerte der übertragenden und der aufnehmenden Gesellschaft und die sich daraus ergebende Relation durch zwei getrennt in Auftrag gegebene Gutachten voneinander unabhängiger Wirtschaftsprüfungsgesellschaften ermittelt worden sind.[246] Das im Verschmelzungsbericht niedergelegte Ergebnis dieser Verhandlung wurde vom gerichtlich bestellten Verschmelzungsprüfer kontrolliert. Dabei umfasste diese Prüfung auch das festgelegte Umtauschverhältnis.[247] Zur Wirksamkeit des Verschmelzungsvertrags erfolgten die Zustimmungen der Hauptversammlungen der beiden Gesellschaften mit einer qualifizierten Kapitalmehrheit des vertretenen Grundkapitals.[248]

---

243 RegBegr. UMAG-E, BT-Drucksache 15/5092, S. 1, 12.

244 Siehe oben unter Gliederungspunkt B I 2 e.

245 *OLG Stuttgart*, Beschluss vom 14.10.2010, 20 W 16/06, zitiert nach juris, Rdn. 1 – Daimler/Chrysler.

246 *OLG Stuttgart*, Beschluss vom 14.10.2010, 20 W 16/06, zitiert nach juris, Rdn. 13 – Daimler/Chrysler.

247 *OLG Stuttgart*, Beschluss vom 14.10.2010, 20 W 16/06, zitiert nach juris, Rdn. 17 – Daimler/Chrysler.

248 *OLG Stuttgart*, Beschluss vom 14.10.2010, 20 W 16/06, zitiert nach juris, Rdn. 10 f. – Daimler/Chrysler.

bb. Entscheidungsgründe

Das OLG Stuttgart verneinte eine Unangemessenheit des Umtauschverhältnisses.[249] Es stellte fest, dass bei der Verhandlung über den Verschmelzungsvertrag und der davon erfassten Bewertung der an der Verschmelzung beteiligten Gesellschaften als unternehmerischer Entscheidung der Rechtsgedanke des § 93 I 2 AktG anwendbar wäre, obwohl die Verschmelzung bereits vor dessen Inkrafttreten stattgefunden hatte, weil dieser Rechtsgedanke bereits in der ARAG/Garmenbeck-Entscheidung zum Ausdruck gekommen sei.[250]

Eine angemessene Entscheidungsgrundlage und damit eine ausreichende Informationsbeschaffung wurde mit Blick auf die Voraussetzungen des herangezogenen § 93 I 2 AktG bejaht. Die Art der einzuholenden Informationen richte sich nach der Bewertungsmethode, die die Vertragspartner vereinbart hätten.[251] Da Wirtschaftsprüfungsunternehmen mit der Bewertung der an der Verschmelzung beteiligten Unternehmen und der daraus resultierenden Ermittlung des Umtauschverhältnisses beauftragt worden seien, sei deren Tätigkeit bei der Prüfung der angemessenen Informationsgrundlage zu betrachten gewesen.[252] Die Wirtschaftsprüfer hätten alle relevanten Unterlagen und Informationen zur Verfügung gestellt bekommen, sodass sie eine vollumfängliche Prüfung vornehmen konnten. Irgendwelche Gründe für Zweifel an den Gutachten der Wirtschaftsprüfer hätten nicht bestanden, da die Wertverhältnisse ordnungsgemäß ermittelt worden seien. Die Wirtschaftsprüfungsgesellschaften seien auch sorgfältig ausgesucht, angewiesen und überprüft worden. Zuvor hätten die beteiligten Gesellschaften sowohl mit internen als auch mit externen Fachleuten unter Austausch der Unternehmensplanungen Analysen der jeweils anderen Gesellschaft erstellt. Es seien auch entsprechende Prüfungen von involvierten Investmentbanken durchgeführt worden, die ebenfalls zu dem Ergebnis gekommen seien, dass das Umtauschverhältnis angemessen wäre.[253]

cc. Eigene Würdigung

Das OLG Stuttgart zog sowohl die ARAG/Garmenbeck-Entscheidung als auch § 93 I 2 AktG zur Beurteilung heran, ob die beteiligten Vorstände auf einer ausreichenden Informationsgrundlage gehandelt hatten. Das Erfordernis der Einholung

---

249 *OLG Stuttgart*, Beschluss vom 14.10.2010, 20 W 16/06, zitiert nach juris, Rdn. 74 – Daimler/Chrysler.

250 *OLG Stuttgart*, Beschluss vom 14.10.2010, 20 W 16/06, zitiert nach juris, Rdn. 102 f. – Daimler/Chrysler.

251 *OLG Stuttgart*, Beschluss vom 14.10.2010, 20 W 16/06, zitiert nach juris, Rdn. 197 – Daimler/Chrysler.

252 *OLG Stuttgart*, Beschluss vom 14.10.2010, 20 W 16/06, zitiert nach juris, Rdn. 198 – Daimler/Chrysler.

253 *OLG Stuttgart*, Beschluss vom 14.10.2010, 20 W 16/06, zitiert nach juris, Rdn. 203 f. – Daimler/Chrysler.

aller verfügbaren Informationen hat es nicht aufgestellt, sondern ausgeführt, dass es zur Beurteilung, welche Informationen relevant seien, auf die Art der Bewertungsmethode ankomme, die die Verhandlungspartner gewählt haben. Damit wird berücksichtigt, dass es sich um einen Vertrag handelt, dessen Bedingungen von den Vertragsparteien ausgehandelt werden. Die Voraussetzungen sind nicht so streng gefasst, sondern werden auf den erforderlichen Informationsbedarf bei Anwendung der Ertragswertmethode, auf die die Vertragspartner sich verständigt haben, beschränkt.

Es wurden Informationen unterschiedlicher sowohl interner als auch externer Quellen eingeholt. Die an der Verhandlung beteiligten Vorstände hatten u.a. Wirtschaftsprüfungsunternehmen für die Unternehmensbewertungen eingeschaltet. Das OLG Stuttgart bejaht ein "right of reliance", wenn es feststellt, dass die Vorstände die Wirtschaftsprüfer sorgfältig ausgesucht, ihnen alle für die Bewertungen erforderlichen Unterlagen und Informationen überlassen und die Gutachten keinen Anlass zu Zweifeln an deren Richtigkeit gegeben hätten. Wirtschaftsprüfer sind vorliegend für die Bewertung der Unternehmen sicherlich als fachkundige externe Berater prädestiniert. Es sind auch keine Anhaltspunkte für eine Abhängigkeit von den Auftraggebern ersichtlich. Daher spricht alles dafür, dass die Ergebnisse der Wirtschaftsprüfungsgesellschaften dem Verschmelzungsvertrag zugrunde gelegt werden durften. Mit Blick auch auf die weiteren eingeholten Informationen ist dem Ergebnis des OLG Stuttgart zuzustimmen, dass die Voraussetzung der angemessenen Informationsgrundlage erfüllt ist.

i. OLG Frankfurt, Urteil vom 07.12.2010, 5 U 29/10 und OLG Frankfurt, Beschluss vom 15.06.2011, 21 W 18/11

Beide Entscheidungen ergingen in Zusammenhang mit der Übernahme der Dresdner Bank AG durch die Commerzbank AG in den Jahren 2008/2009.

aa. Gemeinsamer Sachverhalt

Zunächst sollte der Erwerb der Dresdner Bank AG von der Allianz AG in zwei Schritten erfolgen. Im ersten Schritt erwarb die Commerzbank AG rund 60 % der Dresdner Bank AG.[254] Anschließend sollte die Dresdner Bank AG auf die Commerzbank AG verschmolzen werden und die Allianz AG für die restlichen Anteile an der Dresdner Bank AG Aktien der Commerzbank AG erhalten.[255] Inzwischen hatte sich die Finanzmarktkrise durch die Insolvenz der US-amerikanischen Investmentbank Lehman Brothers im September 2008 zunehmend verschärft.[256] Der zweite Schritt des Erwerbs wurde nicht mehr wie vereinbart durchgeführt, sondern dahin

254 *OLG Frankfurt*, Urteil vom 07.12.2010, 5 U 29/10, zitiert nach juris, Rdn. 2.
255 *OLG Frankfurt*, Urteil vom 07.12.2010, 5 U 29/10, zitiert nach juris, Rdn. 3.
256 *OLG Frankfurt*, Urteil vom 07.12.2010, 5 U 29/10, zitiert nach juris, Rdn. 5.

gehend abgeändert, dass die Commerzbank AG die restlichen Anteile an der Dresdner Bank AG vorzeitig erwarb, und zwar unter Inanspruchnahme von Hilfsmitteln des Sonderfonds Finanzmarktstabilisierung – SoFFin. Die Übernahme der restlichen rund 40 % der Anteile erfolgte gegen Barzahlung, wobei der Kaufpreis erheblich reduziert wurde.[257] Anschließend wurde die Dresdner Bank AG als nunmehr 100 %ige Tochtergesellschaft der Commerzbank AG auf diese verschmolzen.[258] Aus diesem Sachverhalt resultierten die beiden Verfahren vor dem OLG Frankfurt, die vom 5. bzw. 21. Zivilsenat des OLG entschieden wurden.

bb. OLG Frankfurt, Urteil vom 07.12.2010, 5 U 29/10

Dieses Urteil wurde bereits bei den Beispielen für unternehmerische Entscheidungen betrachtet.[259] Im Rahmen einer Klage auf Nichtigerklärung von Beschlüssen der Hauptversammlung hinsichtlich der Entlastung von Vorstands- und Aufsichtsratsmitgliedern hatte der 5. Zivilsenat des OLG Frankfurt darüber zu entscheiden, ob Vorstand und Aufsichtsrat bei der Übernahme der Dresdner Bank durch die Commerzbank Sorgfaltspflichten verletzt haben. Mit Blick auf eine ausreichende Informationsgrundlage sind hier die Prüfungen von Pflichtverletzungen bei der Durchführung der Due Diligence, hinsichtlich des Unterlassens einer ergänzenden Due Diligence vor Abschluss der Vertragsänderungen und bei der Verhandlung des Kaufpreises interessant.

(1) Entscheidungsgründe

Das OLG Frankfurt wandte § 93 I 2 AktG an und verwies in diesem Zusammenhang auf die ARAG/Garmenbeck-Entscheidung und damit auch auf die Notwendigkeit der sorgfältigen Ermittlung der Entscheidungsgrundlagen.[260] Es stellte fest, dass die Due Diligence sorgfältig und umfassend durchgeführt worden sei. Sie habe neun Wochen gedauert und sei zeitweilig mit 450 Mitarbeitern, die auf 13 Teams mit Spezialisten verteilt waren, betrieben worden.[261] Dabei wären alle Risiken gesehen worden.[262] Eine erneute Due Diligence vor den Vertragsänderungen war nach Ansicht des OLG Frankfurt nicht durchzuführen, da dabei keine neuen Informationen erzielt worden wären, weil alle relevanten Risiken bereits bekannt gewesen seien.[263] Die Heranziehung der IKB-Entscheidung des OLG Düsseldorf[264],

---

257 *OLG Frankfurt*, Urteil vom 07.12.2010, 5 U 29/10, zitiert nach juris, Rdn. 6, 8 und 153 f.
258 *OLG Frankfurt*, Urteil vom 07.12.2010, 5 U 29/10, zitiert nach juris, Rdn. 12.
259 Siehe oben unter Gliederungspunkt B I 2 f.
260 *OLG Frankfurt*, Urteil vom 07.12.2010, 5 U 29/10, zitiert nach juris, Rdn. 108.
261 *OLG Frankfurt*, Urteil vom 07.12.2010, 5 U 29/10, zitiert nach juris, Rdn. 113.
262 *OLG Frankfurt*, Urteil vom 07.12.2010, 5 U 29/10, zitiert nach juris, Rdn. 112.
263 *OLG Frankfurt*, Urteil vom 07.12.2010, 5 U 29/10, zitiert nach juris, Rdn. 117.
264 *OLG Düsseldorf*, Beschluss vom 09.12.2009, I-6 W 45/09, AG 2010, S. 126 ff. – IKB; siehe oben unter Gliederungspunkt B II 2 f.

in der die fast vollständige Unmöglichkeit für den Vorstand zur Schaffung einer ausreichenden Informationsbasis betont wurde, lehnte das OLG Frankfurt ab, da die Sachverhalte nicht vergleichbar wären.[265]

Schließlich stellte der 5. Zivilsenat fest, dass auch bei der Festlegung des Kaufpreises für die Anteile der Dresdner Bank AG auf ausreichender Informationsgrundlage gehandelt wurde.[266] In diesem Zusammenhang verwies es auf die BGH-Rechtsprechung vom 14.07.2008, wonach in der Entscheidungssituation alle verfügbaren Informationsquellen auszuschöpfen seien.[267] Sowohl das Bewertungsgutachten einer Wirtschaftsprüfungsgesellschaft als auch eine Fairness Opinion sowie Analysebewertungen wurden bei der Verhandlung über den Kaufpreis herangezogen.[268]

(2) Eigene Würdigung

Der 5. Zivilsenat des OLG Frankfurt hat mit Blick auf die Informationsgrundlage nicht unmittelbar auf den Wortlaut des § 93 I 2 AktG abgestellt und eine Angemessenheit geprüft, sondern hat die BGH-Rechtsprechung herangezogen und einerseits die Formulierung der ARAG/Garmenbeck-Entscheidung, andererseits aber im Verlaufe des Urteils auch die strenge Voraussetzung der umfassenden Informationsbeschaffung aus dem BGH-Beschluss vom 14.07.2008 übernommen. Auf die unterschiedlichen Formulierungen wurde nicht eingegangen. Jedenfalls nahm der 5. Senat des OLG Frankfurt ausreichende Informationsbeschaffungen an, was angesichts der Vielfalt geeigneter Informationsquellen zu befürworten ist.

Wenn der 5. Zivilsenat des OLG Frankfurt eine weitere Due Diligence für nicht erforderlich hielt, weil sie keine neuen Erkenntnisse gebracht hätte, stellt es – wie bereits das OLG Köln in seiner Entscheidung vom 22.02.2010[269] – darauf ab, dass es der Einholung zusätzlicher Informationen nur bedarf, wenn diese mit Blick auf die zu treffende Entscheidung weiterführend erscheinen. Dies liegt auch – wie oben bereits erwähnt – auf der Linie der Regierungsbegründung zum UMAG.[270] Durch diese Aussage wird die Voraussetzung des Erfordernisses der Beschaffung aller zur Verfügung stehender Informationen insoweit eingeschränkt, als es nur um solche geht, die nicht bereits aus anderen Quellen bekannt sind. Dies erspart weitere Kosten für eine Informationsbeschaffung, die nicht von Nutzen ist und allenfalls zur weiteren Absicherung des Entscheidungsträgers dienen kann.

---

265 *OLG Frankfurt*, Urteil vom 07.12.2010, 5 U 29/10, zitiert nach juris, Rdn. 119 f.

266 *OLG Frankfurt*, Urteil vom 07.12.2010, 5 U 29/10, zitiert nach juris, Rdn. 129.

267 *BGH*, Beschluss vom 14.07.2008, II ZR 202/07, NZG 2008, S. 751 ff.; siehe oben unter Gliederungspunkt B II 2 d.

268 *OLG Frankfurt*, Urteil vom 07.12.2010, 5 U 29/10, zitiert nach juris, Rdn. 148.

269 *OLG Köln*, Beschluss vom 22.02.2010, 18 W 1/10, AG 2010, S. 414; siehe oben unter Gliederungspunkt B II 2 g.

270 Siehe oben unter Gliederungspunkt B II 1 c.

cc. OLG Frankfurt, Beschluss vom 15.06.2011, 21 W 18/11

Dieser Beschluss betraf die Beschwerde gegen die Ablehnung der gerichtlichen Bestellung eines Sonderprüfers nach § 142 II AktG.[271] Der 21. Zivilsenat des OLG Frankfurt hatte daher zu prüfen, ob Tatsachen vorlagen, die den Verdacht rechtfertigen, dass bei einem Vorgang der Geschäftsführung Unredlichkeiten oder grobe Verletzungen des Gesetzes oder der Satzung vorgekommen sind. Er befasste sich ebenfalls mit möglicherweise vorliegenden Sorgfaltspflichtverletzungen des Vorstands der Commerzbank AG in Zusammenhang mit der Übernahme der Dresdner Bank AG durch die Commerzbank AG. Hier interessant sind die Prüfungen vorgeworfener grober Pflichtverletzungen des Vorstands einerseits dadurch, dass vor Abschluss von Änderungsverträgen keine erneute Due Diligence bei der zu übernehmenden Dresdner Bank AG erfolgte, obwohl sich deren finanzielle Situation aufgrund der sich verschärfenden Finanzmarktkrise inzwischen verschlechtert hätte, andererseits dadurch, dass der ursprüngliche Vertrag auf einer nicht ausreichenden Informationsgrundlage basierte.[272]

(1) Entscheidungsgründe

Das OLG Frankfurt berief sich mit Blick auf die erstgenannte in Rede stehende Pflichtverletzung auf die Regierungsbegründung zum UMAG, in der dem Vorstand ein großer Spielraum hinsichtlich des Informationsbedarfs im Vorfeld einer unternehmerischen Entscheidung und eine eigene Einschätzung zugestanden würde.[273] Es verneinte das Bestehen eines „objektiv richtigen Maßes der Informationsbeschaffung“[274] und führte aus, dass die Entscheidung des Vorstands über Art und Umfang der Informationsbeschaffung und die Verarbeitung der Informationen zur Vorbereitung seiner unternehmerischen Entscheidung „vertretbar und nachvollziehbar“[275] sein müssten. Es sah in dem Tatsachenvortrag des Antragstellers keine Anhaltspunkte für die Überschreitung des Ermessens des Vorstands bei der Abwägung des Informationsumfangs.[276]

Den Vorwurf, der ursprüngliche Vertrag basiere nicht auf einer ausreichenden Informationsgrundlage, wies das OLG Frankfurt ebenfalls wegen mangelnden Vortrags des Antragstellers zurück. Auch insoweit verneinte es Anhaltspunkte für eine Überschreitung des Spielraums bei der Informationsbeschaffung und -bewertung, zumal der Antragsteller nicht vorgetragen habe, welche weiteren Informationen vom Vorstand hätten eingeholt werden sollen. Es lagen bereits eine Due Diligence,

---

271 *OLG Frankfurt*, Beschluss vom 15.06.2011, 21 W 18/11, ZIP 2011, S. 1764.
272 *OLG Frankfurt*, Beschluss vom 15.06.2011, 21 W 18/11, ZIP 2011, S. 1764, 1767.
273 *OLG Frankfurt*, Beschluss vom 15.06.2011, 21 W 18/11, ZIP 2011, S. 1764, 1767.
274 *OLG Frankfurt*, Beschluss vom 15.06.2011, 21 W 18/11, ZIP 2011, S. 1764, 1767.
275 *OLG Frankfurt*, Beschluss vom 15.06.2011, 21 W 18/11, ZIP 2011, S. 1764, 1767.
276 *OLG Frankfurt*, Beschluss vom 15.06.2011, 21 W 18/11, ZIP 2011, S. 1764, 1767.

ein Bewertungsgutachten, eine Fairness Opinion und umfassende interne Analysen der Fachabteilungen der Commerzbank AG vor.[277]

(2) Eigene Würdigung

Diese Entscheidung übernimmt die Anforderungen der Regierungsbegründung zum UMAG an die ausreichende Informationsgrundlage und stellt auf einen Ermessensspielraum des Vorstands bei seinen Überlegungen ab, welche Informationen er einholen und wie er diese gewichten und bewerten soll. Die Grenze liegt dort, wo seine Entscheidung in Bezug auf den Informationsbedarf und die Auswertung der Informationsquellen nicht mehr vertretbar und nachvollziehbar ist. Es wird also im Rahmen der (nachträglichen) rechtlichen Überprüfung der ausreichenden Informationsgrundlage von der Sicht des Vorstands – ex ante – ausgegangen und geschaut, ob seine Maßnahmen bei der Informationsbeschaffung und -bewertung als nachvollziehbar erscheinen. Diese Anforderungen an die Informationsgrundlage erscheinen bedeutend geringer als diejenigen des BGH und einiger Oberlandesgerichte – eingeschlossen der 5. Zivilsenat des OLG Frankfurt –, wonach in der konkreten Entscheidungssituation alle verfügbaren Informationsquellen tatsächlicher und rechtlicher Art ausgeschöpft werden müssen. Es wird eine differenziertere Betrachtung vorgenommen und bei dem Informationsbedarf auf die Ex-ante-Perspektive des handelnden Organmitglieds abgestellt, nämlich darauf, welche Informationen er im Zeitpunkt der damaligen Entscheidungsvorbereitung vernünftigerweise für erforderlich halten durfte. Diese situationsadäquate Betrachtung wird den konkreten Umständen des Einzelfalls gerechter.

Vergleicht man die beiden Entscheidungen zu demselben Lebenssachverhalt, kommen zwar beide zu dem Ergebnis, dass letztlich auf ausreichender Informationsgrundlage gehandelt worden ist. Jedoch haben die Senate unterschiedliche Anforderungen für ihr Vorliegen aufgestellt.

j. BGH, Urteil vom 22.02.2011, II ZR 146/09

Dieses Urteil wurde bereits bei den Beispielen zur unternehmerischen Entscheidung genannt.[278] Der BGH hatte über einen Schadensersatzanspruch einer Wirtschaftsprüfungsgesellschaft gegen ihren Vorstand wegen einer Pflichtverletzung bei der Entscheidung über die Erweiterung einer Niederlassung zu entscheiden.

aa. Sachverhalt

Der beklagte Vorstand hatte die Leitung der Niederlassung im Jahr 2000 übernommen. Nachdem er im Jahr 2002 eine Umsatz- und Ertragsprognose für diese Niederlassung erstellt hatte, entschied er, diese im Wege einer Aufstockung des

---

277 *OLG Frankfurt*, Beschluss vom 15.06.2011, 21 W 18/11, ZIP 2011, S. 1764, 1767.

278 Siehe oben unter Gliederungspunkt B I 2 g.

Personals und der Anmietung größerer Räumlichkeiten zu erweitern. Schon im Sommer 2003 zeichnete sich ab, dass die Prognosen nicht erreichbar waren.[279] Die erweiterte Niederlassung wurde im Jahr 2004 endgültig geschlossen.[280] Die Wirtschaftsprüfungsgesellschaft nahm den Vorstand wegen Schadensersatzes in Höhe eines Betrages von 820.000 Euro wegen der Verletzung seiner Pflichten in Zusammenhang mit der Expansion der Niederlassung in Anspruch. Sie machte geltend, der Vorstand habe eine falsche Ertragsprognose erstellt und ihr durch darauf basierende Investitionen einen Schaden zugefügt.[281]

Die Vorinstanz[282] hatte entschieden, dass die Klage dem Grunde nach gerechtfertigt sei, da der Vorstand die Grundlagen seiner Planung nicht pflichtgemäß geprüft und bei seinen Prognosen nicht die üblichen Techniken angewandt habe. Es fehle ferner an einer Darlegung der der Expansionsentscheidung zugrunde gelegten Daten. Insbesondere habe er die Umsatzplanung für 2003 im Verfahren nicht vorgelegt.[283]

bb. Entscheidungsgründe

Der BGH hob dieses Urteil auf und verwies den Rechtsstreit an das OLG Düsseldorf zurück. Er stellte fest, dass eine unternehmerische Entscheidung vorliege und eine Haftung des Vorstands nach § 93 I 2 AktG entfiele, „wenn er vernünftigerweise annehmen durfte, auf der Grundlage angemessener Information zum Wohle der Gesellschaft zu handeln“[284] und verwies auf drei vorangegangene Entscheidungen des BGH.[285] Er rügte, dass das OLG Düsseldorf den Vortrag des Vorstands hinsichtlich der Informationsgrundlage als unerheblich abgetan und damit zu große Anforderungen an diesen Vortrag gestellt habe.[286] Schwerpunktmäßig ging es in dem Urteil um die Darlegungs- und Beweislast bei Entscheidungen im Rahmen der business judgment rule.

Der BGH hielt es für nachvollziehbar, dass aufgrund steigender Umsätze in den Jahren 2000 bis 2002 eine Aufstockung des Personals und daraus resultierend eine Erweiterung der Räumlichkeiten erforderlich geworden sei. Der Vorstand habe seine Planungen gegenüber den Partnern, die Wirtschaftsprüfer sind, unter Begründung der Zahlen offengelegt. Dies spreche für ein strukturiertes und umfassendes Zahlenwerk. Die Vorlage der Umsatzplanung für das Jahr 2003 hielt

279 *BGH*, Urteil vom 22.02.2011, II ZR 146/09, NZG 2011, S. 549.
280 *BGH*, Urteil vom 22.02.2011, II ZR 146/09, NZG 2011, S. 549, 550.
281 *BGH*, Urteil vom 22.02.2011, II ZR 146/09, NZG 2011, S. 549, 550.
282 *OLG Düsseldorf*, Urteil vom 14.05.2009, I-6 U 29/08.
283 *BGH*, Urteil vom 22.02.2011, II ZR 146/09, NZG 2011, S. 549, 550.
284 *BGH*, Urteil vom 22.02.2011, II ZR 146/09, NZG 2011, S. 549, 550.
285 *BGH*, Urteil vom 21.04.1997, II ZR 175/95 – ARAG/Garmenbeck; *BGH*, Beschluss vom 14.07.2008, II ZR 202/07 (siehe oben unter Gliederungspunkt B II 2 d); *BGH*, Beschluss vom 03.11.2008, II ZR 236/07 (siehe oben unter Gliederungspunkt B II 2 e).
286 *BGH*, Urteil vom 22.02.2011, II ZR 146/09, NZG 2011, S. 549, 550 f.

der BGH möglicherweise für entbehrlich, da jedenfalls die für 2004 vorgelegt worden sei. Auch könne davon ausgegangen werden, dass die Planungen von einer gruppenzugehörigen Controlling-Gesellschaft überprüft worden seien. Schließlich beanstandete der BGH, dass das OLG Düsseldorf dem Vorstand vorgeworfen hatte, keine branchenüblichen Techniken angewandt zu haben, ohne darzulegen, dass es mit Blick auf die Unternehmensplanung über eigene Sachkenntnisse verfügt. Es hätte hierzu einen Sachverständigen befragen müssen.[287]

cc. Eigene Würdigung

Zunächst ist anzumerken, dass der BGH in dieser Entscheidung eine „angemessene" Entscheidungsgrundlage verlangt, so wie es in § 93 I 2 AktG ausdrücklich geregelt ist.[288] Allerdings verweist er auf drei Vorläuferentscheidungen, die den Begriff der Angemessenheit nicht verwenden. Wie oben dargestellt worden ist, erscheinen zumindest in den beiden letztgenannten Entscheidungen aus dem Jahre 2008 die Anforderungen höher, da in der konkreten Entscheidungssituation alle verfügbaren Informationsquellen tatsächlicher und rechtlicher Art ausgeschöpft werden müssen. Eine Distanzierung zu dem früher verwendeten Maßstab erfolgt nicht.[289] Daher kann nicht ohne Weiteres davon ausgegangen werden, dass der BGH mildere Anforderungen stellen wollte. Dies lässt sich auch nicht eindeutig aus den Ausführungen entnehmen, die der BGH zu den vom Vorstand zur Entscheidungsvorbereitung verwendeten Informationen gemacht hat. Er hielt die der Ertragsprognose zugrunde gelegten Zahlen zwar für belastbar und ging von einer Überprüfung der vorgelegten Planungen durch die konzernangehörige Controlling-Gesellschaft aus, die sicherlich als fachkompetent für diese Aufgabe erscheint. Da das Berufungsgericht aber nach der Rückverweisung noch weitere Feststellungen zum Vorliegen einer ausreichenden Informationsgrundlage treffen sollte, insbesondere unter Hinzuziehung eines Sachverständigen zur Frage, ob der Vorstand bei seiner Ertragsprognose ein korrektes bzw. branchenübliches Verfahren angewandt hat, fordert er noch weitere Prüfungen zu diesem Tatbestandsmerkmal ein.

Diese BGH-Entscheidung ist schwierig einzuordnen, da wegen noch offener Fragen weder konkret darauf eingegangen wird, ob der Vorstand alle ihm zur

---

287 *BGH*, Urteil vom 22.02.2011, II ZR 146/09, NZG 2011, S. 549, 551.

288 Das OLG *Düsseldorf*, Urteil vom 14.05.2009, I-6 U 29/08, zitiert nach juris Rnr. 41, hatte festgestellt, dass Grundlage einer unternehmerischen Entscheidung eine ausreichende Tatsachenbasis ist und es als Maßstab angesehen, ob der Vorstand die eingeholten Informationen als angemessen erachten durfte. Der Vorstand sei verpflichtet, „im Rahmen einer angemessenen Kosten-Nutzen-Analyse alle ihm zur Verfügung stehenden Erkenntnisquellen auszuschöpfen". Auch hier wird auf die Angemessenheit abgestellt.

289 Vgl. *J.-H. Binder*, AG 2012, S. 885, 888.

Verfügung stehenden Informationsquellen genutzt hat, noch darauf, ob auf eine mögliche zusätzliche Informationsbeschaffung verzichtet wird.

k. LG Essen, Urteil vom 25.04.2012, 41 O 45/10 – Arcandor

Das Landgericht Essen hatte über Schadensersatzansprüche gegen Vorstands- und Aufsichtsratsmitglieder nach §§ 93 I und II, 116 AktG zu entscheiden, die der Insolvenzverwalter über das Vermögen der Arcandor AG geltend machte.

aa. Sachverhalt

Den Vorstands- und Aufsichtsratsmitgliedern wurden Verletzungen ihrer organschaftlichen Pflichten in Zusammenhang mit Verträgen vorgeworfen, die den Verkauf einiger im Eigentum von Konzerngesellschaften der Arcandor AG stehenden Warenhäuser an außenstehende Projektgesellschaften und deren anschließende Rückanmietung regelten. Die Verträge resultierten aus Vorstandsbeschlüssen aus den Jahren 2001 und 2002. Zunächst kauften die Projektgesellschaften die Grundstücke von den Konzerngesellschaften, sanierten dann die Warenhäuser und vermieteten diese an die Konzerngesellschaften zurück. Die Arcandor AG übernahm zur Sicherstellung der späteren Vermietung eine Mietverschaffungspflicht und eine Einstandspflicht für die Erfüllung der Verträge. Zwei Vorstandsmitglieder der Arcandor AG wiesen die Geschäftsführer der Konzerngesellschaften unter Bezugnahme auf die Mietverschaffungsverträge an, entsprechende Mietverträge mit den Projektgesellschaften zu schließen. Im Jahr 2009 wurde das Insolvenzverfahren über das Vermögen der Arcandor AG eröffnet. Der Insolvenzverwalter rügte Pflichtverletzungen der Vorstands- und Aufsichtsratsmitglieder wegen unterlassenen Regresses gegen frühere Vorstands- und Aufsichtsratsmitglieder und Pflichtverletzungen der Vorstandsmitglieder wegen des Abschlusses der Mietverträge, in denen überhöhte Mietpreise festgesetzt waren, und wegen der unterlassenen Verhinderung der Eigentumsumschreibung eines der Grundstücke.[290]

Hier interessant sind die beiden letzteren Vorwürfe hinsichtlich möglicher Pflichtverletzungen der Vorstandsmitglieder.[291]

---

290 *LG Essen*, Urteil vom 25.04.2012, 41 O 45/10, NZG 2012, S. 1307 – Arcandor.

291 Die mögliche Pflichtverletzung wegen der Nichtgeltendmachung von Schadensersatzansprüchen gegen ehemalige Organmitglieder ist an dieser Stelle nicht zu betrachten, da das Landgericht Essen insoweit der ARAG/Garmenbeck-Entscheidung folgte, dass die Inanspruchnahme unternehmerischen Ermessens und damit das Haftungsprivileg der business judgment rule für die Entscheidung über die Durchsetzung der Ansprüche nicht gelten würde, sondern lediglich ein „gewisser Beurteilungsspielraum“ zugebilligt würde; vgl. *LG Essen*, Urteil vom 25.04.2012, 41 O 45/10, NZG 2012, S. 1307, 1309 – Arcandor.

bb. Entscheidungsgründe

Das Landgericht Essen verneinte Pflichtverletzungen wegen der unterlassenen Verhinderung bzw. der Veranlassung des Abschlusses der Mietverträge durch die Vorstandsmitglieder. Es stellte fest, dass der Vorstand grundsätzlich seine Entscheidungen durch eine ausreichende Informationsgrundlage vorbereiten müsse. Die „routinemäßige Anforderung von Sachverständigengutachten" wurde abgelehnt, die „Einholung umfassenden Rechtsrats" bei bedeutenden Entscheidungen aber für erforderlich gehalten.[292] Im zu entscheidenden Fall ging das Gericht davon aus, dass die Organmitglieder nicht verpflichtet waren, sich Informationen darüber einzuholen, wie sie den Abschluss der Mietverträge verhindern könnten, um weitere Nachteile durch die Kauf- und Mietverschaffungsverträge von der Arcandor AG abwenden zu können. Da diese Verträge wirksam waren und sowohl die interne Rechtsabteilung als auch die damit befasste Wirtschaftsprüfungsgesellschaft etwas Gegenteiliges nicht zum Ausdruck gebracht hatte, konnte davon ausgegangen werden, dass die Verträge einzuhalten und im Wege ihrer Vollziehung die Mietverträge abzuschließen waren, um sich nicht einer Haftung auszusetzen. Das Gericht sah somit keine Veranlassung zur weiteren Prüfung und Informationsbeschaffung.[293]

Das Landgericht Essen sah eine Pflichtverletzung darin, dass die Vorstandsmitglieder die Eigentumsumschreibung für ein Grundstück nicht verhindert hatten. Die zugrunde liegenden Kauf- und Mietverschaffungsverträge waren mangels Beurkundung wesentlicher Vertragsbestandteile formnichtig und eine Heilung dieser Formnichtigkeit hätte durch Verhinderung der Eigentumsumschreibung im Grundbuch noch vereitelt werden können, sodass die nachteiligen Mietverträge nicht hätten abgeschlossen werden müssen. Das Gericht betonte, dass die Vorstandsmitglieder den Formmangel hätten erkennen müssen. Sie hätten aber jedenfalls eine rechtliche Prüfung durchführen lassen müssen, zumal den Vorstandsmitgliedern bekannt gewesen wäre, dass die Durchführung der Ausgangsverträge zu großen Verlusten für die Gesellschaft führen würde. Zeitliche Aspekte hätten einer rechtlichen Begutachtung nicht entgegengestanden.[294]

cc. Eigene Würdigung

Das Landgericht Essen hat im Fall der abgeschlossenen Mietverträge eine ausreichende Informationsgrundlage bejaht, im Fall der fehlenden Verhinderung der Eigentumsumschreibung eine solche verneint. § 93 I 2 AktG wurde nicht ausdrücklich erwähnt, obwohl diese Regelung in der Fassung von 2005 angewandt wurde. Es spricht auch nicht von einer Angemessenheit, sondern von einem Ausreichen

---

292 *LG Essen*, Urteil vom 25.04.2012, 41 O 45/10, NZG 2012, S. 1307, 1308 – Arcandor.
293 *LG Essen*, Urteil vom 25.04.2012, 41 O 45/10, NZG 2012, S. 1307, 1308 – Arcandor.
294 *LG Essen*, Urteil vom 25.04.2012, 41 O 45/10, NZG 2012, S. 1307, 1310 – Arcandor.

der Entscheidungsgrundlage, wobei es keinerlei Ausführungen dazu gibt, dass diese Maßstäbe unterschiedlich sein sollen.

Bei wichtigen Entscheidungen wird zwar ein umfassender Rechtsrat für erforderlich gehalten, allerdings dort die Grenze gesetzt, wo Rechtsgutachten routinemäßig zur Absicherung in Auftrag gegeben werden. Dies entspricht den Ausführungen der Regierungsbegründung zum UMAG und ist nicht so strikt gefasst wie die Vorgaben des BGH, auf alle verfügbaren Informationen zurückzugreifen. Bei dem Umfang der Informationsbeschaffung wird die Bedeutung der Entscheidung berücksichtigt, was zu einer differenzierten Betrachtung führt. Der Umfang wird insoweit eingeschränkt, als nur weiterführende Informationen, die neue Erkenntnisse ermöglichen, einzuholen sind, nicht aber eine Fülle von Gutachten, die letztlich keine zusätzlichen Informationen erbringen. Dem ist zuzustimmen, da sonst große Geldbeträge aus dem Vermögen der Gesellschaft für Gutachten ausgegeben würden, die keinen weiteren Nutzen zur Aufklärung der Rechtslage hätten, sondern lediglich der umfassenden Absicherung des Entscheidungsträgers dienten.

Das Landgericht Essen hat bei seiner Äußerung zum Erfordernis des Einholens umfassenden Rechtsrats auf ein Urteil des BGH aus dem Jahre 2011[295] verwiesen.[296] Dort hatte der BGH unter anderem über Schadensersatzansprüche der ISION-AG gegen zwei Mitglieder ihres Vorstands zu entscheiden. Allerdings stand die Verletzung von Legalitätspflichten im Raum, nicht von unternehmerischen Sorgfaltspflichten. Im Rahmen der Prüfung eines Rechtsirrtums hat der BGH hervorgehoben, dass die Vorstandsmitglieder mangels eigener Fachkenntnisse fremden Rechtsrat hätten einholen müssen, und konkrete Anforderungen an den externen Expertenrat herausgearbeitet, bei deren Erfüllung der Handelnde sich enthaftend auf diesen Rat verlassen dürfe. Er fordert neben der sorgfältigen Auswahl eines unabhängigen, auf dem betreffenden Gebiet fachkundigen Berufsträgers dessen umfassende Information durch die Überlassung aller relevanten Unterlagen und die Darstellung der für die Beantwortung der Frage erheblichen Fakten sowie eine genaue Überprüfung des Beratungsergebnisses auf seine Plausibilität durch das Organmitglied.[297] Diese Voraussetzungen werden auch bereits beim "right of reliance" der US-amerikanischen business judgment rule angeführt. Auf die einzelnen Kriterien ist das Landgericht Essen nicht im Einzelnen eingegangen, sondern hat lediglich geprüft, ob erforderlicher Rechtsrat eingeholt worden ist.

Wenn es bei der Prüfung der Pflichtverletzung hinsichtlich des Abschlusses der Mietverträge als ausreichend erachtete, dass sowohl eine interne Prüfung der Rechtsabteilung als auch eine externe durch eine Wirtschaftsprüfungsgesellschaft die Wirksamkeit der zugrunde liegenden Ausgangsverträge nicht angezweifelt

---

295 *BGH*, Urteil vom 20.09.2011, II ZR 234/09, NZG 2011, S. 1271– ISION.

296 *LG Essen*, Urteil vom 25.04.2012, 41 O 45/10, NZG 2012, S. 1307, 1308 – Arcandor.

297 *BGH*, Urteil vom 20.09.2011, II ZR 234/09, NZG 2011, S. 1271, 1273 – ISION; vgl. auch den 2. Leitsatz der Entscheidung.

hatten und damit von der Pflicht zum Abschluss der Mietverträge ausgegangen werden musste, ist dem beizupflichten. Die Vorstandsmitglieder haben interne und externe Informationsquellen genutzt, wobei Juristen und Wirtschaftsprüfer als sachkompetent angesehen werden können, eine mögliche Unwirksamkeit der Ausgangsverträge zu erkennen. Es ergeben sich keine Anhaltspunkte, dass Mitarbeiter der internen Rechtsabteilung die Prüfung nicht unabhängig vorgenommen hätten.

Bei der fehlenden Verhinderung der Eigentumsumschreibung bemängelt das Landgericht Essen das Unterlassen jeglicher rechtlichen Überprüfung. Auch zeitliche Gesichtspunkte werden berücksichtigt, wenn es heißt, dass genügend Zeit für die Einholung von Rechtsrat vorhanden gewesen wäre. Die Beachtung der zeitlichen Umstände liegt auf der Linie der Regierungsbegründung zum UMAG und auch auf derjenigen der US-amerikanischen business judgment rule. Da es hier an einer Informationsbeschaffung völlig fehlt, ist die Entscheidung des Landgerichts Essen auch bei dieser möglichen Pflichtverletzung zu befürworten.

l. OLG Hamm, Urteil vom 12.07.2012, 27 U 12/10

Das OLG Hamm hatte über Schadensersatzansprüche einer Bank in der Rechtsform einer AG gegen zwei ehemalige Vorstandsmitglieder wegen Kreditvergaben an einen Kunden zu entscheiden.

aa. Sachverhalt

Aus diesen Kreditgeschäften, die in den Jahren 2002 bis 2004 erfolgten, resultierten Forderungsausfälle, für die die Vorstandsmitglieder haften sollten.[298] Das eine Vorstandsmitglied wurde für den Gesamtschaden der AG in Höhe von rund 748.000 Euro verantwortlich gemacht, das andere Mitglied für einen Schaden von rund 275.000 Euro. Die unterschiedliche Haftungssumme resultiert daraus, dass ein Beklagter bereits bei der Vergabe des ersten Kredits an den Kunden im Jahr 2002 seine Pflicht verletzt haben soll, der andere Beklagte erst bei späteren Krediten ab dem Jahr 2003.[299]

bb. Entscheidungsgründe

Ein Schadensersatzanspruch gemäß § 93 II 1 AktG wurde gegen beide Vorstandsmitglieder bejaht. Das OLG Hamm bezog sich auf § 93 I 2 AktG und verwies auf den Beschluss des BGH vom 03.11.2008,[300] in dem diese Vorschrift für Vorstände

298 *OLG Hamm*, Urteil vom 12.07.2012, 27 U 12/10, WM 2012, S. 2200; die Nichtzulassungsbeschwerde wurde vom *BGH* mit Beschluss vom 29.04.2014, II ZR 249/12 zurückgewiesen.

299 *OLG Hamm*, Urteil vom 12.07.2012, 27 U 12/10, WM 2012, S. 2200 und 2202.

300 *BGH*, Beschluss vom 03.11.2008, II ZR 236/07, ZIP 2009, S. 223; siehe oben unter Gliederungspunkt B II 2 e.

von Genossenschaftsbanken näher konkretisiert worden sei. Danach sei Voraussetzung für die Eröffnung eines unternehmerischen Ermessensspielraums, dass die Entscheidungsgrundlagen sorgfältig ermittelt werden und eine Abwägung der Vor- und Nachteile stattfindet. Das OLG Hamm stellte fest, dass es „selbstverständlich" sei, dass Informationen sorgfältig eingeholt werden und die Vergabe ungesicherter Kredite nur bei Vorliegen besonderer wirtschaftlicher Gründe erfolgen könne.[301]

Mit Blick auf das Vorstandsmitglied, das den ersten Kredit vergeben hatte, wurde eine Pflichtverletzung wegen nicht sorgfältiger Ermittlung der für die Entscheidungsgrundlage erforderlichen Informationen bejaht. Der Kreditvertrag habe nicht geschlossen werden dürfen, da erhebliche Informationsmängel vorgelegen hätten. Bei der Vergabe ungesicherter Kredite müsse geprüft werden, wie der Kredit zurückgezahlt werden kann. Hierzu wäre erforderlich gewesen, die aktuellen Einkommensverhältnisse des Kreditnehmers zu überprüfen. Es fehlten jedoch relevante Informationen zu den Jahren 2001 und 2002. Dieser Mangel an entscheidungserheblichen Informationen habe auch nicht durch anderweitige Informationen ausgeglichen oder beseitigt werden können. So beinhaltete eine Schufa-Auskunft, dass der Kreditnehmer sich bereits bei einem anderen Kredit vertragswidrig verhalten hätte, da er diesen erst verspätet zurückgezahlt habe. Auch andere Tatsachen in Bezug auf die Finanzlage des Kreditnehmers hätten Fragen aufgeworfen und zu weiterer kritischer Nachprüfung und Informationseinholung veranlassen müssen.[302]

Das OLG entschied, dass sich das pflichtwidrige Verhalten des Vorstandsmitglieds bei der weiteren Kreditvergabe an den Kunden fortgesetzt habe, da keine Informationen beschafft worden seien, die zu einer anderen Einschätzung hinsichtlich einer ausreichenden Entscheidungsgrundlage geführt hätten.[303]

Das zweite Vorstandsmitglied wurde für die Kreditvergabe ab dem Jahr 2003 als Gesamtschuldner mit haftbar gemacht, da er der Erweiterung der Kredite an den Kunden zugestimmt habe, ohne seinerseits eine hinreichende Tatsachengrundlage für seine Entscheidung gehabt zu haben.[304]

cc. Eigene Würdigung

Das OLG Hamm hat die Voraussetzungen des § 93 I 2 AktG ausdrücklich genannt und auf die Konkretisierung dieses Tatbestands durch die BGH-Entscheidung vom 03.11.2008 verwiesen. Wie oben dargestellt, wurde in diesem Beschluss des BGH eine sorgfältige Ermittlung der Entscheidungsgrundlage vorausgesetzt, aber zugleich auf die frühere Rechtsprechung des BGH verwiesen, in der die Vorgabe

301 *OLG Hamm*, Urteil vom 12.07.2012, 27 U 12/10, WM 2012, S. 2200.
302 *OLG Hamm*, Urteil vom 12.07.2012, 27 U 12/10, WM 2012, S. 2200, 2201.
303 *OLG Hamm*, Urteil vom 12.07.2012, 27 U 12/10, WM 2012, S. 2200, 2201.
304 *OLG Hamm*, Urteil vom 12.07.2012, 27 U 12/10, WM 2012, S. 2200, 2202.

aufgestellt worden war, dass in der konkreten Entscheidungssituation alle verfügbaren Informationsquellen zu verwenden wären.[305] Auch das OLG Hamm stellte das Erfordernis der sorgfältig ermittelten Informationsbasis auf und nannte die weitreichenden Voraussetzungen nicht ausdrücklich, sondern verwendete sie nur indirekt über die Verweisung auf die BGH-Rechtsprechung. Es erfolgte keine Distanzierung von oder Auseinandersetzung mit den strengen Aussagen des BGH und auch keine Erläuterung, ob der Begriff der sorgfältigen Ermittlung möglicherweise mit den strikten Vorgaben des BGH gleichzusetzen ist.

Es wird auf die einzelnen Umstände der Kreditvergabe an den Kunden abgestellt und insbesondere die fehlende Sicherung berücksichtigt. Das OLG Hamm überprüft im Detail, welche Informationen für eine hinreichende Tatsachengrundlage erforderlich gewesen wären und warum die vorhandenen Informationen nicht als ausreichend anzusehen sind, um eine Abwägung des Für und Wider des Kreditengagements durchzuführen. Gerade bei ungesicherten Krediten sind umfassende Informationen darüber einzuholen, ob und wie der Kredit durch den Kreditnehmer zurückgezahlt werden kann, da sonst keine Risikoeinschätzung möglich ist. Im Ergebnis ist dem OLG Hamm beizupflichten, dass die vorhandenen Informationen nicht für eine Entscheidung zur Kreditvergabe ausreichten, weil sie keine aussagekräftige Bonitätsprüfung des Kreditnehmers zuließen.

m. OLG Köln, Urteil vom 31.01.2013, 18 U 21/12 – Solarworld

Das OLG Köln hatte sich mit der Anfechtung eines Beschlusses der Hauptversammlung einer AG über die Entlastung des Vorstands und des Aufsichtsrats für das Geschäftsjahr 2010 zu befassen.[306]

aa. Sachverhalt

An dieser Stelle ist nur ein Ausschnitt der Entscheidung von Interesse, in dem es nämlich um den Beschluss zur Entlastung des Aufsichtsrats geht und dieser mit der Begründung angegriffen wurde, dass der Aufsichtsrat seine Zustimmung zu Geschäften des Vorstands – einem Aktientausch und einem Anteilserwerb – gegeben habe, ohne vorher angemessene Informationen eingeholt zu haben. Der klagende Aktionär warf dem Aufsichtsrat vor, dass aufgrund der Tatsache, dass alle drei Mitglieder des Aufsichtsrats Rechtsanwälte seien und nicht die nötigen technischen und finanziellen Kenntnisse zur Beurteilung der Angemessenheit dieser Geschäfte hätten, vor der Zustimmung durch den Aufsichtsrat deren Überprüfung durch Einholung einer Fairness Opinion hätte erfolgen müssen.[307]

---

305 Siehe oben unter Gliederungspunkt B II 2 e.

306 *OLG Köln*, Urteil vom 31.01.2013, 18 U 21/12, zitiert nach juris, Rdn. 1 – Solarworld (auszugsweise abgedruckt in NZG 2013, S. 548 ff.).

307 *OLG Köln*, Urteil vom 31.01.2013, 18 U 21/12, zitiert nach juris, Rdn. 25 – Solarworld.

bb. Entscheidungsgründe

Das OLG Köln bestätigte zwar die grundsätzliche Pflicht des Aufsichtsrats, nach §§ 93 I 2, 116 S. 1 AktG seine Entscheidungen auf einer angemessenen Informationsgrundlage zu treffen, und erkannte an, dass eine unabhängige Begutachtung der Vertragsbedingungen durch einen Dritten durchaus sinnvoll sein könne. So könne insbesondere die Angemessenheit der Gegenleistung für den Anteilserwerb überprüft werden. Es stellte aber fest, dass die Einholung einer Fairness Opinion nicht die einzige Möglichkeit der Beschaffung einer angemessenen Informationsgrundlage sei, sondern der Aufsichtsrat auch anderweitige Informationsquellen nutzen könne.[308]

cc. Eigene Würdigung

Das OLG Köln wendet § 93 I 2 AktG in Bezug auf das Tatbestandsmerkmal der angemessenen Informationsgrundlage zwar an, hält die Ausführungen hierzu aber sehr knapp. Ein Verweis auf die Rechtsprechung des BGH erfolgt nicht. Hervorzuheben ist, dass das OLG dem Aufsichtsrat einen gewissen Spielraum einräumt, welche Informationsquellen er nutzt. Es verlangt nicht die Einholung aller verfügbaren Informationen, sondern stellt geringere Anforderungen, wenn es statt der Stellungnahme eines sachverständigen Dritten zur Angemessenheit der gegenseitigen Leistungen im Rahmen der Geschäfte auch andere Informationsalternativen zulässt. Sicherlich sind vorliegend auch andere Möglichkeiten denkbar, ausreichende Erkenntnisse für die Beurteilung der Vertragsinhalte zu erwerben. So kann sich der Aufsichtsrat beispielsweise durch den Vorstand über die erforderlichen technischen und wirtschaftlichen Hintergründe der Geschäfte unter Einschluss der Angemessenheitsprüfung umfassend informieren lassen.[309]

n. BGH, Urteil vom 18.06.2013, II ZR 86/11

Dieses Urteil wurde bereits bei den Beispielen zur unternehmerischen Entscheidung genannt.[310] Der BGH hatte über Schadensersatzansprüche einer GmbH & Co. KG gegen den Geschäftsführer der Komplementär-GmbH nach § 43 II GmbHG zu entscheiden, die durch den Insolvenzverwalter geltend gemacht wurden.

aa. Sachverhalt

Die insolvente GmbH & Co. KG bot Anlegern die Beteiligung an einem Musikfonds an. Die Komplementär-GmbH hatte als einzige Aufgabe, die Geschäfte der KG zu führen. Der Geschäftsführer hatte im Jahr 2004 mit einer Rechtsanwaltskanzlei einen schriftlichen Vertrag über die Beauftragung mit der rechtlichen Beratung

308 *OLG Köln*, Urteil vom 31.01.2013, 18 U 21/12, zitiert nach juris, Rdn. 43 – Solarworld.
309 Vgl. auch *Cannivé/Suerbaum*, AG 2011, S. 317, 320.
310 Siehe oben unter Gliederungspunkt B I 2 h.

bei dem Fondsprojekt abgeschlossen, der auch eine Pauschalhonorarvereinbarung über 375.000 Euro enthielt. Zuvor hatte bereits eine mündliche Beauftragung stattgefunden, worauf auch in dem schriftlichen Vertrag hingewiesen wurde, da es dort hieß „zur Bestätigung eines bereits in Vollzug gesetzten, mündlich erteilten Auftrages".[311] Im Jahr 2005 wurde die Rechtsanwaltskanzlei weitere zwei Mal mündlich mit weiteren Prospekterarbeitungen beauftragt und hierüber nachträglich eine schriftliche Vereinbarung über ein zu zahlendes Honorar für diese Beratungen in einer Höhe von 150.000 Euro geschlossen. U.a. wegen dieser beiden Honorarvereinbarungen begehrte der Insolvenzverwalter Schadensersatz vom Geschäftsführer, weil dieser seine Sorgfaltspflicht verletzt habe, da die Honorarbeträge die gesetzlichen Gebühren, die die KG ohne schriftliche Vereinbarung zu zahlen gehabt hätte, weit überstiegen hätten.[312] Gemäß dem damals geltenden § 3 I BRAGO a.F. konnte eine höhere als die gesetzliche Vergütung nur bei schriftlicher Vereinbarung gefordert werden.

bb. Entscheidungsgründe

Der BGH verwies mit Blick auf die unternehmerische Entscheidung des Geschäftsführers bei der Auswahl eines Beraters und der inhaltlichen Ausgestaltung des Vertrags mit diesem auf die ARAG/Garmenbeck-Entscheidung und weitere BGH-Entscheidungen[313] und stellte fest, dass der Geschäftsführer seine Pflicht nicht verletzt habe, wenn „er vernünftigerweise annehmen durfte, auf der Grundlage angemessener Information zum Wohle der Gesellschaft zu handeln".[314] Zudem müsse der Geschäftsführer „in der konkreten Entscheidungssituation alle verfügbaren Informationsquellen tatsächlicher und rechtlicher Art ausschöpfen, auf dieser Grundlage die Vor- und Nachteile der bestehenden Handlungsoptionen sorgfältig abschätzen und den erkennbaren Risiken Rechnung tragen".[315] Auch hier wurde auf die ARAG/Garmenbeck-Entscheidung und eine andere frühere Entscheidung[316] verwiesen.

---

311 *BGH*, Urteil vom 18.06.2013, II ZR 86/11, GmbHR 2013, S. 1044.

312 *BGH*, Urteil vom 18.06.2013, II ZR 86/11, GmbHR 2013, S. 1044, 1045.

313 *BGH*, Beschluss vom 14.07.2008, II ZR 202/07, NZG 2008, S. 751 (siehe oben unter Gliederungspunkt B II 2 d); *BGH*, Urteil vom 22.02.2011, II ZR 146/09, NZG 2011, S. 549 (siehe oben unter Gliederungspunkt B II 2 j); *BGH*, Urteil vom 15.01.2013, II ZR 90/11, ZIP 2013, S. 455, 458, wobei in dieser Entscheidung nur im Rahmen des Hinweises für das weitere Verfahren nach Rückverweisung an das Berufungsgericht auf die Voraussetzungen der Haftungsprivilegierung bei einer unternehmerischen Entscheidung eingegangen wurde.

314 *BGH*, Urteil vom 18.06.2013, II ZR 86/11, GmbHR 2013, S. 1044, 1047.

315 *BGH*, Urteil vom 18.06.2013, II ZR 86/11, GmbHR 2013, S. 1044, 1047.

316 *BGH*, Beschluss vom 14.07.2008, II ZR 202/07, NZG 2008, S. 751 (siehe oben unter Gliederungspunkt B II 2 d).

Der BGH befasste sich mit den Ausführungen des Berufungsgerichts zum Vorliegen einer ausreichenden Informationsgrundlage. Das KG Berlin verneinte diese und bemängelte das Fehlen einer substanziierten Darlegung des Geschäftsführers, ob und welche Informationen er vor dem Abschluss der nachträglichen schriftlichen Honorarvereinbarungen mit der Rechtsanwaltskanzlei über das Bestehen einer diesbezüglichen Verpflichtung trotz vorheriger mündlicher Beauftragungen eingeholt hatte, wobei möglicherweise auch die Einholung von Rechtsrat eines fachlich kundigen Berufsträgers erforderlich gewesen sei. Ferner fehlte es an einer Darlegung der Informationsbeschaffung über die Angemessenheit der Honorare mit Blick auf die Höhe der gesetzlichen Gebühren.[317] Der BGH kritisierte diese Ausführungen insoweit, als es nicht allein darauf ankomme, ob hier möglicherweise keine rechtliche Pflicht zur Zahlung eines höheren Betrages als der der gesetzlichen Gebühren bestanden habe. So könnten bestimmte Argumente für eine höhere Vergütung sprechen, beispielsweise eine besonders qualifizierte Rechtsberatung oder die dauerhafte Bindung an einen ausgewählten Berater. Es komme auf sachliche Gründe für ein höheres Honorar als die gesetzliche Vergütung an.[318]

cc. Eigene Würdigung

Der BGH ist auf die Feststellungen des KG Berlin zur nicht ausreichenden Informationsgrundlage nicht im Einzelnen eingegangen, sondern hat dessen Ansatz zur Prüfung, welche Informationen erforderlich sind, als zu eng bewertet. In der neuen Verhandlung nach der Rückverweisung an das KG Berlin wird erneut zu prüfen sein, ob der Geschäftsführer auf ausreichender Informationsgrundlage gehandelt hat, und dabei mit zu berücksichtigen sein, dass unter bestimmten Umständen auch eine höhere als die gesetzlich geregelte Vergütung sachlich gerechtfertigt sein kann. Die Art der erforderlichen Informationen hängt also auch davon ab, ob eine höhere Zahlung aus bestimmten Gründen im Interesse der Gesellschaft liegt.[319]

Es wird wieder die Formulierung verwandt, dass in der konkreten Entscheidungssituation alle verfügbaren Informationsquellen rechtlicher und tatsächlicher Art auszuschöpfen sind. Das könnte vorliegend bedeuten, dass der Geschäftsführer alle von der Sachkompetenz her in Betracht kommenden Rechtsanwaltskanzleien ermitteln müsste, um die Kenntnis zu erlangen, ob diese bereit sind, über die gesetzlichen Gebühren abzurechnen, oder anderenfalls besondere Argumente dafür sprechen, sie dennoch zu bevorzugen, was in der Praxis kaum zu realisieren wäre.[320]

---

317 *KG Berlin*, Urteil vom 24.02.2011, 19 U 83/10, GmbHR 2011, S. 477, 480.

318 *BGH*, Urteil vom 18.06.2013, II ZR 86/11, GmbHR 2013, S. 1044, 1047.

319 Vgl. die Besprechung dieses Urteils von *Bachmann*, NZG 2013, S. 1121, 1125 und die Anmerkung von *Geißler*, GWR 2013, S. 422.

320 Vgl. auch die Besprechung dieses Urteils von *Bachmann*, NZG 2013, S. 1121, 1125.

Hervorzuheben ist, dass der BGH in seiner Begründung sowohl den Wortlaut des § 93 I 2 AktG nennt, gleichzeitig aber an seiner strengen Formulierung festhält und auch wieder auf seine ARAG/Garmenbeck-Entscheidung Bezug nimmt. Unterschiede in den Anforderungen werden nicht aufgezeigt, aber auch nicht ausdrücklich verneint. Wie bereits dargelegt wurde, könnte die Erforderlichkeit der Beschaffung aller verfügbaren Informationen eine Konkretisierung der sorgfältigen Ermittlung der Entscheidungsgrundlagen – so die Formulierung in der ARAG/ Garmenbeck-Entscheidung – sein. Widersprüchlich erscheinen aber jedenfalls die Ausführungen in der Regierungsbegründung zum UMAG und die strenge Formulierung des BGH.

o. LG Düsseldorf, Urteil vom 25.04.2014, 39 O 36/11 – ApoBank

Das Landgericht Düsseldorf hatte über Schadensersatzansprüche der ApoBank, einer Genossenschaftsbank, gegen ausgeschiedene Vorstandsmitglieder wegen Verlusten aus dem Erwerb zweier strukturierter Finanzprodukte im Jahr 2007 in Höhe von insgesamt 66,5 Mio. Euro zu entscheiden.[321]

aa. Sachverhalt

Bei den beiden – letztlich gescheiterten – Kapitalanlagegeschäften handelte es sich um ein CDO (Collateralized Debt Obligation) und eine CPPI-Note (Constant Proportion Portfolio Insurance Note). Beide Wertpapiere waren mit „Triggern“ versehen. Bei Erreichen bestimmter Verlustschwellen mussten Teile der Portfolios veräußert werden. Nach Auslösen des Triggers verlor die ApoBank bei dem CDO den Anlagebetrag; bei der CPPI-Note bekam sie nur den eingesetzten Wert ohne Gewinn zurück.[322]

Die Bank warf ihren Vorständen vor, beim Erwerb der Finanzprodukte ihre Pflichten verletzt zu haben. Mit Blick auf die Informationsgrundlage monierte sie, dass die Vorstandsvorlagen zu beiden Kapitalanlagen offensichtlich keine ausreichenden und sogar auch falsche Informationen beinhaltet hätten. Ferner hätte der Vorstand seine Entscheidung im Wesentlichen auf das Rating der Produkte und die hierzu herausgegebenen Informationen der Rating-Agenturen gestützt und keine eigenen Risikoprüfungen vorgenommen. Auch wären Informationen von anderen Banken und der Bundesanstalt für Finanzdienstleistungsaufsicht zu den Ratings und Risiken solcher Finanzprodukte bei der Entscheidung nicht hinzugezogen worden.[323]

---

321 *LG Düsseldorf*, Urteil vom 25.04.2014, 39 O 36/11, zitiert nach juris Rdn. 1 und 76 – ApoBank (auszugsweise abgedruckt in WM 2014, S. 1293 ff.).

322 *LG Düsseldorf*, Urteil vom 25.04.2014, 39 O 36/11, zitiert nach juris Rdn. 22 – ApoBank.

323 *LG Düsseldorf*, Urteil vom 25.04.2014, 39 O 36/11, zitiert nach juris Rdn. 56 ff. – ApoBank.

bb. Entscheidungsgründe

Das Landgericht Düsseldorf lehnte einen Schadensersatzanspruch aus § 34 GenG ab, da die Vorstandsmitglieder ihre Sorgfaltspflichten nicht verletzt hätten.[324] Es gestand ihnen bei ihrer unternehmerischen Entscheidung einen weiten Handlungsspielraum zu, betonte aber auch, dass das Ermessen erst ausgeübt werden dürfte, wenn die Entscheidungsgrundlage sorgfältig ermittelt worden sei und eine Abwägung der Vor- und Nachteile stattgefunden habe. Hierbei verwies es auf eine Entscheidung des BGH[325], die den gleichen Wortlaut verwendete.[326]

Es hielt insbesondere auch die Informationsgrundlagen der Kaufentscheidungen für sorgfältig ermittelt und ausreichend. Aus Ex-ante-Sicht hätten die Vorstandsvorlagen zur Entscheidungsfindung gereicht.[327]

Bei dem CDO habe die Vorstandsvorlage umfassende Informationen zur Struktur und zu Risiken solcher Anlagen, insbesondere auch zu den Voraussetzungen und Wirkungen von Triggern, beinhaltet. Es wurde auch die Richtigkeit von Ratingurteilen und Ausfallwahrscheinlichkeiten in der Vergangenheit überprüft.[328] Damals seien Zweifel an den Einschätzungen der Rating-Agenturen noch nicht notwendig gewesen, sodass der Vorstand davon ausgehen durfte, dass die Anlage sicher gewesen sei, da sie mehrere Stufen Abstand von den damals als riskant eingeordneten Ratingwerten hatte.[329] Das Landgericht Düsseldorf wies mit Blick auf beanstandete Informationsmängel darauf hin, dass eine Vorstandvorlage nicht so weitreichende Informationen enthalten müsse wie eine Kundenberatung bei Kapitalanlagen, da bei Bankvorständen Fachkenntnisse vorauszusetzen seien.[330]

Bei der CPPI-Note räumte das Landgericht Düsseldorf ein, dass es ein paar Schwächen bei der Entscheidungsgrundlage gäbe, hielt sie aber dennoch für noch ausreichend.[331] Neben einer Vorstandsvorlage gab es eine Beschlussvorlage und eine Kundenpräsentation.[332] Diese Vorstandsvorlage beinhaltete keine Informationen zur Struktur und zu Risiken, sondern enthielt lediglich die Gründe für den Erwerb des Finanzprodukts.[333] Unter Hinzuziehung der Präsentation und Kenntnisse des Vorstands aufgrund früherer Erwerbe solcher Fonds ließ das Landgericht

---

324 *LG Düsseldorf*, Urteil vom 25.04.2014, 39 O 36/11, zitiert nach juris Rdn. 133 – ApoBank.

325 *BGH*, Beschluss vom 03.11.2008, II ZR 236/07, ZIP 2009, S. 223; siehe oben unter Gliederungspunkt B II 2 e.

326 *LG Düsseldorf*, Urteil vom 25.04.2014, 39 O 36/11, zitiert nach juris Rdn. 135 – ApoBank.

327 *LG Düsseldorf*, Urteil vom 25.04.2014, 39 O 36/11, zitiert nach juris Rdn. 142 und 219 – ApoBank.

328 *LG Düsseldorf*, Urteil vom 25.04.2014, 39 O 36/11, zitiert nach juris Rdn. 152 und 153 – ApoBank.

329 *LG Düsseldorf*, Urteil vom 25.04.2014, 39 O 36/11, zitiert nach juris Rdn. 175 – ApoBank.

330 *LG Düsseldorf*, Urteil vom 25.04.2014, 39 O 36/11, zitiert nach juris Rdn. 160 – ApoBank.

331 *LG Düsseldorf*, Urteil vom 25.04.2014, 39 O 36/11, zitiert nach juris Rdn. 219 – ApoBank.

332 *LG Düsseldorf*, Urteil vom 25.04.2014, 39 O 36/11, zitiert nach juris Rdn. 201 – ApoBank.

333 *LG Düsseldorf*, Urteil vom 25.04.2014, 39 O 36/11, zitiert nach juris Rdn. 202 – ApoBank.

die Informationen ausreichen.[334] Auch hier durften die Vorstandsmitglieder den Ratings vertrauen.[335]

cc. Eigene Würdigung

Das Landgericht Düsseldorf hat in seiner Entscheidung zwar auf den BGH verwiesen, allerdings auf seinen Beschluss aus November 2008, in dem er nicht ausdrücklich die Anforderung der Ausschöpfung aller zur Verfügung stehenden Erkenntnisquellen in der konkreten Entscheidungssituation nannte, sondern diese nur mittelbar über einen Verweis auf eine frühere Entscheidung in Bezug genommen und auf eine sorgfältige Ermittlung der Entscheidungsgrundlage abgestellt hat.[336] Diese Voraussetzung wurde vom Landgericht Düsseldorf aufgegriffen. Der Wortlaut des § 93 I 2 AktG wurde nicht erwähnt.

Das Landgericht Düsseldorf hat verhältnismäßig geringe Anforderungen an eine ausreichende Informationsgrundlage gestellt. Es hat sogar diesbezügliche Mängel aufgezeigt. Die Argumentation, dass die Informationsgrundlage für die Entscheidung des Vorstands wegen seiner eigenen Fachkenntnisse und Erfahrungen aus bereits getätigten Erwerbsgeschäften nicht so umfassend sein müsste wie bei einer Kundenberatung, mag zwar grundsätzlich stimmen, ist aber zu pauschal gefasst. Relevant ist vielmehr, welche Informationen er im konkreten Fall einzuholen hatte, um die Risiken des Erwerbs der beiden Finanzprodukte einschätzen zu können. Fraglich ist, ob für diese Bewertung genügend eigene Kenntnisse und Erfahrungen vorhanden sind.

Interessant ist an dieser Stelle ein Blick auf den IKB-Fall, der vom OLG Düsseldorf entschieden wurde.[337] Beide Banken waren im gleichen Marktsegment tätig. Auch im IKB-Fall hatte der Vorstand Bewertungen von Rating-Agenturen eingeholt und sich auf diese verlassen. Während aber das Landgericht Düsseldorf entschied, dass Zweifel an den Ratings damals nicht zwingend gewesen seien, sah das OLG Düsseldorf diese Informationen nicht als ausreichend an und bemängelte, dass sich der Vorstand nicht allein auf die Ratings habe verlassen dürfen, sondern eigene Informationsquellen hätte schaffen und auswerten müssen. Es ging von Interessenkonflikten der Rating-Agenturen aus. Und schließlich betonte das OLG Düsseldorf die geringe Erfahrung der Rating-Agenturen mit den betreffenden – noch jungen – Verbriefungsgeschäften.[338] Auf diese Gesichtspunkte ist das

---

334 *LG Düsseldorf*, Urteil vom 25.04.2014, 39 O 36/11, zitiert nach juris Rdn. 208 – ApoBank.

335 *LG Düsseldorf*, Urteil vom 25.04.2014, 39 O 36/11, zitiert nach juris Rdn. 220 – ApoBank.

336 *BGH*, Beschluss vom 03.11.2008, II ZR 236/07, ZIP 2009, S. 223; siehe oben unter Gliederungspunkt B II 2 e.

337 *OLG Düsseldorf*, Beschluss vom 09.12.2009, I-6 W 45/09, AG 2010, S. 126 – IKB; siehe oben unter Gliederungspunkt B II 2 f; das *LG Düsseldorf*, zitiert nach juris Rdn. 157, lehnte in seinem Urteil den Vergleich mit dem IKB-Fall ab, da die Kapitalanlagen der ApoBank nur 5,8 % der Bilanzsumme erreichten, bei der IKB-Bank ein Vielfaches.

338 *OLG Düsseldorf*, Beschluss vom 09.12.2009, I-6 W 45/09, AG 2010, S. 126, 128 – IKB.

Landgericht Düsseldorf überhaupt nicht eingegangen. Es fehlt an einer kritischen Auseinandersetzung mit der Frage, ob und unter welchen Bedingungen der Vorstand sich auf Bewertungen Außenstehender und insbesondere von Rating-Agenturen verlassen darf oder zusätzlich eigene Untersuchungen vornehmen muss. Das Landgericht Düsseldorf hätte auch das Erfordernis einer genaueren Prüfung des "right of reliance" sehen können, da es selbst darauf hinwies, dass die Deutsche Bundesbank schon in ihrem Monatsbericht vom April 2004 und der Baseler Ausschuss für Bankenaufsicht im Jahr 2005 die Bewertung externer Rating-Agenturen als nicht ausreichend erachteten.[339]

p. OLG Hamm, Urteil vom 17.03.2016, 27 U 36/15

Das OLG Hamm hatte über Schadensersatzansprüche einer gesetzlichen Krankenkasse in Höhe von 4,8 Mio. Euro gegen ihren früheren Vorstandsvorsitzenden wegen der Anmietung deutlich überdimensionierter Büroflächen im Jahre 2009 zu entscheiden.[340] Zwar verneinte der erkennende Senat die Anwendung des § 93 I 2 AktG auf Kassenvorstände[341], äußerte sich jedoch zu den Voraussetzungen der business judgment rule und insbesondere auch zum Vorliegen einer angemessenen Informationsgrundlage. Daher wird diese Entscheidung mit in die Rechtsprechungsübersicht aufgenommen.

aa. Sachverhalt

Der beklagte Vorstandsvorsitzende der Krankenkasse hatte zunächst im Jahr 2008 einen Mietvertrag über die Anmietung von noch zu errichtenden Büro- und Nebenflächen zum 01.01.2011 mit einer festen Laufzeit über 15 Jahre mitunterzeichnet. Dieser Mietvertrag regelte die Anmietung einer Gesamtfläche von ca. 12.905 qm.[342] Im Jahr 2009 schloss er den umstrittenen Nachtrag zu diesem Mietvertrag ab, der die Anmietung von nunmehr insgesamt ca. 20.618 qm Gesamtfläche vorsah.[343] Die Krankenkasse bezog das Gebäude vertragsgemäß zum 01.01.2011.[344] Allerdings waren die Mitglieder- und Versichertenzahlen inzwischen stagniert, sodass die angemieteten Flächen erheblich überdimensioniert waren.[345] Die Krankenkasse machte daher die Mietkosten, die ihr durch den Abschluss des streitgegenständlichen Nachtrags zum Mietvertrag entstanden sind, als Schadensersatz gegenüber ihrem ehemaligen Vorstandsvorsitzenden geltend.[346]

---

339 *LG Düsseldorf*, Urteil vom 25.04.2014, 39 O 36/11, zitiert nach juris Rdn. 147 – ApoBank.
340 *OLG Hamm*, Urteil vom 17.03.2016, 27 U 36/15, zitiert nach juris Rdn. 1 und 192 (auszugsweise abgedruckt in AG 2016, S. 508 ff.).
341 *OLG Hamm*, Urteil vom 17.03.2016, 27 U 36/15, zitiert nach juris Rdn. 229.
342 *OLG Hamm*, Urteil vom 17.03.2016, 27 U 36/15, zitiert nach juris Rdn. 41.
343 *OLG Hamm*, Urteil vom 17.03.2016, 27 U 36/15, zitiert nach juris Rdn. 51.
344 *OLG Hamm*, Urteil vom 17.03.2016, 27 U 36/15, zitiert nach juris Rdn. 68.
345 *OLG Hamm*, Urteil vom 17.03.2016, 27 U 36/15, zitiert nach juris Rdn. 77.
346 *OLG Hamm*, Urteil vom 17.03.2016, 27 U 36/15, zitiert nach juris Rdn. 81 f.

bb. Entscheidungsgründe

Das OLG Hamm bejahte eine Schadensersatzpflicht des Vorstandsvorsitzenden aus § 611 iVm. §§ 280 I, 241 II, 249 BGB wegen der Verletzung einer Nebenpflicht aus dem Dienstvertrag mit der Krankenkasse.[347] Es stellte fest, dass die business judgment rule nicht auf den Vorstand einer Krankenkasse anwendbar sei, da die gesetzlichen Vorgaben nach dem SGB IV den Kassenvorständen lediglich einen geringeren Handlungsspielraum eröffnen.[348] Er müsse die Grundsätze der Wirtschaftlichkeit und Sparsamkeit erfüllen, die jedem öffentlichen Verwaltungshandeln zugrunde liegen, und es dürfe nicht das Maß des Notwendigen überschritten werden.[349]

Im Folgenden erwähnte das OLG Hamm, dass selbst bei Anwendung der Haftungsprivilegierung eine Pflichtverletzung vorläge, und zwar mit Blick auf das Fehlen einer sorgfältigen Ermittlung der Entscheidungsgrundlagen. Es verlangte, dass in der konkreten Entscheidungssituation alle verfügbaren Informationsquellen tatsächlicher und rechtlicher Art auszuschöpfen seien.[350] Vorliegend habe der Vorstandsvorsitzende den Nachtrag zum Mietvertrag geschlossen, ohne eine Bedarfsanalyse vorgenommen zu haben. Es hätten auch keine tatsächlichen Anhaltspunkte dafür vorgelegen, dass die Mitgliederzahlen in den nächsten Jahren derart angestiegen wären, dass sich ein solcher Bedarf ergeben hätte.[351]

cc. Eigene Würdigung

Das OLG Hamm nimmt in seiner Entscheidung, die letztlich auf eine andere Anspruchsgrundlage gestützt wird, kurz Bezug auf die business judgment rule und folgt für die Erfüllung der Voraussetzung der angemessenen Informationsgrundlage der BGH-Rechtsprechung mit ihren strengen Anforderungen. Die Formulierung des BGH wird ohne kritische Anmerkung übernommen und auch nicht näher konkretisiert. Allerdings hatte sich das OLG Hamm aufgrund der Ablehnung der Anwendbarkeit des § 93 I 2 AktG auch nicht im Detail mit dessen Tatbestandsmerkmalen zu befassen.

q. BGH, Urteil vom 12.10.2016, 5 StR 134/15

In diesem strafrechtlichen Revisionsverfahren hob der BGH das Urteil des Landgerichts Hamburg[352] auf, in dem es den Vorstand der HSH-Nordbank AG von Vorwürfen der Untreue nach § 266 I StGB und der unrichtigen Darstellung der Verhältnisse des Konzerns nach § 400 I Nr. 1 AktG freigesprochen hatte.

---

347 *OLG Hamm*, Urteil vom 17.03.2016, 27 U 36/15, zitiert nach juris Rdn. 226 und 228.
348 *OLG Hamm*, Urteil vom 17.03.2016, 27 U 36/15, zitiert nach juris Rdn. 229 und 233.
349 *OLG Hamm*, Urteil vom 17.03.2016, 27 U 36/15, zitiert nach juris Rdn. 230.
350 *OLG Hamm*, Urteil vom 17.03.2016, 27 U 36/15, zitiert nach juris Rdn. 236.
351 *OLG Hamm*, Urteil vom 17.03.2016, 27 U 36/15, zitiert nach juris Rdn. 237 und 242.
352 *LG Hamburg*, Urteil vom 09.07.2014, 608 KLs 12/11, AG 2015, S. 368.

aa. Sachverhalt

Mit Blick auf die Untreue hatte die Staatsanwaltschaft dem Gesamtvorstand vorgeworfen, ohne Zugrundelegung ausreichender Informationen dem Abschluss eines Finanzgeschäfts mit einer französischen Bank zugestimmt zu haben. Durch dieses Geschäft sollte unter Ausnutzung regulatorischer Besonderheiten eine Verbesserung der Eigenkapitalquote erzielt werden; tatsächlich sei der HSH-Nordbank AG daraus aber ein beträchtlicher Vermögensnachteil erwachsen.[353] Das Landgericht Hamburg hatte einen Pflichtverstoß nach § 93 I AktG bejaht, ihn jedoch in seiner weiteren Prüfung als nicht gravierend eingeordnet.

bb. Entscheidungsgründe

Der BGH stellte klar, dass bei einem Verstoß gegen § 93 I 1 AktG durch Überschreiten des unternehmerischen Ermessensspielraums immer auch eine gravierende Pflichtverletzung im Sinne des § 266 StGB vorliege.[354] Er führte weiter aus, dass das Landgericht Hamburg bei der Prüfung der Sorgfaltspflichtverletzung den Maßstab für den Umfang der Informationspflichten des Vorstands nicht genügend bestimmt und damit keine konkreten Anforderungen gesetzt habe, anhand derer eine Prüfung der Informationsgrundlage erfolgen konnte.[355]

Der BGH verwies auf den Beschluss des II. Zivilsenats vom 14.07.2008,[356] in dem dieser zum ersten Mal die streng lautende Formulierung der Anforderungen an eine ausreichende Informationsgrundlage verwendet hatte, dass in der konkreten Entscheidungssituation alle verfügbaren Informationsquellen tatsächlicher und rechtlicher Art auszuschöpfen seien. Der 5. Strafsenat erläuterte den Begriff der konkreten Entscheidungssituation dahin gehend, dass es sich um einen „Bezugsrahmen"[357] des erforderlichen Informationsumfangs handele. Der Vorstand habe einen gewissen Spielraum bei der Schaffung einer angemessenen Informationsgrundlage, der sich nach der zur Verfügung stehenden Zeit und der Tragweite der Entscheidung richtet und bei dem auch die Kosten und der Nutzen weiterer einzuholender Informationen zu berücksichtigen seien.[358] Diese Maßstäbe hätte das Landgericht Hamburg bei seiner Bewertung der Vorstandsvorlagen als ausreichende Informationsgrundlage für die Entscheidung über die Zustimmung zu dem riskanten Geschäft beachten müssen. Vorliegend hätte es Anhaltspunkte gegeben, dass der Zeitrahmen für die vorgelegten Bewertungen mit Blick auf

---

353 *BGH*, Urteil vom 12.10.2016, 5 StR 134/15, zitiert nach juris Rdn. 1 (auszugsweise abgedruckt in AG 2017, S. 72 ff.).

354 *BGH*, Urteil vom 12.10.2016, 5 StR 134/15, zitiert nach juris Rdn. 27.

355 *BGH*, Urteil vom 12.10.2016, 5 StR 134/15, zitiert nach juris Rdn. 33.

356 *BGH*, Beschluss vom 14.07.2008, II ZR 202/07, NZG 2008, S. 751 ff.; siehe oben unter Gliederungspunkt B II 2 d.

357 *BGH*, Urteil vom 12.10.2016, 5 StR 134/15, zitiert nach juris Rdn. 34.

358 *BGH*, Urteil vom 12.10.2016, 5 StR 134/15, zitiert nach juris Rdn. 34.

deren Komplexität zu knapp war, diese daher nur auf unvollständiger Grundlage beruhten und unter Vorbehalt einer abschließenden Überprüfung abgegeben werden sollten. Aufgrund dessen hätten Zweifel an der Zuverlässigkeit der Vorstandsvorlagen entstehen müssen. Möglicherweise hätte der Vorstand weitere Prüfungen vornehmen lassen oder gar völlig von dem Geschäft Abstand nehmen müssen.[359]

cc. Eigene Würdigung

Dieses Urteil ist in Zusammenhang mit der Entwicklung des Tatbestandsmerkmals der angemessenen Informationsgrundlage besonders bemerkenswert, da der 5. Strafsenat die Formulierung des II. Zivilsenats zu den Anforderungen an eine sorgfältige Informationsbasis aufgreift und diese näher erläutert. Der II. Zivilsenat selbst hat bisher keine Konkretisierung der verwendeten Begriffe vorgenommen oder Beispiele genannt, sondern sie in seinen Entscheidungen lediglich wortwörtlich wiederholt. Der 5. Strafsenat weicht den streng lautenden Maßstab auf, indem er über den Begriff der konkreten Entscheidungssituation eine Einzelfallbetrachtung zulässt, die auch beispielsweise den Zeit- und Kostenfaktor bei dem erforderlichen Informationsumfang berücksichtigt. Dies entspricht den geringeren Anforderungen der US-amerikanischen business judgment rule und der Regierungsbegründung zum UMAG.

Es bleibt daher abzuwarten, ob auch der für das Gesellschaftsrecht zuständige II. Zivilsenat des BGH in künftigen Entscheidungen seine Formulierung näher erläutert und wenn er dies tut, in welcher Weise er sie konkretisiert.

r. OLG Köln, Urteil vom 01.10.2019, 18 U 34/18

Das OLG Köln hatte über den Schadensersatzanspruch einer AG gegen das Land NRW als Erbe ihres inzwischen verstorbenen Alleinvorstands wegen Pflichtverletzungen in Zusammenhang mit einem gescheiterten Joint Venture zu entscheiden.[360]

aa. Sachverhalt

Die klägerische AG war ursprünglich in den Bereichen Präzisionsmechanik und Maschinenbau in der Automobilindustrie tätig und wollte wegen wirtschaftlicher Schwierigkeiten ihre Geschäftsfelder erweitern. Im Jahr 2011 stimmte der Aufsichtsrat der AG unter Forderung einiger Ergänzungen einem vom inzwischen verstorbenen Alleinvorstand der AG vorgestellten Vorhaben zu, Vereinbarungen über ein Joint Venture abzuschließen. Der Vertragspartner sollte Fotovoltaik-Projekte durch Übertragung von Beteiligungen an den entsprechenden Projektgesellschaften in die zu gründende gemeinsame Gesellschaft einbringen, während die AG die

---

359 *BGH*, Urteil vom 12.10.2016, 5 StR 134/15, zitiert nach juris Rdn. 39.
360 *OLG Köln*, Urteil vom 01.10.2019, 18 U 34/18, NZG 2020, S. 110.

Finanzierung der Geschäfte in dieser Gesellschaft durch die Bereitstellung einer Grundschuld ermöglichen sollte.[361] Die vom Aufsichtsrat geforderten Ergänzungen wurden nicht vorgenommen. Vielmehr unterzeichnete der Alleinvorstand die Joint-Venture-Vereinbarung und den Gesellschaftsvertrag insbesondere ohne eine Due-Diligence-Prüfung hinsichtlich des Vertragspartners und der von diesem einzubringenden Projektgesellschaften oder der Überprüfung der Finanzierungsunterlagen für die beabsichtigten Projekte. Das Joint Venture scheiterte schließlich. Im Rahmen seiner Vorbereitung hatte die AG beträchtliche Aufwendungen beispielsweise für einen letztlich nicht erfolgten Messeauftritt und für Vorleistungen betreffend die Joint-Venture-Gesellschaft vorgenommen. Ferner wurden zahlreiche Berater beauftragt, deren Leistungen mit dem Joint Venture zusammenhingen.[362] Die AG forderte Ersatz der ihr entstandenen finanziellen Schäden in Höhe von 1. Mio. Euro.

bb. Entscheidungsgründe

Das OLG Köln bejahte einen Schadensersatzanspruch der AG gegen das Land NRW als Erbe ihres verstorbenen Alleinvorstands aus § 93 II AktG, da die Abschlüsse des Joint-Venture-Vertrags und des Gesellschaftsvertrags schuldhafte Pflichtverletzungen des Vorstands darstellen würden, die Schäden bei der AG verursacht hätten. Die unternehmerische Entscheidung zur Durchführung dieser Kooperation habe nicht auf einer angemessenen Informationsgrundlage iSv. § 93 I 2 AktG basiert.[363]

Das OLG Köln machte zunächst umfangreiche allgemeine Ausführungen zu diesem Tatbestandsmerkmal und bezog sich dabei auf die Kommentierung von Gerald Spindler im Münchener Kommentar zum Aktiengesetz.[364] Es wurde hervorgehoben, dass sich die Angemessenheit stets nach den konkreten Umständen des Einzelfalls richte und daher beispielsweise die Eilbedürftigkeit der Entscheidung oder ihre Bedeutung für die Gesellschaft zu berücksichtigen seien. Auch sei eine Abwägung zwischen Kosten und Nutzen der weiteren Informationsbeschaffung vorzunehmen. Die Ausschöpfung aller verfügbaren Informationen sei eine nicht praktikable Forderung und dürfe daher nicht so interpretiert werden, dass alle einholbaren Informationen verwendet werden müssten. Es bedürfe immer einer Auswahl der zu beschaffenden Informationen, die sich an den Gegebenheiten des Einzelfalls und der Praktikabilität orientiere.[365]

Bezogen auf den Sachverhalt verneinte das OLG Köln die angemessene Informationsgrundlage, da der Vorstand weder Informationen über den Vertragspartner noch über die Aussichten einer wirtschaftlichen Betätigung der AG in dem neuen

361 *OLG Köln*, Urteil vom 01.10.2019, 18 U 34/18, NZG 2020, S. 110.
362 *OLG Köln*, Urteil vom 01.10.2019, 18 U 34/18, NZG 2020, S. 110, 111.
363 *OLG Köln*, Urteil vom 01.10.2019, 18 U 34/18, NZG 2020, S. 110, 113.
364 (§ 93 Rdn. 55 ff. mwN auch zur Rspr.).
365 *OLG Köln*, Urteil vom 01.10.2019, 18 U 34/18, NZG 2020, S. 110, 113.

Geschäftsfeld eingeholt hätte.[366] Er habe es auch unterlassen, den Vertragspartner oder die Projektgesellschaften einer Due-Diligence-Prüfung zu unterziehen.[367] Die geplante Neuausrichtung stellte eine Entscheidung von so großer wirtschaftlicher Tragweite dar, dass solche Informationen erforderlich gewesen wären. Hinzu komme noch, dass die AG sich in einer finanziellen Krise befunden und in dem neuen Geschäftsbereich über keinerlei Erfahrung verfügt habe.[368]

cc. Eigene Würdigung

Das OLG Köln hat in seiner Entscheidung nicht die strengen Anforderungen des BGH an die Voraussetzungen der angemessenen Informationsgrundlage übernommen, sondern berücksichtigt die konkreten Umstände des Einzelfalls für den Umfang der erforderlichen Informationsbeschaffung. Er zitiert den BGH auch nicht, sondern verweist bei seinen Ausführungen auf eine Kommentarstelle. Allerdings setzt sich das Gericht – anders als die anderen Gerichte, die ebenfalls geringere Anforderungen als der BGH stellten – mit der Forderung des Ausschöpfens aller verfügbaren Informationen auseinander. Es stützt sich auf die Unmöglichkeit der Erfüllung dieser Vorgaben und verlangt eine vom Wortlaut abweichende Interpretation der Formulierung des BGH. Die vom OLG Köln genannten, bei der Prüfung der Angemessenheit der Informationsgrundlage zu berücksichtigenden Kriterien wie Eilbedürftigkeit, Kosten-Nutzen-Analyse und Tragweite der Entscheidung stimmen mit denen der US-amerikanischen business judgment rule und des Gesetzgebers überein.

3. Fazit

a. Zusammenfassung und Würdigung

aa. Art und Umfang der Informationsbeschaffung

Ausgehend von der ARAG/Garmenbeck-Entscheidung im Jahr 1997, in der die sorgfältige Ermittlung der Entscheidungsgrundlage als Voraussetzung der Anwendung der Haftungsprivilegierung hervorgehoben wurde, sind in den Folgejahren zunächst keine Entscheidungen des BGH ergangen, die sich im Rahmen von Pflichtverletzungen bei unternehmerischen Entscheidungen mit der Frage der ausreichenden Informationsbeschaffung zu befassen hatten. Aus diesem Grunde erfolgten in den ersten Jahren nach der ARAG/Garmenbeck-Entscheidung noch keine näheren Präzisierungen dieser Voraussetzung durch den BGH.

Zunächst nahmen die Instanzgerichte Bezug auf die ARAG/Garmenbeck-Entscheidung bzw. die US-amerikanische business judgment rule und überprüften bei

---

366 *OLG Köln*, Urteil vom 01.10.2019, 18 U 34/18, NZG 2020, S. 110, 113.
367 *OLG Köln*, Urteil vom 01.10.2019, 18 U 34/18, NZG 2020, S. 110, 114.
368 *OLG Köln*, Urteil vom 01.10.2019, 18 U 34/18, NZG 2020, S. 110, 113.

unternehmerischen Entscheidungen die vorhandenen Informationen im Einzelfall danach, ob sie vertrauenswürdig, vollständig und ausreichend waren, wobei das OLG Celle im Jahr 2008 hinsichtlich des Umfangs der Informationen auch die zur Verfügung stehende Zeit und die Kosten-Nutzen-Relation der Informationsbeschaffung berücksichtigte. Die Gerichte legten sich auch nicht auf bestimmte Arten von Informationsquellen fest. So wurde beispielsweise nicht für jeden Unternehmenserwerb die Erstellung einer Due Diligence gefordert.

Der BGH[369] setzte im Juli des gleichen Jahres den Maßstab sehr hoch, als er die Ausschöpfung aller verfügbaren Informationsquellen tatsächlicher und rechtlicher Art in der konkreten Entscheidungssituation forderte. Dies führte zu massiver Kritik im Schrifttum, worauf noch einzugehen sein wird.[370] Diese Anforderungen hat der BGH in seinen folgenden Entscheidungen weiter verwandt, nicht immer ausdrücklich, aber zumindest mittelbar über Verweisungen auf seine früheren Entscheidungen. Aus der Verquickung des Erfordernisses der „sorgfältigen Ermittlung der Entscheidungsgrundlage“ mit der strengen Formulierung der „Ausschöpfung aller verfügbaren Informationsquellen“ kann auf eine Konkretisierung der zunächst weit gefassten Voraussetzung durch die viel strenger lautende Vorgabe geschlossen werden.

Aus dem Fehlen der ausdrücklichen Formulierung der strengen Anforderungen in den BGH-Entscheidungen aus November 2008[371] und 2011[372] ist der Schluss gezogen worden, der BGH wolle diese nicht weiterverfolgen und ließe nun im Einzelfall auch weniger Informationserhebungen zu.[373] Es ist jedoch zu berücksichtigen, dass der BGH die strenge Anforderung der umfassenden Information im Jahr 2013 wieder ausdrücklich verwandt hat, von einer Aufgabe dieses Maßstabs

369 Siehe oben unter Gliederungspunkt B II 2 d: *BGH*, Beschluss vom 14.07.2008, II ZR 202/07, NZG 2008, S. 751.

370 Siehe unten unter Gliederungspunkt B II 3 c. Allerdings wird dieser strenge Maßstab auch vereinzelt im Schrifttum befürwortet, so etwa *Freund*, GmbHR 2009, S. 1185, 1186, der dem Organmitglied bei der Informationseinholung keinen Handlungsspielraum gewährt und schon das Fehlen einer einzigen erheblichen Information zur Haftung führen lässt, und als Richter des Spruchkörpers des BGH *Goette*, ZGR 2008, S. 436, 448, der erst im Anschluss an die Informationsbeschaffung und die Risikoabwägung das unternehmerische Ermessen eröffnet und bei der Ersten keinen Handlungsspielraum zulässt, siehe auch oben Fn. 166; diesem zustimmend *Altmeppen*: in *Altmeppen*, GmbHG, § 43 Rdn. 9.

371 Siehe oben unter Gliederungspunkt B II 2 e: *BGH*, Beschluss vom 03.11.2008, II ZR 236/07, ZIP 2009, S. 223.

372 Siehe oben unter Gliederungspunkt B II 2 j: *BGH*, Urteil vom 22.02.2011, II ZR 146/09, NZG 2011, S. 549.

373 Vgl. *Bachmann*, ZHR 177 (2013), S. 1, 3; *Freitag/Korch*, ZIP 2012, S. 2281, 2282; *Kindler*: in Festschrift für *Goette*, S. 231, 233; *Bachmann*, NZG 2013, S. 1121, 1124 nahm sogar an, dass die Formulierung „eher unbedacht“ aus der früheren Entscheidung übertragen wurde.

also nicht ausgegangen werden kann.[374] Auch die Bezugnahmen auf seine frühere Rechtsprechung in den Entscheidungen aus November 2008 und 2011 lassen erkennen, dass eine Distanzierung nicht erfolgen sollte. Dafür spricht ferner, dass eine Auseinandersetzung des BGH mit den Reaktionen auf seine Rechtsprechung oder auch nur eine Erwähnung der kritischen Stimmen im Schrifttum zum Umfang der Informationsbeschaffung nie erfolgte. Der zuständige Gesellschaftsrechtssenat des BGH hat die Formulierung bis heute nicht korrigiert oder relativiert.

Nach der Entscheidung des BGH aus Juli 2008 übernahmen auch Instanzgerichte die strenge Formulierung des BGH oder verwiesen auf dessen Rechtsprechung, allerdings mit Ausnahmen. Es gab auch Entscheidungen, die dem Organmitglied einen Spielraum gewährten, welche Informationsquellen es nutzt und wie es diese gewichtet und bewertet. Mehrfach wurde hervorgehoben, dass der Entscheidungsträger solche Informationsquellen vernachlässigen kann, die ihm keine neuen oder zusätzlichen Erkenntnisse bringen. Die Anforderungen an die angemessene Informationsgrundlage waren viel geringer und entsprachen im Wesentlichen der US-amerikanischen business judgment rule und der Regierungsbegründung zum UMAG. Eine ausdrückliche Distanzierung zur BGH-Rechtsprechung oder eine Auseinandersetzung mit deren Anforderungen erfolgte aber auch in diesen Fällen nicht. Lediglich das OLG Köln[375] führte aus, dass diese Anforderungen lockerer interpretiert werden müssten, da keine Situation vorstellbar sei, in der alle Informationsquellen ausgeschöpft werden könnten.

bb. Fremder Expertenrat und "right of reliance"

Eine Art der Informationsbeschaffung, nämlich die der Beauftragung eines Beraters, wird im Rahmen der Zusammenfassung gesondert betrachtet, da der Themenbereich der Einholung von Expertenrat und die Beantwortung der Frage, unter welchen Voraussetzungen der Ratsuchende sich auf dessen Stellungnahme verlassen darf, sehr komplex sind.

In einigen dargestellten Entscheidungen war zu prüfen, ob das handelnde Organ sich auf den Rat bzw. die Stellungnahme eines Dritten, insbesondere eines externen Beraters, verlassen durfte. Im Ergebnis erkennen die Gerichte in diesen Entscheidungen ein "right of reliance" unter bestimmten Voraussetzungen an bzw. lehnen ein solches Vertrauen-Dürfen auf den fremden Rat ab, weil diese Voraussetzungen im konkreten Fall nicht erfüllt sind. Dabei stellte das OLG Oldenburg auf die Unabhängigkeit des Beraters und die Pflicht zur eigenen Überprüfung seiner Berechnungen durch den Geschäftsleiter aufgrund von Unstimmigkeiten in dem Gutachten ab, das OLG Düsseldorf in der IKB-Entscheidung auf die genügende Sachkunde und die Unabhängigkeit der Rating-Agenturen sowie die Notwendigkeit

374 Vgl. *Koch*: in *Hüffer/Koch*, AktG, § 93 Rdn. 20.

375 Siehe oben unter Gliederungspunkt B II 2 r: *OLG Köln*, Urteil vom 01.10.2019, 18 U 34/18, NZG 2020, S. 110.

zusätzlicher eigener Analysen und das OLG Stuttgart in der Daimler/Chrysler-Entscheidung auf die sorgfältige Wahl des Beraters, das Überlassen der relevanten Unterlagen an diesen und die zweifelsfreie Richtigkeit des Gutachtens. Das Landgericht Essen verwies für das Erfordernis des Einholens umfassenden Rechtsrats auf eine BGH-Entscheidung, die sich auf eine Legalitätspflichtverletzung bezog, ohne auf die dort genannten Kriterien für ein Sich-Verlassen-Dürfen auf externen Rat im Einzelnen einzugehen. Andere Gerichte machten lediglich die Feststellung, dass fremder Rat eingeholt worden ist, und erachteten ihn als Informationsgrundlage, ohne sich näher mit diesem auseinanderzusetzen. In der Gesamtschau erweist sich die Anwendung des "right of reliance" durch die Gerichte als undifferenziert. Die Voraussetzungen der US-amerikanischen business judgment rule, unter denen sich das handelnde Organ enthaftend auf Expertenrat verlassen kann, werden vom OLG Stuttgart sämtlich aufgenommen, von anderen Gerichten nur teilweise und klingen in manchen Entscheidungen nur an.

Der BGH hatte in seinen oben genannten Entscheidungen zur business judgment rule keinen Expertenrat zu prüfen. Allerdings hatte er das "right of reliance" im Organhaftungsrecht in mehreren Fällen in einem anderen Zusammenhang anzuwenden und dort konkrete Voraussetzungen für ein Sich-Verlassen-Dürfen auf fremden Rat herausgearbeitet. Bei der Prüfung des Vorliegens von rechtlichen Unsicherheiten der handelnden Organe im Rahmen von Legalitätspflichten hat er Kriterien aufgestellt, bei deren Vorhandensein auf den Rat eines Dritten vertraut werden durfte und die Haftung des Organs entfiel, auch wenn sich dieser Rat letztlich als falsch erwies und der Gesellschaft wegen des Befolgens des Rats ein Schaden entstanden ist.[376]

Zunächst werden die Kriterien aus diesen Entscheidungen näher dargestellt und aufgezeigt, wie der BGH diese Voraussetzungen des "right of reliance" im Rahmen seiner Rechtsprechung im Laufe der Zeit weiter konkretisiert hat. Der Vollständigkeit halber wird neben den nachfolgenden BGH-Entscheidungen auch ein Urteil des OLG Stuttgart[377] aufgeführt, wobei es bei der chronologischen Reihenfolge bleibt. Es liegt auf der gleichen Linie und befasst sich ebenfalls mit der Einholung fremden Rats im Rahmen einer Legalitätspflicht des Leitungsorgans. Der BGH hat auf diese Entscheidung auch Bezug genommen.

(1) BGH, Urteil vom 14.05.2007, II ZR 48/06

In dieser Entscheidung hat der BGH konkrete Anforderungen an die Einholung fremden Rats aufgestellt. Der Berater muss unabhängig, fachlich qualifiziert, also

376 Vgl. *BGH*, Urteil vom 28.04.2015, II ZR 63/14, NZG 2015, S. 792 ff.; *BGH*, Urteil vom 27.03.2012, II ZR 171/10, CCZ 2013, S. 34 ff.; *BGH*, Urteil vom 20.09.2011, II ZR 234/09, NZG 2011, S. 1271 ff. – ISION; *BGH*, Beschluss vom 16.07.2007, II ZR 226/06, DStR 2007, S. 1641 ff.; *BGH*, Urteil vom 14.05.2007, II ZR 48/06, AG 2007, S. 548 ff.

377 *OLG Stuttgart*, Urteil vom 25.11.2009, 20 U 5/09, NZG 2010, S. 141 ff.

zur Beantwortung der Frage geeignet sein, und umfassend informiert werden. Es muss sich um einen Berufsträger handeln, wobei dieser Begriff nicht näher erläutert wird. Der Ratsuchende muss das Gutachten unter Einschluss des Ergebnisses auf Plausibilität hin überprüfen.[378] Der BGH machte allerdings keine Ausführungen dazu, wie diese Überprüfung im Detail zu erfolgen hat. Erst bei Vorliegen all dieser Voraussetzungen darf der Handelnde sich auf den Expertenrat verlassen. Auch wenn sich ein solcher Rat letztlich als falsch herausstellt, lässt er die Haftung des handelnden Organs entfallen.[379]

(2) BGH, Beschluss vom 16.07.2007, II ZR 226/06

Der BGH nahm Bezug auf seine zuvor genannte Entscheidung vom 14.05.2007 und die darin aufgestellten Kriterien für ein Sich-Verlassen-Dürfen auf den Expertenrat, verneinte vorliegend jedoch die Erfüllung dieser Voraussetzungen, da dem Berater keine detaillierten Informationen zur Verfügung gestellt worden wären und das in diesem Fall zu prüfende Vorliegen einer Überschuldung der Gesellschaft gar nicht Inhalt der Nachfrage gewesen wäre.[380]

(3) OLG Stuttgart, Urteil vom 25.11.2009, 20 U 5/09

Das OLG Stuttgart verwies auf das Urteil des BGH vom 14.05.2007[381] und übernahm die dort aufgestellten Anforderungen an den vom Leitungsorgan auszuwählenden Berater, die Übermittlung der zur Begutachtung relevanten Informationen an diesen und die Plausibilitätskontrolle mit Blick auf das Gutachten sowie dessen Ergebnis und verneinte das Vorliegen dieser Voraussetzungen. Es bemängelte zunächst eine ausreichende Information des Beraters über die für die Beurteilung der konkreten Fragestellung – Möglichkeit einer fiktiven Rücklagenbildung zum Zeitpunkt eines geplanten Erwerbs eigener Aktien –maßgeblichen Umstände bei einem Telefonat.[382] Der Vorstand habe sich nicht dadurch entlasten können, dass er davon ausgegangen sei, dass der konsultierte Rechtsanwalt über die wirtschaftliche Lage der Gesellschaft umfassend informiert wäre oder dieser anderenfalls selbst nach weiteren Informationen gefragt hätte. Ferner sei es um eine Frage gegangen, die der Rechtsanwalt ohne Hinzuziehung eines Wirtschaftsprüfers oder Steuerberaters nicht endgültig beantworten habe können. Das OLG Stuttgart sah den Rechtsanwalt zwar als kompetent an, die rechtlichen Voraussetzungen für einen rechtmäßigen Aktienrückerwerb darzustellen, nicht aber für die Prüfung dieser

---

378 *BGH*, Urteil vom 14.05.2007, II ZR 48/06, AG 2007, S. 548, 550; vgl. auch den 2. Leitsatz der Entscheidung.

379 *BGH*, Urteil vom 14.05.2007, II ZR 48/06, AG 2007, S. 548, 550.

380 *BGH*, Beschluss vom 16.07.2007, II ZR 226/06, DStR 2007, S. 1641, 1642.

381 *BGH*, Urteil vom 14.05.2007, II ZR 48/06, AG 2007, S. 548; siehe oben unter Gliederungspunkt B II 3 a bb (1).

382 *OLG Stuttgart*, Urteil vom 25.11.2009, 20 U 5/09, NZG 2010, S. 141, 143.

Voraussetzungen unter Zugrundelegung der Vermögenslage der Gesellschaft.[383] Es beanstandete auch, dass sich der Vorstand bei der Wahl des Beraters nicht selbst über dessen spezifische Sachkenntnisse erkundigt hatte. Es reiche nicht aus, dass der Aufsichtsratsvorsitzende den Rechtsanwalt als geeigneten Berater empfohlen hatte, weil er bereits in der Vergangenheit Aktienrückkäufe geprüft habe.[384]

Mit Blick auf die Voraussetzungen des Sich-Verlassen-Dürfens auf Expertenrat wird die BGH-Rechtsprechung insoweit näher konkretisiert, als bei der Auswahl des Beraters hinsichtlich seiner fachlichen Kompetenz zur Klärung der Fragen auch zu beachten ist, ob der Berater zur umfassenden Prüfung fachlich geeignet ist oder möglicherweise ein weiterer Experte auf einem anderen Gebiet hinzuzuziehen ist. Ein Rechtsanwalt sei nicht ohne Weiteres auch zur Prüfung der finanziellen Situation einer Gesellschaft fachlich kompetent. Es ist demnach im Einzelfall darauf zu achten, wer für die Beantwortung der zu begutachtenden Frage die erforderlichen Fach- oder Spezialkenntnisse besitzt und es sind gegebenenfalls mehrere Berater auf unterschiedlichen Gebieten zu involvieren. Diese Überlegungen bei der Auswahl des Beraters hat das Organ eigenständig vorzunehmen.

(4) BGH, Urteil vom 20.09.2011, II ZR 234/09 – ISION

Der BGH bestätigte seine bisherige Rechtsprechung zu dem Erfordernis des Einholens eines Expertenrats und den an diesen zu stellenden Anforderungen. Unter Hinweis auf sein Urteil vom 14.05.2007[385] und die Entscheidung des OLG Stuttgart vom 25.11.2009[386] verlangte der BGH neben der sorgfältigen Auswahl eines unabhängigen, auf dem betreffenden Gebiet fachkundigen Berufsträgers dessen umfassende Information durch die Überlassung aller relevanten Unterlagen und die Darstellung der für die Beantwortung der Frage erheblichen Fakten sowie eine genaue Überprüfung des Beratungsergebnisses auf seine Plausibilität.[387] Diese Kriterien wurden weiter konkretisiert.

So ließ der BGH einen nur mündlichen Rechtsrat nicht genügen, wenn die rechtliche Problematik für den Adressaten schwierig ist und eine Klärung der Frage nicht unter besonderem Zeitdruck zu erfolgen hat, weil eine sorgfältige Plausibilitätskontrolle der mündlichen Auskunft kaum möglich erscheine.[388] Er forderte eine erhöhte Sorgfalt bei der Überprüfung, wenn bereits eine früher geplante Vorgehensweise als rechtlich unzulässig eingestuft und das geänderte Konzept zum

---

383 *OLG Stuttgart*, Urteil vom 25.11.2009, 20 U 5/09, NZG 2010, S. 141, 144.

384 *OLG Stuttgart*, Urteil vom 25.11.2009, 20 U 5/09, NZG 2010, S. 141, 144.

385 *BGH*, Urteil vom 14.05.2007, II ZR 48/06, AG 2007, S. 548; siehe oben unter Gliederungspunkt B II 3 a bb (1).

386 *OLG Stuttgart*, Urteil vom 25.11.2009, 20 U 5/09, NZG 2010, S. 141; siehe oben unter Gliederungspunkt B II 3 a bb (3).

387 *BGH*, Urteil vom 20.09.2011, II ZR 234/09, NZG 2011, S. 1271, 1273 – ISION; vgl. auch den 2. Leitsatz der Entscheidung.

388 *BGH*, Urteil vom 20.09.2011, II ZR 234/09, NZG 2011, S. 1271, 1273 – ISION.

Zweck einer Umgehung der rechtlichen Probleme entwickelt worden ist.[389] Es wurde hervorgehoben, dass eine eigenständige Plausibilitätskontrolle keinesfalls durch ein Vertrauen auf die Kompetenz des Beraters ersetzt werden kann, und zwar auch dann nicht, wenn der Berater laufend für die Gesellschaft tätig wird.[390] Mit Blick auf das Erfordernis eines Expertenrats ließ der BGH also nicht genügen, dass der Berater bereits im Vorfeld involviert gewesen ist, das streitige Konzept erarbeitet hat und grundsätzlich davon auszugehen ist, dass er einen rechtlich zulässigen Weg geht.

(5) BGH, Urteil vom 27.03.2012, II ZR 171/10

Der BGH bestätigte seine Rechtsprechung zu dem Erfordernis des Einholens eines Expertenrats und den an diesen zu stellenden Anforderungen erneut, wobei er sich ausdrücklich auf seine Entscheidungen vom 14.05.2007 und 20.09.2011 bezog[391] und präzisierte sie in der vorliegenden Entscheidung weiter.

Er erörterte, welche Personen er als fachkundig und qualifiziert ansieht, wobei er nicht mehr den Begriff des „Berufsträgers" benutzt. Das Fehlen des Begriffs des „Berufsträgers" könnte darauf hindeuten, dass der BGH es nun möglicherweise im Einzelfall auch genügen lässt, wenn ein Berater zwar nicht die Berufsbezeichnung führt, aber dennoch die relevanten Fachkenntnisse aufgrund praktischer Erfahrungen vorweisen kann.[392] Zunächst stellte der BGH fest, dass für die Prüfung der maßgeblichen Frage der Insolvenzreife ein Wirtschaftsprüfer zweifelsfrei sachlich und fachlich qualifiziert sei.[393] Es wurde aber auch betont, dass bei der Einholung von Expertenrat nicht stets nur ein Wirtschaftsprüfer oder Rechtsanwalt als fachlich qualifiziert in Betracht käme, sondern je nach Prüfungsauftrag auch Personen aus anderen Branchen. Es käme auf den Einzelfall an und auch die Unternehmensgröße könne eine Rolle spielen.[394] Der BGH erkannte für die zu klärende Frage der Insolvenzreife der Gesellschaft eine von der Hausbank empfohlene Unternehmensberaterin mit abgeschlossenem Wirtschaftsstudium und mehrjähriger Erfahrung mit Blick auf Bonitätsprüfungen und Fortführungsprognosen als fachlich qualifiziert an.[395]

In der Entscheidung wurde bemängelt, dass der Geschäftsführer die Auftragserteilung an den Berater zu allgemein und weit gefasst habe und nicht ersichtlich wäre, dass auch die konkrete Fragestellung, die zu prüfen war, umfasst gewesen sei.[396] Auf das Erfordernis einer Überprüfung des Gutachtens auf Plausibilität durch

---

389 *BGH*, Urteil vom 20.09.2011, II ZR 234/09, NZG 2011, S. 1271, 1273 – ISION.
390 *BGH*, Urteil vom 20.09.2011, II ZR 234/09, NZG 2011, S. 1271, 1274 – ISION.
391 *BGH*, Urteil vom 27.03.2012, II ZR 171/10, CCZ 2013, S. 34, 35.
392 Vgl. *Müller*, NZG 2012, S. 981, 982; *Strohn*, CCZ 2013, S. 177, 180 f.
393 *BGH*, Urteil vom 27.03.2012, II ZR 171/10, CCZ 2013, S. 34, 35.
394 *BGH*, Urteil vom 27.03.2012, II ZR 171/10, CCZ 2013, S. 34 und 35.
395 *BGH*, Urteil vom 27.03.2012, II ZR 171/10, CCZ 2013, S. 34, 35.
396 *BGH*, Urteil vom 27.03.2012, II ZR 171/10, CCZ 2013, S. 34, 36.

den Geschäftsführer geht der BGH nicht ein, da es hierauf gar nicht mehr ankam, nachdem festgestellt worden war, dass der Geschäftsführer nicht für eine rechtzeitige Prüfung und Ergebnisvorlage des Beraters gesorgt hatte, und schon wegen der verspäteten Informationsbeschaffung eine Enthaftung verneint wurde.[397]

(6) BGH, Urteil vom 28.04.2015, II ZR 63/14

Mit Blick auf die Anforderungen an den Expertenrat nahm der BGH Bezug auf sein ISION-Urteil und übernahm die dort aufgestellten Anforderungen an ein "right of reliance".[398] Es ergeben sich zudem einige weitere Klarstellungen und Präzisierungen zu den vorherigen Entscheidungen.

Bisher hatte der BGH keine näheren Ausführungen zur Unabhängigkeit des Beraters gemacht. In dieser Entscheidung beanstandete er, dass das Berufungsgericht keine Feststellungen zu dieser Voraussetzung getätigt hatte. Dazu führte der BGH aus, dass es nicht auf eine persönliche Unabhängigkeit, sondern auf eine sachliche ankomme. Eine solche läge nicht vor, wenn der Berater bei seiner Stellungnahme beeinflusst würde oder ihm bestimmte Instruktionen gegeben würden, wie das Ergebnis seines Gutachtens lauten sollte.[399] Die fehlende Relevanz der persönlichen Abhängigkeit könnte darauf hindeuten, dass durchaus auch Mitarbeiter der eigenen Rechtsabteilung eines Unternehmens geeignete Berater sein können, wenn sie von ihrem Vorgesetzten keine Vorgaben für ihre Prüfung erhalten und hinsichtlich des Inhalts unbeeinflusst sind.[400] Darauf ist die Rechtsprechung bisher nicht näher eingegangen.

Bemerkenswert ist die Rückkehr des BGH zum Begriff des Berufsträgers.[401] Allerdings übernimmt er die Anforderungen wortgleich aus dem ISION-Urteil, sodass der Wiederverwendung dieses Begriffs nicht zu große Bedeutung beigelegt werden dürfte, zumal die Abweichung zum vorangegangenen Urteil nicht erwähnt oder gar begründet worden ist, warum wieder die enger formulierte Anforderung aufgegriffen wurde.

Der BGH ließ es genügen, dass der Beratungsauftrag aus Sicht des Ratsuchenden die Frage umfasst, über die Informationen eingeholt werden sollen. Er hielt es nicht für erforderlich, dass diese – im vorliegenden Fall ging es um eine Rechtsfrage – ausdrücklich gestellt wurde, da ihre genaue Ausformulierung von einem Laien auf dem speziellen Gebiet nicht erwartet werden könne.[402] Maßgeblich ist damit, ob der Ratsuchende davon ausgehen durfte, der Berater habe die betreffende Frage im Rahmen des erteilten Prüfauftrags untersucht. Somit werden die Anforderungen

---

397 *BGH*, Urteil vom 27.03.2012, II ZR 171/10, CCZ 2013, S. 34, 36.

398 *BGH*, Urteil vom 28.04.2015, II ZR 63/14, NZG 2015, S. 792, 794.

399 *BGH*, Urteil vom 28.04.2015, II ZR 63/14, NZG 2015, S. 792, 795.

400 Vgl. die Besprechungen des Urteils von *Steber*, DStR 2015, S. 2391, 2394 und *Vetter*, NZG 2015, S. 889, 894.

401 *BGH*, Urteil vom 28.04.2015, II ZR 63/14, NZG 2015, S. 792, 794.

402 *BGH*, Urteil vom 28.04.2015, II ZR 63/14, NZG 2015, S. 792, 795.

an die Erteilung des Prüfungsauftrags relativiert und eingeschränkt, und es wird insbesondere berücksichtigt, dass es gerade für einen Rechtsunkundigen schwierig sein kann, genaue Rechtsfragen zu formulieren.

Der BGH befasste sich detailliert mit dem Umfang der Plausibilitätskontrolle und betonte, dass diese keine inhaltliche oder rechtliche Kontrolle bedeuten könne, sondern lediglich gefordert werde, dass die Stellungnahme unter Einarbeitung der zur Verfügung gestellten Unterlagen widerspruchsfrei und nachvollziehbar sei, die Fragen eindeutig beantwortet seien und keine weiteren Fragen aufgeworfen werden, die noch ergänzend beantwortet werden müssten.[403]

(7) Konkretisierungen der Anforderungen des "right of reliance" durch den BGH

Zusammenfassend ist festzuhalten, dass der BGH für die Frage, wann ein berechtigtes Vertrauen auf einen Expertenrat vorliegt, vier Prüfungskriterien aufgestellt hat, deren strikte Beachtung er fordert: die fachliche Kompetenz des Beraters, dessen Unabhängigkeit, die Zurverfügungstellung aller für die Begutachtung relevanten Informationen sowie Unterlagen und die Plausibilitätsprüfung des Rats durch das Organ. Diese Anforderungen entsprechen denjenigen der US-amerikanischen Rechtsprechung zur business judgment rule.[404]

Folgende Konkretisierungen zu diesen Voraussetzungen wurden im Wesentlichen vorgenommen, wobei einige Präzisierungen die zunächst sehr streng erscheinenden Anforderungen etwas abmildern bzw. einschränken. Mit Blick auf die fachliche Qualifikation des Beraters soll es auf den Einzelfall ankommen, wer für die Begutachtung der Frage geeignet und kompetent ist.[405] Neben Wirtschaftsprüfern und Rechtsanwälten kommen je nach Prüfungsinhalt auch Berater aus anderen Berufsgruppen in Betracht. Das erscheint selbstverständlich, da ein Berater sorgfältig danach auszuwählen ist, ob er für die im Einzelfall zu prüfende Materie fachlich qualifiziert ist. Nicht jeder Berater ist für jedes Beratungsgebiet geeignet. Für einzelne Fragestellungen kann sogar die Hinzuziehung mehrerer Berater auf unterschiedlichen Fachgebieten erforderlich werden.[406]

Bemerkenswert ist aber die Annahme des BGH, dass im Einzelfall und gerade bei kleineren Unternehmen nicht so sehr auf die Berufsgruppe abzustellen sei, der der Berater angehört, sondern auf seine speziellen Kenntnisse und Erfahrungen auf dem betreffenden Gebiet. Es werden somit zumindest bei kleineren Unternehmen nicht ganz so strenge Maßstäbe gesetzt wie bei großen.[407] Sicherlich wird

---

403 *BGH*, Urteil vom 28.04.2015, II ZR 63/14, NZG 2015, S. 792, 795.

404 Siehe oben unter Gliederungspunkt B II 1 a.

405 Das *OLG Stuttgart*, Urteil vom 25.11.2009, 20 U 5/09, NZG 2010, S. 141, 144 fordert stets eigenständige Überlegungen des Leitungsorgans bei der Auswahl des geeigneten Beraters und lehnt ein Sich-Verlassen-Dürfen auf eine Empfehlung ab.

406 Vgl. *OLG Stuttgart*, Urteil vom 25.11.2009, 20 U 5/09, NZG 2010, S. 141, 144.

407 Vgl. *Müller*, NZG 2012, S. 981, 982.

ein kleines Unternehmen oftmals einen Berater des Vertrauens haben, der den Geschäftsleiter regelmäßig in rechtlichen und wirtschaftlichen Fragen unterstützt. Bei einfach gelagerten Sachverhalten wird diese Beratung als Informationsquelle oftmals geeignet sein. Wenn allerdings für bestimmte Entscheidungen komplizierte Fragen zu klären sind, ist besonderes Augenmerk auf die Kenntnisse und praktischen Erfahrungen dieses Beraters zu legen.

Interessant ist die Aussage des BGH, dass sich die Unabhängigkeit des Beraters nicht auf die persönliche, sondern auf die sachliche Ebene bezieht. Eine Einflussnahme auf den Berater beispielsweise durch bestimmte Vorgaben darf nicht erfolgen. Zwar hat der BGH bisher keine Stellung zur Geeignetheit auch interner Berater wie Mitarbeiter der Fachabteilungen oder Syndikusanwälte genommen, hat aber deutlich gemacht, dass es ihm nicht auf die persönliche Abhängigkeit ankommt. Eine solche läge bei einem internen Expertenrat grundsätzlich aufgrund der Arbeitnehmerstellung und der Weisungsgebundenheit vor. Eine sachliche Unabhängigkeit, wie der BGH sie fordert, kann durchaus auch bei einem internen Berater zu bejahen sein, wenn auf ihn kein Druck dadurch ausgeübt wird, dass von ihm ein bestimmtes Ergebnis der Stellungnahme erwartet oder gar vorgegeben wird. Es gehört zu den Hauptaufgaben der internen Rechts-, Controlling- oder Revisionsabteilung, die Unternehmensleiter vor der Durchführung geplanter Maßnahmen zu beraten und Stellungnahmen, Gutachten oder Analysen zu bestimmten Fragen anzufertigen. Es wäre nicht sinnvoll, wenn diese allein wegen der persönlichen Abhängigkeit keinesfalls als Informationsquellen genutzt werden könnten, sondern stets zusätzlich die Einholung die Auskunft einer externen sachkompetenten Person verlangt würde.

Bei der Erteilung des Prüfungsauftrags an den fachkundigen unabhängigen Experten soll es nicht auf die exakte Ausformulierung der Fragestellung ankommen, die von einem Laien auf dem jeweiligen Gebiet gerade in schwierigen oder komplexen Fällen nicht erwartet werden könne. Vielmehr reicht es aus, wenn er aus seiner Sicht davon ausgehen darf, dass die zu klärende Frage vom Prüfungsauftrag umfasst wird. Diese Konkretisierung stellt die subjektive Komponente in den Blickpunkt und orientiert sich an der Perspektive des Ratsuchenden. Dies ist zu befürworten, da ja gerade ein Experte hinzugezogen werden soll, weil der Auftraggeber sich auf dem betreffenden Gebiet nicht genügend auskennt, um die Frage selbst zu beantworten. Dann kann es für ihn im Einzelfall aber auch Schwierigkeiten bereiten, die Fragestellung exakt herauszuarbeiten.

Von der Einholung eines Expertenrats bei einer rechtlichen Frage lässt der BGH auch dann kein Absehen zu, wenn der Berater bereits im Vorfeld in der Angelegenheit involviert war, sich mit der Sache befasst hat und davon auszugehen ist, dass er etwas rechtlich Unzulässiges nicht unbeanstandet lassen werde. Dies erscheint sehr strikt, ist im Ergebnis aber nachvollziehbar, da sonst Unsicherheit darüber besteht, ob die relevante Frage auch tatsächlich von der Prüfung umfasst und wie sie im Detail zu beantworten ist. Allein die Tatsache der Vorbefassung eines vertrauenswürdigen Beraters mit der Angelegenheit kann nicht das Erfordernis einer Beratung zu einer bestimmten Fragestellung in dieser Sache wegfallen lassen.

Mit Blick auf die Plausibilitätskontrolle hat der BGH in seiner Entscheidung vom 28.04.2015 deutlich werden lassen, dass er keine zu hohen Anforderungen an die Überprüfung der Informationen durch den Ratsuchenden stellen möchte. Er verlangte eine Kontrolle, dass dem Berater alle relevanten Unterlagen und Fakten zur umfassenden Stellungnahme vorlagen und er diese auch ordnungsgemäß seiner Bewertung zugrunde gelegt hat. Das Ergebnis der Begutachtung der Frage muss klar, eindeutig und für den Auftraggeber nachzuvollziehen sein; anderenfalls müsse eine ergänzende Stellungnahme verlangt werden. Die Pflicht zur Plausibilitätsüberprüfung erfasst demnach nicht die inhaltliche Kontrolle. Der Ratsuchende muss die Information nicht im Detail auf ihre Richtigkeit hin überprüfen. Für diese einschränkende Präzisierung der Plausibilitätskontrolle spricht, dass der Ratsuchende wegen nicht ausreichender eigener Kenntnisse Expertenrat in Anspruch nimmt und ihm daher auch die Sachkompetenz fehlen wird, eine Stellungnahme eines Dritten auf diesem Fachgebiet im Einzelnen zu überprüfen. Hätte er diese fachliche Qualifizierung, bräuchte er keinen Berater, sondern könnte die Frage mit seinem eigenen Wissen beantworten.

Der BGH fordert stets eine eigenständige Kontrolle des Ratsuchenden und verneint die Ersetzung einer solchen durch ein Vertrauen auf die Kompetenz des Beraters, und zwar auch für den Fall, dass der Berater laufend für die Gesellschaft tätig wird. Er lässt einen nur mündlichen Rechtsrat zumindest bei komplexen, schwierigen Fragestellungen und fehlendem Zeitdruck nicht genügen und begründet dies mit der Unmöglichkeit einer sorgfältigen Plausibilitätskontrolle einer nur mündlichen Auskunft. Diese Anforderung erscheint zunächst sehr streng, wird aber durch die vom BGH in der ISION-Entscheidung angedeuteten Einschränkungen insoweit relativiert, als in eiligen Situationen und bei leichteren Fragen auch ein mündlicher Rat als ausreichend in Betracht kommen kann.

In der Gesamtschau sind die Voraussetzungen für das "right of reliance" sehr streng, obwohl sie im Laufe der Zeit durch die Rechtsprechung im Wege von Präzisierungen im Einzelfall etwas abgeschwächt worden sind. Der BGH lässt keinen Verzicht auf eine der Voraussetzungen zu.

(8) Anwendung der vom BGH konkretisierten Anforderungen an das "right of reliance" auf die business judgment rule

Da der BGH seine Grundsätze zum "right of reliance" – anders als die US-amerikanische Rechtsprechung und die deutschen Instanzgerichte – nicht im Rahmen unternehmerischer Entscheidungen anzuwenden hatte, ist abschließend darauf einzugehen, ob die Anforderungen des BGH für ein schutzwürdiges Vertrauen auf fremden Expertenrat fallübergreifend und verallgemeinernd auch auf die Beschaffung einer angemessenen Informationsgrundlage im Rahmen des § 93 I 2 AktG übertragen werden können.

Der BGH hat einen sehr strengen Maßstab an die ausreichende Informationsgrundlage als Voraussetzung der business judgment rule gestellt, wenn er die Ausschöpfung aller in der konkreten Situation verfügbaren Informationsquellen verlangt. Darunter fallen auch Informationen, die bei fremden Sachkundigen eingeholt werden. Bei Zugrundelegung dieser Anforderungen bestünde eine Verpflichtung des Organs, bei fehlender eigener Sachkunde zur Vorbereitung seiner Entscheidung auch Expertenrat auszuschöpfen. Selbst bei einem milderen Maßstab, den Instanzgerichte zum Teil angewandt haben,[408] können auch bei unternehmerischen Entscheidungen die eigenen Fachkenntnisse des Entscheidungsträgers sowie vorliegende Informationen für eine Risikoeinschätzung der geplanten Maßnahme unzureichend sein, sodass er gehalten sein kann, fremden Rat einzuholen, um sich eine ausreichende Informationsgrundlage zu beschaffen. Zur Vermeidung von Gefälligkeitsgutachten oder von Stellungnahmen, die kein zuverlässiges Ergebnis beinhalten, sind bestimmte Anforderungen an den Berater, die Auftragserteilung und den Umgang mit dem angefertigten Gutachten erforderlich. Bei der Auswahl des Beraters ist auf dessen Zuverlässigkeit zu achten. Er muss sich auf dem betreffenden Gebiet auskennen, um eine verwertbare Information zu liefern. Ferner ist Objektivität des Beraters erforderlich, damit er sachlich und unbeeinflusst seine Stellungnahme abgeben kann. Die Sorge des handelnden Organs für eine ausreichende Informationsgrundlage umfasst aber nicht allein die Ausschöpfung der zur Verfügung stehenden Informationsquelle, sondern auch deren Bewertung. Hat der Handelnde Informationen zur Vorbereitung seiner Entscheidung eingeholt, hat er diese mit Sorgfalt auszuwerten und ihre Ergebnisse auf ihre Nachvollziehbarkeit hin zu überprüfen.[409] Nur so lassen sich Widersprüche, Lücken oder nicht bzw. falsch verarbeitete Informationen in der Stellungnahme des Beraters erkennen. Daher können die genannten Kriterien zum Expertenrat grundsätzlich auch auf unternehmerische Entscheidungen angewandt werden.[410]

Wenn der Handelnde die Grundsätze nicht einhält und beispielsweise einen fachlich nicht geeigneten Dritten mit einem Rat beauftragt, diesem nicht die relevanten Unterlagen überlässt oder den Rat nicht auf seine Plausibilität hin überprüft, darf er nicht vernünftigerweise annehmen, auf der Grundlage angemessener Information gemäß § 93 I 2 AktG zu handeln. Stellt sich der Rat als falsch heraus und erleidet die Gesellschaft dadurch einen Schaden, tritt keine Haftungsprivilegierung ein. Bei unternehmerischen Entscheidungen ist darauf zu achten, dass die

---

408 Siehe oben unter Gliederungspunkt B II 3 a aa.

409 Vgl. *J.-H. Binder*, AG 2008, S. 274, 281.

410 Vgl. *J.-H. Binder*, AG 2012, S. 885, 890; *ders.*, AG 2008, S. 274, 280 ff.; *Decker*, GmbHR 2014, S. 72, 73; *Fleischer:* in *Spindler/Stilz*, AktG, § 93 Rdn. 70; *ders.* in Festschrift für *Hüffer*, S. 187, 188 ff.; *ders.*, ZIP 2009, S. 1397, 1403 ff.; *Junker/Biederbick*, AG 2012, S. 898, 904; *Kauer*, Die Informationsbeschaffungspflicht des Vorstands einer AG, S. 291; *Krieger/Sailer-Coceani:* in *K. Schmidt/Lutter*, AktG, § 93 Rdn. 34; *Paefgen*, AG 2014, S. 554, 560 f.; *U.H. Schneider*, DB 2011, S. 99 ff.; a.A. *J. Wagner*, BB 2012, S. 651, 653 f., der seine Ablehnung darauf stützt, dass der BGH offen gelassen hat, ob er seine Anforderungen an die Einholung fremden Rats auf andere Bereiche und insbesondere auf die Informationsbeschaffung nach § 93 I 2 AktG übertragen würde, wo nur eine angemessene Informationsgrundlage verlangt werde.

Angemessenheit der Informationsgrundlage stets aus der Ex-ante-Sicht des Entscheidungsträgers zu bewerten ist. Maßgeblich ist beispielsweise, ob aus seiner damaligen Sicht bei der Vorbereitung der Entscheidung Anhaltspunkte für Zweifel an der Sachkunde oder Unabhängigkeit des Beraters vorlagen. Seine Beurteilung muss bei späterer gerichtlicher Überprüfung vernünftig im Sinne von nachvollziehbar sein.[411] Diese Besonderheit der Ex-ante-Betrachtung steht der Übertragbarkeit der Kriterien des BGH für das Sich-Verlassen-Dürfen auf fremden Rat auf die business judgment rule nicht entgegen.

b. Anforderungen zu streng?

Es stellt sich die Frage, ob die dargestellten Anforderungen der Rechtsprechung an das Vorliegen einer ausreichenden Informationsgrundlage möglicherweise zu hoch sind. In der Praxis wird es schwierig, wenn nicht gar unmöglich sein, stets alle verfügbaren Informationen einzuholen. In der Literatur hat man sich in zahlreichen Veröffentlichungen mit dem Maßstab für den Informationsumfang auseinandergesetzt. Dabei gibt es unterschiedliche Ansätze bzw. Sichtweisen, die nachfolgend unter Punkt c. näher betrachtet werden. Auch die Voraussetzungen der Rechtsprechung an das Sich-Verlassen-Dürfen auf fremden Rat sind – trotz einiger bereits erfolgter Abmilderungen durch Präzisierungen in einzelnen Fällen – sehr streng. In der Literatur werden auch diese Anforderungen lebhaft diskutiert. Eine Darstellung und Würdigung dieser Ansichten folgt unter Punkt d.

c. Diskussionsstand in der Literatur zum Umfang der Informationsbeschaffung und Würdigung der Ansichten

aa. Weites Verständnis der Aussage des BGH

Zunächst wird vertreten, dass die Aussage des BGH nicht zu eng verstanden werden dürfe, da dieser auf die „konkrete Entscheidungssituation“ abstelle und dieser Zusatz in seiner Formulierung einen gewissen Spielraum eröffne. Es komme immer auch auf den Einzelfall an, welcher Umfang der einzuholenden Informationen erforderlich ist.[412] Man dürfe nicht sämtliche Informationen fordern, die aus objektiver Sicht eingeholt werden könnten, sondern müsse auf die „(subjektiv) erreichbaren“ Informationen im konkreten Einzelfall abstellen.[413]

Der für das Gesellschaftsrecht zuständige II. Zivilsenat des BGH hat in seinen bisherigen Entscheidungen den Begriff der konkreten Entscheidungssituation

---

411 *Koch*: in *Hüffer/Koch*, AktG, § 93 Rdn. 21; *Krieger/Sailer-Coceani*: in *K. Schmidt/Lutter*, AktG, § 93 Rdn. 17; *Mertens/Cahn*: in Kölner Kommentar zum AktG, § 93 Rn. 34.

412 Vgl. *Koch*: in *Hüffer/Koch*, AktG, § 93 Rdn. 20; *Spindler*: in Münchener Kommentar zum AktG, § 93 Rdn. 57; *ders.*, AG 2013, S. 889, 892 f.

413 *Ihrig/C. Schäfer*, Rechte und Pflichten des Vorstands, § 38 Rdn. 1525, der die Formulierung des BGH „missverständlich“ nennt.

nicht selbst erläutert oder Beispiele genannt. Er hat stets genau diesen Terminus wiederholt.

In diesem Zusammenhang ist jedoch erwähnenswert, dass der BGH in seiner Entscheidung vom Juli 2008, in der die fragliche Formulierung erstmalig benutzt wurde, auf einen Festschriftbeitrag eines dem Spruchkörper angehörenden Richters verwies.[414] Dieser wiederum hatte den Satzteil „in der konkreten Entscheidungssituation" ergänzt durch den Einschub „– das schließt die Berücksichtigung besonderen Zeitdrucks im Einzelfall ein –".[415] Obwohl der BGH diesen Einschub in seiner Formulierung weglässt, könnte aufgrund des Verweises angenommen werden, dass die besondere Eilbedürftigkeit einer unternehmerischen Entscheidung im Einzelfall im Rahmen der Beurteilung der Verfügbarkeit der Informationen in der zur Verfügung stehenden Zeit zu beachten ist. Allerdings hat der BGH in seinen späteren Entscheidungen diesen Einschub nie übernommen und auch keine sinngemäß ähnlichen Einschränkungen verwandt. Möglicherweise hängt dies aber mit den konkreten Entscheidungen zusammen. Da es sich bei den zu prüfenden Fällen nicht um eilbedürftige Entscheidungen unter Zeitdruck handelte, ist es auch nicht erforderlich gewesen, auf eine solche Situation einzugehen.

Auch weitere mögliche Einschränkungen der umfassenden Informationsbeschaffung wie beispielsweise ein unverhältnismäßiger Kostenaufwand oder eine geringe Tragweite der Entscheidung könnte der BGH bisher nur deshalb nicht angesprochen haben, weil der zu prüfende Lebenssachverhalt keine Anhaltspunkte dafür aufwies.

In diesem Zusammenhang ist die Entscheidung des 5. Strafsenats des BGH[416] bemerkenswert, in der die Aussage des II. Zivilsenats aufgegriffen und näher erörtert wird. Auch hier wird die Formulierung weiter verstanden und über den Zusatz der konkreten Entscheidungssituation ein Spielraum des Leitungsorgans bei der Beurteilung, welche Informationsgrundlage im Einzelfall angemessen ist, eingeräumt.

Eine solche Interpretation der Formulierung des BGH ist sinnhaft und führt zu praktikablen Ergebnissen, da stets alle Umstände des Einzelfalls betrachtet würden, die für den jeweiligen Umfang des Informationsbedarfs maßgeblich sind. Ein ganz enges Verständnis würde nämlich sogar zur Folge haben, dass nicht einmal die Bedeutung der Informationen für die konkrete Entscheidung gefordert würde, denn auch die Relevanz für die Entscheidung wird nicht ausdrücklich erwähnt. Es müssten alle tatsächlich und rechtlich verfügbaren Informationen eingeholt werden ohne Unterscheidung, ob sie bedeutsam sind oder nicht. Dieses Ergebnis würde keinen Sinn machen, denn es hängt von der jeweiligen Maßnahme ab, welche Informationen für die Entscheidungsfindung hilfreich und zielführend sind.

---

414 *BGH*, Beschluss vom 14.07.2008, II ZR 202/07, NZG 2008, S. 751, 752.

415 *Goette*: in Festschrift 50 Jahre BGH, S. 123, 140 f.

416 *BGH*, Urteil vom 12.10.2016, 5 StR 134/15, siehe oben unter Gliederungspunkt B II 2 q.

Außerdem wäre bei einem solchen engen Verständnis eine Informationsgrundlage niemals ausreichend, da es stets noch weitere Informationsquellen geben würde. Diese Erwägungen sprechen dafür, dass der BGH durch den Einschub „in der konkreten Entscheidungssituation" zumindest eine Einschränkung dahin gehend vornehmen wollte, dass nur alle diejenigen verfügbaren Informationen, die nach der Art und dem Inhalt der konkreten Entscheidung relevant sind, eingeholt werden müssen. Allerdings kann nicht mit letzter Gewissheit bestimmt werden, wie der II. Zivilsenat des BGH den Begriff der konkreten Entscheidungssituation genau verwenden möchte, da er bisher keine weiteren Erläuterungen zum Verständnis dieser Formulierung gegeben hat.

bb. Befürwortung einer informationsrechtlichen business judgment rule

Einige kritische Stimmen gehen so weit, dass sie nicht nur die strengen Anforderungen des BGH ablehnen, sondern eine business judgment rule bei der Einholung von Informationen befürworten, dem Organmitglied also im Informationsbereich umfassendes unternehmerisches Ermessen einräumen wollen.[417] Zur Begründung einer solchen informationsrechtlichen business judgment rule werden unterschiedliche Argumente angeführt.

Die Beurteilung der Angemessenheit der Information soll selbst eine unternehmerische Entscheidung darstellen mit der Folge, dass auf sie eine informationsrechtliche business judgment rule anzuwenden sei. Ein wesentliches Argument stellt das Vorliegen einer typischen Entscheidungssituation bereits bei der Entscheidungsvorbereitung dar. Mit Blick auf eine Vielzahl von Informationen, verschiedene Möglichkeiten der Informationsbeschaffung und auf die Berücksichtigung vieler unterschiedlicher Faktoren bei der umfassenden Abwägung (beispielsweise Kosten, Aufwand, Zeit) und die Zukunftsbezogenheit verbleibe eine Unsicherheit, welche Informationen letztlich die optimalen sind.[418] Die Anerkennung einer informationsrechtlichen business judgment rule hätte aber die Konsequenz, dass zur Prüfung eines Tatbestandsmerkmals der business judgment rule – die Informationsgrundlage – die Tatbestandsmerkmale der business judgment rule – u.a. auch wieder die Informationsgrundlage – untersucht werden müssten, was theoretisch unendlich fortgeführt werden könnte.[419]

---

417 *Bachmann*: in Festschrift für *Stilz*, S. 25, 41 f.; *Freitag/Korch*, ZIP 2012, S. 2281, 2284 f.; *Hölters*: in *Hölters*, AktG, § 93 Rdn. 35; *Hopt/Roth*: in Großkommentar zum AktG, § 93 Rdn. 103; *Kocher*, CCZ 2009, S. 215, 221; *Lutter*, ZIP 2007, S. 841, 844 f.

418 *Freitag/Korch*, ZIP 2012, S. 2281, 2284 f.; *Kocher*, CCZ 2009, S. 215, 221.

419 *Druey*: in Festschrift für *Goette*, S. 57, 66 erwähnt den Begriff „logischer salto mortale" für den Fall, dass die business judgment rule ihre eigenen Voraussetzungen bestimmen sollte; *Freitag/Korch*, ZIP 2012, S. 2281, 2283 nennen den Begriff des „Endloszirkels"; *J. Wagner*, CCZ 2009, S. 8, 16 stellt einen Vergleich mit einer Matrjoschka (russische Holzpuppen, die ineinander verschachtelt werden, der Verf.) an.

Es wird ferner die Gesetzesbegründung zum UMAG herangezogen, die einen erheblichen Handlungsspielraum des Vorstands bei der Auswahl und Gewichtung der Informationen einräumt[420] und eine Verrechtlichung der unternehmerischen Entscheidung ablehnt[421]. Dabei ist jedoch zu berücksichtigen, dass die Gesetzesbegründung nicht so weit geht, eine weitere Anwendung der business judgment rule auf die Informationsbeschaffung zu verlangen. Sie hat es gerade nicht so formuliert, denn derart weitreichende Konsequenzen werden nicht dargetan, sondern vielmehr nur ein Spielraum zur Abwägung des Informationsbedarfs eingeräumt.[422]

Des Weiteren wird auf den Wortlaut des § 93 I 2 AktG abgestellt, der das „vernünftige Annehmen-Dürfen" sowohl auf das Handeln auf angemessener Informationsgrundlage als auch auf das Handeln zum Wohle der Gesellschaft bezieht. Daraus wird gefolgert, dass ein einheitlicher Maßstab bei der Überprüfung sowohl der Entscheidungsvorbereitung, also der Informationsbeschaffung, als auch der Entscheidung selbst anzulegen sei. Es sei jeweils nur eine Unverantwortlichkeit der Entscheidungsvorbereitung und der eigentlichen Entscheidung zu überprüfen.[423] Die Organmitglieder hätten generell nur für grobe Fehler einzustehen.[424] Dem wird entgegengehalten, dass der Gesetzgeber bei einem solchen Verständnis den Tatbestand des § 93 I 2 AktG hätte einfacher formulieren und auf eine eigenständige Voraussetzung der angemessenen Informationsgrundlage hätte verzichten können.[425] Die business judgment rule hätte auf die Formulierung reduziert werden können, dass das Vorstandsmitglied beim Vorliegen einer unternehmerischen Entscheidung lediglich für grobe Verstöße gegen seine Sorgfaltspflicht hafte.[426]

Schließlich wird argumentiert, dass bei der Informationsbeschaffung genau wie bei der Entscheidung als solcher die Problematik des hindsight bias bestehe.[427] Auch hier könne bei der Ex-post-Betrachtung des Richters ein Rückschaufehler auftreten. Die richterliche Überprüfung der Entscheidungsvorbereitung erfolge auch erst nach der eigentlichen unternehmerischen Entscheidung, sodass das Gericht zu diesem Zeitpunkt wisse, dass der Gesellschaft durch diese Entscheidung ein Schaden entstanden ist. Dann bestehe aber die Gefahr, dass es das Nichteinholen solcher Informationen bemängelt, die sich im Nachhinein als wichtig herausgestellt hätten.[428] Dem kann entgegengehalten werden, dass die gerichtliche

---

420 *Lutter*, ZIP 2007, S. 841, 844 f.
421 *Hopt/Roth*: in Großkommentar zum AktG, § 93 Rdn. 102.
422 Vgl. *Krieger/Sailer-Coceani*: in *K. Schmidt/Lutter*, AktG, § 93 Rdn. 17; *Redeke*, ZIP 2011, S. 59, 61; *J. Wagner*, CCZ 2009, S. 8, 16.
423 *Hopt/Roth*: in Großkommentar zum AktG, § 93 Rdn. 102 f.; *Kocher*, CCZ 2009, S. 215, 221.
424 *Bachmann*: in Festschrift für *Stilz*, S. 25, 43.
425 *Baur/Holle*, AG 2017, S. 597, 600.
426 Vgl. *Bachmann*: in Festschrift für *Stilz*, S. 25, 43.
427 *Freitag/Korch*, ZIP 2012, S. 2281, 2285; *Spindler*, AG 2013, S. 889, 892.
428 *Freitag/Korch*, ZIP 2012, S. 2281, 2285.

Nachprüfbarkeit der Informationsgrundlage leichter ist als die der unternehmerischen Entscheidung selbst.[429] Bei der Entscheidungsvorbereitung geht es lediglich um die Überprüfung der Art, des Umfangs und der Auswertung von Informationen, bei der Entscheidung hingegen um deren inhaltliche Kontrolle. Oftmals wird es im Unternehmen, in der Branche oder am Markt auch Standards für die Informationseinholung im Rahmen bestimmter Entscheidungstypen geben. Erforderlichenfalls können Sachverständige unter Zugrundelegung objektiver Kriterien die Angemessenheit der Informationsbasis bestimmen.[430]

Gegen die Anwendung der business judgment rule bei der Entscheidungsvorbereitung wird auch angeführt, dass bereits in der ARAG/Garmenbeck-Entscheidung die umfängliche gerichtliche Nachprüfbarkeit im Erkenntnisbereich wegen der Zubilligung nur eines eingeschränkten Beurteilungsspielraums festgestellt wurde.[431] Hier ist jedoch zu berücksichtigen, dass sich diese Aussage auf die Entscheidung des Aufsichtsrats über die Geltendmachung von Schadensersatzansprüchen der Gesellschaft gegen ihre Vorstandsmitglieder bezog. Dabei handelte es sich gerade nicht um eine unternehmerische Entscheidung,[432] sodass eine unmittelbare Übertragung auf diesen Fall fraglich erscheint.

Bei der Feststellung des Vorliegens einer angemessenen Informationsgrundlage sollte ein engerer Maßstab der Überprüfung angelegt werden, da sie erst eine unternehmerische Entscheidung ermöglicht. Wird schon in diesem Stadium großzügig verfahren, könnte dies dazu führen, dass der Vorstand bei der Informationsgewinnung nicht sorgfältig genug handelt.[433] Möglicherweise erkennt er nicht alle für die Entscheidung maßgeblichen Umstände, weil er beispielsweise lückenhafte Informationen oder ungeeignete Informationsquellen als ausreichend erachtet. Der Vorstand könnte selbst bestimmen, wann die Voraussetzung der angemessenen Informationsgrundlage für das Eingreifen der business judgment rule erfüllt ist.[434] Dieses Ergebnis ist nicht akzeptabel, zumal dem Leitungsorgan durch die Haftungsprivilegierung auch sehr riskante Entscheidungen ermöglicht werden sollen. Die business judgment rule dient nicht dem Schutz des Entscheidungsträgers vor Inanspruchnahmen bei unzureichender Informationsgrundlage. Seine

---

429 Vgl. *Fleischer*: in Festschrift für *Wiedemann*, S. 827, 840; *Koch*: in *Hüffer/Koch*, AktG, § 93 Rdn. 21; *Redeke*, ZIP 2011, S. 59, 61 f.

430 Vgl. auch *Baur/Holle*, AG 2017, S. 597, 604.

431 *Redeke*, ZIP 2011, S. 59, 61; *J. Wagner*, CCZ 2009, S. 8, 16, jeweils mit Hinweis auf *BGH*, Urteil vom 21.04.1997, II ZR 175/95, BGHZ 135, S. 244, 254 – ARAG/Garmenbeck.

432 So *BGH*, Urteil vom 21.04.1997, II ZR 175/95, BGHZ 135, S. 244, 255 – ARAG/Garmenbeck.

433 Vgl. *Koch*: in *Hüffer/Koch*, AktG, § 93 Rdn. 21, der bei einer informationsrechtlichen business judgment rule die Gefahr sieht, dass der Vorstand zu wenig Verantwortung für die Informationsgrundlage übernehmen müsste.

434 Vgl. *Spindler*, AG 2013, S. 889, 893.

Interessen werden bereits dadurch berücksichtigt, dass mit der Formulierung des Annehmen-Dürfens in § 93 I 2 AktG auch ein subjektiver Maßstab gesetzt wird.

cc. *Ablehnung der strengen Anforderungen und differenzierte Betrachtung des Informationsumfangs*

Sehr häufig wird in der Literatur die Formulierung des BGH unter Berufung auf deren ausdrücklichen Wortlaut eng verstanden und der Zusatz „in der konkreten Entscheidungssituation" nicht als maßgebliche Einschränkung seiner Anforderungen an eine ausreichende Entscheidungsgrundlage ausgelegt. Die BGH-Rechtsprechung wird als zu streng kritisiert und die Pflicht zur Ausschöpfung aller verfügbaren Informationsquellen abgelehnt.[435] Diese Literaturstimmen gehen aber nicht so weit, eine informationsrechtliche business judgment rule anzunehmen, sondern setzen bei einer flexibleren, differenzierenden Betrachtung der Art und des Umfangs der Informationsbeschaffung anhand der Umstände des Einzelfalls an. Nachfolgend werden die Argumente für die Ablehnung der strengen Anforderungen des BGH und die herausgearbeiteten Kriterien für die Bewertung der Angemessenheit der Informationsgrundlage im konkreten Fall dargestellt und gewürdigt.

(1) Widerspruch zu geringeren Anforderungen der ARAG/Garmenbeck-Entscheidung, der US-amerikanischen business judgment rule und der gesetzlichen Regelung

Zunächst wird die Ablehnung der strengen Anforderungen des BGH mit Widersprüchen zu den geringeren Anforderungen, die er in seiner ARAG/Garmenbeck-Entscheidung („sorgfältige Ermittlung der Entscheidungsgrundlagen") aufgestellt hat, begründet.[436] Auch die US-amerikanische business judgment rule verlange weniger, nämlich lediglich eine „angemessene Information".[437] Schließlich würden die strengen Anforderungen des BGH auch nicht mit dem Wortlaut der Regelung des § 93 I 2 AktG („auf der Grundlage angemessener Information")[438] und der zugehörigen Gesetzesbegründung[439] übereinstimmen.

---

435 *Hopt*, ZGR 2019, S. 507, 528 nennt die Anforderungen des BGH „klar überzogen"; vgl. auch *Lieder*, ZGR 2018, S. 523, 555.

436 *Freitag/Korch*, ZIP 2012, S. 2281, 2283; *Redeke*, NZG 2009, S. 496, 497.

437 *Redeke*, NZG 2009, S. 496, 497.

438 *Bachmann*, ZHR 177 (2013), S. 1, 3; *Fleischer*, NJW 2009, S. 2337, 2339; *ders./Wedemann*, AcP 209 (2009), S. 597, 601; *Freitag/Korch*, ZIP 2012, S. 2281, 2282; *Hopt*, ZIP 2013, S. 1793, 1801; *Kindler*: in Festschrift für *Goette*, S. 231, 233; *Koch*: in *Hüffer/Koch*, AktG, § 93 Rdn. 20; *Lieder*, ZGR 2018, S. 523, 556; *Mertens/Cahn*: in Kölner Kommentar zum AktG, § 93 Rdn. 33; *Redeke*, NZG 2009, S. 496, 497; *ders.*, ZIP 2011, S. 59, 60;

439 *Bachmann*, ZHR 177 (2013), S. 1, 3; *Redeke*, NZG 2009, S. 496, 497.

Hinsichtlich eines Widerspruchs zur ARAG/Garmenbeck-Entscheidung wurde bereits anhand zweier Entscheidungen des BGH erörtert,[440] dass dieser in seinen Entscheidungsgründen sowohl auf eine sorgfältige Ermittlung der Entscheidungsgrundlagen als auch auf die Ausschöpfung aller verfügbaren Informationen eingegangen ist und diese Voraussetzungen nebeneinander benennt. Daraus kann der Schluss gezogen werden, dass der BGH nur bei Erfüllung seiner strikten Vorgaben eine sorgfältige Entscheidungsvorbereitung anerkennt, seine später aufgestellten Voraussetzungen also eine Präzisierung der zuvor in der ARAG/Garmenbeck-Entscheidung genannten „sorgfältigen" Informationsbeschaffung bedeuten.

Mit Blick auf die US-amerikanische business judgment rule sind die Anforderungen des BGH deutlich strenger. Wie bereits erörtert, wird dort lediglich auf alle bedeutsamen verfügbaren Informationen abgestellt.[441]

Hinsichtlich des Wortlauts des § 93 I 2 AktG ist zu berücksichtigen, dass der BGH in seinen beiden hier betrachteten Entscheidungen aus 2008 diese Vorschrift noch nicht anwenden musste. Allerdings hat er in einem Urteil, das ebenfalls in diesem Jahr ergangen ist, und zwar noch zeitlich früher, erklärt, dass die Regelung in § 93 I 2 AktG vom Inhalt her der in der ARAG/Garmenbeck-Entscheidung behandelten business judgment rule entspreche.[442] Der BGH bestätigt damit den Gleichlauf dieser Vorschrift mit den Grundsätzen seiner damaligen Entscheidung. Daraus wird ersichtlich, dass der BGH – unabhängig von dem Inkrafttreten der gesetzlichen Regelung – bei den Voraussetzungen für den Umfang der einzuholenden Informationen von denselben Maßstäben ausgeht. Verdeutlicht wird dies auch dadurch, dass er in seiner späteren Rechtsprechung unter Zugrundelegung des § 93 I 2 AktG bei seiner Formulierung geblieben ist und kein Erfordernis sah, seine Maßstäbe zu ändern bzw. anzupassen. Zieht man allerdings die Gesetzesbegründung zum UMAG hinzu, ergeben sich erheblich strengere Anforderungen durch den BGH. Wie bereits dargelegt, verlangt der Gesetzgeber nicht, dass stets alle Informationen eingeholt werden, sondern belässt dem Geschäftsleiter einen gewissen Spielraum zur Abwägung des Informationsbedarfs.[443]

440 Siehe oben unter den Gliederungspunkten B II 2 d cc und B II 2 e cc.

441 Siehe oben unter den Gliederungspunkt B II 1 a.

442 *BGH*, Urteil vom 03.03.2008, II ZR 124/06, BGHZ 175, 365, 369 – UMTS, siehe oben unter Gliederungspunkt B I 2 c (Diese Entscheidung wird in dieser Arbeit nicht unter dem Aspekt der Voraussetzung der angemessenen Informationsgrundlage behandelt, da auf dieses Tatbestandsmerkmal nicht näher eingegangen wird.) Obwohl *Goette* dem Spruchkörper angehört, wird in dieser Entscheidung nicht darauf eingegangen, dass der Wortlaut des § 93 I 2 AktG als falsch erachtet wird, wie dieser es in ZGR 2008, S. 436, 448, darstellt.

443 Siehe oben unter den Gliederungspunkt B II 1 c.

(2) Fehlende Berücksichtigung der Umstände des konkreten Einzelfalles

Der Rechtsprechung des BGH wird ferner entgegengehalten, dass der Umfang der Organpflichten zu sehr ausgedehnt werde, wenn stets alle verfügbaren Informationsquellen auszuschöpfen seien.[444] Es müssten im Einzelfall vorliegende besondere Umstände berücksichtigt werden, die den Umfang der einzuholenden Informationen beschränken können. Bei der Bestimmung der Angemessenheit der Informationsgrundlage werden deshalb unterschiedliche Kriterien herangezogen.[445]

So müsste bei eiligen unternehmerischen Entscheidungen berücksichtigt werden, dass der Zeitdruck einer vollumfänglichen Informationsbeschaffung entgegenstehe.[446] In solchen Fällen könne es zulässig sein, auf einer unvollständigen Informationsgrundlage zu entscheiden, da anderenfalls möglicherweise ein chancenreiches Geschäft nicht zustande kommt.[447]

Auch würden nicht die jeweilige Tragweite und die zugrunde liegenden Risiken der Entscheidung gewürdigt, wenn starr an der Einholung aller Informationen festgehalten werde.[448] Bei bedeutenden Entscheidungen von großer Tragweite für die Gesellschaft müssten strengere Informationspflichten bestehen als bei alltäglichen Entscheidungen, die keine großen Risiken für die Gesellschaft mit sich brächten.[449]

Ferner bleibe das Kosten-Nutzen-Verhältnis der Informationsbeschaffung außer Betracht.[450] Ein Vorstand müsse im Einzelfall auch auf die Einholung weiterer Informationen verzichten dürfen, wenn damit ein erheblicher finanzieller und zeitlicher Aufwand verbunden wäre, die zusätzlichen Erkenntnismöglichkeiten aber unbedeutend wären.[451] Die Beachtung der Kosten-Nutzen-Relation bei der Informationsbeschaffung wird sogar als Pflicht des Leitungsorgans deklariert, da sonst die Gefahr bestehe, dass es eine Vielzahl von kostspieligen Gutachten und

---

444 *Fleischer*: in *Spindler/Stilz*, AktG, § 93 Rdn. 70; *Koch*: in *Hüffer/Koch*, AktG, § 93 Rdn. 20; *Mertens/Cahn*: in Kölner Kommentar zum AktG, § 93 Rdn. 33; *Spindler*: in Münchener Kommentar zum AktG, § 93 Rdn. 57.

445 Vgl. die Aufzählungen von Kriterien beispielsweise bei *Brömmelmeyer*, WM 2005, S 2065, 2067; *Fleischer*: in *Spindler/Stilz*, AktG, § 93 Rdn. 70; *ders.*, NJW 2005, S. 3525, 3528; *Hölters*: in *Hölters*, AktG, § 93 Rdn. 34; *Kauer*, Die Informationsbeschaffungspflicht des Vorstands einer AG, S. 214 ff.; *Krieger/Sailer-Coceani*: in *K. Schmidt/Lutter*, AktG, § 93 Rdn. 17; *Meyer*, CCZ 2011, S. 41, 42.

446 *Grundei/v.Werder*, AG 2005, S. 825, 833; *Kindler*: in Festschrift für *Goette*, S. 231, 232 f.; *Redeke*, NZG 2009, S. 496, 497; *Spindler*, AG 2006, S. 677, 681; *Ulmer*, DB 2004, S. 859, 860.

447 *Kindler*: in Festschrift für *Goette*, S. 231, 232 f.

448 *Lutter*, ZIP 2007, S. 841, 844; *Redeke*, NZG 2009, S. 496, 497.

449 *Hopt/Roth*: in Großkommentar zum AktG, § 93 Rdn. 107; *Lutter*, ZIP 2007, S. 841, 844; *Meyer*, CCZ 2011, S. 41, 42.

450 *Grundei/v.Werder*, AG 2005, S. 825, 833; *Redeke*, NZG 2009, S. 496, 497; *Ulmer*, DB 2004, S. 859, 860.

451 *Lutter*, ZIP 2007, S. 841, 844; *Meyer*, CCZ 2011, S. 41, 42.

Analysen externer Fachberater einholt, nur um sich persönlich gegen eine Inanspruchnahme abzusichern.[452]

Die Berücksichtigung dieser Kriterien ermöglicht es, auf die Besonderheiten des Einzelfalls einzugehen und die Angemessenheit individuell zu bestimmen. Ihre Anwendung bietet eine gerechtere und insbesondere praktikablere Bestimmung, welche Informationsgrundlage in der konkreten Situation angemessen ist. So werden starre, pauschale Anforderungen, wie sie der BGH formuliert hat, und damit auch nicht praktizierbare Ergebnisse vermieden.

Die genannten Kriterien werden auch bei der US-amerikanischen business judgment rule und in der Regierungsbegründung zum UMAG bei der Prüfung herangezogen.[453]

Als weiteres Kriterium wird die Häufigkeit von gleichartigen unternehmerischen Entscheidungen in der Gesellschaft genannt. In solchen Fällen könne aufgrund der Erfahrung auf bereits vorhandene Informationen zurückgegriffen werden.[454] Es ist aber zu berücksichtigen, dass dem Leitungsorgan vorliegende Informationen, die noch aktuell sind und sich schon in der Vergangenheit als für eine gleichartige Maßnahme geeignete Grundlage bewährt haben, per se nicht noch einmal eingeholt werden müssen. Vorhandene Informationen, auf die zurückgegriffen werden kann, reduzieren den weiteren Informationsbedarf logischerweise um diese Daten. Dies ist vergleichbar mit dem Umstand, dass das entscheidende Organ auf eigene Kenntnisse zurückgreifen kann. Auch dann kann es auf diesbezügliche Informationseinholung verzichten. Die Häufigkeit gleichartiger Entscheidungen ist daher als Kriterium zur Bestimmung der Angemessenheit der Informationsgrundlage nicht erforderlich.

d. Diskussionsstand in der Literatur zum fremden Expertenrat sowie zum "right of reliance" und Würdigung der Ansichten

Die Anforderungen der Rechtsprechung, insbesondere der des BGH, an das Sich-Verlassen-Dürfen auf fremden Expertenrat werden in der Literatur diskutiert. Die einzelnen Kriterien werden im Detail erörtert, weiter konkretisiert und kritisch betrachtet. Nachfolgend wird auf diese Literaturansichten eingegangen. Da viele Überlegungen dazu getroffen werden, ob auch interne Ratgeber als Informationsquelle geeignet sein und die Kriterien für das Vertrauen auf fremden Rat erfüllen können, wird dieser Bereich gesondert dargestellt.

---

452 *Redeke*, NZG 2009, S. 496, 498.

453 Siehe oben unter den Gliederungspunkten B II 1 a und c.

454 *Kauer*, Die Informationsbeschaffungspflicht des Vorstands einer AG, S. 219 unter Verweis auf *Spindler*, AG 2006, S. 677, 681 f.

aa. Fachlich qualifizierter Berater

Mit Blick auf die Voraussetzung eines fachlich qualifizierten Beraters wird insbesondere diskutiert, ob grundsätzlich eine Formalqualifikation des Beraters erforderlich ist und, wenn dies bejaht wird, ob sie (stets) genügt oder (im Einzelfall) Spezialkenntnisse auf dem betreffenden Gebiet nachzuweisen sind.

Einige folgen der Entscheidung des BGH vom 27.03.2012[455] und stimmen dem Verzicht auf die Berufsträgereigenschaft des beauftragten Beraters im Einzelfall zumindest für kleinere Unternehmen zu.[456] Eine Formalqualifikation wird also nicht in jedem Fall zwingend als erforderlich angesehen. Die Entscheidung des BGH wird als richtig befunden, aber es wird nicht näher präzisiert, in welchen Fällen eine solche Erweiterung in Betracht kommen kann, welche Kenntnisse dann für die fachliche Kompetenz des Beraters zu verlangen sind und wann der Nachweis einer Formalqualifikation unbedingt erforderlich ist. Kriterien könnten neben der Größe des Unternehmens beispielsweise die Komplexität oder die besondere Schwierigkeit der Fragestellung sein. Die Aussage des BGH in seinem Urteil vom 27.03.2012 birgt daher gewisse Unsicherheiten, da er sich bisher nur in einer einzigen Entscheidung wegen des zugrunde liegenden Sachverhalts veranlasst sah, zu einer Erweiterung des Kreises der fachlich qualifizierten Berater Stellung zu nehmen. Ohne weitere Präzisierungen des BGH, wann ein solcher Einzelfall vorliegt, ist es für den Ratsuchenden der sicherere Weg, einen Berater mit Formalqualifikation auszuwählen.[457] Dies wird für ihn auch leichter sein, als die fachliche Kompetenz selbst zu bewerten.[458] Dazu ist der Auftraggeber möglicherweise gar nicht in der Lage, da er selbst auf dem betreffenden Gebiet gerade nicht genügend sachkundig ist. Daher erscheint es ratsam, beispielsweise einen Rechtsanwalt oder Notar bei einer Rechtsfrage, einen Steuerberater bei einer steuerlichen Materie, einen Wirtschaftsprüfer bei bilanziellen Fragen oder einen auf dem betreffenden Gebiet öffentlich bestellten Sachverständigen für technische bzw. andere Gutachten, in denen die Fragestellung oftmals im tatsächlichen Bereich liegen wird, auszuwählen und damit auf die Berufsträgerschaft des Beraters abzustellen.[459]

Bei der Beauftragung von Beratern wird die weitere Frage diskutiert, ob eine Formalqualifikation ausreicht[460] oder stets spezielle Kenntnisse auf dem fraglichen

---

455 *BGH*, Urteil vom 27.03.2012, II ZR 171/10, CCZ 2013, S. 34 ff.; siehe oben unter Gliederungspunkt B II 3 a bb (5).

456 *Fleischer*, KSzW 2013, S. 3, 7; *Müller*, NZG 2012, S. 981, 982; *Strohn* als damaliger Stellvertretender Vorsitzender des II. Zivilsenats des BGH, CCZ 2013, S. 177, 181.

457 Vgl. *Fleischer*: in Festschrift für *Hüffer*, S. 187, 190 f.; *Schwarz* in seiner Anmerkung zum Urteil des BGH vom 27.03.2012, II ZR 171/10, CCZ 2013, S. 34, 38 f.

458 Vgl. *Fleischer*, NZG 2010, S. 121, 123; *Kauer*, Die Informationsbeschaffungspflicht des Vorstands einer AG, S. 110.

459 Zu den Berufsträgern vgl. auch *Peters*, AG 2010, S. 811, 815.

460 *Fleischer*: in Festschrift für *Hüffer*, S. 187, 190 f.; *ders.*, AG 2010, S. 121, 123; *Kiefner/Krämer*, AG 2012, S. 498, 501.

Gebiet zu verlangen sind, die bei Rechtsanwälten zum Beispiel durch die Verleihung eines Fachanwaltstitels nachgewiesen werden können[461]. Andere betrachten den Einzelfall und stellen darauf ab, ob aufgrund einer sehr komplizierten bzw. komplexen Fragestellung Spezialkenntnisse und -erfahrungen des Beraters gerade auf dem betreffenden Fachgebiet erforderlich sind und wegen dieser Besonderheit allein eine Formalqualifikation als zugelassener Berufsträger für eine ordnungsgemäße Auswahl des Beraters nicht genügt.[462]

Für das Genügen einer Formalqualifikation ohne den Nachweis von Spezialkenntnissen auf dem betreffenden Gebiet wird angeführt, dass der Ratsuchende das Vorliegen solcher Spezialkenntnisse oftmals gar nicht beurteilen kann.[463] Bei Rechtsanwälten wird betont, dass durch die juristische Ausbildung grundsätzlich die Fähigkeit erworben wurde, sich rasch auch in unbekannte Rechtsgebiete einzuarbeiten und die das jeweilige Gebiet betreffenden Vorschriften auf Lebenssachverhalte anzuwenden und die relevante Rechtsprechung auszuwerten.[464]

Die Vertreter der Ansicht, die eine Formalqualifikation nicht oder abhängig vom konkreten Fall nicht als ausreichend erachtet, gehen aber nicht so weit, dass sie bei einem Rechtsanwalt als Berater den Fachanwaltstitel auf dem relevanten Fachgebiet verlangen, sondern lassen eine anderweitig nachgewiesene Expertise des Anwalts auf dem Spezialgebiet ausreichen.[465]

Nach § 2 Fachanwaltsordnung (FAO)[466] ist für die Verleihung einer Fachanwaltsbezeichnung nachzuweisen, dass für das spezielle Fachgebiet wie beispielsweise Handels- und Gesellschaftsrecht, Steuerrecht oder Bank- und Kapitalmarktrecht besondere theoretische Kenntnisse und besondere praktische Erfahrungen vorhanden sind. Sie müssen in dem jeweiligen Fachbereich erheblich das Maß dessen übersteigen, das üblicherweise durch die berufliche Ausbildung und praktische Erfahrung im Beruf vermittelt wird. In der Fachanwaltsordnung wird detailliert geregelt, welchen zeitlichen Umfang der Erwerb der besonderen theoretischen Kenntnisse für die unterschiedlichen Bereiche des Fachgebiets insgesamt erreichen muss, § 4 FAO, und wie viele Fälle in der Praxis bereits in dem Fachgebiet bearbeitet sein müssen, § 5 FAO. Der Fachanwalt hat der Anwaltskammer zudem eine jährliche fachspezifische Fortbildungsmaßnahme nach § 15 FAO nachzuweisen. Ist

---

461 *J.-H. Binder*, AG 2012, S. 885, 892; *ders.*, AG 2008, S. 274, 285 f.; *Strohn*, ZHR 176 (2012), S. 137, 141.

462 *Kauer*, Die Informationsbeschaffungspflicht des Vorstands einer AG, S. 111 f.; *Peters*, AG 2010, S. 811, 815.

463 *Fleischer*. in Festschrift für *Hüffer*, S. 187, 190 f.

464 *Kiefner/Krämer*, AG 2012, S. 498, 501.

465 *J.-H. Binder*, AG 2012, S. 885, 892; *ders.*, AG 2008, S. 274, 285 f.; *Kauer*, Die Informationsbeschaffungspflicht des Vorstands einer AG, S. 112; *Peters*, AG 2010, S. 811, 815; *Strohn*, ZHR 176 (2012), S. 137, 141.

466 Fachanwaltsordnung (FAO) in der Fassung vom 01.01.2018, zuletzt geändert durch Beschluss der Satzungsversammlung vom 19.05.2017 – BRAK-Mitteilungen 2017, S. 235.

der Fachanwaltstitel auf dem Rechtsgebiet erworben, das die zu begutachtende Fragestellung erfasst, kann der Ratsuchende sicherlich davon ausgehen, einen fachlich qualifizierten Berater ausgewählt zu haben.[467]

Ein Rechtsanwalt kann aber auch ohne Fachanwaltsausbildung besondere Kenntnisse und Erfahrungen auf bestimmten Rechtsgebieten erlangt haben, sei es aufgrund der tatsächlichen Tätigkeit in diesem Bereich und der Befassung mit einer Vielzahl solcher Fälle oder durch interne Fortbildungen, wie sie zum Teil in großen Anwaltskanzleien angeboten werden.[468]

Grundsätzlich wäre ein Abschichten der Anforderungen sinnvoll, um jedem Einzelfall gerecht zu werden. Bei einfach gelagerten Fällen wird ein fachkundiger Berater genügen, der nicht unbedingt eine Formalqualifikation aufweisen muss, sondern auch einer anderen Berufsgruppe angehören kann. Handelt es sich um eine schwierigere Fragestellung, sollte auf eine Formalqualifikation entsprechend der zu begutachtenden Materie geachtet werden. Und schließlich sind bei komplizierten und vielschichtigen Themen spezielle Kenntnisse und Erfahrungen zu verlangen. Da aber die Differenzierung zwischen den Schwierigkeitsgraden der Fachfragen für einen Nichtkundigen auf dem jeweiligen Gebiet – auch wenn es sich um Leitungsorgane von Unternehmen handelt – häufig nicht möglich sein wird und beispielsweise ein erhöhter Beratungsbedarf gar nicht erkannt wird, ist eine solche Vorgehensweise nicht sehr praktikabel. Um sicherzugehen, dass die Anforderung der Auswahl eines fachlich qualifizierten Beraters erfüllt ist, müsste daher zumindest die „nächsthöhere Stufe" im Rahmen dieser Abschichtung gewählt werden.

bb. Unabhängiger Berater

Mit Blick auf die Unabhängigkeit des Beraters werden insbesondere zwei Fragen diskutiert. Zunächst bestehen unterschiedliche Ansichten hinsichtlich der Unabhängigkeit bei einer Vorbefassung des Beraters mit dem zu begutachtenden Sachverhalt. Ferner wird sich lebhaft mit der Frage auseinandergesetzt, ob auch unternehmensinterne Berater in den Fachabteilungen oder Syndikusanwälte die Voraussetzung der Unabhängigkeit erfüllen können. Die zweite Diskussion wird in einem gesonderten Gliederungspunkt zu dem Sich-Verlassen-Dürfen auf den Rat interner Informationsquellen behandelt.

Ein Berater kann nur unabhängig sein, wenn er bei seiner Begutachtung weder Interessenkonflikten unterliegt noch aus Eigennutz handelt.[469] Er muss

---

467 *Strohn*, CCZ 2013, S. 177, 181, spricht insoweit von einem "safe harbour" des Fachanwalts.

468 *Fleischer*: in Festschrift für *Hüffer*, S. 187, 191; *ders.*, NZG 2010, S. 121, 123; *Strohn*, ZHR 176 (2012), S. 137, 141; *ders.*, CCZ 2013, S. 177, 181 weist darauf hin, dass national und international führende Anwälte oftmals keinen Fachanwaltstitel tragen und ihre Fachkompetenz trotzdem ohne Zweifel besteht.

469 *Fleischer*, NZG 2010, S. 121, 123; *ders.*, ZIP 2009, S. 1397, 1403.

die Fragestellung objektiv beantworten und darf sich bei seiner Bewertung nicht beeinflussen lassen. War der Berater mit der Angelegenheit vorbefasst, sei es durch eine frühere Tätigkeit für die Gesellschaft oder durch die direkte Einbindung in der laufenden Entscheidungsvorbereitung, können Zweifel an seiner Unabhängigkeit bei der Beantwortung späterer Fragen zu dieser Angelegenheit entstehen.[470]

Während vertreten wird, dass der Berater, der bereits mit dem Gegenstand, zu dem Rat eingeholt werden soll – beispielsweise die Erstellung eines Konzepts oder eines Vertragsentwurfs –, befasst war, grundsätzlich nicht mehr unabhängig mit Blick auf die Begutachtung dieser Angelegenheiten sein kann[471], stellt die herrschende Meinung in der Literatur auf die Umstände des Einzelfalls ab und geht nicht allein aufgrund der Vorbefassung des Beraters von einer unzuverlässigen Begutachtung aus[472].

Die erstgenannte Ansicht begründet die fehlende Unabhängigkeit mit dem Eigeninteresse des Beraters. Bei einer eigenen Überprüfung seines Werks könnte er versucht sein, eigene bisher noch nicht entdeckte Fehler zu vertuschen und erforderliche Korrekturen zu unterlassen, um die Ordnungsgemäßheit seiner Arbeit nachzuweisen.[473] Er könnte eine Haftung befürchten oder um seinen guten Ruf bangen. Allerdings ist zu berücksichtigen, dass ein solches Verhalten die Konsequenzen für den Berater eher verschlimmern könnte, da er sich so erst recht schadensersatzpflichtig machen würde.[474] Eine Korrektur vor der Umsetzung der Maßnahme wäre für den Berater der sicherere Weg, da mögliche Schäden für die Gesellschaft aus dem fehlerhaften Konzept noch rechtzeitig vermieden werden könnten. Ferner kann das Erfordernis einer Nachbesserung des Gutachtens nicht per se als rufschädigend eingeordnet werden. Es würden auch nicht automatisch Zweifel an dem Ergebnis der erneuten Überprüfung entstehen, wenn das ursprüngliche Werk ergänzt oder geändert werden müsste. Gerade bei komplexen und schwierigen Angelegenheiten kann im Nachhinein durchaus noch etwas auffallen, das eine Änderung in der Bewertung nach sich zieht, ohne dass ein grober Fehler des Beraters erfolgt wäre oder Zweifel an seinen Fähigkeiten entstehen müssten. Würde der Verlust der Unabhängigkeit bei einer Vorbefassung pauschal bejaht, hätte dies zur Folge, dass in solchen Fällen stets ein zweiter Berater involviert werden müsste, der das ursprüngliche Werk überprüft. Dieser müsste sich

---

470 Vgl. *J.-H. Binder*, AG 2012, S. 885, 892.

471 So *Strohn*, CCZ 2013, S. 177, 181 f.; *ders.*, ZHR 176 (2012) S. 137, 140; im erstgenannten Aufsatz präzisiert *Strohn* seine Ansicht insoweit, als er den Fall einer Vorbefassung in einem „gestuften Entscheidungsfindungsprozess“, in dem die Frage der Ordnungsgemäßheit des Konzepts bereits in laufenden Beratungsgesprächen behandelt wurde, ausnimmt.

472 So etwa *J.-H. Binder*, AG 2012, S. 885, 892 f.; *Hopt/Roth*: in Großkommentar zum AktG, § 93 Rdn. 139; *Kiefner/Krämer*, AG 2012, S. 498, 499 f.; *Koch*: in *Hüffer/Koch*, AktG, § 93 Rdn. 45; *Krieger*, ZGR 2012, S. 496, 500 f.

473 *Strohn*, CCZ 2013, S. 177, 182; *ders.*, ZHR 176 (2012) S. 137, 140.

474 Vgl. *Kauer*, Die Informationsbeschaffungspflicht des Vorstands einer AG, S. 116.

neu in die Angelegenheit einarbeiten, was zu einem erheblichen zusätzlichen Zeit- und Kostenaufwand führen würde. Im Übrigen würde in diesen Fällen stets die einheitliche Befassung einer fachkundigen Person mit derselben Angelegenheit verhindert, was einer häufig – gerade in kleineren Unternehmen – bestehenden regelmäßigen Zusammenarbeit mit bestimmten Beratern des Vertrauens entgegenstünde.

Aus diesen Gründen ist bei der Vorbefassung eines Beraters mit dem zu begutachtenden Gegenstand mit der herrschenden Meinung in der Literatur ein pauschaler Rückschluss auf dessen fehlende Unabhängigkeit abzulehnen. Vielmehr wird im Einzelfall das Vorliegen erkennbarer begründeter Zweifel an der Vertrauenswürdigkeit des vorbefassten Beraters zu verlangen sein[475], beispielsweise weil er ein besonderes wirtschaftliches Eigeninteresse gerade an dem unveränderten Ergebnis der Begutachtung hat oder sich Anhaltspunkte für ein unseriöses Verhalten des Beraters bei der Vorbefassung ergeben.

Die Unabhängigkeit des Beraters wird auch bei Bewertungen von Finanzprodukten durch Rating-Agenturen infrage gestellt, da diese besonderen Interessenwidersprüchen unterlägen.[476] Es wird insoweit dem OLG Düsseldorf gefolgt, das in seiner Entscheidung vom 09.12.2009[477] in diese Richtung argumentiert hat. Die Rating-Agenturen begleiten ihre Auftraggeber bei den Finanzprodukten zunächst gestaltend und beratend, um diese anschließend zu bewerten und selbst das Rating zu erteilen.[478] Den Rating-Agenturen liegt natürlich sehr daran, gute Ratings zu vergeben.[479] Ein Interessenkonflikt der Rating-Agenturen, die bereits in der gestaltenden Phase für den Auftraggeber tätig wurden, ist somit nicht von der Hand zu weisen. Allerdings ist auch zu berücksichtigen, dass ein solcher Konflikt durch die Art und Weise der Tätigkeit von Rating-Agenturen für ihre Auftraggeber bedingt, also „systemimmanent" ist. Aufgrund dieser Unsicherheiten sollte zur Haftungsvermeidung die Informationsgrundlage für die Entscheidung nicht allein auf dem Urteil einer Rating-Agentur basieren, sondern zusätzliche Informationen eingeholt werden. Unter den strengen Anforderungen des BGH für eine ausreichende Informationsgrundlage ist eine solche Vorgehensweise auf jeden Fall erforderlich, da alle zur Verfügung stehenden Informationen ausgeschöpft werden müssten.

---

475 Vgl. *J.-H. Binder*, AG 2012, S. 885, 893; *Kiefner/Krämer*, AG 2012, S. 498, 500; *Koch*: in *Hüffer/Koch*, AktG, § 93 Rdn. 45; *Krieger*, ZGR 2012, S. 496, 501.

476 Vgl. *Fleischer*, NJW 2010, S. 1504, 1505; *Schaub/Schaub*, ZIP 2013, S. 656, 660; *Spindler*, NZG 2010, S. 281, 284.

477 *OLG Düsseldorf*, Beschluss vom 09.12.2009, I-6 W 45/09, AG 2010, S. 126 – IKB; siehe oben unter Gliederungspunkt B II 2 f.

478 *Hellwig*: in Festschrift für *Maier-Reimer*, S. 201, 209 spricht von „Richter in eigener Sache".

479 *Schaub/Schaub*, ZIP 2013, S. 656, 660.

cc. Überlassung aller für die Begutachtung relevanten Informationen sowie Unterlagen

Einigkeit besteht darin, dass das ratsuchende Organmitglied dem Berater alle zur Erstellung des Gutachtens relevanten Informationen mitzuteilen und entsprechende verfügbare Unterlagen zu überlassen hat, damit der Berater eine Grundlage zur ordnungsgemäßen Prüfung der Fragestellung erhält und seine Beratung auf zutreffenden Fakten aufbauen kann.[480] Dies entspricht den Anforderungen in der Rechtsprechung. Dabei richten sich Art und Umfang der zur Verfügung zu stellenden Informationen nach dem konkreten Prüfungsgegenstand.[481] Werden relevante Informationen durch das ratsuchende Organmitglied bewusst falsch oder unvollständig erteilt, und resultiert daraus ein fehlerhafter Rat, kann dieser nicht zu einer Haftungsprivilegierung des Handelnden führen, da er nicht annehmen konnte, sich auf einen so zustande gekommenen Rat verlassen zu dürfen.[482] Diese Konsequenz erscheint selbstverständlich, da das Organmitglied in einem solchen Fall selbst zu verantworten hat, dass die Auskunft des Beraters falsch ist.

Nachfolgend werden die Fälle betrachtet, in denen der Ratsuchende den Berater unbewusst, also irrtümlich, falsch oder unvollständig informiert. Zwei Gesichtspunkte sind zu berücksichtigen, nämlich einerseits die Erkennbarkeit des Fehlers oder der Unvollständigkeit der Informationen für den Ratsuchenden und andererseits eine möglicherweise bestehende Verpflichtung des Beraters, durch Nachfrage auf richtige und lückenlose Informationen hinzuwirken.[483]

Bei einer fehlerhaften Information wird kritisiert, dass das Organmitglied bei der Informationszusammenstellung für den Ratgeber nicht sorgfältig recherchiert habe, da er anderenfalls die inhaltliche Unrichtigkeit hätte erkennen können.[484] Der Berater wird bei einer falschen Information zumeist nicht nachfragen, da ihm eine solche oftmals gar nicht auffallen wird.[485] Eine Enthaftung durch einen auf falschen Informationen basierenden und daraus resultierenden fehlerhaften Rat könne nicht erfolgen, gleichgültig, ob die falsche Information bewusst oder unbewusst gegeben wird.[486] Diese Auffassung erscheint sehr streng. Es sind Ausnahmefälle denkbar, in

---

480 Vgl. nur *Decker*, GmbHR 2014, S. 72, 76; *Fleischer*, KSzW 2013, S. 3, 9; *ders.*, NZG 2010, S. 121, 124; *Krieger*, ZGR 2012, S. 496, 499; *Peters*, AG 2010, S. 811, 816; *Sander/Schneider*, ZGR 2013, S. 725, 751; *Selter*, AG 2012, S. 11, 16 f.; *Strohn*, CCZ 2013, S. 177, 183; *ders.*, ZHR 176 (2012) S. 137, 139.

481 *Fleischer*, KSzW 2013, S. 3, 9; *Sander/Schneider*, ZGR 2013, S. 725, 751 f.; *Strohn*, ZHR 176 (2012), S. 137, 139; *ders.*, CCZ 2013, S. 177, 183.

482 Vgl. *J.-H. Binder*, AG 2008, S. 274, 286; *Fleischer*: in Festschrift für *Hüffer*, S. 187, 193; *Peters*, AG 2010, S. 811, 816; *Sander/Schneider*, ZGR 2013, S. 725, 751.

483 *Gottschalk/Weng*, GWR 2013, S. 243, 246; *Selter*, AG 2012, S. 11, 17.

484 *Selter*, AG 2012, S. 11, 17.

485 *Selter*, AG 2012, S. 11, 17.

486 Vgl. *J.-H. Binder*, AG 2008, S. 274, 286, der die Haftung aus „einer Art Ingerenz" resultieren lässt; *Fleischer*: in Festschrift für *Hüffer*, S. 187, 193; *Gottschalk/Weng*, GWR 2013, S. 243, 246.

denen das ratsuchende Organmitglied dem Ratgeber eine falsche Information weitergibt, deren Fehlerhaftigkeit es aufgrund unzureichender eigener Fachkenntnisse auf diesem Gebiet nicht erkannt hat und auch nicht erkennen konnte. In solchen Einzelfällen, die sicherlich nur selten sind, wäre eine flexiblere Betrachtung zu befürworten.

Bei unvollständigen Informationen, die darauf basieren, dass der Ratsuchende eine Information irrtümlich für nicht relevant hält und sie aus diesem Grund dem Berater nicht überlässt, wird auf das Verschulden des Irrtums abgestellt.[487] Es wird vertreten, dass ein schuldloser Irrtum über die Erheblichkeit einer Information nur ausnahmsweise vorliegen könne, da von dem Leitungsorgan ein gewisses Gespür bzw. eine „Sensibilität" für die Beurteilung der Relevanz der zu überlassenden Informationen gefordert wird.[488] Das Organmitglied, das selbst unsicher ist, ob bestimmte Informationen bedeutsam sind, habe diese vorsorglich herauszugeben oder die Relevanz gemeinsam mit dem Berater zu klären. Andere Stimmen in der Literatur stellen grundsätzlich ebenfalls darauf ab, ob die Erheblichkeit einer Information für das Organmitglied erkennbar ist, weisen aber darauf hin, dass die Anforderungen an die Erkennbarkeit nicht allzu hoch gesetzt werden dürften, da der Ratsuchende sich auf dem betreffenden Fachgebiet nicht auskenne und gerade aus diesem Grund fremden Rat einholen müsse.[489] Eine lediglich vorsorgliche Herausgabe von Unterlagen und Informationen an den Berater wird abgelehnt und als ausreichend erachtet, dass der Fachkundige solche Informationen erhält, die ihm einen Überblick über die zu begutachtende Angelegenheit gestattet. Dann werde diesem nämlich ermöglicht, selbst weitere erforderliche Informationen anzufragen.[490] Vielfach wird die Pflicht des Beraters hervorgehoben, den Umfang der notwendigen Informationen zu überprüfen und sich noch fehlende Unterlagen durch Nachfrage zu beschaffen.[491] Allein darauf wird der Ratsuchende sich allerdings nicht verlassen dürfen, da es durchaus als möglich erscheint, dass der Berater eine Lückenhaftigkeit der ihm zur Verfügung gestellten Informationen selbst nicht erkennen konnte oder es sich um eine Zusatzinformation handelt, die nicht erwartet werden musste. Auch das OLG Stuttgart hat in seiner Entscheidung vom 25.11.2009[492] hervorgehoben, dass das Organmitglied sich nicht mit der Argumentation entlasten könne, dass es davon ausgegangen sei, der Berater hätte

---

487 *Fleischer*, KSzW 2013, S. 3, 9; *ders.*, NZG 2010, S. 121, 124; *Gottschalk/Weng*, GWR 2013, S. 243, 246; *Krieger*, ZGR 2012, S. 496, 499; *Selter*, AG 2012, S. 11, 17; *Strohn*, ZHR 176 (2012) S. 137, 139.

488 So *Strohn*, CCZ 2013, S. 177, 183; *ders.*, ZHR 176 (2012) S. 137, 139.

489 *J.-H. Binder*, AG 2008, S. 274, 286; *Fleischer*, NZG 2010, S. 121, 124; *ders.*: in Festschrift für *Hüffer*, S. 187, 193; *Selter*, AG 2012, S. 11, 17.

490 *Krieger*, ZGR 2012, S. 496, 499.

491 *J.-H. Binder*, AG 2008, S. 274, 286; *Fleischer*, KSzW 2013, S. 3, 9; *Gottschalk/Weng*, GWR 2013, S. 243, 246; *Peters*, AG 2010, S. 811, 816; *Selter*, AG 2012, S. 11, 17.

492 *OLG Stuttgart*, Urteil vom 25.11.2009, 20 U 5/09, NZG 2010, 141 ff.; siehe oben unter Gliederungspunkt B II 3 a bb (3).

bei fehlender Kenntnis bestimmter erheblicher Umstände nachgefragt. Im Übrigen spricht viel dafür, die Anforderungen an die Erkennbarkeit der Relevanz von Informationen wegen der fehlenden Sachkunde des Ratsuchenden nicht zu überspannen. Ist dieser nicht sicher, ob eine bestimmte Unterlage wichtig ist, muss er diese Frage mit dem Berater erörtern. Eine vorsorgliche Überfrachtung des Gutachters mit allen möglichen Informationen erscheint hingegen nicht sinnvoll, da dieser dann zunächst nach Relevanz aussortieren müsste, was zeit- und auch kostenaufwendig wäre.

dd. Plausibilitätskontrolle

Vierte und letzte Voraussetzung für ein "right of reliance" hinsichtlich des Rats eines Dritten ist nach nahezu einhelliger Meinung, die insoweit mit der Rechtsprechung auf einer Linie liegt, die Überprüfung der Plausibilität des Gutachtens. Die Auskunft des Experten darf also nicht lediglich übernommen, sondern muss kritisch und sorgfältig durchgesehen werden. Nach anderer Ansicht dürfe nicht immer eine Plausibilitätskontrolle gefordert werden. Wenn das Organmitglied sich beispielsweise mit einer Nachfrage erkundigt, ob eine geplante Maßnahme hinsichtlich bestimmter Fragen geprüft worden sei und bestätigt werde, dass eine solche Prüfung durch die Fachabteilung oder einen externen Experten stattgefunden habe, sei es nicht notwendig, eine schriftliche Stellungnahme einzuholen, um diese dann auf Plausibilität hin zu kontrollieren.[493] Dagegen spricht, dass bei einer solchen Vorgehensweise keine Verantwortung für die Übernahme der Expertenauskunft als Grundlage für seine Entscheidung bei dem Organmitglied verbliebe, da er sie ohne kritische Betrachtung verwerten dürfte. Da aber gerade der Entscheidungsträger nach § 93 I 2 AktG die Voraussetzung des Handelns auf angemessener Informationsgrundlage zu erfüllen hat, hat er die eingeholte Information auch zu bewerten.

Mit Blick auf den Umfang der Plausibilitätskontrolle werden unterschiedliche Aspekte berücksichtigt. So hat das Organmitglied darauf zu achten, dass dem Gutachten die zur Verfügung gestellten Informationen zugrunde gelegt wurden, keine offensichtlichen Widersprüche oder Lücken in der Argumentation vorhanden sind und die geplante Maßnahme von der Auskunft erfasst ist.[494] Dabei ist zu berücksichtigen, dass die inhaltliche Überprüfung durch einen Laien auf dem jeweiligen Fachgebiet vorgenommen wird und deshalb die Anforderungen nicht zu hoch gesteckt werden dürfen.[495] Eine eingehende inhaltliche Kontrolle wird daher nicht verlangt werden können, denn gerade wegen der nicht genügenden

---

493 So *Krieger*, ZGR 2012, S. 496, 502.

494 *Decker*, GmbHR 2014, S. 72, 77; *Fleischer*, NZG 2010, S. 121, 124; *Peters*, AG 2010, S. 811, 816; *Selter*, AG 2012, S. 11, 18; a.A. *Merkt/Mylich*, NZG 2012, S. 525, 529, die hinsichtlich einer Prüfung auf Widersprüche und Begründetheitslücken bereits eine Überspannung der Sorgfaltsanforderungen sehen.

495 *J.-H. Binder*, AG 2012, S. 885, 893; *Fleischer*, NZG 2010, S. 121, 124.

Fachkenntnisse der jeweiligen Materie wird das Gutachten in Auftrag gegeben, sodass nicht davon ausgegangen werden kann, dass der Ratsuchende die Fähigkeit hat, eine Plausibilitätskontrolle im Detail vorzunehmen. Eine Beschränkung auf offensichtliche inhaltliche Mängel erscheint daher als angemessen und richtig. Auch der BGH hat in seiner Entscheidung vom 28.04.2015[496] die Voraussetzung der Plausibilitätsprüfung in dieser einschränkenden Weise präzisiert, indem er auf eine widerspruchsfreie Auskunft unter Einarbeitung der überlassenen Informationen und Unterlagen abstellte. Der Rechtsprechung[497] wird auch insoweit gefolgt, als das Ergebnis der Begutachtung der Frage klar und eindeutig und die Ausführungen des Beraters für den Auftraggeber logisch und nachvollziehbar sein müssen; fehle es daran, müsse nachgefragt und gegebenenfalls eine ergänzende Stellungnahme verlangt werden.[498] Die Pflicht zur – eingeschränkten – Überprüfung des Expertenrats dient der Verhinderung von Gefälligkeitsgutachten, die augenscheinlich einseitig geprägt sind, sich nicht mit Argumenten auseinandersetzen, die dem Ergebnis entgegenstehen, und nur solche Informationen verwenden, die letztlich zum gewünschten Resultat führen.[499]

Der Ansicht, den Umfang der Plausibilitätskontrolle u.a. danach auszurichten, wie zuverlässig der Berater sei[500], kann nicht gefolgt werden. Die Zuverlässigkeit der Auskunftsperson kann kein Kriterium für unterschiedliche Anforderungen an die Intensität der Überprüfung darstellen, da bereits bei der Auswahl des Beraters strenge Vorgaben aufgestellt werden und nur bei Vorliegen von Zuverlässigkeit dieser Person überhaupt ein Sich-Verlassen-Dürfen auf den Rat in Betracht kommt. Gesteigerte Anforderungen an eine sorgfältige Plausibilitätskontrolle für den Fall, dass dem Organmitglied bekannt ist, dass die Zulässigkeit der geplanten Entscheidung rechtlich bedenklich ist und der Berater beispielsweise Umgehungsmöglichkeiten der rechtlichen Probleme prüfen soll, sind hingegen zu bejahen.[501] Der Ratsuchende hat aufgrund seines Wissens um die Zweifelhaftigkeit seiner angedachten Vorgehensweise das Gutachten des Beraters besonders sorgfältig und kritisch durchzusehen und gegebenenfalls einen weiteren Berater hinzuzuziehen.

In Zusammenhang mit der Plausibilitätskontrolle wird diskutiert, ob ein lediglich mündlicher Rat ausreichen kann. Der BGH hatte dies in seiner ISION-Entscheidung grundsätzlich verneint, wobei er mögliche Ausnahmen bei einfachen Fragestellungen und im Falle der Eilbedürftigkeit der Entscheidung andeutete.[502]

---

496 *BGH*, Urteil vom 28.04.2015, II ZR 63/14, NZG 2015, S. 792, 795.

497 *BGH*, Urteil vom 28.04.2015, II ZR 63/14, NZG 2015, S. 792, 795.

498 *J.-H. Binder*, AG 2012, S. 885, 893; *Decker*, GmbHR 2014, S. 72, 77; *Strohn*, ZHR 176 (2012) S. 137, 141.

499 *Fleischer*: in Festschrift für *Hüffer*, S. 187, 194; *Peters*, AG 2010, S. 811, 816; *Strohn*, CCZ 2013, S. 177, 183; *ders.*, ZHR 176 (2012) S. 137, 141.

500 Vgl. *Sander/Schneider*, ZGR 2013, S. 725, 753.

501 *J.-H. Binder*, AG 2012, S. 885, 893; *Sander/Schneider*, ZGR 2013, S. 725, 754; so auch *BGH*, Urteil vom 20.09.2011, II ZR 234/09, NZG 2011, S. 1271, 1273 – ISION.

502 *BGH*, Urteil vom 20.09.2011, II ZR 234/09, NZG 2011, S. 1271, 1273 – ISION.

Ein schriftlicher Rat sei erforderlich, um eine sorgfältige Plausibilitätsprüfung zu ermöglichen.[503]

Die überwiegende Mehrheit in der Literatur schließt sich der Rechtsprechung insoweit an, als bei komplexen oder schwierigen Fragestellungen eine schriftliche Stellungnahme erfolgen müsse, um eine kritische Überprüfung mit Blick auf etwaige Widersprüche, der Zugrundelegung der überlassenen Informationen und nachvollziehbare Ausführungen durch das Organmitglied zuzulassen.[504] Bei Entscheidungen unter hohem Zeitdruck oder in einfach gelagerten Fällen, in denen eine kurze Auskunft ausreicht, wird eine mündliche Stellungnahme als genügend angesehen.[505] Nach anderer Ansicht sei auch bei komplizierten Fragestellungen nicht immer ein schriftliches Gutachten erforderlich, sondern könne eine mündliche Stellungnahme unter Umständen genauso gut nachzuvollziehen und damit überprüfbar sein.[506] Als Beispiel wird die Teilnahme des Beraters an einer Diskussionsrunde des entscheidenden Organs und der dortigen Beantwortung von Fragen genannt.[507] Der Rechtsprechung und herrschenden Meinung ist zu folgen, da bei komplizierten oder komplexen Themen nur eine schriftliche Niederlegung die Möglichkeit für einen nicht Fachkundigen schafft, sich mit der in diesen Fällen entsprechend umfangreichen Stellungnahme sorgfältig zu befassen. Ein längerer Vortrag zu einer inhaltlich für den Hörer fremden Materie wird diesen zumeist überfordern, sodass er zu einer Überprüfung der Plausibilität nicht fähig sein wird. Ist die Entscheidung eilbedürftig und in der Kürze der Zeit nur ein mündlicher Rat möglich, ist dennoch eine Plausibilitätskontrolle in dem Umfang, wie er im konkreten Fall für den Ratsuchenden möglich und zumutbar erscheint, erforderlich.

ee. Erfüllung der Kriterien durch interne Berater

Nachfolgend wird der Diskussionsstand in der Literatur zu der Frage dargestellt, ob auch interne Ratgeber, insbesondere die eigene Rechtsabteilung, aber – je nach zu prüfender Materie – auch andere Fachabteilungen, als Informationsquelle geeignet sein und die Kriterien für das Vertrauen auf fremden Rat erfüllen können. Die Rechtsprechung zur Organhaftung hatte sich bisher mit dieser Frage nicht auseinanderzusetzen.

Vereinzelt wird mit Blick auf die fachliche Kompetenz des Beraters verlangt, dass jedenfalls bei komplexen, schwierigen oder risikoreichen Maßnahmen ein externer Rat einzuholen sei. In diesen Fällen reiche eine Stellungnahme der

503 *BGH*, Urteil vom 20.09.2011, II ZR 234/09, NZG 2011, S. 1271, 1273 – ISION.

504 Vgl. *J.-H. Binder*, AG 2012, S. 885, 893; *Sander/Schneider*, ZGR 2013, S. 725, 752; *Strohn*, ZHR 176 (2012) S. 137, 142.

505 *J.-H. Binder*, AG 2012, S. 885, 893; *Fleischer*, NZG 2010, S. 121, 125; *ders.*: in Festschrift für *Hüffer*, S. 187, 196 f.; *Selter*, AG 2012, S. 11, 17; *Strohn*, ZHR 176 (2012) S. 137, 142.

506 So *Krieger*, ZGR 2012, S. 496, 502 f.

507 *Krieger*, ZGR 2012, S. 496, 503.

eigenen Fachabteilung nicht aus.[508] Allerdings wird diese Auffassung nicht mit Argumenten unterlegt.

Eine solche Aussage ohne jegliche Differenzierung erscheint zu einseitig. Sicherlich kann nicht den Mitarbeitern jeder internen Fachabteilung von vorneherein die Fähigkeit abgesprochen werden, auch komplizierte Vorhaben ordnungsgemäß zu prüfen. Es ist vielmehr darauf zu achten, ob gegebenenfalls erforderliche Spezialkenntnisse vorhanden sind und beispielsweise in der Rechtsabteilung Juristen tätig sind, die auf dem konkreten Rechtsgebiet besondere Kompetenzen aufweisen.[509] Gerade große Abteilungen werden sich häufig aus Mitarbeitern mit unterschiedlichen Spezialisierungen zusammensetzen.[510] Bei kleinen Unternehmen kann es eher vorkommen, dass die Rechtsabteilung personell mit nur wenigen Juristen ausgestattet ist, die aufgrund ihrer Befassung mit allen Rechtsfragen aus dem Unternehmen nicht auf einzelne Rechtsgebiete spezialisiert sind und sich auf diesen keine besonderen Kenntnisse angeeignet bzw. nicht viele Erfahrungen gesammelt haben.[511] Es ist ferner zu berücksichtigen, dass der interne Berater die Gesellschaft und deren Lage sowie die strategische Ausrichtung, die das Unternehmen verfolgt, besser kennen wird als der Externe, wenn es sich bei diesem nicht gerade um einen langjährigen, regelmäßig beauftragten Berater handelt.[512]

Zur Beurteilung, ob die internen Fachabteilungen zur Begutachtung auch einer komplexen und komplizierten Fragestellung fachlich kompetent sind, kommt es auf das Vorhandensein der jeweils erforderlichen Kenntnisse auf diesem Gebiet an. Hier kann nichts anderes gelten als beim externen Berater. Eine pauschale Ablehnung der Fachkompetenz bei unternehmensinternen Mitarbeitern in diesen Fällen ist daher zu verneinen.

Bei der Unabhängigkeit des internen Beraters wird zu beachten sein, dass dieser als Arbeitnehmer wirtschaftlich abhängig und gegenüber der Geschäftsleitung weisungsgebunden ist, sodass die Möglichkeit der Beeinflussung des Beraters und dessen Eingehens auf die Erwartungshaltung des Vorgesetzten nicht von der Hand zu weisen ist. Würde allein auf diese Kriterien abgestellt, könnte niemals eine objektive und unabhängige Beratung eines Mitarbeiters des Unternehmens bejaht werden.[513] Die Konsequenz daraus wäre, dass die Fachabteilungen ihre Aufgabe,

---

508 So *Gottschalk/Weng*, GWR 2013, S. 243, 245; *Primaczenko*, Anmerkung zum Urteil des *BGH* vom 20.09.2011, II ZR 234/09 – ISION, GWR 2011, S. 518; *Spindler:* In Festschrift für *Canaris* Band II, S. 403, 421 formuliert nicht ganz so streng und spricht von einem „Gehaltensein" des Leitungsorgans, bei Rechtsfragen von großer Bedeutung für die Gesellschaft eine zweite Meinung neben dem internen Rat einzuholen; *Vetter*, Anmerkung zum Urteil des *BGH* vom 20.09.2011, II ZR 234/09 – ISION, EWiR 2011, S. 793, 794.

509 *J. Wagner*, BB 2012, S. 651, 656;

510 *Junker/Biederbick*, AG 2012, S. 898, 900 f.; *J. Wagner*, BB 2012, S. 651, 656.

511 Vgl. *Decker*, GmbHR 2014, S. 72, 75.

512 Vgl. hierzu auch *U.H. Schneider*, DB 2011, S. 99, 102 f.

513 Vgl. *F. A. Schäfer*, WM 2012, S. 1022, 1025.

das Leitungsorgan beratend zu unterstützen, nie wirksam erfüllen könnten. Der BGH hatte in seiner Entscheidung vom 28.04.2015[514] auf eine sachliche, nicht auf eine subjektive Unabhängigkeit abgestellt, was bezogen auf den Fall eines internen Beraters bedeuten würde, dass auch einem solchen nicht automatisch wegen seiner Arbeitnehmereigenschaft die Unabhängigkeit seiner Beratung abgesprochen werden kann.

Gegen eine fehlende Unabhängigkeit des internen Experten wird angeführt, dass Mitarbeiter des Unternehmens aufgrund ihres Anstellungsverhältnisses verpflichtet sind, im Interesse der Gesellschaft zu handeln und Schaden von ihr abzuwenden, sodass eine objektive Begutachtung der Fragestellung zu erwarten ist.[515] Bei bewusst falschen Ergebnissen müssten sie zudem mit negativen Konsequenzen für sich selbst rechnen.[516] Allerdings ist dennoch nicht auszuschließen, dass ein Arbeitnehmer, der in einem Konflikt steht, wenn ein bestimmtes Ergebnis von ihm herausgefordert wird, versucht, dieses Ergebnis auf irgendeinem Wege zu erreichen, um seine Zukunft und sein Fortkommen im Unternehmen zu sichern.

Weiter wird darauf hingewiesen, dass ein Organmitglied, das den internen Berater beeinflussen und auf ein bestimmtes Ergebnis drängen würde, sich schon aus diesem Grunde nicht auf den Rat berufen könne und ihm daher ein solches Vorgehen nicht nütze.[517] Dies ist zwar zutreffend, wird aber nicht stets die Äußerung einer bestimmten Erwartungshaltung des Organmitglieds gegenüber dem Berater verhindern. Ferner ist es auch denkbar, dass nicht einmal eine konkrete Einflussnahme erfolgt, sondern der Mitarbeiter schon im Wege eines „vorauseilenden Gehorsams" im vermeintlichen Interesse des Arbeitgebers agieren möchte.

Zusammenfassend wird man die Unabhängigkeit des internen Beraters weder generell bejahen noch verneinen können. Aus diesem Grund wird bei der Frage, ob der Ratsuchende sich auf die Auskunft des internen Beraters mit Blick auf seine Objektivität verlassen darf, häufig auf die Umstände des Einzelfalls abgestellt. Die Unabhängigkeit sei gegeben, wenn die Beauftragung des Mitarbeiters neutral gefasst, das Ergebnis des Gutachtens noch völlig offen und allein durch den Beauftragten nach selbstständiger Beurteilung auszuarbeiten ist. Wenn hingegen das Leitungsorgan die Zielrichtung oder gar das Ergebnis der Begutachtung vorgibt bzw. eine entsprechende Erwartungshaltung gegenüber dem Mitarbeiter zeigt, sei keine Unabhängigkeit mehr anzunehmen.[518] Dem wird entgegengehalten, dass auch in diesen Fällen die Unabhängigkeit gewahrt sein könne, da der Berater zwar

---

514 *BGH*, Urteil vom 28.04.2015, II ZR 63/14, NZG 2015, S. 792, 795.

515 *Fleischer*, NZG 2010, S. 121, 123; *Peters*, AG 2010, S. 811, 816; *F. A. Schäfer*, WM 2012, S. 1022, 1025; *Spindler*: in Münchener Kommentar zum AktG, § 93 Rdn. 94; *Strohn*, CCZ 2013, S. 177, 182.

516 Vgl. *Fleischer*, NZG 2010, S. 121, 123.

517 Vgl. *J. Wagner*, BB 2012, S. 651, 656.

518 So etwa *Decker*, GmbHR 2014, S. 72, 75; *U.H. Schneider*, DB 2011, S. 99, 103; *Strohn*, CCZ 2013, S. 177, 182 f.; *ders.*, ZHR 176 (2012) S. 137, 141.

zunächst versuchen werde, die Erwartungen des Leitungsorgans zu erfüllen, wenn dies jedoch nach ordnungsgemäßer Prüfung nicht möglich erscheine, dies vom Mitarbeiter dargelegt werde und Lösungsalternativen aufgezeigt würden.[519] Dies mag in manchen Fällen so sein, insbesondere wenn bereits kleine Änderungen des Vorhabens ausreichen, um es verwirklichen zu können. In der Regel wird der Mitarbeiter bei einer Beeinflussung mit Blick auf das gewünschte Beratungsergebnis voreingenommen sein und nicht mehr völlig offen an die Prüfung herangehen. Er wird geneigt sein, die Stellungnahme so „zurechtzurücken", dass das erwartete Ergebnis herauskommt.

In diesem Zusammenhang wird verschiedentlich darauf hingewiesen, dass auch bei externen Beratern im Einzelfall eine derartige Einflussnahme denkbar sei, insbesondere wenn ein großer Mandant den Berater regelmäßig beauftragt, da dieser geneigt sein könnte, dessen Erwartungshaltung zur Sicherung der weiteren Zusammenarbeit zu erfüllen.[520] Es könne ein wirtschaftliches Abhängigkeitsverhältnis entstehen. Dies erscheint möglich, wird aber seltener vorkommen als beim internen Berater, da ein Rechtsanwalt, Steuerberater oder Wirtschaftsprüfer in der Regel nicht auf den einzelnen Mandanten angewiesen sein wird.[521]

Hinsichtlich der Herausgabe der für die Begutachtung relevanten Informationen und Unterlagen an den Berater wird die Pflicht des Ratsuchenden eingeschränkt. Da ein interner Mitarbeiter grundsätzlich selbst die erforderlichen Informationen einholen kann, indem er beispielsweise an andere Abteilungen herantritt, sachkundige Kollegen befragt oder Einsicht in die betreffenden Akten nimmt, kann er sich leicht selbst einen Überblick verschaffen.[522] Der interne Informationsfluss im Unternehmen erlaubt eine reduzierte Anforderung an die Pflicht des Organs zur umfassenden Darstellung der Sachlage und der Gesellschaftsverhältnisse. Bei fehlender Zugänglichkeit der Informationen oder bei Nachfragen des internen Beraters muss es hingegen bei der umfassenden Zurverfügungstellung der relevanten Unterlagen und der Klärung der Hintergründe der zu begutachtenden Frage verbleiben.

Eine Plausibilitätskontrolle des Ratsuchenden wird beim internen Experten genauso verlangt wie beim externen Berater.[523] Es ist kein Grund ersichtlich, bei diesem Kriterium unterschiedliche Anforderungen zu stellen. Sowohl beim internen als auch beim externen Berater hat der Ratsuchende das Gutachten kritisch und sorgfältig durchzusehen.

---

519 So *Kiefner/Krämer*, AG 2012, S. 498, 501, der sich dagegen ausspricht, den internen Ratgeber nur als „Abnicker ohne Rückgrat" anzusehen.

520 Vgl. *Fleischer*, NZG 2010, S. 121, 123; *Peters*, AG 2010, S. 811, 816; *Sander/Schneider*, ZGR 2013, S. 725, 751; *J. Wagner*, BB 2012, S. 651, 656.

521 Kritisch auch *Strohn*, CCZ 2013, S. 177, 183.

522 Vgl. *Kiefner/Krämer*, AG 2012, S. 498, 501 f.; *F. A. Schäfer*, WM 2012, S. 1022, 1025.

523 *Junker/Biederbick*, AG 2012, S. 898, 903; *Kauer*, Die Informationsbeschaffungspflicht des Vorstands einer AG, S. 126; *F. A. Schäfer*, WM 2012, S. 1022, 1025.

e. Ergebnis

Hinsichtlich des Umfangs der einzuholenden Informationen können weder die – zumindest vom Wortlaut – strengen Anforderungen der Rechtsprechung, insbesondere des II. Zivilsenats des BGH, an die Voraussetzung der angemessenen Informationsgrundlage noch die weitreichende Literaturansicht, bei diesem Tatbestandsmerkmal wiederum die business judgment rule anzuwenden, überzeugen. Das Erfordernis der umfassenden Einholung aller verfügbaren Informationen in der konkreten Entscheidungssituation – ohne hier die Formulierung des BGH weit auszulegen – ist zu starr und allgemein gefasst und berücksichtigt nicht die Umstände des Einzelfalles. Ein weites Verständnis der Formulierung stellt lediglich eine Annahme der dies vertretenden Auffassung dar und kann bis zu einer vielleicht erfolgenden konkreten Aussage des BGH in einer künftigen Entscheidung nicht ohne Weiteres unterstellt werden. Die Befürwortung einer informationsrechtlichen business judgment rule ist aus den dargelegten Gründen ebenfalls abzulehnen. Die beiden Standpunkte – strenge Anforderungen des BGH und informationsrechtliche business judgment rule – erscheinen zu extrem, sodass ein mittlerer Weg eingeschlagen werden sollte. Ansätze für eine solche Vorgehensweise wurden bereits von der Literaturansicht herausgearbeitet, die die strengen Anforderungen des BGH ablehnen und den Umfang der Informationsbeschaffung differenzierter und situationsabhängig betrachten.

aa) Begriff der Angemessenheit

Vorausgesetzt wird eine angemessene Informationsgrundlage. Hätte der Gesetzgeber gewollt, dass die Entscheidung auf der Grundlage sämtlicher verfügbarer Informationen getroffen werden muss, hätte er das unmissverständlich zum Ausdruck bringen können. Er hat aber den unbestimmten Rechtsbegriff der Angemessenheit verwandt. Ein Synonym für „angemessen" ist „verhältnismäßig".[524]

Der Begriff der Angemessenheit wird auch im Rahmen des Grundsatzes der Verhältnismäßigkeit, der sich aus dem Rechtsstaatsprinzip herleitet und im öffentlichen Recht angewandt wird, neben der Geeignetheit und Erforderlichkeit als drittes Kriterium benutzt, und steht dort für die Verhältnismäßigkeit im engeren Sinne. Eine Maßnahme ist nur dann angemessen, wenn die Nachteile, die mit ihr verbunden sind, nicht völlig außer Verhältnis zu den Vorteilen stehen, die sie bewirkt. Im Rahmen der Angemessenheit wird eine Abwägung sämtlicher Vor- und Nachteile der Maßnahme vorgenommen. Überträgt man diese Begriffsbeschreibung auf die Angemessenheit der Informationsgrundlage, läge diese nur vor, wenn der zeitliche und kostenmäßige Aufwand für die Einholung von Informationen in einem vernünftigen Verhältnis zu den Auswirkungen der darauf basierenden Entscheidung für die Gesellschaft steht. Das bedeutet, dass die Angemessenheit der

524 Duden, unter „angemessen", Synonyme. Weitere Synonyme für dieses Adjektiv sind beispielsweise gebührend, geboten, adäquat, geeignet.

Informationsgrundlage situationsadäquat und nicht für jeden Einzelfall gleich zu bewerten ist.

bb) Bestimmung der Angemessenheit nach Kriterien

Bei der Bestimmung der Angemessenheit sollten verschiedene Kriterien berücksichtigt werden, wie es im Rahmen der US-amerikanischen business judgment rule bereits getan wird, in der Regierungsbegründung zum UMAG anklingt und auch zum Teil von der Literatur befürwortet wird. Mithilfe dieser Kriterien kann die Angemessenheit näher konkretisiert werden. Neben der tatsächlichen und rechtlichen Verfügbarkeit der Informationen, auf die auch der BGH in seiner strengen Formulierung abstellt, sollten die Tragweite und die Risikoträchtigkeit der Entscheidung, die Geschäftslage des Unternehmens, das zur Verfügung stehende Zeitfenster, der Kostenaufwand – auch im Verhältnis zum Nutzen – und die Relevanz der Informationen berücksichtigt werden.[525]

(1) Tatsächliche und rechtliche Verfügbarkeit der Informationen

Die tatsächliche und rechtliche Verfügbarkeit ist ein wesentliches Kriterium für die Angemessenheit der Informationsbasis. Das Leitungsorgan muss keine Informationen beitreiben, zu denen es aus tatsächlichen oder rechtlichen Gründen keinen Zugang hat. Insbesondere wird natürlich nicht von ihm verlangt, gegen das Gesetz zu verstoßen (z.B. gegen Datenschutzbestimmungen). Allerdings ist dann zu beurteilen, ob die verbleibenden Informationen für eine sorgfältige Entscheidungsvorbereitung ausreichen, oder ob wegen eines Informationsmangels oder gar völlig fehlender Information die zur Entscheidung stehende Maßnahme unterlassen werden sollte.[526]

(2) Bedeutung und Risikoträchtigkeit der Entscheidung unter Berücksichtigung der Lage der Gesellschaft

Auch die Bedeutung und die Risikoträchtigkeit der Entscheidung sollten Einfluss auf die Angemessenheit des Informationsumfangs haben. Je mehr Tragweite eine Maßnahme und ihre Folgen für die Gesellschaft hat und je größer das Risikopotenzial ist, desto höher sollten die Anforderungen an die Informationspflicht sein.[527] Bei der Bestimmung der einzuholenden Informationen sollte auch ein Blick auf die Lage der Gesellschaft geworfen werden. Eine Entscheidung kann für ein Unternehmen, das sich beispielsweise in einer finanziellen Krise befindet, eine andere

---

525 Vgl. zur US-amerikanischen business judgment rule: *Abeltshauser*, Leitungshaftung im Kapitalgesellschaftsrecht, S. 83.

526 Vgl. *Kauer*, Die Informationsbeschaffungspflicht des Vorstands einer AG, S. 220; *Ulmer*, DB 2004, S. 859, 860.

527 *Hopt/Roth*: in Großkommentar zum AktG, § 93 Rdn. 107; *Meyer*, CCZ 2011, S. 41, 42.

Bedeutung haben als für ein finanziell gesundes Unternehmen. Damit können sich auch die Informationspflichten unterscheiden. Auch die Größe der Gesellschaft und ihre finanzielle Ausstattung haben Einfluss auf die Bedeutung der jeweiligen Entscheidung und damit auf den Umfang der Informationspflichten.

(3) Zeitlicher Rahmen für die Entscheidungsvorbereitung

Eine weitere Rolle bei der Beurteilung der Angemessenheit der Informationsgrundlage sollte der Zeitfaktor spielen. Ist eine Entscheidung kurzfristig zu treffen, reicht die verbleibende Zeit oft nicht aus, vollumfängliche Informationen einzuholen. Dann ist aber zu überdenken, ob auf weitere Informationen verzichtet werden kann, ohne dass ein unberechenbares Risiko entsteht.[528] Es ist im Einzelfall abzuwägen, ob auf der Grundlage geringer Informationen eine für die Gesellschaft vorteilhafte Maßnahme getätigt oder aufgrund zu geringer Informationen besser auf die Maßnahme und damit letztlich auch auf eine Chance für die Gesellschaft verzichtet werden sollte.[529]

(4) Kosten-Nutzen-Relation im Rahmen der Informationsbeschaffung

Auch eine Kosten-Nutzen-Analyse ist von Bedeutung. Wenn sich die Beschaffung einzelner Informationen als sehr kostenintensiv darstellt, ist eine Abwägung erforderlich, ob die Kosten noch in vernünftiger Relation zum Nutzen der Information stehen[530]. Auch hier sollte es darauf ankommen, ob weitere Informationen zur Verfügung stehen und diese bereits das Entstehen eines unkalkulierbaren Risikos vermeiden können.

(5) Relevanz der Informationen für die Entscheidung

Schließlich sollte sich die Frage, ob bestimmte Informationen einzuholen sind, nach deren Relevanz richten. Je nach Art der unternehmerischen Entscheidung sind unterschiedliche Informationen von Bedeutung.[531] Die Relevanz bezieht sich stets auf die konkrete Fallsituation.[532] Lediglich relevante Informationen, die die Entscheidungsfindung unterstützen, können für die Bestimmung der Angemessenheit der Entscheidungsgrundlage herangezogen werden.

---

528 Vgl. *von Werder/Feld*, RIW 1996, S. 481, 491.

529 *Kauer*, Die Informationsbeschaffungspflicht des Vorstands einer AG, S. 218.

530 *Brömmelmeyer*, WM 2005, S 2065, 2067; *Grundei/v.Werder*, AG 2005, S. 825, 833; *Meyer*, CCZ 2011, S. 41, 42; *Redeke*, NZG 2009, S. 496, 497.

531 Beispiele bei *Brömmelmeyer*, WM 2005, S. 2065, 2067.

532 *Druey*: in Festschrift für *Goette*, S. 57, 65.

cc) Ineinandergreifen der Kriterien

Die genannten Kriterien greifen ineinander und müssen im Zusammenspiel betrachtet werden. Ist eine Entscheidung beispielsweise unter hohem Zeitdruck zu treffen, ist für die Angemessenheit der Informationsgrundlage besonders darauf zu achten, ob jene von großer Tragweite ist oder erhebliche Risiken für die Gesellschaft mit sich bringt. Es sollte versucht werden, innerhalb der zur Verfügung stehenden Zeit zumindest solche Informationen einzuholen, die von großer Relevanz sind, also eine konkrete Auswahl treffen. Ist eine Information nur von geringer Relevanz, beeinflusst dies auch die Kosten-Nutzen-Analyse, da bei nur beschränktem Nutzen auch der zu akzeptierende Kostenaufwand geringer ist.

Eine gründliche Entscheidungsvorbereitung muss alle Kriterien und ihr Zusammenspiel berücksichtigen. Erst dann darf das entscheidende Organ vernünftigerweise davon ausgehen, auf angemessener Informationsgrundlage zu handeln.

Ist zur Schaffung einer so verstandenen Informationsgrundlage die Einholung eines Expertenrats erforderlich, erscheinen die Anforderungen an ein "right of reliance" in Gestalt des Vorliegens der vier bereits von der US-amerikanischen Rechtsprechung zur business judgment rule aufgestellten und vom BGH angewandten Kriterien grundsätzlich als notwendig und sinnvoll, um Gefälligkeitsgutachten oder die Übernahme unzuverlässiger Ergebnisse zu verhindern. Die strengen Voraussetzungen, die bereits durch neuere Entscheidungen des BGH präzisiert und etwas gemildert wurden, werden in der Literatur weiter konkretisiert und mit Blick auf den Einzelfall differenziert angewandt. Auch bei Hinzuziehung eines unternehmensinternen Beraters ist eine fallbezogene Prüfung des Sich-Verlassen-Dürfens auf den Rat zu befürworten und nicht anders zu verfahren als bei externem Expertenrat. Nur eine flexible Betrachtung, die die jeweiligen Umstände berücksichtigt, kann zu situationsadäquaten und gerechten Ergebnissen führen.

III. Handeln zum Wohle der Gesellschaft

§ 93 I 2 AktG setzt weiter voraus, dass der Vorstand vernünftigerweise annehmen durfte, zum Wohle der Gesellschaft zu handeln. Bei seinen unternehmerischen Entscheidungen hat er den Fokus stets auf das Gesellschaftswohl zu legen. Dabei ist auch zu berücksichtigen, dass ein Handeln zum Wohl der Gesellschaft nur gewährleistet ist, wenn das Organ unabhängig, ohne Interessenkonflikt und ohne Eigeninteresse tätig wird. Dieser Zusatz bildet ein ungeschriebenes Tatbestandsmerkmal, das vom Gesetzgeber in seiner Begründung zum UMAG benannt und worauf bei der Darstellung der Ausgangslage noch einzugehen sein wird.

1. Ausgangslage

a. US-amerikanische business judgment rule

Auch nach dem US-amerikanischen Recht ist weitere Voraussetzung für die Anwendung der business judgment rule, dass der "director rationally believes that the business judgment is in the best interests of the corporation".[533] Dieses Tatbestandsmerkmal enthält sowohl ein objektives als auch ein subjektives Element: Der *director* muss selbst davon ausgehen, dass seine Entscheidung optimal für die Belange der Gesellschaft ist, und diese Annahme muss rational im Sinne von vernünftig, nachvollziehbar sein (rational belief).[534] Die Rechtsprechung fasst diese Voraussetzung sehr weit, da alle Entscheidungen darunterfallen, die auf einen rationalen geschäftlichen Zweck (rational business purpose) zielen.[535]

Der *director* muss "not interested in the subject of the business judgment" sein. Er ist zur Loyalität gegenüber der Gesellschaft verpflichtet. Es darf keine Befangenheit oder Abhängigkeit des *director* bei seiner Entscheidung vorliegen, sondern es muss eine sachliche Beurteilung der vorzunehmenden Maßnahme erfolgen. Das bedeutet, dass er weder aus eigenen Interessen, falls er persönlich von der Entscheidung betroffen wird (beispielsweise finanziell), noch aus anderen gesellschaftsfremden Interessen handeln darf. Er darf keinen Interessenkonflikten unterliegen. Nur die gesellschaftlichen Belange sind zu berücksichtigen, und dem Gesellschaftsinteresse ist stets Vorrang vor anderen Belangen einzuräumen.[536]

Der *director* hat seine Entscheidung "in good faith" zu treffen, also in gutem Glauben und redlicher Gesinnung.[537] So sind unlautere, verwerfliche Motive für die Entscheidung mit dem "good faith" nicht vereinbar.[538] Allerdings wird es nur selten Fälle geben, in denen dieses Merkmal relevant wird. Zumeist wird das Verhalten des *director* sich schon nicht im Rahmen des rational belief bewegen, sodass es bereits an dieser Voraussetzung fehlt. Daher wird das Merkmal des good faith auch als „Notbremsfunktion"[539] bezeichnet.

b. ARAG/Garmenbeck

In der ARAG/Garmenbeck-Entscheidung wird eine Schadensersatzpflicht des Vorstands bei der Leitung seiner Geschäfte erst in Betracht gezogen, wenn „die

---

533 § 4.01 (c) der Principles of Corporate Governance des American Law Institute, oben unter Gliederungspunkt A II 2 a.

534 *Kock/Dinkel*, NZG 2004, S. 441, 447; *Merkt*, US-amerikanisches Gesellschaftsrecht, Rdn. 949.

535 *Kock/Dinkel*, NZG 2004, S. 441, 447; *Merkt*, US-amerikanisches Gesellschaftsrecht, Rdn. 949; *Paefgen*, Unternehmerische Entscheidungen und Rechtsbindung der Organe in der AG, S. 166.

536 *Abeltshauser*, Leitungshaftung im Kapitalgesellschaftsrecht, S. 132; *Kock/Dinkel*, NZG 2004, S. 441, 446; *Lohse*, Unternehmerisches Ermessen, S. 246; *Merkt*, US-amerikanisches Gesellschaftsrecht, Rdn. 935; *Paefgen*, Unternehmerische Entscheidungen und Rechtsbindung der Organe in der AG, S. 158 f.; *Trockels*, AG 1990, S. 139, 141 f.

537 *Trockels*, AG 1990, S. 139, 14.

538 *Abeltshauser*, Leitungshaftung im Kapitalgesellschaftsrecht, S. 133; *Kock/Dinkel*, NZG 2004, S. 441, 447.

539 So *Fleischer*, ZIP 2004, S. 685, 691.

Grenzen, in denen sich ein von Verantwortungsbewusstsein getragenes, ausschließlich am Unternehmenswohl orientiertes, auf sorgfältiger Ermittlung der Entscheidungsgrundlagen beruhendes unternehmerisches Handeln bewegen muss, deutlich überschritten sind, die Bereitschaft unternehmerische Risiken einzugehen, in unverantwortlicher Weise überspannt worden ist oder ...“[540]. Wie bei der US-amerikanischen business judgment rule wird auch hier die Ausrichtung der unternehmerischen Entscheidung allein am Unternehmensinteresse verlangt. Auf eine Haftungsprivilegierung kann sich der Vorstand nicht berufen, wenn er seinen Handlungsspielraum weit überschreitet, indem er beispielsweise unvertretbare Risiken eingeht, die durch keinerlei Gründe gerechtfertigt erscheinen.[541] In dem zu entscheidenden Fall könnte an eine solche Überschreitung der Ermessensgrenzen durch den Vorstand gedacht werden, da beim Betreiben von zweifelhaften Geschäften mit der Garmenbeck Ltd., einer Briefkastenfirma in London, deren Geschäftsführer ein vorbestrafter Elektroinstallateur war, eine Auszahlung in zweistelliger Millionenhöhe ohne Sicherheiten vorgenommen worden ist. Das Eingehen eines solchen Risikos erscheint unverantwortlich, durch keine vernünftigen Überlegungen gerechtfertigt und entspricht nicht einem Handeln zum Unternehmenswohl. Es handelt sich um eine drastische und offensichtliche Fehlentscheidung des Vorstands.

Mit der Forderung des BGH nach einem „von Verantwortungsbewusstsein getragenen, ausschließlich am Unternehmenswohl orientierten Handeln“ wird die Unbefangenheit und Unabhängigkeit des Vorstands bei seiner Entscheidung verlangt.[542] Dies entspricht dem Kriterium des *disinterested director* in der US-amerikanischen business judgment rule.

c. *UMAG*

Der Gesetzgeber hat den Begriff des Handelns zum Wohle der Gesellschaft in seiner Begründung positiv als Maßnahmen umschrieben, die zu einer „langfristigen Ertragsstärkung und Wettbewerbsfähigkeit des Unternehmens und seiner Produkte oder Dienstleistungen“,[543] also zur Rentabilität des Unternehmens – unter Einschluss von Tochtergesellschaften und des Gesamtkonzerns – führen. Wie bei der Voraussetzung der angemessenen Informationsgrundlage müsse auch bei diesem Tatbestandsmerkmal eine Ex-ante-Sicht vorgenommen und darauf abgestellt werden, dass das Leitungsorgan bei seiner Entscheidung ein Handeln zum Gesellschaftswohl angestrebt hat, auch wenn es sich nachträglich als schädlich für die Gesellschaft erweist. Diese Annahme des Vorstands wird dann durch das

---

540 *BGH*, Urteil vom 21.04.1997, II ZR 175/95, BGHZ 135, S. 244, 253 – ARAG/Garmenbeck.

541 Vgl. *Henze*, NJW 1998, S. 3309, 3311.

542 Vgl. *Henze*, NJW 1998, S. 3309, 3311; *Paefgen*, AG 2004, S. 245, 252.

543 RegBegr. UMAG-E, BT-Drucksache 15/5092, S. 1, 11.

„vernünftigerweise ... dürfen" wieder objektiviert.[544] Der Gesetzgeber verweist insoweit auf die ARAG/Garmenbeck-Entscheidung und lehnt das Vorliegen des Tatbestandsmerkmals des vernünftigerweise Annehmen-Dürfens, zum Wohle der Gesellschaft zu handeln, ab, „wenn das mit der unternehmerischen Entscheidung verbundene Risiko in völlig unverantwortlicher Weise falsch beurteilt worden ist".[545] Der Mut zum Risiko soll allerdings nicht genommen werden.[546]

Der Handelnde muss gutgläubig mit Blick auf das intendierte Wohl der Gesellschaft sein.[547] Der gute Glaube wird in § 93 I 2 AktG zwar nicht ausdrücklich als Tatbestandsmerkmal genannt, aber in der Regierungsbegründung als Element des Annehmen-Dürfens hervorgehoben.[548] Das Leitungsorgan muss davon ausgehen, dass seine Entscheidung richtig ist, selbst wenn sie später als noch vertretbar beurteilt wird. Anderenfalls hat es seine Pflicht verletzt und steht nicht unter dem Schutz der business judgment rule.[549] Der gute Glaube entspricht dem "good faith" bei der US-amerikanischen business judgment rule.

Nach der Regierungsbegründung beinhaltet das Handeln zum Wohle der Gesellschaft ferner, dass das Organ unbefangen und unabhängig ist, wobei auch dieses Erfordernis nicht im Gesetzestext genannt ist. Der Entscheidungsträger darf nicht Interessenkonflikten oder Fremdeinwirkungen unterliegen und auch nicht aus Eigennutz handeln. Auch Entscheidungen zum Nutzen nahestehender Personen oder Gesellschaften werden einbezogen. Ein Interessenkonflikt wird abgelehnt, wenn das Organ nur mittelbar dadurch einen Vorteil erhält, dass zum Wohl der Gesellschaft gehandelt wurde.[550] Dies ist insbesondere bei variablen Vergütungsbestandteilen, die erfolgsbezogen sind, der Fall.[551] Hier laufen eigenes Interesse und Gesellschaftsinteresse gleich. Besteht ein Interessenkonflikt und legt das Organ ihn vor der Entscheidung offen, kommt es darauf an, ob es vernünftigerweise annehmen durfte, trotzdem zum Wohle der Gesellschaft zu handeln.[552]

d. Zusammenfassung

Nach der US-amerikanischen business judgment rule, der ARAG/ Garmenbeck-Entscheidung und dem UMAG ist eine unternehmerische Entscheidung allein am Gesellschaftswohl auszurichten. Es werden unterschiedliche Begrifflichkeiten,

544 RegBegr. UMAG-E, BT-Drucksache 15/5092, S. 1, 11.
545 RegBegr. UMAG-E, BT-Drucksache 15/5092, S. 1, 11.
546 RegBegr. UMAG-E, BT-Drucksache 15/5092, S. 1, 12.
547 RegBegr. UMAG-E, BT-Drucksache 15/5092, S. 1, 11.
548 RegBegr. UMAG-E, BT-Drucksache 15/5092, S. 1, 11.
549 *Fleischer:* in *Spindler/Stilz*, AktG, § 93 Rdn. 76; *Hölters:* in *Hölters*, AktG, § 93 Rdn. 40; *Koch*: in *Hüffer/Koch*, AktG, § 93 Rdn. 24; *ders.*, ZGR 2006, S. 769, 790.
550 RegBegr. UMAG-E, BT-Drucksache 15/5092, S. 1, 11.
551 *Koch*, ZGR 2006, S. 769, 791.
552 RegBegr. UMAG-E, BT-Drucksache 15/5092, S. 1, 11, mit Verweis auf den Deutschen Corporate Governance Kodex.

nämlich Unternehmensinteresse und Gesellschaftswohl verwendet.[553] Eine Definition der unbestimmten Begriffe des Gesellschaftswohls bzw. des Unternehmensinteresses erfolgt an keiner Stelle. Es wird lediglich umschrieben, welche Handlungen dem Wohl bzw. Interesse dienen. Während die US-amerikanischen Gerichte für das Handeln im Interesse der Gesellschaft lediglich irgendeinen rationalen Geschäftszweck verlangen, stellt der deutsche Gesetzgeber auf die langfristige Rentabilität – Ertragsstärke und Wettbewerbsfähigkeit – des Unternehmens ab, fasst diese Voraussetzung somit etwas enger. Maßgeblich für das Vorliegen eines Handelns zum Wohle der Gesellschaft ist stets die Ex-ante-Sicht, also die Perspektive des Handelnden bei seiner unternehmerischen Entscheidung. Das Handeln zum Wohle der Gesellschaft erfordert die Unbefangenheit und Unabhängigkeit des handelnden Organs, also ein Element, das auch von der Treuepflicht umfasst wird. Der Handelnde muss in gutem Glauben sein und darf sich nicht von unlauteren Motiven leiten lassen. Dem Handeln zum Wohle der Gesellschaft ist dort eine Grenze gesetzt, wo die Risiken, die sich aus der Entscheidung für die Gesellschaft ergeben, in unverantwortlicher Weise falsch eingeschätzt werden. In diesen Fällen darf der Handelnde nicht mehr vernünftigerweise annehmen, dass die Maßnahme dem Gesellschaftswohl förderlich ist.

2. Rechtsprechung

Im Folgenden soll betrachtet werden, welches Handeln die Rechtsprechung als zum Wohle der Gesellschaft angesehen hat, und bei welchen unternehmerischen Entscheidungen die Gerichte die Grenzen des unternehmerischen Handlungsspielraums als überschritten bewertet haben, weil das Organ mit Blick auf das entstehende Risiko völlig unverantwortlich gehandelt hat. Bei der Auswahl der Entscheidungen werden auch bemerkenswerte Urteile der unteren Instanzen berücksichtigt, soweit sie rechtskräftig geworden sind.

a. OLG Jena, Urteil vom 08.08.2000, 8 U 1387/98

Das OLG Jena hatte über einen Schadensersatzanspruch einer GmbH, die ein BMW-Autohaus betrieb, gegen ihren Geschäftsführer wegen Pflichtverletzungen bei zwei Exportgeschäften, die in den Jahren 1992 bis 1994 abgewickelt wurden, nach § 43 II GmbHG zu entscheiden.[554]

---

553 In der ARAG/Garmenbeck-Entscheidung werden beide Begriffe genannt: *BGH*, Urteil vom 21.04.1997, II ZR 175/95, BGHZ 135, S. 244, 253 und 255 – ARAG/Garmenbeck.

554 *OLG Jena*, Urteil vom 08.08.2000, 8 U 1387/98, NZG 2001, S. 86, 87.

aa. Sachverhalt

Im Rahmen der Exportgeschäfte wurden Gebrauchtfahrzeuge und Ersatzteile nach Litauen und in Italien eingekaufte Fahrzeuge nach Tschechien verkauft. Diese Exportgeschäfte scheiterten an der fehlenden Abnahme und Bezahlung durch die ausländischen Kunden.[555] Durch Zahlungs- und Zinsausfälle entstand der GmbH ein Schaden von insgesamt rund 293 TDM.[556] Die Verkäufe nach Litauen waren durch eine Bürgschaft einer litauischen Bank gesichert, wobei der hinzugezogene Sachverständige diese nicht als ausreichend erachtete, da sie nicht gewährleistete, dass der Bürge uneingeschränkt haften müsse. Auch habe es Unklarheiten bei der Bürgschaft gegeben.[557] Im Rahmen des Italiengeschäfts stellte das OLG Jena fest, dass die Kaufpreisansprüche nicht gesichert waren und der Geschäftsführer zur Überprüfung der Bonität des Kunden lediglich eine Bankauskunft eingeholt hatte.[558]

bb. Entscheidungsgründe

Das OLG Jena beurteilte die Exportgeschäfte als riskant, da es nicht ausgeschlossen war, dass die ausländischen Käufer der Fahrzeuge und Ersatzteile ihre Pflichten aus den Kaufverträgen nicht erfüllen würden. Dabei erkannte es an, dass der Geschäftsführer aufgrund seines unternehmerischen Handlungsspielraums auch riskante Geschäfte tätigen dürfe, setzte aber eine Grenze, wenn die Risiken und Gewinnmöglichkeiten der Maßnahme in keinem angemessenen Verhältnis zueinanderstehen. Das Risiko müsse gegenüber dem Vorteil für die Gesellschaft deutlich geringer sein, wobei eine Maßnahme, die zu einer starken Gefährdung der Gesellschaft führen könne, nicht durchgeführt werden dürfe, auch wenn wahrscheinlich sei, dass sich die damit verbundenen Chancen realisieren. Das Risiko für den Bestand und die Entwicklung der Gesellschaft dürfe nicht „unangemessen hoch" sein.[559]

Bei beiden Geschäften sah das OLG Jena eine Pflichtverletzung des Geschäftsführers, da er beim Litauengeschäft nicht für eine ausreichende Absicherung der Kaufpreisansprüche gesorgt habe und beim Italiengeschäft keinerlei Absicherung erfolgt sei, zumal die Bonität des ausländischen Kunden nicht ordnungsgemäß überprüft worden sei.[560]

555 *OLG Jena*, Urteil vom 08.08.2000, 8 U 1387/98, NZG 2001, S. 86.
556 *OLG Jena*, Urteil vom 08.08.2000, 8 U 1387/98, NZG 2001, S. 86, 88.
557 *OLG Jena*, Urteil vom 08.08.2000, 8 U 1387/98, NZG 2001, S. 86, 88.
558 *OLG Jena*, Urteil vom 08.08.2000, 8 U 1387/98, NZG 2001, S. 86, 88.
559 *OLG Jena*, Urteil vom 08.08.2000, 8 U 1387/98, NZG 2001, S. 86, 87.
560 *OLG Jena*, Urteil vom 08.08.2000, 8 U 1387/98, NZG 2001, S. 86, 88.

cc. Eigene Würdigung

In dieser Entscheidung aus dem Jahr 2000 wird an keiner Stelle Bezug auf das ARAG/Garmenbeck-Urteil genommen. Allerdings setzt auch das OLG Jena eine Grenze bei der Bereitschaft, Risiken für die Gesellschaft einzugehen. Überschritten wird diese, wenn die Maßnahme ein unangemessen hohes Risiko für die Existenz oder Entwicklung des Unternehmens mit sich bringt. Der BGH hat die Grenze bei einer unverantwortlichen Überspannung der Bereitschaft, Risiken einzugehen, gesetzt.[561] Diese beiden Formulierungen gehen also in die gleiche Richtung, da jeweils unvertretbare Risiken vermieden werden sollen. Bemerkenswert erscheint, dass das OLG Jena nicht nur die Risiken, sondern auch die Vorteile, die der Gesellschaft entstehen, betrachtet, diese in ein Verhältnis zueinander setzt und eine Abwägung vornimmt. Es hebt dabei den Aspekt einer fehlenden Minimierung des bestehenden Risikos bei den Exportgeschäften wegen unzureichender bzw. völlig fehlender Forderungsabsicherungen hervor.[562] Hätte der Geschäftsführer alles Erforderliche getan, hätte das tatsächlich bestehende Risiko deutlich beschränkt werden können und das OLG Jena hätte mit Blick auf das Verhältnis von Risiken und Chancen der Geschäfte zu einer anderen Beurteilung kommen können.

Bei den getätigten Exportgeschäften mit unbekannten ausländischen Käufern ohne bzw. nur mit ungeeigneter Absicherung und ohne ausreichende Überprüfung der Bonität der Schuldner handelt es sich um krasse Fehlentscheidungen des Geschäftsführers. Auch aus Ex-ante-Sicht des Geschäftsführers musste es sich aufdrängen, dass die Risiken die Gewinnerzielungsmöglichkeiten weit überwiegen und er das Geschäft so nicht hätte abschließen dürfen.[563] Zudem bewertete das OLG Jena die Risiken als bestands- bzw. entwicklungsgefährdend für die Gesellschaft, was darauf hindeutet, dass auch das finanzielle Ausmaß der Risiken mit Blick auf die wirtschaftliche Lage des Unternehmens beträchtlich gewesen ist.

b. BGH, Urteil vom 03.12.2001, II ZR 308/99

Der BGH hatte über Schadensersatzansprüche nach § 34 II 1 GenG wegen Kreditausfällen im Rahmen zweier Kreditengagements gegen zwei Vorstandsmitglieder einer Genossenschaftsbank, die später auf die nun klagende Genossenschaftsbank verschmolzen wurde, zu entscheiden.

561 *BGH,* Urteil vom 21.04.1997, II ZR 175/95, BGHZ 135, S. 244, 253 – ARAG/Garmenbeck.

562 Vgl. auch die Anmerkung zu diesem Urteil von *Haas,* DStR 2001, S. 863.

563 Wenn dem Geschäftsführer ausreichende Kenntnisse zur Beurteilung der Bürgschaft beim Litauengeschäft gefehlt haben sollten, hätte er fachmännische Beratung einholen müssen.

aa. Sachverhalt

In den Jahren 1993 und 1994 wurden einerseits Kredite von insgesamt über 900 TDM an eine GmbH vergeben, die bereits eine weitere Kreditbelastung von 1,1 Mio. DM trug, ohne ausreichende Sicherheiten zu verlangen. So wurde für eine Kreditteilsumme in Höhe von 600 TDM eine Grundschuld von 360 TDM als Sicherheit gegeben. Bei der Zwangsversteigerung des Grundstücks stellte sich heraus, dass dessen Verkehrswert lediglich 174 TDM betrug. Andererseits wurden im Jahr 1994 an eine GmbH, die später insolvent wurde, mehrere Kredite von mehreren 100 TDM vergeben, ohne dass der Vorstand eine angebotene Grundschuld über 300 TDM als Sicherheit hereinholte und auf das betreffende Grundstück mit einem Verkehrswert von mehr als 630 TDM zugegriffen werden konnte.[564]

bb. Entscheidungsgründe

Der BGH sah in der Vorgehensweise der Vorstandsmitglieder schuldhafte Verletzungen ihrer Sorgfaltspflichten nach § 34 I 1 GenG bei den Kreditvergaben. Er verwies zunächst auf die ARAG/Garmenbeck-Entscheidung und betonte die Gewährung eines großen Handlungsspielraums des Vorstands bei der Geschäftsleitung und auch die grundsätzliche Zulässigkeit der Eingehung von Risiken bei Geschäften. Die Grenze des Handlungsspielraums wurde beim Vorliegen eines erheblichen Risikos für die Gesellschaft dort gesetzt, wo dessen Eingehen nicht durch vernünftige geschäftsbezogene Argumente gerechtfertigt werden kann. Der BGH stellte auf eine vernünftige kaufmännische Abwägung der Risiken für die Gesellschaft ab, was für Vorstände von Genossenschaftsbanken bedeuten würde, dass beim Abschluss von mit Risiken behafteten Kreditgeschäften nur übliche und ausreichende Sicherheiten, die zuvor sorgfältig bewertet worden sind, hereinzuholen und vorgegebene Beleihungsobergrenzen zu beachten wären. In beiden Kreditengagements sah der BGH einen Verstoß gegen diese Verhaltensmaßnahmen, sodass die Risiken nicht hätten eingegangen werden dürfen.[565]

cc. Eigene Würdigung

Wie im ARAG/Garmenbeck-Urteil (und auch im vorgenannten Urteil des OLG Jena) geht es um fehlende Absicherungen von sehr risikobehafteten Ansprüchen bei einer Vorleistung der Gesellschaft. Eine Risikoreduzierung, im vorliegenden Fall nach branchenspezifischen bankbetrieblichen Erkenntnissen, ist von den beklagten Vorstandsmitgliedern nicht vorgenommen worden. Daraus wird die Pflichtverletzung hergeleitet. Der BGH hat die Grenzen des unternehmerischen Handlungsspielraums aus der ARAG/Garmenbeck-Entscheidung für den Fall der Kreditvergabe durch eine Bank konkretisiert.[566] Eine Darlehensgewährung darf

564 *BGH*, Urteil vom 03.12.2001, II ZR 308/99, ZIP 2002, S. 213.
565 *BGH*, Urteil vom 03.12.2001, II ZR 308/99, ZIP 2002, S. 213, 214.
566 Vgl. auch den Kommentar von *Graef*, BB 2002, S. 378.

nicht ohne bankenübliche Sicherheiten und unter Missachtung der Beleihungsobergrenzen erfolgen. Kreditvergaben beinhalten das besondere Risiko, dass sich die Bonität des Schuldners im Laufe der Zeit verschlechtert und auf entsprechende Sicherheitsleistungen zurückgegriffen werden muss. Wenn der BGH im vorliegenden Fall das Überschreiten des weiten Handlungsspielraums des Vorstands darin sieht, dass bei Vorliegen eines hohen Risikos keine vernünftigen geschäftlichen Gründe dafür bestehen, es trotzdem einzugehen, greift er ein Element der US-amerikanischen business judgment rule – den "rational business purpose" – auf. Der BGH verlangt – wie das OLG Jena – eine sorgfältige Abwägung bei dem Eingehen von Risiken.

Auch diese Entscheidung des Vorstands stellt sich als offensichtlich fehlerhafte Entscheidung dar, bei der nicht angenommen werden konnte, zum Wohle der Gesellschaft zu handeln. Die Vergabe von Bankkrediten in Höhe von insgesamt 900 TDM mit unzureichender bzw. ohne Absicherung an eine GmbH, die bereits eine Darlehensbelastung von über 1 Mio. DM hatte, stellt zweifelsohne ein unverantwortliches Handeln des Vorstands dar.

c. *OLG Stuttgart, Urteil vom 26.05.2003, 5 U 160/02*

Das OLG Stuttgart hatte über Schadensersatzansprüche einer Abfallverwertungsgesellschaft eines Landkreises in der Rechtsform einer GmbH gegen ihren ehemaligen Geschäftsführer zu entscheiden.[567]

aa. Sachverhalt

Als Spezialist auf diesem Gebiet legte der Geschäftsführer dem Landkreis als Träger der GmbH sein Konzept zu einem umweltfreundlichen Rückbau von Mülldeponien vor. Zur Prüfung der Wirtschaftlichkeit dieses Vorhabens beauftragte der Aufsichtsrat im Jahr 1995 einen Wirtschaftsprüfer. Dies war dem Geschäftsführer bekannt, und er war mit dieser Vorgehensweise einverstanden.[568] Noch vor Fertigstellung des Gutachtens bestellte er einen Tunnelglühofen für den geplanten Deponierückbau und schloss einen Leasingvertrag ab.[569] Im Februar 1996 kam der Wirtschaftsprüfer in einem ersten Bericht zu dem Ergebnis, dass der von dem Geschäftsführer vorgeschlagene Deponierückbau bedeutend teurer wäre als der übliche Rückbau. Daraufhin wurde das Vorhaben gestoppt. Der Leasingvertrag wurde in einen Kaufvertrag geändert. Da der Tunnelglühofen bei der GmbH nicht genutzt werden konnte und auch ein Weiterverkauf nicht zustande kam, machte

567 *OLG Stuttgart*, Urteil vom 26.05.2003, 5 U 160/02, zitiert nach juris, Rdn. 1 (auszugsweise abgedruckt in GmbHR 2003, S. 835 ff.).
568 *OLG Stuttgart*, Urteil vom 26.05.2003, 5 U 160/02, zitiert nach juris, Rdn. 4.
569 *OLG Stuttgart*, Urteil vom 26.05.2003, 5 U 160/02, zitiert nach juris, Rdn. 5.

sie einen Schadensersatzanspruch in Höhe des nutzlos aufgewendeten Kaufpreises von rund 1,3 Mio. DM gegen ihren Geschäftsführer geltend.[570]

bb. Entscheidungsgründe

Das OLG Stuttgart nahm einen solchen Schadensersatzanspruch nach § 43 II GmbHG an, da der Geschäftsführer durch die Bestellung des Ofens seine Pflichten aus § 43 I GmbHG verletzt habe.[571] Es verwies auf die ARAG/Garmenbeck-Entscheidung, wobei es betonte, dass es bei dem ausschließlich am Wohle der Gesellschaft ausgerichteten und verantwortungsbewussten Handeln des Leitungsorgans auf die Ex-ante-Sicht ankäme.[572] Im Ergebnis sah das OLG Stuttgart die Grenzen für ein zulässiges Handeln des Geschäftsführers als überschritten an. Er hatte nicht darlegen können, warum die hohe Investition für den Ofen zum Wohle der Gesellschaft erfolgt sein sollte, obwohl er gewusst hatte, dass zunächst die Wirtschaftlichkeit des Rückbaukonzepts überprüft werden sollte. Für sein vorschnelles Handeln konnte er keine nachvollziehbare Begründung abgeben.[573]

cc. Eigene Würdigung

Das OLG Stuttgart übernimmt die Formulierung aus der ARAG/Garmenbeck-Entscheidung und stellt darauf ab, dass der Geschäftsführer aus Ex-ante-Sicht keine Not hatte, den Leasingvertrag noch vor Fertigstellung des Gutachtens abzuschließen. Mit einem Abwarten auf den Bericht des Wirtschaftsprüfers, der die Wirtschaftlichkeit des Projekts letztlich verneint hatte, hätte die fehlerhafte Entscheidung ohne Weiteres vermieden werden können. Das Verhalten des Geschäftsführers orientiert sich daher nicht am Wohle der Gesellschaft. Eine Abwägung von Risiken und Chancen der Gesellschaft erübrigte sich, da der Geschäftsführer keinerlei Begründung für seine Entscheidung, den Leasingvertrag noch vor Fertigstellung des Gutachtens abzuschließen, vorgetragen hat und keine Anhaltspunkte dafür ersichtlich sind, dass das übereilte Handeln von besonderem Vorteil für die Gesellschaft war.

Das vorschnelle Handeln des Geschäftsführers, ohne dass irgendeine Dringlichkeit der Entscheidung vorgelegen hatte, und unter Berücksichtigung seiner Kenntnis von der beauftragten Überprüfung der Wirtschaftlichkeit, mit der er auch einverstanden war, ist offensichtlich fehlerhaft. Hinzu kommt die beträchtliche Höhe des eingegangenen Risikos. Auch hier liegt eine krasse Fehlentscheidung vor, die keine andere Bewertung des Gerichts erlaubte.

---

570 *OLG Stuttgart*, Urteil vom 26.05.2003, 5 U 160/02, zitiert nach juris, Rdn. 6.
571 *OLG Stuttgart*, Urteil vom 26.05.2003, 5 U 160/02, zitiert nach juris, Rdn. 27.
572 *OLG Stuttgart*, Urteil vom 26.05.2003, 5 U 160/02, zitiert nach juris, Rdn. 28.
573 *OLG Stuttgart*, Urteil vom 26.05.2003, 5 U 160/02, zitiert nach juris, Rdn. 31.

d. BGH, Urteil vom 21.03.2005, II ZR 54/03

Der BGH hatte über die Haftung eines Vorstandsmitglieds einer Genossenschaftsbank bei der Gewährung mehrerer Kredite an einen Kreisverband zu entscheiden.[574]

aa. Sachverhalt

Bei einem Kreditvolumen von insgesamt rund 1,3 Mio. DM bestanden Sicherheiten in Höhe von rund 546 TDM. Das Gesamtkreditvolumen umfasste auch zwei Neukredite aus dem Jahr 1995 von insgesamt 750 TDM, die lediglich mit einer Grundschuld mit einer Beleihungsobergrenze von rund 200 TDM gesichert waren.[575] Der Kreisverband wurde insolvent und die Genossenschaftsbank machte gegen ihr Vorstandsmitglied Ersatz des Schadens aus der fehlenden Sicherung geltend.[576]

bb. Entscheidungsgründe

Der BGH bejahte eine Pflichtverletzung des Vorstandsmitglieds nach § 34 I GenG und verwies auf seine Entscheidung vom 03.12.2001.[577] Das Vorstandsmitglied hätte mit seinem Handeln gegen den Grundsatz verstoßen, dass Kredite nicht ohne übliche Sicherheiten und Beachtung der Beleihungsobergrenzen gewährt werden dürfen, wenn keine vernünftigen wirtschaftlichen Gründe für die Eingehung eines solchen Schadensrisikos für die Bank gegeben seien. Der BGH verneinte einen solchen Grund, obwohl vorgetragen wurde, dass eine schwierige wirtschaftliche Situation im Tätigkeitsbereich der Bank bestanden habe. Vielmehr sah er gerade darin eine besondere Notwendigkeit zur Sicherung ihrer Ansprüche gegenüber Kreditnehmern.[578]

cc. Eigene Würdigung

Diese Entscheidung führt die Rechtsprechung des BGH hinsichtlich der Kreditvergabe durch eine Bank fort und hält an der aufgestellten Regel fest, dass Kredite grundsätzlich nur bei ausreichender und üblicher Absicherung sowie unter Beachtung der Beleihungsobergrenzen gewährt werden dürfen, um das Risiko der Bank im Fall der Zahlungsunfähigkeit des Schuldners zu reduzieren. Der BGH hat auch hier einen “rational business purpose” verneint, da kein vernünftiger geschäftlicher Grund dafür gesprochen habe, trotz des hohen Risikos für die Bank diese Kreditgeschäfte in der vorgenommenen Art und Weise abzuschließen. Zu Recht

---

574 *BGH*, Urteil vom 21.03.2005, II ZR 54/03, NZG 2005, S. 562.
575 *BGH*, Urteil vom 21.03.2005, II ZR 54/03, NZG 2005, S. 562, 563.
576 *BGH*, Urteil vom 21.03.2005, II ZR 54/03, NZG 2005, S. 562.
577 *BGH*, Urteil vom 03.12.2001, II ZR 308/99, ZIP 2002, S. 213; siehe oben unter Gliederungspunkt B III 2 b.
578 *BGH*, Urteil vom 21.03.2005, II ZR 54/03, NZG 2005, S. 562, 563.

erkannte er das Argument der schwierigen Geschäftslage der Gesellschaft nicht an, denn gerade unter diesen Umständen ist das Risiko solcher Darlehensgewährungen noch größer als bei Banken mit stabiler Finanzlage. Es ist bei der Bewertung des Risikos auch immer die finanzielle Situation der Gesellschaft zu beachten.

Mit Blick auf das Ausmaß der Fehlentscheidung des Vorstandsmitglieds kann auf die Würdigung zum Urteil des BGH vom 03.12.2001[579] verwiesen werden. Die unzureichend abgesicherten Kreditvergaben stellen eine offensichtliche Fehlentscheidung dar, und es hätte sich dem Vorstandsmitglied aufdrängen müssen, dass sein Handeln unverantwortlich war.

e. KG Berlin, Urteil vom 22.03.2005, 14 U 248/03

Auch bei dieser Entscheidung ging es um eine Pflichtverletzung des Vorstands bei der Vergabe von Krediten, mit dem Unterschied, dass das KG Berlin eine solche in diesem Fall verneinte.[580]

aa. Sachverhalt

Eine Bank-AG hatte einer Unternehmensgruppe bereits ein Kreditvolumen in Höhe von rund 400 Mio. DM zum Kauf und zur Modernisierung von Plattenbauten gewährt, wobei diese projektbezogen gesicherten Kredite auch bedient und nicht als akut gefährdet[581] eingestuft wurden. Im Jahr 1997 erwarb die Unternehmensgruppe ohne vorherige Finanzierungszusage der Bank weitere Objekte und beantragte anschließend bei dieser eine weitere Kreditvergabe in Höhe von 106 Mio. DM. Die Vorstandsmitglieder der Bank mussten entscheiden, entweder das Kreditengagement fortzusetzen, um den weiteren Geschäftsbetrieb der Unternehmensgruppe finanziell zu unterstützen, oder dieses zu beenden, was zu deren finanziellen Zusammenbruch und damit verbunden zu einem Ausfall der bisher gewährten Kredite führen konnte. Obwohl der interne Revisionsbericht die Fortführung des Kreditengagements als risikobehaftet bewertete, bewilligten die Vorstandsmitglieder den weiteren Kredit und begründeten dies mit den für die Bank günstigeren Auswirkungen auf das gesamte Kreditengagement. Es war zu diesem Zeitpunkt zudem eine Kreditrückzahlung von 88 Mio. DM durch das Entgelt für den Verkauf von Wohnungen an eine Konzerntochter der Bank-AG vorgesehen.[582] Die Bank-AG machte gegen ihre Vorstandsmitglieder einen Schadensersatzanspruch

579 *BGH*, Urteil vom 03.12.2001, II ZR 308/99, ZIP 2002, S. 213; siehe oben unter Gliederungspunkt B III 2 b cc.

580 *KG Berlin*, Urteil vom 22.03.2005, 14 U 248/03, AG 2005, S. 581 f.

581 Die Einstufung der Kredite erfolgte in die Klassen 1b und 2, wobei die Klasse 2 einen Kredit mit erhöhtem latenten Risiko bedeutet, vgl. *Drescher* in seinem Kurzkommentar zur Entscheidung des KG, EWiR 2006, S. 97, 98.

582 *KG Berlin*, Urteil vom 22.03.2005, 14 U 248/03, AG 2005, S. 581, 582.

wegen eines Verstoßes gegen ihre Sorgfaltspflichten nach § 93 I 1 AktG geltend, nachdem sie durch den Kreditausfall einen Schaden erlitten hatte.[583]

bb. Entscheidungsgründe

Das KG Berlin lehnte einen Schadensersatzanspruch ab. Es verwies auf die Rechtsprechung des BGH[584] und legte seiner Prüfung die dort gesetzten Maßstäbe für das Handeln zum Wohle der Gesellschaft zugrunde. Es kam zu dem Ergebnis, dass die Voraussetzungen für ein Überschreiten des weiten Handlungsspielraums danach nicht erfüllt wären. Insbesondere läge ein solches erst dann vor, wenn aus der Perspektive eines sorgfältigen Leitungsorgans das hohe Risiko für die Gesellschaft nicht von der Hand zu weisen wäre und keine vernünftigen geschäftlichen Gründe für das Eingehen dieses Risikos ersichtlich wären. Trotz Kenntnis des internen Revisionsberichts und der darin enthaltenen Beanstandungen mit Blick auf eine Fortführung des Kreditengagements hätten die Vorstandsmitglieder keine unvertretbare unternehmerische Entscheidung getroffen, als sie den weiteren Kredit bewilligten. Zwar sei die weitere Kreditvergabe mit Risiken behaftet gewesen, aber es müsste auch berücksichtigt werden, dass so möglicherweise die früheren Kredite hätten gesichert werden können. In dieser Situation sei es vertretbar gewesen, zur Vermeidung einer erheblichen Gefährdung des bereits eingesetzten Kapitals die Risiken einer Ausweitung des Kreditvolumens einzugehen, zumal diese Vorgehensweise die Chance beinhaltete, einen Gewinn für die Gesellschaft im Sinne eines positiven Geschäftsergebnisses zu erzielen.[585]

cc. Eigene Würdigung

Die Entscheidung greift die Beurteilungskriterien des Handelns zum Wohle der Gesellschaft aus der ARAG/Garmenbeck-Entscheidung auf und verbindet diese mit der Rechtsprechung des BGH zu Kreditvergaben. Das KG Berlin hält bei einer Kreditvergabe die Grenzen des weiten Handlungsspielraums des Leitungsorgans dann nicht für überschritten, wenn trotz vorliegender Risiken vernünftige geschäftsbezogene Gründe für eine Kreditgewährung sprechen. Hier wird wieder das Element des "rational business purpose" aus der US-amerikanischen business judgment rule angewendet. Das KG Berlin hält die Entscheidung der Vorstandsmitglieder, die Chancen der Gesellschaft bei der weiteren Kreditvergabe – Vermeidung des Ausfalls bisheriger Kredite und ein zumindest ausgeglichenes oder gar positives Geschäftsergebnis – höher zu bewerten als die damit verbundenen Risiken, für vertretbar. Es werden weder die konkreten Gründe für die Annahme

---

583 *KG Berlin*, Urteil vom 22.03.2005, 14 U 248/03, AG 2005, S. 581.

584 *BGH*, Urteil vom 03.12.2001, II ZR 308/99, ZIP 2002, S. 213 (siehe oben unter Gliederungspunkt B III 2 b) und *BGH*, Urteil vom 21.04.1997, II ZR 175/95, BGHZ 135, S. 244 – ARAG/Garmenbeck.

585 *KG Berlin*, Urteil vom 22.03.2005, 14 U 248/03, AG 2005, S. 581, 582.

der Vertretbarkeit[586] noch die einzelnen Kriterien, die bei der Abwägung in diesem Einzelfall zu berücksichtigen waren, und deren Gewichtung dargestellt. Die Vorstandsmitglieder befanden sich in einem Dilemma. Beide Handlungsalternativen – die Fortsetzung und die Ablehnung der weiteren Kreditvergabe – trugen erhebliche Risiken in sich. Es hätten konkrete Abwägungen für beide Verhaltensmöglichkeiten, auch unter Einbeziehung von Wahrscheinlichkeiten der Risikorealisierung, der jeweils drohenden Schadenshöhen in Abhängigkeit zur Finanzlage der Gesellschaft und Möglichkeiten der Risikobegrenzungen, erfolgen müssen. Erst dann wäre nachvollziehbar, ob die Vorstandmitglieder die für das Wohl der Gesellschaft bessere Alternative gewählt haben.

f. LG Düsseldorf, Urteil vom 27.05.2005, 39 O 73/04

Dieses Urteil wurde bereits mit Blick auf eine ausreichende Informationsgrundlage der Geschäftsführer bei ihrer unternehmerischen Entscheidung betrachtet, Veranstaltungsserien trotz hoher Anlaufverluste und zur Vermeidung weiterer Verluste nicht abzubrechen.[587]

aa. Sachverhalt

Wegen des Sachverhalts wird auf die obigen Ausführungen zu dieser Entscheidung verwiesen.

bb. Entscheidungsgründe

Das Landgericht Düsseldorf verwies auf die Grundsätze der ARAG/Garmenbeck-Entscheidung[588] und sah in dem Verhalten der Geschäftsführer keine Verletzung ihrer Sorgfaltspflichten, da kein Überschreiten ihres weiten Handlungsspielraums vorläge.[589] Ein gewagtes Geschäft könnte erst dann zu einer Sorgfaltspflichtverletzung führen, wenn das erlaubte Risiko überschritten wäre.[590] Es prüfte den Nichtabbruch der Veranstaltungsreihen zu verschiedenen Zeitpunkten im Laufe des Jahres 1999 und kam zu dem Ergebnis, dass die Geschäftsführer jeweils davon ausgehen durften, dass es sich um Anlaufverluste handelte, die aufgrund von Konzeptverbesserungen bei künftigen Veranstaltungen ausgeglichen würden, und spätere Events zu Gewinnen führen würden.[591] Die Geschäftsführer hätten sich zwischen den beiden Handlungsalternativen – Abbruch oder Fortsetzung der

586 Vgl. auch *M. Schmidt*, ZBB 2006, S. 31, 35, der kritisiert, dass das KG offen lässt, warum die Ausweitung des Kreditrisikos gerade in dieser Situation vertretbar war.

587 Siehe oben unter Gliederungspunkt B II 2 a.

588 *LG Düsseldorf*, Urteil vom 27.05.2005, 39 O 73/04, zitiert nach juris, Rdn. 63 (auszugsweise abgedruckt in GmbHR 2005, S. 1298 ff.).

589 *LG Düsseldorf*, Urteil vom 27.05.2005, 39 O 73/04, zitiert nach juris, Rdn. 61 und 64.

590 *LG Düsseldorf*, Urteil vom 27.05.2005, 39 O 73/04, zitiert nach juris, Rdn. 63.

591 *LG Düsseldorf*, Urteil vom 27.05.2005, 39 O 73/04, zitiert nach juris, Rdn. 64.

Veranstaltungsreihen – zu entscheiden gehabt. Während bei einem Abbruch aufgrund langfristig eingegangener Leasingverträge ohne Kündigungsmöglichkeit und Lizenzverträge mit Mindestzahlungen weitere Verluste in großem Ausmaß drohten[592], wäre bei einer Fortsetzung unter Zugrundelegung der eingeholten Informationen[593] durchaus noch davon auszugehen gewesen, dass auf lange Sicht zumindest eine Kostendeckung erfolgen könnte.[594] Die Geschäftsführer hätten auch zu berücksichtigen, dass bei der Beendigung der intendierte Werbeeffekt für die Messe wegfiele[595] und die Einrichtungen für die Veranstaltungsräume kaum anderweitig verwertet werden könnten.[596] Das Landgericht betonte, dass bei neuen Produkten trotz umfassender Informationen wie Marktanalysen und Prognosen nur unter Unsicherheit ein Erfolg vorausgesehen werden kann. Es wäre nicht gewiss, wie sich das Produkt am Markt entwickelt, und auch bei einer verlustreichen Anfangsphase könnten spätere Erfolge eintreten, zumal wenn – wie vorliegend - laufende Untersuchungen durchgeführt würden, um weitere Veranstaltungen zu optimieren.[597]

cc. Eigene Würdigung

Das Landgericht Düsseldorf übernimmt wortwörtlich die Kriterien des ARAG/Garmenbeck-Urteils zum Überschreiten der Grenzen des unternehmerischen Handlungsspielraums. Es verwendet darüber hinaus die Formulierung des „Überschreitens des erlaubten Risikos", um eine unverantwortliche Entscheidung bei gewagten Maßnahmen zu umschreiben.

Der hier zugrunde liegende Sachverhalt ähnelt demjenigen des zuvor dargestellten Urteils des KG Berlin[598], da sich die Mitglieder des Leitungsorgans bei einer Entscheidung hinsichtlich des Abbruchs oder der Fortsetzung einer laufenden Maßnahme ebenfalls in einem Dilemma befanden. Sie hatten zu entscheiden, ob sie die Veranstaltungsreihen wegen bisheriger hoher Verluste abbrechen oder zur Vermeidung weiterer Nachteile für die Gesellschaft durch die Verletzung langfristiger mit Dritten abgeschlossener Verträge fortsetzen sollten. Bei einer Fortsetzung war es ungewiss, ob die künftigen Veranstaltungen ebenso verlustreich wie die bisherigen sein würden. Beide Handlungsalternativen trugen demnach erhebliche Risiken in sich. Das Landgericht Düsseldorf sieht in der Entscheidung der Geschäftsführer, die Chancen der Gesellschaft bei der Fortsetzung der Veranstaltungsserien höher zu bewerten als die damit verbundenen Risiken, kein Überschreiten ihres

---

592 *LG Düsseldorf*, Urteil vom 27.05.2005, 39 O 73/04, zitiert nach juris, Rdn. 68.
593 Siehe oben unter Gliederungspunkt B II 2 a. Das Landgericht hat die Informationsgrundlage als ausreichend und sorgfältig ermittelt beurteilt.
594 *LG Düsseldorf*, Urteil vom 27.05.2005, 39 O 73/04, zitiert nach juris, Rdn. 71.
595 *LG Düsseldorf*, Urteil vom 27.05.2005, 39 O 73/04, zitiert nach juris, Rdn. 70.
596 *LG Düsseldorf*, Urteil vom 27.05.2005, 39 O 73/04, zitiert nach juris, Rdn. 69.
597 *LG Düsseldorf*, Urteil vom 27.05.2005, 39 O 73/04, zitiert nach juris, Rdn. 72 f.
598 Siehe oben unter Gliederungspunkt B III 2 e.

unternehmerischen Handlungsspielraums. Es hat – anders als das KG Berlin – die einzelnen Kriterien, die die Geschäftsführer bei der Abwägung der Risiken und Chancen für die Gesellschaft im Rahmen ihrer Entscheidung hinsichtlich beider Handlungsalternativen zu berücksichtigen hatten, und deren Gewichtung ausführlich dargestellt. Es hält das Ergebnis dieser umfassenden Abwägung und die auf den eingeholten Informationen basierenden Prognosen eines zu erwartenden Erfolgs und damit einer künftigen Wirtschaftlichkeit der Veranstaltungsreihen bei weiterer Optimierung für nachvollziehbar.

Dem Landgericht Düsseldorf ist zuzustimmen, da aufgrund der belastbaren Prognosen und der Wahrscheinlichkeit, künftig aus der Verlustzone zu gelangen, aus der maßgeblichen Ex-ante-Sicht der Geschäftsführer ihre Entscheidung, die Handlungsalternative der Fortsetzung der Veranstaltungsreihen zu wählen, zum Wohle der Gesellschaft erfolgte.

g. BGH, Urteil vom 03.03.2008, II ZR 124/06 – UMTS

Dieses Urteil wurde bereits unter dem Aspekt des Vorliegens einer unternehmerischen Entscheidung betrachtet.[599]

aa. Sachverhalt

Ein Aktionär der Telekom machte einen Schadensersatzanspruch nach §§ 311 I, 317 I 1 AktG gegen die Bundesrepublik geltend, da diese im Jahr 2000 die abhängige Telekom zu einer nachteiligen Teilnahme an der Versteigerung der UMTS-Lizenzen veranlasst habe. Über ein Tochterunternehmen ersteigerte sie zwei Lizenzpakete und zahlte für diese rund 8,5 Mrd. €. Der klagende Aktionär hielt diese Versteigerungsentgelte für unangemessen hoch.[600]

bb. Entscheidungsgründe

Der BGH hatte § 317 II AktG zu prüfen, wonach die Ersatzpflicht nicht eintritt, wenn auch ein ordentlicher und gewissenhafter Geschäftsleiter einer unabhängigen Gesellschaft das Rechtsgeschäft unter gleichen Bedingungen vorgenommen oder die Maßnahme getroffen oder unterlassen hätte. Dies bejahte der BGH, sodass er zu dem Ergebnis kam, dass ein Schaden der Telekom mit Blick auf unangemessen hohe Versteigerungsentgelte keine Folge der Abhängigkeit von der Bundesrepublik war.[601] Bei der Prüfung der Einhaltung der Sorgfaltspflicht des Leitungsorgans nach § 93 I 1 AktG wurden Ausführungen zum weiten Handlungsspielraum gemacht, der bei einem unternehmerischen Handeln erforderlich wäre. Die Formulierung der ARAG/Garmenbeck-Entscheidung zum Handlungsspielraum wird

---

599 Siehe oben unter Gliederungspunkt B I 2 c.
600 *BGH*, Urteil vom 03.03.2008, II ZR 124/06, BGHZ 175, 365, 366 – UMTS.
601 *BGH*, Urteil vom 03.03.2008, II ZR 124/06, BGHZ 175, 365, 368 – UMTS.

genannt und darauf verwiesen, dass inzwischen die Kodifizierung der business judgment rule in § 93 I 2 AktG erfolgt ist, die „inhaltsgleich“ mit dieser Formulierung sei.[602]

Der BGH stellte fest, dass der Vorstand der Telekom seine Sorgfaltspflicht nicht verletzt habe, da er die Grenzen seiner unternehmerischen Ermessensfreiheit bei der Abwägung der Chancen und Risiken für die Gesellschaft nicht überschritten habe.[603] Zwar waren die zu zahlenden Versteigerungsentgelte in Milliardenhöhe „exorbitant“,[604] jedoch standen diesem Nachteil sehr große Gewinnerwartungen gegenüber. Aus der erforderlichen Ex-ante-Sicht sei ausschließlich eine positive Entscheidung über die Teilnahme an der Versteigerung wirtschaftlich vernünftig gewesen, da UMTS als chancenreiche Technologie angesehen wurde, neue Märkte zu erschließen und andere Wettbewerber zu verdrängen.[605] Es sei auch nicht sorgfaltswidrig gewesen, in der Versteigerung zu verbleiben und nicht früher auszusteigen.[606] Der BGH berief sich darauf, dass auch andere marktführende Unternehmen, die nicht von der Bundesrepublik beherrscht würden, als Konkurrenten der Telekom zu vergleichbaren Entgelten UMTS-Lizenzen ersteigert hätten.[607] Ferner wurden die Versteigerungsentgelte von Banken fremdfinanziert, was darauf schließen ließe, dass sie die Ersteigerung der UMTS-Lizenzen als sehr rentabel bewerteten und diese deshalb unterstützten.[608]

cc. Eigene Würdigung

In dieser Entscheidung war § 93 I 2 AktG noch nicht anzuwenden, da es um einen Sachverhalt aus dem Jahr 2000 ging. Wie bereits erwähnt,[609] hat der BGH sich in dieser Entscheidung, für die er die Grundsätze der ARAG/Garmenbeck-Entscheidung heranzieht, aber bereits zum Verhältnis der inzwischen in § 93 I 2 AktG gesetzlich geregelten zu der in der ARAG/Garmenbeck-Entscheidung formulierten business judgment rule geäußert, die sich vom Wortlaut her unterscheiden. Mit der Feststellung, dass beides inhaltlich einander entspricht, wird auch für die Voraussetzung des Handelns zum Wohle der Gesellschaft ein Gleichlauf des Inhalts des § 93 I 2 AktG mit den Grundsätzen seiner damaligen Entscheidung bestätigt. Daraus wird ersichtlich, dass der BGH – unabhängig von dem Inkrafttreten der gesetzlichen Regelung – auch bei dieser Voraussetzung von denselben Maßstäben ausgeht.

602 *BGH*, Urteil vom 03.03.2008, II ZR 124/06, BGHZ 175, 365, 369 – UMTS.
603 *BGH*, Urteil vom 03.03.2008, II ZR 124/06, BGHZ 175, 365, 370 – UMTS.
604 *BGH*, Urteil vom 03.03.2008, II ZR 124/06, BGHZ 175, 365, 369 – UMTS.
605 *BGH*, Urteil vom 03.03.2008, II ZR 124/06, BGHZ 175, 365, 369 – UMTS.
606 *BGH*, Urteil vom 03.03.2008, II ZR 124/06, BGHZ 175, 365, 371 – UMTS.
607 *BGH*, Urteil vom 03.03.2008, II ZR 124/06, BGHZ 175, 365, 370 – UMTS.
608 *BGH*, Urteil vom 03.03.2008, II ZR 124/06, BGHZ 175, 365, 369 – UMTS.
609 Siehe oben unter Gliederungspunkt B II 3 c cc (1).

Der BGH betont in seiner Entscheidung zweimal die Notwendigkeit der Beurteilung einer Pflichtwidrigkeit aus der Ex-ante-Perspektive. Dem ist zuzustimmen, sodass kritische Stimmen, die erst später – nach der Versteigerung – erhoben wurden, bei der Beurteilung der Pflichtmäßigkeit der Vorstandsentscheidung nicht zu berücksichtigen waren. Auch hier wird wieder ein besonderes Augenmerk auf eine umfassende Abwägung der Chancen und Risiken durch den Entscheidungsträger gelegt. Der BGH befürwortet die Entscheidung des Vorstands, die Chancen bei einem Erwerb der Lizenzen höher zu bewerten als die wirtschaftlichen Nachteile aufgrund der hohen Versteigerungsentgelte und daher an der Versteigerung teilzunehmen und auch nicht frühzeitig auszusteigen. Es wird deutlich, dass es selbst bei einem als „exorbitant" eingestuften Versteigerungsentgelt in Milliardenhöhe und damit verbundenem extrem großen Risiko für die Gesellschaft nicht automatisch an einem Handeln zum Wohle der Gesellschaft fehlt, sondern das Verhältnis zu den Chancen, die aus dem Geschäft entstehen, zu betrachten ist. Bei einem derart großen Risiko müssen die möglichen Vorteile auch extrem groß sein, um zu überwiegen. Ein solches Überwiegen wird in der Entscheidung des BGH umfassend begründet, sodass sein Ergebnis, dass der Vorstand die Grenzen seines unternehmerischen Ermessens nicht überschritten habe, treffend erscheint.

Der Tatsache, dass Leitungsorgane anderer führender Telekommunikationsunternehmen ebenfalls zu ähnlich hohen Preisen UMTS-Lizenzen erworben haben, darf man hingegen nicht zu viel Bedeutung beimessen, da damit eine fehlende Pflichtwidrigkeit nicht begründet werden kann. Ein Verhalten wird nicht dadurch rechtmäßig, dass andere sich entsprechend verhalten. Es könnte vielmehr auch so sein, dass die gesamte Branche den Erwerb der UMTS-Lizenzen als übermäßig Erfolg versprechend ansieht und die wirtschaftlichen Risiken für ihre Unternehmen als zu gering einschätzen.[610] Das übereinstimmende Verhalten der Anderen kann nur einen Anhaltspunkt[611] für die Pflichtmäßigkeit darstellen. Entsprechendes gilt für die Tatsache, dass die externen Kapitalgeber die Entscheidung des Vorstands der Telekom unterstützt haben.

h. OLG Celle, Urteil vom 28.05.2008, 9 U 184/07

Diese Entscheidung wurde bereits bei den Beispielen zur unternehmerischen Entscheidung[612] und bei der Entwicklung des Tatbestandsmerkmals der angemessenen Informationsgrundlage in der Rechtsprechung[613] betrachtet. Das OLG Celle hatte über einen Schadensersatzanspruch einer Bank in Höhe von rund 4,3 Mio. Euro

610 Vgl. hierzu auch die Besprechung des Urteils von *Fleischer*, NZG 2008, S. 371, 372.
611 *Fleischer*, NZG 2008, S. 371, 372, spricht von einem „starken Indiz".
612 Siehe oben unter Gliederungspunkt B I 2 d.
613 Siehe oben unter Gliederungspunkt B II 2 c.

wegen Pflichtverletzungen des alleinvertretungsberechtigten Finanzvorstands bei einer Kreditvergabe im Jahre 2001 zu entscheiden.[614]

aa. Sachverhalt

Wegen des Sachverhalts dieser Entscheidung wird auf die obigen Ausführungen verwiesen.

bb. Entscheidungsgründe

Das OLG Celle lehnte einen Schadensersatzanspruch ab, da der Finanzvorstand seine Pflichten aus § 93 I AktG a.F. nicht verletzt hätte.[615]

Da § 93 I 2 AktG auf den Sachverhalt aus 2001 noch nicht anzuwenden war, bezog sich das OLG Celle auf die Kriterien zum unternehmerischen Ermessen, die der BGH seit der ARAG/Garmenbeck-Entscheidung aufgestellt hatte, und hob hervor, dass sich diese an die Kriterien der US-amerikanischen business judgment rule anlehnen würden. Danach müsste die unternehmerische Entscheidung „(subjektiv) zum Wohl der vom Organ geleiteten Gesellschaft getroffen werden und dürfte bei der Bereitschaft zum unternehmerischen Risiko nicht unvertretbare Grenzen überschreiten"[616]. Für unvertretbar hielt das OLG Celle solche Entscheidungen, bei denen sich die Fehlerhaftigkeit aus der Sicht eines Dritten geradezu „aufdränge".[617] Bei der Überprüfung der Vertretbarkeit müssten einzelne Kriterien wie beispielsweise die Situation des Unternehmens am Markt und die bestehenden Chancen und Risiken berücksichtigt werden, sodass stets auf den Einzelfall abzustellen wäre.[618]

Das OLG Celle sah weder in dem Verzicht des Vorstands auf ein Risikomanagementverfahren noch in der fehlenden Sicherung der Kredite ein unvertretbares Risiko.[619] Mit Blick auf das Risikomanagementverfahren fehlte es an einem Vortrag der Bank zu einer existenzgefährdenden Entwicklung, wie sie von § 91 II AktG vorausgesetzt würde. Ferner bliebe die Entscheidung des Vorstands nach der Durchführung eines solchen Verfahrens weiterhin allein in seiner Zuständigkeit und Verantwortung.[620] Es sei nicht glaubhaft vorgetragen worden, dass nach der Durchführung des Verfahrens von einer Kooperation mit dem Start-up-Unternehmen Abstand genommen worden wäre.[621] Auch die Vergabe des ungesicherten

---

614 *OLG Celle*, Urteil vom 28.05.2008, 9 U 184/07, zitiert nach juris, Rdn. 1, 2 und 16 (auszugsweise abgedruckt in AG 2008, S. 711 ff.).

615 *OLG Celle*, Urteil vom 28.05.2008, 9 U 184/07, zitiert nach juris, Rdn. 33 ff.

616 *OLG Celle*, Urteil vom 28.05.2008, 9 U 184/07, zitiert nach juris, Rdn. 35.

617 *OLG Celle*, Urteil vom 28.05.2008, 9 U 184/07, zitiert nach juris, Rdn. 35.

618 *OLG Celle*, Urteil vom 28.05.2008, 9 U 184/07, zitiert nach juris, Rdn. 35.

619 *OLG Celle*, Urteil vom 28.05.2008, 9 U 184/07, zitiert nach juris, Rdn. 46 und 50.

620 *OLG Celle*, Urteil vom 28.05.2008, 9 U 184/07, zitiert nach juris, Rdn. 45.

621 *OLG Celle*, Urteil vom 28.05.2008, 9 U 184/07, zitiert nach juris, Rdn. 43; hierfür sprach auch, dass dem Vorstand– wie unter Gliederungspunkt B II 2 c bb dargelegt – alle

Kredits an einen finanzschwachen Vertragspartner wurde nicht als unvertretbares Risiko gewertet. Zur Begründung trug das OLG Celle vor, dass das Darlehen der Durchführung des Kooperationsvertrages mit dem Start-up-Unternehmen dienen sollte, der Aufsichtsrat der Konzernmutter die Kooperation vorab geprüft hatte und dabei die Frage der Bestellung von Sicherheiten im Rahmen des Darlehnsvertrages nicht von Interesse war.[622] Der Aufsichtsrat hatte zwar gesehen, dass Sicherheiten fehlten, bewertete aber das Start-up-Unternehmen selbst als Sicherheit.[623]

cc. Eigene Würdigung

Das OLG Celle hat die ARAG/Garmenbeck-Entscheidung zur Prüfung des Handelns zum Wohle der Gesellschaft herangezogen, jedoch statt des Begriffes der Unverantwortlichkeit des Vorstandshandelns den der Unvertretbarkeit verwandt, wobei ein Unterschied zwischen diesen beiden Formulierungen nicht dargelegt wird. Daraus kann der Schluss gezogen werden, dass diese Begriffe synonym verwandt werden sollen. Im Kontext zu der weiteren Erläuterung, dass sich bei einer Unvertretbarkeit die Fehlerhaftigkeit der Entscheidung einem unabhängigen Dritten geradezu aufdrängen müsse, wird deutlich, dass es sich um drastische Fehlentscheidungen handeln muss. Dieses Erfordernis liegt auf der Linie der bisher in dieser Arbeit unter dem Aspekt des Handelns zum Wohle der Gesellschaft untersuchten Rechtsprechung, die eine Überschreitung der Grenzen des unternehmerischen Ermessens durchweg nur bei offensichtlichen Leitungsfehlern bejaht hat.

Das Erfordernis einer Abwägung von Vor- und Nachteilen für die Gesellschaft bei einer unternehmerischen Entscheidung und die Berücksichtigung des Einzelfalls, insbesondere mit Blick auf die Größe, Struktur und Situation der Gesellschaft am Markt, wird herausgestellt.[624] Diese flexible Betrachtungsweise unter Berücksichtigung der individuellen Umstände des konkreten Falles erscheint sehr wichtig, da es durchaus denkbar wäre, dass dieselbe Entscheidung des Leitungsorgans in einem konkreten Fall aufgrund der besonderen Unternehmenslage als unverantwortlich erscheint, in einem anderen Fall hingegen als noch im Rahmen des Zulässigen.

Das OLG Celle hat bei seiner Prüfung, ob der Vorstand ein unvertretbares Risiko eingegangen ist, auf die eigene Bewertung des gesamten Vorstandes und insbesondere der Aufsichtsratsmitglieder der Konzernmutter abgestellt, die das Fehlen einer Absicherung des Kredits damals trotz Kenntnis und Erörterung nicht moniert hätten. Die Sicherheit wurde in dem Start-up-Unternehmen selbst

---

Informationen, die er durch ein Risikomanagementverfahren hätte erhalten können, bereits bekannt waren.

622 *OLG Celle*, Urteil vom 28.05.2008, 9 U 184/07, zitiert nach juris, Leitsatz 1.

623 *OLG Celle*, Urteil vom 28.05.2008, 9 U 184/07, zitiert nach juris, Rdn. 51.

624 *OLG Celle*, Urteil vom 28.05.2008, 9 U 184/07, zitiert nach juris, Rdn. 35: Der entscheidende Senat verweist auf eine Kommentierung und benennt als „Fixpunkt der Pflichtenstellung“ die betreffende Gesellschaft.

gesehen. Diese Anerkennung einer Indizwirkung der damaligen eigenen Beurteilung der Gesellschaftsorgane macht deutlich, dass die richterliche Kontrolle aus Ex-ante-Sicht erfolgt.

Diese Entscheidung reiht sich in die Entscheidungen der Haftung von Leitungsorganen bei ungesicherten Kreditvergaben ein; allerdings lehnt das OLG Celle eine solche – anders als die Gerichte bei den zuvor betrachteten Urteilen dieser Fallgruppe – aus nachvollziehbaren Gründen ab.

i. OLG Düsseldorf, Beschluss vom 9.12.2009, I-6 W 45/09 – IKB

Diese Entscheidung wurde bereits bei der Entwicklung des Tatbestandsmerkmals der angemessenen Informationsgrundlage in der Rechtsprechung[625] betrachtet.

aa. Sachverhalt

Das OLG Düsseldorf befasste sich mit verschiedenen Pflichtverletzungen sowohl des Vorstands als auch des Aufsichtsrats der IKB Deutsche Industriebank AG in Zusammenhang mit Verbriefungsgeschäften, die die IKB in die Krise geführt haben. Wegen der Einzelheiten des Sachverhalts dieser Entscheidung wird auf die obigen Ausführungen verwiesen.

bb. Entscheidungsgründe

Neben den Vorwürfen einer Legalitätspflichtverletzung durch den Vorstand und den Aufsichtsrat wegen Verstoßes gegen den satzungsmäßigen Unternehmensgegenstand[626] und einer Organisationspflichtverletzung nach §§ 91 II AktG, 25 a KWG wegen der Auslagerung wesentlicher Teile des Verbriefungsgeschäfts der IKB auf ein Tochterunternehmen, was umfangreiche Geschäfte ohne ausreichende Kontrolle ermöglichte,[627] wurden auch Pflichtverletzungen überprüft, bei denen die business judgment rule des § 93 I 2 AktG Anwendung fand.

Hier interessant ist die Feststellung des OLG Düsseldorf, dass der hinreichende Verdacht für eine grobe Pflichtverletzung des Vorstands dahin gehend begründet sei, dass seine Entscheidung entweder nicht auf ausreichenden Informationen beruht habe oder bewusst übergroße Risiken eingegangen worden seien.[628] Die zweite Alternative soll an dieser Stelle näher untersucht werden, da sie das Handeln zum Wohle der Gesellschaft betrifft.

Das OLG Düsseldorf sah ein Eingehen übergroßer Risiken darin, dass diese bei ihrer Verwirklichung zur Bestandsgefährdung des Unternehmens führen würden. Ferner wurden die Risiken bei den Verbriefungsgeschäften in Höhe mehrerer

---

625 Siehe oben unter Gliederungspunkt B II 2 f.

626 *OLG Düsseldorf*, Beschluss vom 09.12.2009, I-6 W 45/09, AG 2010, S. 126, 127 f. – IKB.

627 *OLG Düsseldorf*, Beschluss vom 09.12.2009, I-6 W 45/09, AG 2010, S. 126, 129 f. – IKB.

628 *OLG Düsseldorf*, Beschluss vom 09.12.2009, I-6 W 45/09, AG 2010, S. 126, 128 – IKB.

Milliarden Euro als sog. Klumpenrisiken[629] bewertet, da sie sich auf Hypotheken- und Konsumentenkredite mit gleichen Ausfallrisiken bezogen. Das OLG Düsseldorf bemängelte die fehlende Diversifikation des Kreditportfolios, die einen Abbau von Risiken ermögliche, und sah darin einen Verstoß gegen Grundsätze der rechtmäßigen Bankenführung. Schließlich wurde zur Begründung des Überschreitens des unternehmerischen Ermessens auch das überaus große finanzielle Volumen der Geschäfte mit ausländischen, unbekannten Wertpapieren angeführt, die eine Unüberschaubarkeit und Unkontrollierbarkeit mit sich brächten.[630]

Mit Blick auf den Aufsichtsrat stellte das OLG Düsseldorf einen hinreichenden Verdacht für die grobe Verletzung seiner Überwachungspflichten fest. Er hätte bemerken müssen, dass der Vorstand bestandsgefährdende und unvertretbare Risiken für seine Gesellschaft eingegangen ist und dementsprechend reagieren müssen.[631] Das OLG Düsseldorf machte keine weiteren Ausführungen dazu, ob es die Verletzung der präventiven oder der nachträglichen, rückschauenden Überwachung des Vorstands meinte. Es ordnete der Überwachungspflicht auch nicht ausdrücklich ein Ermessen des Aufsichtsrats zu.

cc. Eigene Würdigung

In dieser Entscheidung werden Anforderungen an die Sorgfaltspflichten des Vorstands einer Bank beim Handeln in Zusammenhang mit der Finanzkrise herausgearbeitet. Das OLG Düsseldorf hat zur Prüfung des Sachverhalts § 93 I 2 AktG angewandt und mit Blick auf das Handeln des Vorstands zum Wohle der Gesellschaft das Eingehen eines übergroßen Risikos untersucht. Dies entspricht der Ausgangslage, die die Grenze des unternehmerischen Ermessens bei der unverantwortlichen Überspannung der Risikobereitschaft setzt.

Die Arten von Risiken, deren Eingehen zum hinreichenden Verdacht einer Sorgfaltspflichtverletzung führen, werden konkretisiert. Es handelt sich um bestandsgefährdende Risiken, die bei ihrer Verwirklichung zum Untergang der Gesellschaft führen können, Klumpenrisiken im Sinne von nicht genügend diversifizierten Risiken und nicht mehr überschaubare, unkontrollierbare Risiken. Bemerkenswert ist an dieser Stelle, dass nicht darauf eingegangen wird, ob der Vorstand eine

629 Definition des Klumpenrisikos durch die Deutsche Bundesbank, Monatsbericht Juni 2006, S. 35, im Internet abrufbar unter https://www.bundesbank.de/Redaktion/DE/Downloads/Veroeffentlichungen/Monatsberichte/2006/2006_06_monatsbericht.pdf: „Als Konzentrationsrisiken bei Banken werden im Allgemeinen Risiken bezeichnet, die aus einer ungleichmäßigen Verteilung der Geschäftspartner in Kredit- oder sonstigen Geschäftsbeziehungen beziehungsweise aus sektoraler oder geographischer Geschäftsschwerpunktbildung entstehen und geeignet sind, so große Verluste zu generieren, dass die Solvenz eines Instituts gefährdet sein kann."

630 *OLG Düsseldorf*, Beschluss vom 09.12.2009, I-6 W 45/09, AG 2010, S. 126, 129 – IKB.

631 *OLG Düsseldorf*, Beschluss vom 09.12.2009, I-6 W 45/09, AG 2010, S. 126, 129 – IKB.

Abwägung von Chancen und Risiken vorgenommen hat, sondern es wird lediglich die Größe der Risiken betrachtet und allein daraus eine Pflichtverletzung abgeleitet. Es fällt auch auf, dass das OLG Düsseldorf seine Ausführungen zu den übergroßen Risiken sehr knapp gehalten hat. Auf die Wahrscheinlichkeit des Risikoeintritts wird überhaupt nicht eingegangen. Möglicherweise hielt es die Risiken für so groß, dass es nicht mehr denkbar erschien, dass etwaige Chancen für die Gesellschaft überwiegen könnten. Es könnte derart krasse Fehlentscheidungen bei dem Abschluss der Verbriefungsgeschäfte angenommen haben, dass es eine Pflichtverletzung per se bejaht hat.

Diese Bewertung der genannten Risiken als die Grenzen des Unverantwortlichen überschreitend erscheint sehr strikt und starr, da sie zu wenig den konkreten Einzelfall berücksichtigt. Es werden keine Gesichtspunkte zur Rechtfertigung des Vorstandshandelns aus damaliger Sicht untersucht und keine Aussagen dazu gemacht, ob sich Risiken möglicherweise erst im Zuge der Verschärfung der Finanzkrise vergrößert haben. Ferner wird lediglich auf den Eintritt des theoretisch größten Risikos abgestellt.[632] Hier wären umfangreichere Ausführungen zum Tatbestand des Handelns zum Wohle der Gesellschaft angebracht gewesen.

j. OLG Köln, Beschluss vom 22.02.2010, 18 W 1/10

Diese Entscheidung wurde bereits bei der Entwicklung des Tatbestandsmerkmals der angemessenen Informationsgrundlage in der Rechtsprechung[633] betrachtet.

aa. Sachverhalt

Wegen des Sachverhalts dieser Entscheidung wird auf die obigen Ausführungen verwiesen.

bb. Entscheidungsgründe

Das OLG Köln hielt die in diesem Verfahren eingelegte Beschwerde gegen die Bestellung des Sonderprüfers für begründet, da keine Anhaltspunkte vorlägen, die eine Unredlichkeit oder einen groben Verstoß iSv. § 142 II AktG bei der Ermittlung des Kaufpreises für die zu erwerbende GmbH wahrscheinlich erscheinen ließen. Bei der Prüfung des Vorliegens einer Sorgfaltspflichtverletzung nach § 93 I AktG wurde darauf hingewiesen, dass die Entscheidung, ein Unternehmen zu einem bestimmten Kaufpreis zu erwerben, eine unternehmerische Entscheidung darstellen würde, auf die die business judgment rule des § 93 I 2 AktG anzuwenden wäre. Ein grober Verstoß käme nur in Betracht, wenn die Grenzen des unternehmerischen Ermessensspielraums eindeutig überschritten würden.[634]

---

632 Vgl. hierzu *Fleischer*, NJW 2010, S. 1504, 1506.

633 Siehe oben unter Gliederungspunkt B II 2 g.

634 *OLG Köln*, Beschluss vom 22.02.2010, 18 W 1/10, AG 2010, S. 414, 415.

Der gezahlte Kaufpreis hatte rund 6,5 % über dem ordnungsgemäß ermittelten Unternehmenswert gelegen. Dies sah das OLG Köln als vertretbar an, da ein Kaufpreis im Rahmen von Verhandlungen gebildet würde und es daher nicht den einen richtigen Preis gäbe, sondern dieser auch von dem Verhandlungsergebnis abhinge.[635]

cc. Eigene Würdigung

Das OLG Köln hat § 93 I 2 AktG angewandt und ein Handeln zum Wohl der Gesellschaft bejaht, da die Grenzen des unternehmerischen Ermessens nicht eindeutig überschritten seien, weil es den Unternehmenskauf zu dem gezahlten Kaufpreis als vertretbar hielt. Dies entspricht der Ausgangslage des Verständnisses dieses Tatbestandsmerkmals, die auf ein unverantwortliches Handeln des Organs abstellt. Es wird nicht näher begründet, warum die Höhe der Abweichung des gezahlten Preises von 6,5 % im Verhältnis zum ermittelten Unternehmenswert als noch vertretbar gehalten wird, und keine Grenzen gesetzt, in welcher Höhe Abweichungen dazu führen können, dass der unternehmerische Ermessensspielraum bei der Vereinbarung des Kaufpreises überschritten wird. Es werden auch keine Kriterien genannt, anhand derer im Einzelfall eine Ermessensüberschreitung überprüft werden könnte.

Das OLG Köln wendet bei der Entscheidung über den Kaufpreis im Rahmen von Vertragsverhandlungen einen großzügigen Maßstab an, was damit begründet wird, dass es in diesen Fällen gerade auf die Verhandlung und deren Ergebnis ankomme und nicht von vornherein nur der Kauf zu einem bestimmten Preis rechtmäßig sei. Dem ist zuzustimmen, da bei Vertragsverhandlungen nicht allein auf den objektiv festgestellten Wert des Kaufobjekts abzustellen ist, sondern auch auf andere Aspekte, die von den Vertragsparteien in die Verhandlungen eingebracht werden. Das OLG Köln beachtet mit seiner Vorgehensweise den Grundsatz der Privatautonomie beim Abschluss von Verträgen.

k. OLG Frankfurt, Urteil vom 07.12.2010, 5 U 29/10 und OLG Frankfurt, Beschluss vom 15.06.2011, 21 W 18/11

Die erste Entscheidung wurde bereits bei den Beispielen für unternehmerische Entscheidungen[636] und beide Entscheidungen bei dem Tatbestandsmerkmal der angemessenen Informationsgrundlage[637] betrachtet. Es handelt sich um die Entscheidungen in Zusammenhang mit der Übernahme der Dresdner Bank AG durch die Commerzbank AG in den Jahren 2008/2009.

---

635 *OLG Köln*, Beschluss vom 22.02.2010, 18 W 1/10, AG 2010, S. 414, 415.

636 Siehe oben unter Gliederungspunkt B I 2 f.

637 Siehe oben unter Gliederungspunkt B II 2 i.

Mit Blick auf ein Handeln zum Wohle der Gesellschaft sind hier die Prüfungen von Pflichtverletzungen bei der Entscheidung, die Dresdner Bank AG zu erwerben, bei der Verhandlung des Kaufpreises und der Gestaltung des Kaufvertrages interessant.

aa. OLG Frankfurt, Urteil vom 07.12.2010, 5 U 29/10

(1) Sachverhalt

Wegen des Sachverhalts dieser Entscheidung wird auf die obigen Ausführungen verwiesen.

(2) Entscheidungsgründe

Der 5. Zivilsenat des OLG Frankfurt wandte § 93 I 2 AktG an und verwies in diesem Zusammenhang auf die ARAG/Garmenbeck-Entscheidung und damit auch auf das Erfordernis der ausschließlichen Ausrichtung des Handelns am Unternehmenswohl sowie auf die Grenzsetzung dort, wo die Risikobereitschaft des Organs in unverantwortlicher Weise überspannt werde. Erst wenn sich das Handeln des Vorstands aus seiner damaligen Sicht als völlig unvertretbar darstellen würde, wäre sein Handlungsspielraum überschritten.[638] Es wird auch auf das BGH-Urteil vom 03.12.2001[639] verwiesen, wonach die Grenzen des Ermessens überschritten sind, wenn „aus der Sicht eines ordentlichen und gewissenhaften Geschäftsleiters das hohe Risiko eines Schadens unabweisbar sei und keine vernünftigen geschäftlichen Gründe dafür sprechen, es dennoch einzugehen".[640]

Unter Zugrundelegung dieser Kriterien verneinte das OLG Frankfurt Sorgfaltspflichtverletzungen des Vorstands.[641] Der Erwerb der Dresdner Bank AG sollte die Commerzbank AG in ihrer Wettbewerbsposition am Markt stärken und zu umfangreichen Synergien führen.[642] Die Transaktion stellte einen wichtigen Schritt für die langfristige Entwicklung der Commerzbank AG dar.[643] Durch die Übernahme der Dresdner Bank AG sei aus damaliger Sicht auch kein übermäßiges Risiko für die Commerzbank AG entstanden.[644] Die im Rahmen der vor Vertragsschluss durchgeführten Due Diligence festgestellten Risiken hätten erst aufgrund der Verschärfung der Finanzmarktkrise in einem für den Vorstand nicht vorhersehbaren Ausmaß zugenommen.[645] Auch das Eingehen eines Klumpenrisikos sei

---

638 *OLG Frankfurt*, Urteil vom 07.12.2010, 5 U 29/10, zitiert nach juris, Rdn. 108.
639 *BGH*, Urteil vom 03.12.2001, II ZR 308/99, ZIP 2002, S. 213; siehe oben unter Gliederungspunkt B III 2 b.
640 *OLG Frankfurt*, Urteil vom 07.12.2010, 5 U 29/10, zitiert nach juris, Rdn. 109.
641 *OLG Frankfurt*, Urteil vom 07.12.2010, 5 U 29/10, zitiert nach juris, Rdn. 110.
642 *OLG Frankfurt*, Urteil vom 07.12.2010, 5 U 29/10, zitiert nach juris, Rdn. 147.
643 *OLG Frankfurt*, Urteil vom 07.12.2010, 5 U 29/10, zitiert nach juris, Rdn. 173.
644 *OLG Frankfurt*, Urteil vom 07.12.2010, 5 U 29/10, zitiert nach juris, Rdn. 126.
645 *OLG Frankfurt*, Urteil vom 07.12.2010, 5 U 29/10, zitiert nach juris, Rdn. 115.

nicht ersichtlich, da sich nach dem Vortrag der Commerzbank AG im Wertpapierportfolio der Dresdner Bank AG keine Position befunden habe, die zu erheblichen, die Zahlungsfähigkeit der Commerzbank AG gefährdenden Verlusten hätte führen können, und nach dem Erwerb des Unternehmens mangels Einheitlichkeit der Risiken im Wertpapierportfolio nicht die Gefahr eines völligen Ausfalls bestanden habe.[646]

Das OLG Frankfurt beurteilte sowohl den ursprünglich vereinbarten als auch den in der Änderungsvereinbarung reduzierten Kaufpreis sowie die vertragliche Ausgestaltung des Kaufvertrages als vom unternehmerischen Ermessen des Vorstands gedeckt.[647] Eine eindeutige Unangemessenheit habe nicht vorgelegen. Der Kaufpreis sei ordnungsgemäß unter Zugrundelegung des Bewertungsgutachtens und der Fairness Opinion bestimmt worden.[648] Die später eingetretene Verschlechterung der Lage der Dresdner Bank AG sei nicht vorhersehbar gewesen und könne daher nicht bei der Beurteilung der Angemessenheit des Kaufpreises berücksichtigt werden.[649]

Bei der Ausgestaltung des Übernahmevertrages wurde das Fehlen eines Rücktrittsrechts der Commerzbank AG bei einer finanziellen Verschlechterung der Lage der Dresdner Bank AG bemängelt. Das OLG Frankfurt sah die Vertragsverhandlungen als ausgewogen an, da beide Vertragsparteien auf Garantien verzichtet hätten, denn es sei auch für die Allianz AG keine Kursgarantie für die von ihr zu erwerbenden Anteile vereinbart worden.[650]

(3) Eigene Würdigung

In der Entscheidung wird zu Beginn der Prüfung etwaiger Pflichtverletzungen lediglich von Verstößen des Vorstands[651], an anderen Stellen von Sorgfaltspflichtverletzungen des Vorstands und Aufsichtsrats gesprochen[652]. Die Einbeziehung des Aufsichtsrats wurde nicht konkretisiert und es wurde auch nicht auf § 116 AktG verwiesen, sodass auch die eigene Würdigung nur das Handeln des Vorstandes aufgreift.

Das OLG Frankfurt prüfte § 93 I 2 AktG und legte für das Handeln zum Wohle der Gesellschaft sowohl die Kriterien aus der ARAG/Garmenbeck-Entscheidung zum Überschreiten des unternehmerischen Ermessens als auch diejenigen der BGH-Entscheidung vom 03.12.2001 zugrunde, die den "rational business purpose" der US-amerikanischen business judgment rule aufgriff. Es bejahte das Handeln

---

646 *OLG Frankfurt*, Urteil vom 07.12.2010, 5 U 29/10, zitiert nach juris, Rdn. 122 und 123.
647 *OLG Frankfurt*, Urteil vom 07.12.2010, 5 U 29/10, zitiert nach juris, Rdn. 129, 153 und 164.
648 *OLG Frankfurt*, Urteil vom 07.12.2010, 5 U 29/10, zitiert nach juris, Rdn. 148 ff.
649 *OLG Frankfurt*, Urteil vom 07.12.2010, 5 U 29/10, zitiert nach juris, Rdn. 163.
650 *OLG Frankfurt*, Urteil vom 07.12.2010, 5 U 29/10, zitiert nach juris, Rdn. 170.
651 *OLG Frankfurt*, Urteil vom 07.12.2010, 5 U 29/10, zitiert nach juris, Rdn. 107.
652 *OLG Frankfurt*, Urteil vom 07.12.2010, 5 U 29/10, zitiert nach juris, Rdn. 111 und 164.

zum Wohle der Gesellschaft, da aus der im Rahmen der business judgment rule vorzunehmenden Ex-ante-Sicht kein unverantwortliches Risiko für die Commerzbank AG eingegangen worden sei und auch die Vertragsbedingungen angemessen gewesen seien.

Bemerkenswert an dieser Entscheidung sind die umfassende Abwägung der Chancen und Risiken sowie die strikte Einhaltung der Perspektive des Entscheidungsträgers, wie sie vor der Übernahme der Dresdner Bank AG bestanden hat. So wird herausgearbeitet, dass aus damaliger Sicht die Chancen für die Gesellschaft höher zu bewerten waren als die Risiken und erst die Zuspitzung der Finanzkrise die Risiken in einem Ausmaß vergrößert habe, was vor dem Vertragsschluss noch gar nicht vorhersehbar gewesen sei. Auch der Kaufpreis wird aus Ex-ante-Sicht als angemessen bewertet, da es an der Vorhersehbarkeit einer Verschlechterung des Unternehmenswertes der Dresdner Bank AG fehlte.

Mit Blick auf die Beurteilung des Kaufpreises und der Vertragsbedingungen als angemessen wird – wie in dem Beschluss des OLG Köln vom 22.02.2010[653] – auf die Besonderheit eingegangen, dass sie Ergebnisse von Vertragsverhandlungen darstellen. Da beide Vertragsparteien Zugeständnisse gemacht haben und der Vertrag keine einseitigen Benachteiligungen zulasten der Commerzbank AG beinhaltete, ist das OLG Frankfurt zutreffend von ausgewogenen Verhandlungen ausgegangen.

Insgesamt ist die Entscheidung aufgrund der ausführlichen Prüfung des Handelns zum Wohle der Gesellschaft unter Beachtung der hervorgehobenen Kriterien gut nachvollziehbar.

bb. OLG Frankfurt, Beschluss vom 15.06.2011, 21 W 18/11

(1) Sachverhalt

Wegen des Sachverhalts dieser Entscheidung wird auf die obigen Ausführungen verwiesen.

(2) Entscheidungsgründe

Der 21. Zivilsenat des OLG Frankfurt kommt zu dem Ergebnis, dass kein substanziierter Vortrag des Antragstellers hinsichtlich der Unredlichkeit oder der groben Verletzung von Gesetz oder Satzung durch den Vorstand bei dem Erwerb der Dresdner Bank AG vorliegt.[654]

Das OLG Frankfurt verwies für die Beurteilung, ob der Vorstand bei dem Erwerb der Dresdner Bank AG zum Wohle der Gesellschaft gehandelt hat, auf die ARAG/Garmenbeck-Entscheidung und untersuchte, ob er die Grenzen seines

---

653 *OLG Köln*, Beschluss vom 22.02.2010, 18 W 1/10, AG 2010, S. 414; siehe oben unter Gliederungspunkt B III 2 j.

654 *OLG Frankfurt*, Beschluss vom 15.06.2011, 21 W 18/11, ZIP 2011, S. 1764, 1765.

Ermessensspielraums überschritten hat.[655] Ein substanziiertes Vorbringen des Antragstellers hinsichtlich des Eingehens sog. Klumpenrisiken wurde verneint, da es bereits an einem ausreichenden Vortrag fehlen würde, dass durch die Übernahme eine Solvenzgefährdung der Commerzbank AG entstanden sei.[656]

Es wurde ferner moniert, dass sich aus dem Vorbringen des Antragstellers nicht ergeben würde, dass der Vorstand bereits beim Erwerb der Dresdner Bank AG eine künftige Verschlechterung ihrer wirtschaftlichen Lage erkennen konnte. Auch würden die Vorteile der Übernahme für die Commerzbank AG – erhebliche Synergieeffekte und Verbesserung der Stellung im Wettbewerb – nicht berücksichtigt.[657]

Mit Blick auf die Verhandlung des Kaufpreises verwies der 21. Zivilsenat auf die Entscheidung des 5. Zivilsenats und hielt den Kaufpreis nicht für völlig unvertretbar oder unangemessen.[658] Auch bei der konkreten Ausgestaltung des Übernahmevertrages sei kein Überschreiten des unternehmerischen Ermessens ersichtlich gewesen. Hier müsste berücksichtigt werden, dass der Vertrag das Ergebnis von Verhandlungen bildete und die Commerzbank AG nicht eine derart starke Position innehatte, dass sie alle für sie vorteilhaften Regelungen hätte durchsetzen können. Anhaltspunkte für eine Unvertretbarkeit des Vorstandshandelns sah der 21. Zivilsenat nicht.[659] Gleiches nahm das OLG Frankfurt auch für die Nachverhandlungen an, auch wenn der Ermessensspielraum gegenüber demjenigen der ursprünglichen Übernahmevereinbarung eingeschränkt wäre.[660] Es wies auch auf die Tatsache hin, dass die geänderten Übernahmebedingungen erhebliche Vorteile für die Commerzbank AG mit sich brächten, nämlich den rascheren Vollzug des Zusammenschlusses und damit die umfassende Kontrollausübung über die Dresdner Bank AG.[661]

cc. Eigene Würdigung

In diesem Beschluss wird auf die Kriterien der ARAG/Garmenbeck-Entscheidung verwiesen und ein Überschreiten des Ermessens sowohl mit Blick auf die Übernahme der Dresdner Bank AG als auch auf die Ausgestaltung des Vertrags abgelehnt. Obwohl für den Sachverhalt aus den Jahren 2008/2009 bereits § 93 I 2 AktG anzuwenden war, wird diese Vorschrift nicht genannt. In diesem Beschluss werden – wie in dem Urteil des 5. Senats – die enormen Chancen für die Commerzbank AG bei einer Übernahme hervorgehoben und in Verhältnis zu den Risiken gesetzt, wobei auch hier betont wurde, dass aus maßgeblicher Ex-ante-Sicht nicht zu erkennen war, dass sich die wirtschaftliche Situation der Dresdner Bank AG später verschlechterte. Die Vertragsbedingungen und der Kaufpreis werden als

655 *OLG Frankfurt*, Beschluss vom 15.06.2011, 21 W 18/11, ZIP 2011, S. 1764, 1766.
656 *OLG Frankfurt*, Beschluss vom 15.06.2011, 21 W 18/11, ZIP 2011, S. 1764, 1766.
657 *OLG Frankfurt*, Beschluss vom 15.06.2011, 21 W 18/11, ZIP 2011, S. 1764, 1766.
658 *OLG Frankfurt*, Beschluss vom 15.06.2011, 21 W 18/11, ZIP 2011, S. 1764, 1768.
659 *OLG Frankfurt*, Beschluss vom 15.06.2011, 21 W 18/11, ZIP 2011, S. 1764, 1769.
660 *OLG Frankfurt*, Beschluss vom 15.06.2011, 21 W 18/11, ZIP 2011, S. 1764, 1769.
661 *OLG Frankfurt*, Beschluss vom 15.06.2011, 21 W 18/11, ZIP 2011, S. 1764, 1769 f.

Ergebnisse intensiver Verhandlungen der Vertragsparteien als vertretbar bewertet und eine Ausgewogenheit bejaht, zumal eine besonders starke Verhandlungsposition der Commerzbank AG, die die Durchsetzung einzelner Vorteile ohne jeglichen Ausgleich ermöglichen könnte, nicht vorgetragen wurde. Auch hier wird das unternehmerische Ermessen bei Vertragsabschlüssen eher großzügig behandelt, um der Privatautonomie gerecht zu werden. Grenzen sind erst dann in Erwägung zu ziehen, wenn erhebliche einseitige Benachteiligungen für die Gesellschaft entstehen oder Regelungen, die von Vorteil für diese sind, trotz bestehender Durchsetzungsmöglichkeit nicht vereinbart werden.

Beide Entscheidungen stellen auf die gleichen Aspekte ab, argumentieren in ähnlicher Weise und kommen letztlich zum gleichen Ergebnis.

l. LG Essen, Urteil vom 25.04.2012, 41 O 45/10 – Arcandor

Diese Entscheidung wurde bereits bei der Entwicklung des Tatbestandsmerkmals der angemessenen Informationsgrundlage in der Rechtsprechung betrachtet.[662]

aa. Sachverhalt

Der Insolvenzverwalter rügte u.a. Pflichtverletzungen der Vorstandsmitglieder wegen des Abschlusses der Mietverträge, in denen überhöhte Mietpreise festgesetzt waren, und wegen der unterlassenen Verhinderung der Eigentumsumschreibung eines der Grundstücke.[663] Wegen der weiteren Einzelheiten des Sachverhalts dieser Entscheidung wird auf die obigen Ausführungen verwiesen.

bb. Entscheidungsgründe

Das Landgericht Essen verneinte Pflichtverletzungen nach § 93 I AktG wegen der unterlassenen Verhinderung bzw. der Veranlassung des Abschlusses der Mietverträge durch die Vorstandsmitglieder. Mit Blick auf das Handeln zum Wohle der Gesellschaft hob es hervor, dass die Maßnahme des Vorstands aus der Ex-ante-Perspektive zu betrachten wäre und er aus dieser Sichtweise zum Vorteil der Gesellschaft gehandelt und Nachteile für diese vermieden haben müsste.[664] Da die den Mietverträgen zugrunde liegenden Kauf- und Mietverschaffungsverträge wirksam waren, hätte eine Verweigerung des Abschlusses der Mietverträge als Vollzug der ursprünglichen Verträge durch den Vorstand weitreichende Folgen gehabt. Einerseits hätte die Arcandor AG wegen Verletzung der Mietverschaffungsverträge haften müssen. Andererseits wäre auch zu berücksichtigen, dass das Eigentum an den Warenhäusern wirksam übertragen worden und bei Nichtabschluss der Mietverträge deren weitere Nutzung rechtlich nicht mehr möglich gewesen wäre. Es

---

662 Siehe oben unter Gliederungspunkt B II 2 k.

663 *LG Essen*, Urteil vom 25.04.2012, 41 O 45/10, NZG 2012, S. 1307 – Arcandor.

664 *LG Essen*, Urteil vom 25.04.2012, 41 O 45/10, NZG 2012, S. 1307, 1308 – Arcandor.

hätten andere Immobilien angemietet werden müssen, wobei die bisherigen Standorte der Warenhäuser hätten geschlossen werden müssen. Dies hätte sich wiederum auf die Arbeitsplätze ausgewirkt. Die Risiken für die Arcandor AG wären aus damaliger Sicht unüberschaubar gewesen. Ein Abwarten bis zur Klärung all dieser Fragen wäre ebenfalls nicht in Betracht gekommen, da rechtliche Auseinandersetzungen zu erwarten gewesen wären, die zu weiteren Risiken und Unsicherheiten geführt hätten.[665]

Das Landgericht Essen sah eine Pflichtverletzung nach § 93 I AktG darin, dass die Vorstandsmitglieder die Eigentumsumschreibung für ein Grundstück nicht verhindert hatten, obwohl die zugrunde liegenden Kauf- und Mietverschaffungsverträge in diesem Fall mangels Beurkundung wesentlicher Vertragsbestandteile formnichtig waren und eine Heilung dieser Formnichtigkeit noch hätte vereitelt werden können. Das Landgericht Essen verneinte das Bestehen eines relevanten Risikos für die Arcandor AG, da das Eigentum an der Warenhausimmobilie noch nicht wirksam übertragen gewesen wäre und daher auch die weitere Nutzungsmöglichkeit bestanden hätte.[666]

cc. Eigene Würdigung

In dieser Entscheidung wird § 93 I 2 AktG nicht ausdrücklich erwähnt, obwohl § 93 AktG in der Fassung von 2005 angewandt wurde.[667] Es wird geprüft, ob der Vorstand bei seinen Entscheidungen zum Vorteil der Gesellschaft gehandelt und eine Schädigung von ihr abgewandt hat. Diese Kriterien beziehen sich auf das Handeln zum Wohl der Gesellschaft. Grenzen des unternehmerischen Ermessens im Sinne eines völlig unverantwortlichen Handelns werden nicht erwähnt. Das LG Essen stellt auf die Ex-ante-Sicht des Vorstands ab und geht ausführlich auf dessen Handlungsmöglichkeiten und die damit verbundenen jeweiligen Risiken bzw. Vorteile für die Gesellschaft ein.

Bei der ersten möglichen Pflichtverletzung hat das Landgericht die unüberschaubaren Risiken bei einer Verweigerung des Abschlusses der Mietverträge – und damit bei einem Bruch der wirksamen Kauf- und Mietverschaffungsverträge durch die Arcandor AG – viel schwerwiegender angesehen als die Schäden für die Gesellschaft aus den nachteiligen Mietverträgen. Daher wurde die Nichtverhinderung der Mietverträge als pflichtgemäßes Verhalten des Vorstands bewertet. Es werden – anders als in den bisher betrachteten Gerichtsentscheidungen – nicht die Chancen und Risiken bei den einzelnen Handlungsmöglichkeiten abgewogen, sondern die jeweils dabei entstehenden Risiken. Da alle Handlungsalternativen Risiken beinhalteten, der Vorstand sich also in einem Dilemma befand, wird das Handeln zum Wohle der Gesellschaft bejaht, wenn die Handlungsweise mit den

665 *LG Essen*, Urteil vom 25.04.2012, 41 O 45/10, NZG 2012, S. 1307, 1308 f. – Arcandor.
666 *LG Essen*, Urteil vom 25.04.2012, 41 O 45/10, NZG 2012, S. 1307, 1310 – Arcandor.
667 *LG Essen*, Urteil vom 25.04.2012, 41 O 45/10, NZG 2012, S. 1307 – Arcandor.

geringeren Risiken gewählt wird. Dem Ergebnis ist zuzustimmen, da die Schäden bei einem Abschluss der Mietverträge berechnet werden konnten, diejenigen, die bei Verweigerung des Abschlusses eintreten konnten, hingegen völlig unübersehbar waren, da neben Schadensersatzansprüchen gegen die Arcandor AG wegen Vertragsbruchs auch die Schließung von Warenhäusern, der Wegfall von Arbeitsplätzen und die Suche nach neuen Standorten betroffen waren. Diese Risiken haben ein beträchtliches Ausmaß und entstehen in vielen Bereichen, sodass sie nicht mehr kontrollierbar sind.

Bei der zweiten zu prüfenden Pflichtverletzung treten mögliche Risiken bei der Verhinderung der Eigentumsumschreibung weit hinter die Vorteile für die Gesellschaft zurück, da letztlich der ungünstige Mietvertrag nicht hätte abgeschlossen werden müssen, was große finanzielle Schäden der Arcandor AG verhindert hätte. Die Risiken für die Gesellschaft wären mangels Eigentumsübergangs und daher verbleibender Nutzungsmöglichkeiten der Warenhäuser gering gewesen. Daher erscheint es richtig, das Unterlassen des Vorstands als pflichtwidrig anzusehen, da bei seiner Entscheidung nicht zum Wohle der Gesellschaft gehandelt wurde.

m. BGH, Urteil vom 18.06.2013, II ZR 86/11

Diese Entscheidung wurde bereits bei den Beispielen für unternehmerische Entscheidungen[668] und bei der Entwicklung des Tatbestandsmerkmals der angemessenen Informationsgrundlage in der Rechtsprechung betrachtet.[669] Der BGH hatte über Schadensersatzansprüche einer GmbH & Co. KG gegen den Geschäftsführer der Komplementär-GmbH nach § 43 II GmbHG zu entscheiden.

aa. Sachverhalt

Der Insolvenzverwalter der KG warf dem Geschäftsführer u.a. vor, beim Abschluss zweier Honorarvereinbarungen mit einer Rechtsanwaltskanzlei in den Jahren 2004 und 2005 seine Sorgfaltspflicht verletzt zu haben, da die Honorarbeträge die gesetzlichen Gebühren, die die KG ohne schriftliche Vereinbarung zu zahlen gehabt hätte, weit überstiegen hätten.[670] Wegen der weiteren Einzelheiten des Sachverhalts dieser Entscheidung wird auf die obigen Ausführungen verwiesen.

bb. Entscheidungsgründe

Der BGH verwies mit Blick auf die unternehmerische Entscheidung des Geschäftsführers bei der Auswahl eines Beraters und der inhaltlichen Ausgestaltung des Vertrags mit diesem auf die ARAG/Garmenbeck-Entscheidung und weitere

---

668 Siehe oben unter Gliederungspunkt B I 2 h.
669 Siehe oben unter Gliederungspunkt B II 2 n.
670 *BGH*, Urteil vom 18.06.2013, II ZR 86/11, GmbHR 2013, S. 1044, 1045.

BGH-Entscheidungen[671] und stellte fest, dass der Geschäftsführer seine Pflicht nicht verletzt habe, wenn „er vernünftigerweise annehmen durfte, auf der Grundlage angemessener Information zum Wohle der Gesellschaft zu handeln".[672] Dabei müsse der Geschäftsführer „die Vor- und Nachteile der bestehenden Handlungsoptionen sorgfältig abschätzen und den erkennbaren Risiken Rechnung tragen".[673] Auch hier wurde auf die ARAG/Garmenbeck-Entscheidung und eine andere frühere Entscheidung des BGH verwiesen.[674]

Bei der Frage, ob der Geschäftsführer vernünftigerweise annehmen durfte, zum Wohle der Gesellschaft zu handeln, stellte der BGH nicht allein auf die fehlende Verpflichtung zur Zahlung eines bestimmten Honorars ab, sondern auch auf das Vorliegen sachlicher Gründe, die eine höhere Anwaltsvergütung als die gesetzliche rechtfertigen könnten. Er kritisierte, dass das KG Berlin in seiner Entscheidung bei der Abwägung der Vor- und Nachteile der Handlungsmöglichkeiten nur den ersten Gesichtspunkt betrachtet habe. Als mögliche sachliche Gründe nannte der BGH die Exklusivität oder besondere Qualifikation der Beratung oder Vorteile durch eine dauerhafte Bindung an eine bestimmte Kanzlei.[675] Auch die Vorbefassung mit dem Projekt durch den Berater könnte eine Rechtfertigung begründen.[676] Er verwies die Sache zur erneuten Verhandlung und Entscheidung an das KG Berlin zurück.[677]

cc. Eigene Würdigung

Der BGH nennt die Voraussetzungen der kodifizierten business judgment rule, ohne die Vorschrift des § 93 I 2 AktG ausdrücklich zu erwähnen. Allerdings lagen die Abschlüsse der Honorarvereinbarungen zeitlich auch noch vor dem Inkrafttreten des § 93 I 2 AktG am 01.11.2005. Der Verweis auf die ARAG/Garmenbeck-Entscheidung in Zusammenhang mit dem Wortlaut des § 93 I 2 AktG verdeutlicht wieder den Gleichlauf des Inhalts dieser Vorschrift mit den Grundsätzen seiner

671 *BGH*, Beschluss vom 14.07.2008, II ZR 202/07, NZG 2008, S. 751 (siehe oben unter Gliederungspunkt B II 2 d); *BGH*, Urteil vom 22.02.2011, II ZR 146/09, NZG 2011, S. 549 (siehe oben unter Gliederungspunkt B II 2 j); *BGH*, Urteil vom 15.01.2013, II ZR 90/11, ZIP 2013, S. 455, 458, wobei in dieser Entscheidung nur im Rahmen des Hinweises für das weitere Verfahren nach Rückverweisung an das Berufungsgericht auf die Voraussetzungen der Haftungsprivilegierung bei einer unternehmerischen Entscheidung eingegangen wurde.

672 *BGH*, Urteil vom 18.06.2013, II ZR 86/11, GmbHR 2013, S. 1044, 1047.

673 *BGH*, Urteil vom 18.06.2013, II ZR 86/11, GmbHR 2013, S. 1044, 1047.

674 *BGH*, Beschluss vom 14.07.2008, II ZR 202/07, NZG 2008, S. 751 (siehe oben unter Gliederungspunkt B II 2 d).

675 *BGH*, Urteil vom 18.06.2013, II ZR 86/11, GmbHR 2013, S. 1044, 1047.

676 *BGH*, Urteil vom 18.06.2013, II ZR 86/11, GmbHR 2013, S. 1044, 1048.

677 *BGH*, Urteil vom 18.06.2013, II ZR 86/11, GmbHR 2013, S. 1044, 1045 und 1049.

damaligen Entscheidung, obwohl die Formulierungen der Voraussetzungen unterschiedlich sind.[678]

Der BGH zeigt auf, dass ein Handeln zum Wohle der Gesellschaft auch dann vorliegen kann, wenn die Gegenleistung der Gesellschaft in einem Vertrag deutlich über der üblichen bzw. regulären Höhe liegt. Bedeutsam ist die sorgfältige Abwägung der Chancen und Nachteile für das Unternehmen. Daraus kann sich ergeben, dass auch eine überhöhte Gegenleistung im Einzelfall wegen des Vorliegens sachlicher Gründe vertretbar ist und nicht schon ein verschwenderisches Verhalten des Organs darstellt, welches das unternehmerische Ermessen überschreitet. Diese Entscheidung betrifft wieder eine vertragliche Ausgestaltung und liegt auf der Linie der bisher betrachteten Entscheidungen in solchen Fällen.[679] Bei der Höhe der Gegenleistung wird ein sehr weites unternehmerisches Ermessen zuerkannt, weil nicht lediglich ein bestimmter Preis als angemessen angesehen wird, der sich beispielsweise aus einer Bewertung des Vertragsgegenstands ergibt oder – wie hier – üblicherweise zu zahlen ist, sondern durchaus auch überhöhte Preise vereinbart werden können. Die gegenseitigen Leistungen werden im Rahmen von Vertragsverhandlungen ausgestaltet, sodass einseitig für eine Vertragspartei günstige Vertragsregelungen nicht ohne Weiteres durchsetzbar sind, sondern eine Ausgewogenheit der Leistungen anzustreben ist. Die genannten Aspekte wie eine besonders qualifizierte, exklusive oder vertrauensvolle Beratung können die Leistung der Rechtsanwaltskanzlei aufwerten und eine höhere Gegenleistung rechtfertigen.

n. OLG Naumburg, Urteil vom 23.01.2014, 2 U 57/13

Diese Entscheidung wird in die chronologische Auflistung eingereiht, obwohl sie sich inhaltlich von der übrigen bisher zum Tatbestandsmerkmal des Handelns zum Wohle der Gesellschaft aufgeführten Rechtsprechung unterscheidet. Zwar befasst sie sich ebenfalls mit einer unternehmerischen Entscheidung und dem grundsätzlich zu gewährenden weiten Ermessensspielraum. Sie enthält jedoch keine Ausführungen zum Überschreiten der Grenzen bei unverantwortlichem Handeln. In diesem konkreten Fall kommt vielmehr zum Tragen, dass das Handeln zum Wohle der Gesellschaft beinhaltet, dass das Organ die Entscheidung ohne Interessenkonflikt und ohne Eigennutz treffen muss.

Das OLG Naumburg hatte über Schadensersatzansprüche einer GmbH, die Hotels und Gesundheitseinrichtungen betreibt, gegen ihren ehemaligen

---

678 Siehe schon die Ausführungen des *BGH* in seinem Urteil vom 03.03.2008, II ZR 124/06 – UMTS, oben unter Gliederungspunkt B III 2 g; vgl. zur hier betrachteten Entscheidung auch Bachmann, NZG 2013, S. 1121, 1123.

679 Vgl. *OLG Köln*, Beschluss vom 22.02.2010, 18 W 1/10, AG 2010, S. 414; *OLG Frankfurt*, Urteil vom 07.12.2010, 5 U 29/10, zitiert nach juris und *OLG Frankfurt*, Beschluss vom 15.06.2011, 21 W 18/11, ZIP 2011, S. 1764; siehe oben unter Gliederungspunkten B III 2 j und B III 2 k aa und bb.

alleinvertretungsberechtigten Geschäftsführer, der von den Beschränkungen des § 181 BGB befreit war, wegen Pflichtverletzungen beim Abschluss zweier Beratungsverträge im Jahr 2012 zu entscheiden.

aa. Sachverhalt

Hier interessant ist nur einer der beiden Verträge, dessen Gegenstand die Möglichkeit des Erwerbs einer Mitgliedschaft der GmbH an einer Markenvereinigung war, die zur Teilnahme an bestimmten Marketingdienstleistungen berechtigen sollte. Voraussetzung für die Mitgliedschaft war u.a. der Erwerb einer Zertifizierung. Als Vergütung wurden eine Jahrespauschale und eine monatliche Servicepauschale vereinbart. Die Dienstleistungen nach Erwerb der Mitgliedschaft waren nur sehr unbestimmt geregelt. Vertragspartner war eine andere GmbH, an der der Geschäftsführer der klagenden GmbH zu 50 % beteiligt und deren alleinvertretungsberechtigter Geschäftsführer er war.[680] Einen Tag vor der Gesellschafterversammlung, auf deren Tagesordnung seine Abberufung stand, überwies der beklagte Geschäftsführer 3.500 Euro an die andere Vertragspartei. Eine Rechnung hatte nicht vorgelegen.[681]

bb. Entscheidungsgründe

Das OLG Naumburg bejahte einen Schadensersatzanspruch nach § 43 II GmbHG u.a. wegen einer Pflichtverletzung des Geschäftsführers bei Abschluss dieses Vertrages.[682] Zunächst stellte es fest, dass es sich um eine unternehmerische Entscheidung handeln und dem Geschäftsführer daher grundsätzlich ein weites Handlungsermessen eingeräumt würde. Dabei verwies es auf die ARAG/Garmenbeck-Entscheidung und die BGH-Entscheidung vom 03.12.2001[683]. Da es sich vorliegend jedoch um ein In-Sich-Geschäft gehandelt habe, würde das Ermessen bei der Ausgestaltung des Vertrages mit Blick auf die Bestimmung der Verhältnismäßigkeit der gegenseitig zu erbringenden Leistungen ausnahmsweise völlig entfallen. Der Geschäftsführer habe nicht im Interesse der Gesellschaft gehandelt, sondern einen Vorteil für sich selbst geschaffen, indem er in dem Vertrag Leistung und Gegenleistung dergestalt geregelt hatte, dass zu Beginn eine pauschale Vergütung ohne jegliche Gegenleistung und nach dem möglicherweisen Mitgliedschaftserwerb unbestimmte und damit kaum durchsetzbare Gegenleistungen vorgesehen waren.[684]

---

680 *OLG Naumburg*, Urteil vom 23.01.2014, 2 U 57/13, GmbHR 2014, S. 985.
681 *OLG Naumburg*, Urteil vom 23.01.2014, 2 U 57/13, GmbHR 2014, S. 985, 986.
682 *OLG Naumburg*, Urteil vom 23.01.2014, 2 U 57/13, GmbHR 2014, S. 985, 987.
683 *BGH*, Urteil vom 03.12.2001, II ZR 308/99, ZIP 2002, S. 213; siehe oben unter Gliederungspunkt B III 2 b.
684 *OLG Naumburg*, Urteil vom 23.01.2014, 2 U 57/13, GmbHR 2014, S. 985, 988.

cc. *Eigene Würdigung*

Das OLG Naumburg nimmt eine unternehmerische Entscheidung an und verweist auf das grundsätzlich weite unternehmerische Ermessen, das der BGH dem handelnden Organ seit der ARAG/Garmenbeck-Rechtsprechung bei solchen Entscheidungen zugesteht. Es wendet also die business judgment rule an. Allerdings reduziert es dieses Ermessen im Falle eines In-Sich-Geschäfts mit Blick auf das angemessene Verhältnis von Leistung und Gegenleistung vollständig. Damit unterliegt das Handeln des Geschäftsführers der umfänglichen richterlichen Überprüfung. Das OLG Naumburg bejaht eine Treupflichtverletzung des Geschäftsführers aufgrund eines Missbrauchs seiner Stellung, weil er unter Ausnutzung seiner Organkompetenzen die Interessen der GmbH bei dem Vertragsschluss nicht gewahrt, sondern zum eigenen Vorteil missachtet habe. Mit der Prüfung dieser Selbstbegünstigung im Rahmen der business judgment rule wird die in § 93 I 2 AktG nicht ausdrücklich erwähnte Voraussetzung aufgegriffen, dass das handelnde Organ sich bei seiner Entscheidung nicht von eigennützigen Interessen beeinflussen lassen darf. Da dies offensichtlich bei der Gestaltung der gegenseitigen Leistungspflichten geschehen ist und eine Ausnahme, dass Geschäftsleiter- und Gesellschaftsinteresse gleichgerichtet sind, nicht vorliegt, ist die Entscheidung des OLG Naumburg im Ergebnis zu befürworten.

Es stellt sich allerdings die Frage, warum nicht bereits das Vorliegen einer unternehmerischen Entscheidung verneint wurde, da das OLG Naumburg eine Verletzung der Treuepflicht des Geschäftsführers feststellte.[685] Diese ist nach der Regierungsbegründung des UMAG von einer unternehmerischen Fehlentscheidung abzugrenzen.[686] Verstößt der Handelnde bewusst gegen die Interessen der Gesellschaft, weil er sein eigenes oder ein fremdes Interesse in den Vordergrund stellt und dieses zulasten der Gesellschaft verfolgt, verletzt er seine Treupflicht gegenüber der Gesellschaft mit der Folge, dass eine unternehmerische Entscheidung entfällt und der Anwendungsbereich der business judgment rule nicht eröffnet wird.[687] So lag es hier, da der Geschäftsführer bewusst einen eindeutig selbstbegünstigenden Vertrag mit der Gesellschaft geschlossen hat.

Für das Ergebnis der Haftungsfrage des Geschäftsführers ist es nicht relevant, ob die Anwendung der business judgment rule mangels unternehmerischer Entscheidung entfällt oder das unternehmerische Ermessen auf null reduziert wird. In

---

685 Vgl. die Anmerkung zu diesem Urteil von *Glozbach*, jurisPR-HaGesR 12/2014, Anm. 2.

686 RegBegr. UMAG-E, BT-Drucksache 15/5092, S. 1, 11.

687 Vgl. *Fleischer*, ZIP 2004, S. 685, 690; *Hopt/Roth*: in Großkommentar zum AktG, § 93 Rdn. 73; *Koch*: in *Hüffer/Koch*, AktG, § 93 Rdn. 16; *ders.*, ZGR 2006, S. 769, 785; *Spindler*, NZG 2005, S. 865, 871. Anders dagegen *C. Schäfer*, ZIP 2005, S. 1253, 1255 f., wonach eine unternehmerische Entscheidung auch bei eigennützigen Zielen des Handelnden anzunehmen ist.

beiden Fällen erfolgt eine vollumfängliche Überprüfung des Organhandelns durch das Gericht.

o. *LG Düsseldorf, Urteil vom 25.04.2014, 39 O 36/11 – ApoBank*

Diese Entscheidung wurde bereits bei der Entwicklung des Tatbestandsmerkmals der angemessenen Informationsgrundlage in der Rechtsprechung betrachtet.[688]

aa. Sachverhalt

Die ApoBank warf ihren Vorständen vor, beim Erwerb der beiden streitgegenständlichen fehlgeschlagenen Kapitalanlagen ihre Pflichten verletzt zu haben. Wegen der weiteren Einzelheiten des Sachverhalts der Entscheidung wird auf die obigen Ausführungen verwiesen.

bb. Entscheidungsgründe

Das Landgericht Düsseldorf lehnte in beiden Fällen einen Schadensersatzanspruch nach § 34 II GenG der Bank gegen ihre Vorstandsmitglieder ab, da diese ihre Sorgfaltspflichten erfüllt hätten.[689] Mit Blick auf das Handeln zum Wohle der Gesellschaft verwies es auf die BGH-Entscheidung vom 21.03.2005[690] und stellte fest, dass der weite Handlungsspielraum des Vorstandes überschritten würde, wenn ein beträchtliches Schadensrisiko für die Gesellschaft bei Ergreifen der Maßnahme bestünde und keine vernünftigen Gründe vorlägen, die das Eingehen dieses Risikos rechtfertigten.[691]

Vorliegend hätte der Vorstand die Chancen und Risiken für die ApoBank sorgfältig abgewogen. Das Scheitern der Kapitalanlagen würde eine Folge der Finanzmarktkrise darstellen und sei auch bei genauester Prüfung nicht vorherzusehen gewesen.[692] Die Finanzkrise sei zum Zeitpunkt der Entscheidungen für die Anlagen im Februar 2007 noch nicht erkennbar gewesen.[693] Fast alle Marktteilnehmer und insbesondere auch die Banken hätten die Risiken solcher Finanzprodukte damals falsch eingeschätzt.[694] Es habe keine Anhaltspunkte dafür gegeben, dass solche Anlagen unkalkulierbare Risiken in sich trügen.[695] Im Zeitpunkt der Entscheidung des Vorstands, die beiden Kapitalanlagen zu erwerben, habe er nicht mit dem

688 Siehe oben unter Gliederungspunkt B II 2 o.
689 *LG Düsseldorf*, Urteil vom 25.04.2014, 39 O 36/11, zitiert nach juris Rdn. 133 – ApoBank.
690 *BGH*, Urteil vom 21.03.2005, II ZR 54/03, NZG 2005, S. 562 ff.; siehe oben unter Gliederungspunkt B III 2 d.
691 *LG Düsseldorf*, Urteil vom 25.04.2014, 39 O 36/11, zitiert nach juris Rdn. 135 – ApoBank.
692 *LG Düsseldorf*, Urteil vom 25.04.2014, 39 O 36/11, zitiert nach juris Rdn. 136 und 150 – ApoBank.
693 *LG Düsseldorf*, Urteil vom 25.04.2014, 39 O 36/11, zitiert nach juris Rdn. 181 – ApoBank.
694 *LG Düsseldorf*, Urteil vom 25.04.2014, 39 O 36/11, zitiert nach juris Rdn. 144 – ApoBank.
695 *LG Düsseldorf*, Urteil vom 25.04.2014, 39 O 36/11, zitiert nach juris Rdn. 181 – ApoBank.

drastischen Wertverfall rechnen müssen, der die Trigger kurzfristig auslöste und damit letztlich die Verluste für die Genossenschaftsbank hervorrief.[696]

Nach damaligem Erkenntnisstand seien die Entscheidungen für die beiden Kapitalanlagen vernünftig gewesen. Die mit diesen Geschäften verbundenen Risiken seien ordnungsgemäß bewertet und als gering eingestuft worden. Im Verhältnis zur Bilanzsumme der ApoBank sei das Geschäftsvolumen unbedeutend gewesen, sodass deren Existenz nicht gefährdet gewesen sei.[697]

Das Landgericht Düsseldorf bewertete die fraglichen Anlagen als seriös und konservativ.[698] Es betonte auch, dass generelle Unwägbarkeiten bei innovativen Produkten nicht stets zur Ablehnung solcher Geschäfte führen dürften, da der Vorstand auch verpflichtet sei, Erwerbschancen für das Unternehmen zu nutzen.[699]

cc. Eigene Würdigung

Mit seiner Bezugnahme auf die Entscheidung des BGH vom 21.03.2005 greift das Landgericht Düsseldorf die Notwendigkeit des Vorliegens eines "rational business purpose" auf und bejaht diesen für den konkreten Fall. Die Entscheidung berücksichtigt bei der Feststellung des Handelns zum Wohle der Gesellschaft strikt die Bewertung aus Ex-ante-Sicht und die Abwägung von Chancen und Risiken, insbesondere auch unter dem Aspekt der wirtschaftlichen Lage der Gesellschaft.

Das Landgericht Düsseldorf stellte fest, dass unter Zugrundelegung des Erkenntnisstands des Vorstands bei dem Erwerb der Anlagen diese keinesfalls als spekulativ oder mit unkalkulierbaren Risiken behaftet anzusehen waren. Erst nachträglich – mit den Erkenntnissen aus der Finanzkrise und besserer Einsicht in deren finanzielle Auswirkungen – sei die Bewertung dieser Geschäfte zu ändern gewesen. Dies ähnelt den Ausführungen des OLG Frankfurt in seinen Entscheidungen vom 07.12.2010 und 15.06.2011[700], wonach auch in dem dort geprüften Sachverhalt Risiken erst aufgrund der Verschärfung der Finanzmarktkrise in einem für den Vorstand aus damaliger Sicht nicht vorhersehbaren Ausmaß zugenommen hätten. Es wird jeweils darauf geachtet, dass dem gutgläubig handelnden Organ nicht durch nachträglich gewonnene Erkenntnisse im Verlauf der Finanzkrise rückblickend eine fehlerhafte Entscheidung vorgeworfen wird.

Dass auch die anderen Marktteilnehmer und insbesondere die Banken die Risiken falsch eingeschätzt hätten und gleichermaßen von den Folgen der Finanzkrise betroffen seien, kann als (zusätzliches) Indiz für die Pflichtmäßigkeit der damaligen Entscheidung, solche Anlagegeschäfte zu tätigen, angesehen werden.

---

696 *LG Düsseldorf*, Urteil vom 25.04.2014, 39 O 36/11, zitiert nach juris Rdn. 136 – ApoBank.
697 *LG Düsseldorf*, Urteil vom 25.04.2014, 39 O 36/11, zitiert nach juris Rdn. 156 – ApoBank.
698 *LG Düsseldorf*, Urteil vom 25.04.2014, 39 O 36/11, zitiert nach juris Rdn. 187 – ApoBank.
699 *LG Düsseldorf*, Urteil vom 25.04.2014, 39 O 36/11, zitiert nach juris Rdn. 148 – ApoBank.
700 *OLG Frankfurt*, Urteil vom 07.12.2010, 5 U 29/10, zitiert nach juris und *OLG Frankfurt*, Beschluss vom 15.06.2011, 21 W 18/11, ZIP 2011, S. 1764; siehe oben unter Gliederungspunkten B III 2 k aa und bb.

Das übereinstimmende Verhalten anderer Unternehmensleiter begründet – allein betrachtet – jedoch noch kein rechtmäßiges Verhalten.[701]

Das Landgericht Düsseldorf hat die Abwägung des Für und Wider der Entscheidungen zum Erwerb der beiden Kapitalanlagen geprüft. Da die damals erkennbaren Risiken umfassend untersucht worden waren, aus Ex-ante-Sicht als niedrig eingeschätzt werden durften und bei Betrachtung der finanziellen Lage der Gesellschaft nicht bedeutsam erschienen, wogen sie weniger als die Chancen, die diese innovativen Finanzprodukte in sich trugen. Dieser Bewertung kann zugestimmt werden, zumal sie auf die Größe der Risiken im Verhältnis zur wirtschaftlichen Situation der Gesellschaft abstellt. Es war auch richtigerweise zu berücksichtigen, dass bei Innovationen am Markt nicht auf Erfahrungswerte zurückgegriffen werden kann und stets gewisse Unsicherheiten und Risiken entstehen, das Leitungsorgan aber durchaus auch dann eine Pflichtverletzung begehen kann, wenn es solche Chancen für die Gesellschaft nicht nutzt.

p. OLG Düsseldorf, Urteil vom 15.01.2015, I-6 U 48/14

Das OLG Düsseldorf hatte über die Schadensersatzklage des Insolvenzverwalters einer AG, die mit Immobilien handelte und diese verwaltete, gegen ihre ehemaligen Vorstandsmitglieder wegen Pflichtverletzungen beim Abschluss von Zinsswap-Verträgen zu entscheiden.[702]

aa. Sachverhalt

Der Vorstand hatte im Jahr 2007 zur Finanzierung von Immobilienprojekten mit einer Bank einen Darlehensvertrag in Höhe von bis zu 128 Mio. Euro geschlossen, der eine Verpflichtung der AG zur Zinssicherung im Wege des Abschlusses von Zinsswap-Geschäften mit der Bank beinhaltete.[703] Der Darlehensvertrag wurde später angepasst und die Verpflichtung zum Abschluss von Forward-Zinsswaps von insgesamt 100 Mio. Euro auf 75 Mio. Euro reduziert.[704] Die Gesellschaft nutzte die Finanzierung durch die Bank aber nicht einmal in dieser reduzierten Höhe, da Immobilienprojekte nicht in dem erwarteten Umfang realisiert wurden.[705] Daher

701 Vgl. *Arndt* in seiner Anmerkung zum Urteil des LG Düsseldorf, jurisPR-BKR 12/2014 Anm. 4; dieser Aspekt wurde auch bereits beim Urteil des BGH vom 03.03.2008, II ZR 124/06, BGHZ 175, 365 – UMTS, siehe oben unter Gliederungspunkt B III 2 g, angesprochen.

702 *OLG Düsseldorf*, Urteil vom 15.01.2015, I-6 U 48/14, zitiert nach juris Rdn. 1 und 3 (auszugsweise abgedruckt in AG 2016, S. 410 ff.). Der *BGH* hat die Nichtzulassungsbeschwerde mit Beschluss vom 23.02.2016, II ZR 49/15, zurückgewiesen.

703 *OLG Düsseldorf*, Urteil vom 15.01.2015, I-6 U 48/14, zitiert nach juris Rdn. 72.

704 *OLG Düsseldorf*, Urteil vom 15.01.2015, I-6 U 48/14, zitiert nach juris Rdn. 77.

705 *OLG Düsseldorf*, Urteil vom 15.01.2015, I-6 U 48/14, zitiert nach juris Rdn. 78.

waren die Zinsswaps nicht mit in Umfang und Dauer kongruenten Darlehensverträgen unterlegt.[706]

bb. Entscheidungsgründe

Das OLG Düsseldorf bejahte einen Schadensersatzanspruch der AG gegen ihre Vorstandsmitglieder nach § 93 II AktG in Höhe von rund 6,5 Mio. Euro, der sich aus den sich auf den ungedeckten Teil der Zinsswaps beziehenden Nettingbeträgen, die der Bank geschuldet wurden, und den Kosten der Auflösung der Zinsswaps ergebe.[707] Der Insolvenzverwalter hätte in ausreichendem Maße dargelegt, dass die Vorstandsmitglieder durch ein möglicherweise pflichtwidriges Handeln der AG einen Schaden zugefügt haben.[708] Diese wiederum hätten nicht hinreichend das Vorliegen der Voraussetzungen nach § 93 I 2 AktG vorgetragen.[709]

Das OLG Düsseldorf verwies auf die Regierungsbegründung zum UMAG, auf die ARAG/Garmenbeck-Entscheidung und die Entscheidungen des BGH vom 14.07.2008[710] und 03.11.2008[711] und übernahm die dort aufgestellten Grenzen für das unternehmerische Ermessen des Leitungsorgans. Danach käme eine Haftung erst dann in Betracht, „wenn die Grenzen, in denen sich ein von Verantwortungsbewusstsein getragenes, ausschließlich am Unternehmenswohl orientiertes, auf sorgfältiger Ermittlung und Ausschöpfung der in der konkreten Entscheidungssituation verfügbaren Informationsquellen tatsächlicher und rechtlicher Art und auf dieser Entscheidungsgrundlage beruhendes, die Vor- und Nachteile der bestehenden Handlungsoptionen sorgfältig abschätzendes und den erkennbaren Risiken Rechnung tragendes unternehmerisches Handeln bewegen muss, deutlich überschritten sind, die Bereitschaft, unternehmerische Risiken einzugehen, in unverantwortlicher Weise überspannt und das mit der unternehmerischen Entscheidung verbundene Risiko in völlig unverantwortlicher Weise falsch beurteilt worden ist."[712] Ein derartiges Überschreiten der Grenzen hielt das OLG Düsseldorf vorliegend für möglich, da der Vorstand die Zinssicherungsgeschäfte abgeschlossen hatte, obwohl zum damaligen Zeitpunkt der Abschluss kongruenter Darlehensverträge nicht sichergestellt gewesen sei. Die Zinsswaps hätten dadurch teilweise ihren Zinssicherungscharakter verloren und einen spekulativen Charakter erhalten.[713] Die Vorstandsmitglieder hätten nicht konkret dargelegt, dass sie im

706 *OLG Düsseldorf*, Urteil vom 15.01.2015, I-6 U 48/14, zitiert nach juris Rdn. 71.

707 *OLG Düsseldorf*, Urteil vom 15.01.2015, I-6 U 48/14, zitiert nach juris Rdn. 35, 111 ff.

708 *OLG Düsseldorf*, Urteil vom 15.01.2015, I-6 U 48/14, zitiert nach juris Rdn. 40.

709 *OLG Düsseldorf*, Urteil vom 15.01.2015, I-6 U 48/14, zitiert nach juris Rdn. 83.

710 *BGH*, Beschluss vom 14.07.2008, II ZR 202/07, NZG 2008, S. 751 ff.; siehe oben unter Gliederungspunkt B II 2 d.

711 *BGH*, Beschluss vom 03.11.2008, II ZR 236/07, ZIP 2009, S. 223 ff.; siehe oben unter Gliederungspunkt B II 2 e.

712 *OLG Düsseldorf*, Urteil vom 15.01.2015, I-6 U 48/14, zitiert nach juris Rdn. 66.

713 *OLG Düsseldorf*, Urteil vom 15.01.2015, I-6 U 48/14, zitiert nach juris Rdn. 67 und 70.

Zeitpunkt des Abschlusses der Zinsswap-Geschäfte davon ausgehen durften, dass eine mit den Zinssicherungsverpflichtungen kongruente Anschlussfinanzierung erfolgen würde. Auch lägen keine Anhaltspunkte vor, dass sie sich darum bemüht hätten, eine Verknüpfung zwischen den Zinsswaps und den Darlehensverträgen in dem Vertrag mit der Bank zu regeln. Zur Rechtfertigung des Eingehens derartiger Risiken würde nicht genügen, dass die AG Kapital benötigt habe und nur durch den Abschluss der Zinssicherungsverträge die Möglichkeit gehabt hätte, Kapital zu erhalten. Auch der Vortrag der Vorstandsmitglieder, der Abschluss von Spekulationsgeschäften wäre nicht beabsichtigt gewesen, wäre nicht relevant.[714] Es hätte bei Abschluss der Geschäfte an einer Betrachtung der Risiken gefehlt, die die künftige Anschlussfinanzierung betreffen.[715]

cc. *Eigene Würdigung*

Das OLG Düsseldorf zieht bei der Prüfung, ob der unternehmerische Handlungsspielraum überschritten ist, die Ausgangslage (UMAG und ARAG/Garmenbeck-Entscheidung) heran und stellt auf ein unverantwortliches Überspannen der Risikobereitschaft bzw. eine unverantwortliche, vollkommen falsche Risikobewertung ab. Die Entscheidung des OLG Düsseldorf hebt den spekulativen Charakter hervor, den die Zinsswap-Geschäfte durch die besonderen Umstände im vorliegenden Fall zum Teil erhalten haben, und begründet damit ein völlig unverantwortliches Handeln des Vorstands. Dieser Schluss wird unmittelbar aus dem Vorliegen eines Spekulationsgeschäfts gezogen, ohne dass darauf eingegangen wird, ob möglicherweise auch spekulative Geschäfte – z.B. in gewissen Unternehmensbranchen – noch in den Grenzen des unternehmerischen Handlungsspielraums liegen können und nicht stets das Annehmen-Dürfen, zum Wohl der Gesellschaft zu handeln, zu verneinen ist. Dies erscheint sehr strikt.

Den Vorstandsmitgliedern wird vorgeworfen, das Risiko bezüglich des Fehlens einer mit den Zinssicherungsverpflichtungen kongruenten Anschlussfinanzierung und dem daraus sich ergebenden spekulativen Charakter der Zinsswaps schlichtweg nicht gesehen und sich daher auch nicht mit diesem Risiko auseinandergesetzt zu haben. Den Vortrag der Vorstandsmitglieder, dass die AG nur durch den Abschluss der Zinssicherungsverträge die Möglichkeit gehabt hätte, notwendiges Kapital zu erhalten, lässt das OLG Düsseldorf zu recht nicht als Entlastung genügen, da nicht einmal ein Versuch, mit der Bank eine Regelung zu vereinbaren, die die Zinsswaps mit den Darlehen verknüpft, um eine Kongruenz zu gewährleisten, erfolgt sei. Diese Handlungsalternative wurde gar nicht berücksichtigt, obwohl sie zumindest zu einer Risikoreduzierung hätte führen können. Im vorliegenden Fall fehlt es an jeglicher Abwägung der Risiken und Chancen der Zinsswapgeschäfte für die Gesellschaft.

---

714 *OLG Düsseldorf*, Urteil vom 15.01.2015, I-6 U 48/14, zitiert nach juris Rdn. 86.
715 *OLG Düsseldorf*, Urteil vom 15.01.2015, I-6 U 48/14, zitiert nach juris Rdn. 88.

q. LG Kiel, Urteil vom 05.02.2016, 14 HKO 134/12

Das Landgericht Kiel hatte über die Feststellung der Schadensersatzpflicht des Geschäftsführers eines kommunalen Energieversorgungsunternehmens in der Rechtsform einer GmbH wegen Pflichtverletzungen bei Stromkäufen zu entscheiden.[716]

aa. Sachverhalt

Der Geschäftsführer hatte an zwei Tagen im Jahr 2008 den mutmaßlichen Gesamtjahresbedarf der GmbH an Strom für das Verbrauchsjahr 2013, an zwei Terminen Ende 2008 und Anfang 2009 denjenigen für das Verbrauchsjahr 2014 und an zwei Terminen Anfang 2009 denjenigen für das Verbrauchsjahr 2015 beim Stromlieferanten bestellt. Die Energielieferungsverträge wurden in einer Phase getätigt, als die Strompreise schon seit längerer Zeit anstiegen.[717] Da die Marktpreise für Strom aber letztlich sanken und die eingekauften Strommengen zu groß waren, machte die GmbH einen Schaden geltend, der sich erst nach dem Ende der Bedarfsjahre 2013–2015 konkret beziffern ließe und auf rund 2,4 Mio. Euro geschätzt wurde.[718]

bb. Entscheidungsgründe

Das Landgericht Kiel bejahte einen Schadensersatzanspruch der GmbH gegen ihren Geschäftsführer nach §§ 43 II GmbHG, 280 I BGB.[719] Es verwies auf den weiten Handlungsspielraum des Geschäftsführers bei unternehmerischen Entscheidungen und setzte die Grenze des unternehmerischen Ermessens dort, wo ein „erlaubtes Risiko" überschritten würde und die Maßnahme aus der Ex-ante-Perspektive unter Berücksichtigung des Wohls der Gesellschaft nicht mehr vertretbar wäre.[720] Der Geschäftsführer habe unvertretbar gehandelt und damit sein Ermessen überschritten, als er im Rahmen der Stromlieferungsgeschäfte an jeweils nur zwei Terminen viele Jahre im Voraus den mutmaßlichen Strombedarf für die gesamten Jahreszeiträume bestellte. Er habe dabei das Risiko eines Preisverfalls nicht beachtet, das trotz damaliger Preisanstiege nicht über Jahre ausgeschlossen werden durfte, zumal es bei Abschluss der Verträge keine Anhaltspunkte dafür gegeben habe, dass die Preise künftig nicht schwanken bzw. sinken würden. Diesem Risiko hätte durch kurzfristigere Stromkäufe und kleinere Mengen zu unterschiedlichen Terminen begegnet werden können.[721] Das Landgericht Kiel stütze seine Ausführungen auch auf das Gutachten eines beigezogenen Sachverständigen.[722] Es

716 *LG Kiel,* Urteil vom 05.02.2016, 14 HKO 134/12, zitiert nach juris Rdn. 1 und 32.
717 *LG Kiel,* Urteil vom 05.02.2016, 14 HKO 134/12, zitiert nach juris Rdn. 16.
718 *LG Kiel,* Urteil vom 05.02.2016, 14 HKO 134/12, zitiert nach juris Rdn. 18.
719 *LG Kiel,* Urteil vom 05.02.2016, 14 HKO 134/12, zitiert nach juris Rdn. 29.
720 *LG Kiel,* Urteil vom 05.02.2016, 14 HKO 134/12, zitiert nach juris Rdn. 31.
721 *LG Kiel,* Urteil vom 05.02.2016, 14 HKO 134/12, zitiert nach juris Rdn. 32.
722 *LG Kiel,* Urteil vom 05.02.2016, 14 HKO 134/12, zitiert nach juris Rdn. 33.

bewertete die Strombestellungen als „Warentermingeschäft aufgrund einer hochspekulativen Wette auf steigende Marktpreise" und betonte, dass ein solches Vorgehen für andere Branchen im Einzelfall vertretbar sein könne, nicht aber für ein Energieversorgungsunternehmen, dessen Aufgabe es sei, seinen Kunden Strom zu stabilen Konditionen anzubieten.[723]

cc. Eigene Würdigung

Das LG Kiel verwendet die Begriffe des „erlaubten Risikos" und der „Vertretbarkeit" des Handelns des Geschäftsführers mit Blick auf das Wohl der Gesellschaft. Diese Formulierungen haben bereits das Landgericht Düsseldorf in seiner Entscheidung vom 27.05.2005[724] und das OLG Celle in seinem Urteil vom 28.05.2008[725] benutzt, um die Grenzen des unternehmerischen Ermessens zu setzen. Ein Unterschied zu dem Kriterium der Verantwortlichkeit des Handelns ist nicht ersichtlich und wird auch nicht erwähnt. Alle drei Begriffe zur Beschreibung der Abgrenzung, wann ein Handeln noch zum Wohle der Gesellschaft anzusehen ist bzw. wann die Grenzen überschritten werden, sind sehr unbestimmt und auslegungsbedürftig.

In dieser Entscheidung wird hervorgehoben, dass das gemessen am Gesellschaftswohl vertretbare Handeln des Leitungsorgans je nach Art des Unternehmens unterschiedlich bewertet werden kann und dass auch spekulative Geschäfte in gewissen Branchen durchaus noch im Rahmen des unternehmerischen Handlungsspielraums liegen können.[726] Ein hochspekulatives Geschäft eines Energieversorgungsunternehmens überschreite jedenfalls die Grenzen des unternehmerischen Ermessens. Damit stellt das Landgericht Kiel auf den konkreten Einzelfall ab und betrachtet das umstrittene Handeln unter Berücksichtigung der Branche und des Ausmaßes des spekulativen Charakters des Geschäfts. Anders als das OLG Düsseldorf in seiner Entscheidung vom 15.01.2015[727] wird nicht allein aufgrund des Vorliegens eines Spekulationsgeschäfts auf ein unverantwortliches Handeln geschlossen. Eine solche differenzierte Betrachtungsweise ist zu befürworten, da sie auf die betroffene Gesellschaft eingeht und nicht pauschal bewertet.

Das Landgericht Kiel wirft dem Geschäftsführer auch vor, die Abwägung der Risiken und Chancen nicht ordnungsgemäß vorgenommen zu haben, da das Risiko des Preisrückgangs nicht berücksichtigt worden sei, und eine Risikominimierung

---

723 *LG Kiel,* Urteil vom 05.02.2016, 14 HKO 134/12, zitiert nach juris Rdn. 32.

724 *LG Düsseldorf,* Urteil vom 27.05.2005, 39 O 73/04, zitiert nach juris; siehe oben unter Gliederungspunkt B III 2 f.

725 *OLG Celle,* Urteil vom 28.05.2008, 9 U 184/07, zitiert nach juris; siehe oben unter Gliederungspunkt B III 2 h.

726 Das *LG Kiel,* Urteil vom 05.02.2016, 14 HKO 134/12, zitiert nach juris Rdn. 32 nennt das Beispiel eines Fonds, der Risikokapital zwecks Erzielung einer möglichst hohen Rendite einsetzt.

727 *OLG Düsseldorf,* Urteil vom 15.01.2015, I-6 U 48/14, zitiert nach juris; siehe oben unter Gliederungspunkt B III 2 p.

außer Acht gelassen zu haben, da keine Aufteilung oder zeitliche Staffelung der Stromkäufe erfolgt sei. Damit hebt es das Erfordernis der Betrachtung sämtlicher Vor- und Nachteile für die Gesellschaft hervor, die durch die Entscheidung des Geschäftsführers zum konkreten Geschäft bewirkt werden können. Der Aspekt der Risikoreduzierung, der bereits in der Entscheidung des OLG Jena vom 08.08.2000[728], aber auch in der Rechtsprechung zur Vergabe ungesicherter Kredite angesprochen wurde, wird aufgegriffen.

Der Geschäftsführer ist ein unüberschaubares Risiko eingegangen, da so viele Jahre im Voraus überhaupt nicht einzuschätzen war, wie sich die Strompreise entwickeln würden, und auch die Tatsache, dass zum Zeitpunkt seiner Entscheidung die Preise stiegen, keine Anhaltspunkte dafür lieferte, dass sich dies in Zukunft fortsetzen würde. Möglichkeiten der Reduzierung des Risikos lagen auf der Hand und wurden dennoch nicht beachtet. Es bestand auch keinerlei Notwendigkeit zur frühzeitigen Gesamtbedarfsdeckung über diesen langen Zeitraum hinweg. Auch mit Blick auf den Gesamtbedarf handelt es sich nur um eine Mutmaßung, da auch dieser sich über die Jahre ändern kann und sich möglicherweise reduziert. Die Entscheidung des Landgerichts Kiel, eine Haftung des Geschäftsführers zu bejahen, ist wegen des offensichtlichen, groben Fehlverhaltens zu befürworten.

r. OLG Frankfurt, Urteil vom 02.06.2017, 25 U 107/13

Das OLG Frankfurt hatte über einen Schadensersatzanspruch einer GmbH gegen ihren ehemaligen Geschäftsführer wegen einer Pflichtverletzung bei dem Erwerb der Aktiva einer GbR zu entscheiden.[729]

aa. Sachverhalt

Die GmbH, deren Unternehmensgegenstand die Beratung von Unternehmen bei der Entwicklung und Herstellung von Produkten insbesondere im technischen Bereich und den Handel mit technischen Geräten umfasste, kaufte im Jahr 2008 die Aktiva einer GbR, wobei ihr Geschäftsführer zugleich ihr Mitgesellschafter und darüber hinaus auch Mitgesellschafter der GbR war.[730] Der Kaufpreis betrug 30.000 Euro, wovon 4.540 Euro auf bestimmte Gegenstände entfielen und die restlichen 25.460 Euro auf den Firmenwert der GbR.[731] Dieser sollte auch einen Betrag von 5.377 Euro für 20 Prototypen von Steuerungsanlagen beinhalten.[732] Die GbR hatte im Jahr 2007 keine Umsatzerlöse erzielt. Das Eigenkapital der GbR bestand im

---

728 *OLG Jena*, Urteil vom 08.08.2000, 8 U 1387/98, NZG 2001, S. 86; siehe oben unter Gliederungspunkt B III 2 a.

729 *OLG Frankfurt*, Urteil vom 02.06.2017, 25 U 107/13, zitiert nach juris, Rdn. 1 (auszugsweise abgedruckt in GmbHR 2017, S. 974 ff.).

730 *OLG Frankfurt*, Urteil vom 02.06.2017, 25 U 107/13, zitiert nach juris, Rdn. 2 und 3.

731 *OLG Frankfurt*, Urteil vom 02.06.2017, 25 U 107/13, zitiert nach juris, Rdn. 5.

732 *OLG Frankfurt*, Urteil vom 02.06.2017, 25 U 107/13, zitiert nach juris, Rdn. 26.

Wesentlichen aus Gesellschafterdarlehen, u.a. aus einem solchen des verklagten Geschäftsführers der GmbH.[733] Nachdem über das Vermögen der GmbH im Jahre 2012 das Insolvenzverfahren eröffnet worden war, machte der Insolvenzverwalter einen Schadensersatzanspruch über den Betrag des Kaufpreises für den Firmenwert der GbR abzüglich darin enthaltener 5.377 Euro für die Übertragung der Prototypen gegen den Geschäftsführer geltend, da er der Ansicht war, dass der Firmenwert der GbR maximal diesen Betrag ausmachte.[734] Das OLG Frankfurt hatte ein Sachverständigengutachten zur Höhe des Firmenwerts der GbR im Zeitpunkt des Erwerbsgeschäfts eingeholt.[735]

bb. Entscheidungsgründe

Das OLG Frankfurt bejahte einen Schadensersatzanspruch der GmbH gegen ihren Geschäftsführer in Höhe von 20.083 Euro aus § 43 II GmbHG, da er bei seiner Entscheidung zum Erwerb des Firmenwerts der GbR die Grenzen seines unternehmerischen Ermessens überschritten hätte.[736] Es verwies u.a. auf die Formulierung in der ARAG/Garmenbeck-Entscheidung und auf § 93 I 2 AktG.[737] Ferner hob es hervor, dass ein Geschäftsführer bei Interessenkonflikten zusätzlichen Bindungen gegenüber der Gesellschaft unterläge und er aufgrund seiner Treupflicht bei seinem Handeln besondere Rücksicht darauf nehmen müsse, was aus Sicht der Gesellschaft „fair und angemessen" sei.[738] Der Firmenwert würde einen immateriellen Wert darstellen, der Kriterien wie beispielsweise Stammkunden, gute Unternehmensführung, Know-how oder rationelle Herstellungsverfahren erfasse.[739] Es wäre nicht ersichtlich, dass bei der GbR solche Faktoren vorhanden gewesen seien.[740] Das OLG Frankfurt folgte dem Sachverständigengutachten u.a. darin, dass ein bestimmtes Patent, dessen Inhaberin die GbR war, für die GmbH nicht wirtschaftlich verwertbar gewesen wäre.[741] Es gäbe auch keinerlei Anhaltspunkte für ein werthaltiges Know-how der GbR außer den Prototypen und deren Gebrauchsanleitungen.[742] Der Geschäftsführer habe keine nachvollziehbaren Argumente dafür vorgetragen, dass der gezahlte Kaufpreis für den Erwerb des Firmenwertes der GbR angemessen wäre.[743] Vielmehr wäre nicht ersichtlich, warum dieser mehr als 5.377 Euro betragen sollte.[744] Daher könnte die Entscheidung des Geschäftsführers

---

733 *OLG Frankfurt*, Urteil vom 02.06.2017, 25 U 107/13, zitiert nach juris, Rdn. 4.
734 *OLG Frankfurt*, Urteil vom 02.06.2017, 25 U 107/13, zitiert nach juris, Rdn. 2, 7 und 18.
735 *OLG Frankfurt*, Urteil vom 02.06.2017, 25 U 107/13, zitiert nach juris, Rdn. 27.
736 *OLG Frankfurt*, Urteil vom 02.06.2017, 25 U 107/13, zitiert nach juris, Rdn. 29 und 51.
737 *OLG Frankfurt*, Urteil vom 02.06.2017, 25 U 107/13, zitiert nach juris, Rdn. 49.
738 *OLG Frankfurt*, Urteil vom 02.06.2017, 25 U 107/13, zitiert nach juris, Rdn. 50.
739 *OLG Frankfurt*, Urteil vom 02.06.2017, 25 U 107/13, zitiert nach juris, Rdn. 32.
740 *OLG Frankfurt*, Urteil vom 02.06.2017, 25 U 107/13, zitiert nach juris, Rdn. 33.
741 *OLG Frankfurt*, Urteil vom 02.06.2017, 25 U 107/13, zitiert nach juris, Rdn. 35.
742 *OLG Frankfurt*, Urteil vom 02.06.2017, 25 U 107/13, zitiert nach juris, Rdn. 45.
743 *OLG Frankfurt*, Urteil vom 02.06.2017, 25 U 107/13, zitiert nach juris, Rdn. 52.
744 *OLG Frankfurt*, Urteil vom 02.06.2017, 25 U 107/13, zitiert nach juris, Rdn. 47.

aus Ex-ante-Sicht nicht nachvollzogen werden.[745] Im Übrigen läge es auf der Hand, dass er als Gesellschafter der GbR ein großes Eigeninteresse daran hatte, die GbR unter Vermeidung eigener Verluste abzuwickeln, zumal deren Eigenkapital zum größten Teil aus Gesellschafterdarlehen bestanden habe.[746]

cc. Eigene Würdigung

Diese Entscheidung ähnelt dem Urteil des OLG Naumburg vom 23.01.2014[747], da auch hier der Vorwurf im Raume steht, ein die Gesellschaft schädigendes Geschäft aus Eigennutz vorgenommen zu haben. Der Geschäftsführer unterlag einem Interessenkonflikt, da er zugleich als Geschäftsführer und Mitgesellschafter der einen Vertragspartei und als Mitgesellschafter der anderen tätig wurde. Auch das OLG Frankfurt nimmt eine unternehmerische Entscheidung an und verweist auf das weite unternehmerische Ermessen, das der BGH dem handelnden Organ seit der ARAG/Garmenbeck-Rechtsprechung, ebenso wie die Vorschrift des § 93 I 2 AktG, bei solchen Entscheidungen zugesteht. Es wendet die business judgment rule an. Daneben stellt es aber auch auf die Treupflicht des Geschäftsführers ab, die bei einem Interessenkonflikt besondere Rücksichtnahme auf das Interesse der Gesellschaft fordere. Allerdings reduziert es – anders als das OLG Naumburg – das unternehmerische Ermessen im Falle eines In-Sich-Geschäfts mit Blick auf das angemessene Verhältnis von Leistung und Gegenleistung nicht vollständig und schließt nicht jeglichen Ermessensspielraum aus, sondern verneint ein Handeln im Rahmen des Ermessens, kommt also zu einem Überschreiten der Ermessensgrenzen.

Mit der Prüfung der Selbstbegünstigung des Geschäftsführers im Rahmen der business judgment rule wird die in § 93 I 2 AktG nicht ausdrücklich erwähnte Voraussetzung aufgegriffen, dass das handelnde Organ sich bei seiner Entscheidung nicht von eigennützigen Interessen beeinflussen lassen darf. Dies ist offensichtlich bei der völlig überzogenen Kaufpreisbemessung für den Firmenwert der GbR, die von dem Geschäftsführer in keiner Weise plausibel begründet werden konnte, geschehen. Eine Ausnahme, dass Geschäftsleiter- und Gesellschaftsinteresse gleichgerichtet sind, ist nicht ersichtlich. Somit ist die Entscheidung des OLG Frankfurt, den Geschäftsführer haftbar zu machen, zu befürworten.

Es stellt sich allerdings auch bei diesem Urteil die Frage, warum nicht bereits das Vorliegen einer unternehmerischen Entscheidung wegen der Verletzung der Treuepflicht des Geschäftsführers verneint und eine entsprechende Abgrenzung vorgenommen wurde. Der Geschäftsführer hatte bewusst einen selbstbegünstigenden

---

745 *OLG Frankfurt*, Urteil vom 02.06.2017, 25 U 107/13, zitiert nach juris, Rdn. 52.

746 *OLG Frankfurt*, Urteil vom 02.06.2017, 25 U 107/13, zitiert nach juris, Rdn. 55.

747 *OLG Naumburg*, Urteil vom 23.01.2014, 2 U 57/13, GmbHR 2014, S. 985; siehe oben unter Gliederungspunkt B III 2 n.

Vertrag für die GmbH geschlossen und damit sein eigenes Interesse zulasten der Gesellschaft verfolgt.

Für die Haftungsfrage des Geschäftsführers ist es letztlich nicht relevant, ob die Anwendung der business judgment rule mangels unternehmerischer Entscheidung entfällt oder die Treupflichtverletzung das Handeln zum Wohle der Gesellschaft ausschließt.

3. Fazit

a. Zusammenfassung und Würdigung

In der Gesamtschau ist festzustellen, dass die betrachteten Entscheidungen vom Grundsatz her der Ausgangslage folgen. Es werden dieselben Kriterien aufgegriffen und auf die jeweiligen Einzelfälle übertragen. So wird zur Beantwortung der Frage, ob das Organ vernünftigerweise annehmen durfte, zum Wohle der Gesellschaft zu handeln, oftmals das Vorliegen eines "rational business purpose" untersucht, ob es nämlich bei Vorliegen eines großen Risikos vernünftige Gründe dafür gibt, es dennoch einzugehen. Fast immer wird die Formulierung aus der ARAG/Garmenbeck-Entscheidung herangezogen und geprüft, ob mit der unternehmerischen Entscheidung verbundene Risiken für die Gesellschaft in unverantwortlicher Weise eingegangen worden sind. Das Erfordernis der Ex-ante-Betrachtung wird hervorgehoben und das Fehlen von Interessenkonflikten des Handelnden verlangt.

Bei den Einzelfallprüfungen wird neben dem Begriff der Unverantwortlichkeit, der auch in der Regierungsbegründung zum UMAG aufgegriffen wurde, wenn dort eine Falschbeurteilung des Risikos in völlig unverantwortlicher Weise vorausgesetzt wird, auch der der Unvertretbarkeit verwandt oder von einem Überschreiten des erlaubten Risikos gesprochen. Es handelt sich sämtlich um unbestimmte Begriffe, die nur teilweise näher konkretisiert werden, so beispielsweise in Fällen der Kreditgewährung, wo auf die Nichtbeachtung der Beleihungsobergrenzen und die fehlende Hereinnahme üblicher Sicherheiten und damit auf die mangelnde Risikoreduzierung mittels einer Absicherung risikobehafteter Ansprüche abgestellt wird. Der Abschluss bestandsgefährdender Geschäfte oder von Geschäften mit spekulativem Charakter und das Eingehen von Klumpenrisiken im Sinne nicht hinreichend diversifizierter Risiken werden ebenfalls als unverantwortliches bzw. unvertretbares Handeln gewertet.

Neben diesen wenigen Präzisierungen werden in den übrigen Fällen sehr allgemein gefasste Kriterien zur Überprüfung von unternehmerischen Entscheidungen im Hinblick darauf, ob sie unverantwortlich sind und damit die Grenzen des unternehmerischen Handlungsermessens überschreiten, herangezogen. Diese Kriterien enthalten wiederum unbestimmte Rechtsbegriffe und sind daher auslegungsbedürftig. So darf es sich nicht um unüberschaubare, unkontrollierbare oder übermäßig große Risiken handeln. Und auch diese Begriffe sind sehr vage. Die Einordnung eines Risikos in diese Kategorien ist stets auch vom Betrachter abhängig.

Mit Blick auf eine Abwägung der Chancen und Risiken der Maßnahme für die Gesellschaft sehen die Gerichte das Handeln des Organs als unverantwortlich bzw. unvertretbar an, wenn sie in keinem angemessenen Verhältnis zueinanderstehen, die Wahrscheinlichkeit des Fehlschlagens eines Geschäfts bei der konkreten Maßnahme gegenüber den Vorteilen überwiegt, oder ein erhebliches Risiko vorliegt und es keine vernünftigen Gründe dafür gibt, es dennoch einzugehen. Eine Einordnung von Sachverhalten unter diese Maßstäbe erscheint aufgrund der unbestimmten Merkmale als sehr schwierig. Es fällt auch auf, dass nicht stets die Vornahme der Abwägung oder die Nachvollziehbarkeit deren Inhalts überprüft wird, sondern zum Teil nur die Risiken berücksichtigt und diese ohne eine Betrachtung von Gewinnmöglichkeiten für die Gesellschaft als unverantwortlich dargestellt werden. Dies geschieht in Fällen, in denen das Gericht das Risiko als besonders groß eingestuft hat, namentlich bei bestandsgefährdenden Geschäften, bei Geschäften mit spekulativem Charakter und beim Eingehen von Klumpenrisiken. Möglicherweise wird das Risiko von vorneherein als zu hoch angesehen, als dass es überhaupt durch irgendeinen Vorteil aufgewogen werden könnte. Allerdings wird dies in den betreffenden Entscheidungsgründen nicht eindeutig zum Ausdruck gebracht.

Es fällt auf, dass in den meisten Fällen die Eintrittswahrscheinlichkeit mit Blick auf das Risiko nicht berücksichtigt, sondern bereits eine Pflichtverletzung wegen des Ausmaßes des drohenden Schadens bejaht wird. Auch hier werden möglicherweise in den vorgenannten Fällen mit besonders erheblichen Risiken diese von vorneherein als zu groß angesehen, als dass es noch auf die Höhe der Wahrscheinlichkeit der Realisierung ankommen würde. Allerdings rechtfertigt diese Überlegung keinesfalls das Nichtbeachten der Eintrittswahrscheinlichkeit bei den übrigen Organentscheidungen, in denen es nicht um existenzgefährdende oder spekulative Geschäfte bzw. um Klumpenrisiken geht. Je nachdem, ob eine geringe oder große Wahrscheinlichkeit des Risikoeintritts vorliegt, ist im Einzelfall eine Verschiebung der Bewertung des Organhandelns als verantwortlich oder nicht verantwortlich durchaus denkbar.

Bei Betrachtung der Gerichtsentscheidungen können mit Blick auf den Sachverhalt verschiedene Fallgruppen gebildet werden. Neben den schon erwähnten bestandsgefährdenden, spekulativen und mit Klumpenrisiken verbundenen Geschäften sowie den Kreditvergaben hatte sich die untersuchte Rechtsprechung auch mit Vertragsgestaltungen, Entscheidungen in Dilemma-Situationen, bei denen jede Handlungsalternative erhebliche Risiken mit sich bringt, und Entscheidungen aus Eigennutz zu befassen. Es fällt auf, dass bei den Geschäften mit besonders großen Risiken, aber auch bei nicht oder nur unzureichend gesicherten Kreditvergaben und eigennützigen Geschäften sehr strenge Maßstäbe gesetzt werden und ein Haftungsprivileg zumeist abgelehnt wird. Vertragsgestaltungen hingegen werden eher zurückhaltend bewertet. Da Verträge von den Parteien ausgehandelt werden, wird lediglich überprüft, ob die gegenseitigen Vertragspflichten – insgesamt gesehen – in etwa ausgewogen sind. In den Dilemma-Situationen wird geschaut, welche Handlungsalternative aus der Ex-ante-Perspektive diejenige mit dem geringeren Risiko ist.

Insgesamt betrachtet sind es nur wenige Entscheidungen, in denen ein Handeln im Ergebnis tatsächlich als unverantwortlich bewertet worden ist. Bei diesen fällt auf, dass sie durchweg krasse Fehlentscheidungen der Organe betreffen, bei denen ein Handeln entgegen dem Wohl der Gesellschaft offensichtlich ist und die Fehlerhaftigkeit sich sowohl den Handelnden als auch Außenstehenden geradezu aufdrängen muss.[748] Bei nicht so drastischen Fällen wird die Entscheidung des Organmitglieds als noch innerhalb der Grenzen unternehmerischen Ermessens beurteilt. Daher ist es schwierig, aus dieser Rechtsprechung subsumtionsfähige Kriterien herzuleiten, die im Einzelfall auch bei nicht so offensichtlichen Fehlentscheidungen für ein unvertretbares Handeln sprechen können. Für diese Fälle fehlen präzise Aussagen oder zumindest eine Festlegung konkreter Anhaltspunkte, um die Grenze zwischen noch vertretbarem und nicht mehr vertretbarem Handeln im Einzelfall bestimmen zu können. Es wäre allerdings auch denkbar, dass die Rechtsprechung grundsätzlich nur bei offensichtlichen und besonders schwerwiegenden Fehlentscheidungen das Handeln zum Wohle der Gesellschaft verneinen möchte, weil sie nur in solchen Extremfällen ein unverantwortliches Eingehen von Risiken annimmt.

Abschließend kann festgestellt werden, dass die Anforderungen der Rechtsprechung an die vernünftige Annahme des Handelns zum Wohle der Gesellschaft als niedrig einzuordnen sind. Nur in drastischen Fällen wird dieses Tatbestandsmerkmal verneint. Diese verbleibenden krassen Fehlentscheidungen werden dann allerdings sehr strikt gehandhabt, da bei den genannten Fallgruppen wie Klumpenrisiken, existenzgefährdenden Geschäften und Kreditvergaben ohne Beachtung der Beleihungsobergrenzen und ohne Hereinnahme üblicher Sicherheiten die Unverantwortlichkeit ohne weitere Differenzierung angenommen wird.[749]

b. Anforderungen zu niedrig?

Es stellt sich die Frage, ob die dargestellten Anforderungen der Rechtsprechung an das Vorliegen eines Handelns zum Wohle der Gesellschaft möglicherweise zu niedrig sind und die Handhabung der Gerichte zu großzügig ist, wenn es nur Entscheidungen bemängelt, bei denen ganz offensichtlich die vernünftige Annahme verneint werden muss, dass sie dem Gesellschaftsinteresse entsprechen.

In der Literatur hat man sich in vielen Veröffentlichungen mit den Voraussetzungen des Handelns zum Wohle der Gesellschaft auseinandergesetzt. Nachfolgend sollen Vorschläge und Ansätze in der Literatur betrachtet werden. Insoweit ist von Interesse, ob dieses Tatbestandsmerkmal näher konkretisiert werden kann,

---

748 Vgl. auch *J.-H. Binder*, AG 2012, S 885, 890 für die Rechtsprechung bis zum Jahr 2012.

749 Lediglich im Bereich von Spekulationsgeschäften hat das *LG Kiel* in seinem Urteil vom 05.02.2016, 14 HKO 134/12, zitiert nach juris Rdn. 32, eingeräumt, dass solche in bestimmten einzelnen Branchen noch innerhalb des Handlungsermessens liegen können; siehe oben unter Gliederungspunkt B III 2 q.

bei der Prüfung der Erfüllung dieser Tatbestandsvoraussetzung stärker differenziert wird und mit Blick auf die Anforderungen andere Maßstäbe gesetzt werden. Daher werden nur solche Ansätze dargestellt, die von den aufgeführten Kriterien der Rechtsprechung abweichen, diese ergänzen oder differenzierter betrachten.

c. *Diskussionsstand in der Literatur und Würdigung der Ansichten*

aa. *Berücksichtigung auch der Chancen für die Gesellschaft*

In der Literatur wird neben der Betrachtung der Risiken, mit der eine bestimmte Maßnahme verbunden ist, auch stets eine Berücksichtigung der Chancen für die Entwicklung der Gesellschaft gefordert.[750] Das Risiko als möglicher Eintritt eines nachteiligen Ereignisses dürfte nicht isoliert bewertet werden, sondern unter Abwägung mit der Gewinnerwartung zugunsten des Unternehmens. Erst das Verhältnis zwischen Risiko und Chance könnte eine Aussage darüber ermöglichen, ob ein Handeln noch vertretbar ist.[751] Bestünden mehrere Handlungsmöglichkeiten mit gleichen Gewinnchancen, ist die risikoärmere zu wählen. Umgekehrt habe sich das Organ für die Alternative zu entscheiden, die mehr Gewinn erzielt, wenn die Risiken jeweils gleich groß sind.[752] Die Überprüfung der Chancen und Risiken in allen Fällen bedeutet eine Abweichung von der Rechtsprechung, die nicht immer eine solche Abwägung vorgenommen, sondern zum Teil einseitig nur die Risiken bewertet hat, insbesondere bei Organentscheidungen mit einem besonders hohen Risiko.

Da sich die Bewertung verschieben kann, je nachdem wie hoch die Gewinnmöglichkeiten ausfallen, sollte immer auf die Gesamtumstände geachtet werden. Ein großer Gewinn kann auch ein erhebliches Risiko rechtfertigen. Eine isolierte Betrachtung der Risiken, auch wenn sie besonders groß erscheinen, ist zu eng und lässt keine weiteren Differenzierungen zu.

bb. *Berücksichtigung der Höhe des drohenden Schadens und der Wahrscheinlichkeit des Risikoeintritts*

Bei der Beurteilung, ob eingegangene Risiken ein unverantwortliches Handeln darstellen, wird in der Literatur – neben der Betrachtung immer auch der Chancen für die Gesellschaft – außerdem sowohl auf die Höhe des Schadens, den die Gesellschaft durch die Maßnahme erleiden kann, als auch auf die Realisierungswahrscheinlichkeit abgestellt.[753] Es könne nicht eine bestimmte Risikogröße

---

750 *Lutter*, GmbHR 2000, S. 301, 306; *Meyer*, CCZ 2011, S. 41, 43; *M. Schmidt*, ZZB 2006, S. 31, 33 und 34; *Semler*: in Festschrift für *Ulmer*, S. 627, 635; *Spindler*: in Münchener Kommentar zum AktG, § 93 Rdn. 65.

751 Vgl. *Fleischer*: in *Spindler/Stilz*, AktG, § 93 Rdn. 80; *U.H. Schneider*, DB 2011, S. 99, 101.

752 *Müller-Michaels/Wingerter*, AG 2010, S. 903, 907 f.

753 *Drygala*: in Festschrift für *Hopt*, S. 541, 550 f.; *Meyer*, CCZ 2011, S. 41, 43; *U. Schmidt*: in *Heidel*, Aktienrecht und Kapitalmarktrecht, § 93 AktG Rdn. 53, 55 und 89.

ausschließlich anhand der Höhe des möglichen Verlustes festgelegt werden, bei deren Erreichen ein Risiko zu einem unverantwortlichen werde, sondern es müsste bei der Bewertung immer auch einfließen, wie hoch die Wahrscheinlichkeit sei, dass es sich letztendlich realisiere und der zunächst lediglich drohende Schaden tatsächlich eintrete.[754] Wegen dieses Zusammenspiels der Eintrittswahrscheinlichkeit und der Größe des möglichen Schadens bei der Bewertung des Risikos könne mit Blick auf eine Pflichtverletzung des handelnden Organs unterschiedlich zu bewerten sein, ob eine geringe/hohe Wahrscheinlichkeit eines großen/kleinen Schadens besteht. Je geringer die Wahrscheinlichkeit der Risikoverwirklichung sei, desto höher dürfe der möglicherweise eintretende Schaden sein.[755]

Beim Kriterium der Eintrittswahrscheinlichkeit wird in der Literatur unterschieden: Bestehe aus Ex-ante-Sicht eine sehr hohe Eintrittswahrscheinlichkeit, liege bereits eine konkrete Gefährdung des Vermögens der Gesellschaft vor, sodass das handelnde Organ eher zur Unterlassung der Maßnahme verpflichtet sein könnte.[756] Handele es sich hingegen um äußerst unwahrscheinliche Risiken, könnte ihr Eingehen zulässig sein, auch wenn der Schaden bei Realisierung dieses Restrisikos hoch sei.[757] Risiken werden sich aber oftmals nicht unter diese beiden Extreme einordnen lassen, wenn sie nämlich weder äußerst wahrscheinlich noch äußerst unwahrscheinlich sind, sondern eine „mittlere" Wahrscheinlichkeit aufweisen. Es ist in diesen Fällen schwierig, eine konkrete Grenze der Eintrittswahrscheinlichkeit zu bestimmen, bei deren Überschreiten die Maßnahme nicht mehr zulässig ist.[758]

Im Einzelfall kann es sich um eine Maßnahme handeln, bei der die Eintrittswahrscheinlichkeit des Risikos nicht prognostiziert werden kann, da der mögliche Eintritt des Schadens weder durch Berechnung noch durch Einschätzung zu greifen ist. Bei einer solchen Entscheidung müsse jedes möglicherweise sich ergebende Ereignis betrachtet und bewertet werden.[759]

Da beide Aspekte – Schadenshöhe und Eintrittswahrscheinlichkeit des Risikos – die Höhe des Risikos beeinflussen, ist eine gemeinsame Betrachtung notwendig, um der konkreten Situation gerecht zu werden und die Grenzen zwischen noch und nicht mehr verantwortlichem Handeln schärfer ziehen zu können. Daher erscheint die Praxis der Rechtsprechung, eine Eintrittswahrscheinlichkeit in den meisten Fällen nicht zu prüfen, sondern allein auf das Ausmaß des drohenden Schadens abzustellen, zu einseitig und starr. Die Literatur nimmt eine

754 Vgl. auch *Drygala*: in Festschrift für *Hopt*, S. 541, 550, der das Vorliegen eines „absoluten Risikos" ablehnt.
755 *U. Schmidt*: in *Heidel*, Aktienrecht und Kapitalmarktrecht, § 93 AktG Rdn. 55.
756 *Redeke*, ZIP 2010, S. 159, 160.
757 *Drygala*: in Festschrift für *Hopt*, S. 541, 551.
758 *Drygala*: in Festschrift für *Hopt*, S. 541, 558.
759 *Baums*, ZGR 2011, S. 218, 223, der solche Entscheidungen „Entscheidungen unter Ungewissheit" nennt.

differenziertere Betrachtung vor und berücksichtigt auch das Zusammenspiel der unterschiedlichen Aspekte im einzelnen Fall.

Bei dem Kriterium der Schadenshöhe bei Realisierung des Risikos sollte der drohende Vermögensnachteil auch im Verhältnis zur Finanzkraft und Marktlage des Unternehmens und zum Unternehmenswert betrachtet werden, da die Einordnung eines Handelns als zum Wohle der Gesellschaft bei einem großen Verlust auch davon abhängt, ob die Gesellschaft den möglicherweise eintretenden Schaden finanziell verkraften kann. Die gleiche Schadenshöhe hat bei einem großen Unternehmen völlig andere Auswirkungen als bei einem kleineren.

cc. Behandlung bestandsgefährdender Risiken

Im Zusammenhang mit der Höhe des möglichen Verlustes wird in der Literatur diskutiert, wie bestandsgefährdende Risiken, also Risiken, bei deren Eintritt die Existenz des Unternehmens vernichtet wird, zu behandeln sind. Solche Risiken stellen Extremrisiken dar, bei deren Vorliegen sich die Frage stellt, ob sie nicht per se stets als unverantwortlich anzusehen sind.

(1) Strikte Bewertung des Eingehens bestandsgefährdender Risiken als Pflichtverletzung

In der Rechtsprechung wird bei unternehmerischen Entscheidungen, die bestandsgefährdende Risiken für die Gesellschaft enthalten, ein Überschreiten des Handlungsermessens bejaht. Das Eingehen von Risiken, die bei Realisierung zum Untergang des Unternehmens führen würden, sei sorgfaltswidrig. In der Literatur wird dies zum Teil ebenso strikt vertreten. Die Maßnahme wird stets als rechtswidrig angesehen und ein Handeln zum Wohle der Gesellschaft abgelehnt.[760] Selbst Maßnahmen, die ein Unternehmen aus einer Krise führen könnten, müssten bei einer Bestandsgefährdung unterlassen werden.[761] Es wird sogar herausgestellt, dass das Eingehen existenzbedrohender Risiken auch dann eine Pflichtverletzung darstellt, wenn deren Realisierung völlig unwahrscheinlich sei und die Maßnahme große Chancen mit sich bringe.[762] Auch dies läge auf der Linie der Rechtsprechung, wenn sie ein solches Risiko stets – völlig unabhängig von den Vorteilen aus diesem Geschäft oder der Höhe der Eintrittswahrscheinlichkeit des Risikos – als zu hoch ansieht.

---

760 *Altmeppen*: in *Altmeppen*, GmbHG, § 43 Rdn. 16; *Brüning/Samson*, ZIP 2009, S. 1089, 1092; *Freund*, GmbHR 2011, S. 238, 242; *Kock/Dinkel*, NZG 2004, S. 441, 443; *Koppensteiner/Gruber*: in *Rowedder/Schmidt-Leithoff*, GmbHG, (5. Aufl.), § 43 Rdn. 18; *Lutter*, GmbHR 2000, S. 301, 305, *ders.*, ZIP 2007, S. 841, 844; *ders.*, ZIP 2009, S. 197, 199; *Mertens/Cahn*: in Kölner Kommentar zum AktG, § 93 Rdn. 24; *U.H. Schneider*, BB 2011, S. 99, 101; *Spindler*: in Münchener Kommentar zum AktG, § 93 Rdn. 63.

761 *Spindler*: in Münchener Kommentar zum AktG, § 93 Rdn. 63 und 64.

762 *Lutter*, GmbHR 2000, S. 301, 305.

Zur Begründung dieser strengen Sichtweise wird in der Literatur zum Teil die ARAG/Garmenbeck-Entscheidung herangezogen.[763] Dort wird eine Pflichtverletzung angenommen, wenn „die Bereitschaft, unternehmerische Risiken einzugehen, in unverantwortlicher Weise überspannt wird".[764] Allerdings werden bestandsgefährdende Risiken in diesem Urteil nicht ausdrücklich erwähnt und der Sachverhalt, der dieser Entscheidung zugrunde lag, betraf auch kein Risiko, dass die Existenz der ARAG AG bedroht hätte, sodass daraus nicht die Annahme hergeleitet werden kann, dass das Eingehen bestandsgefährdender Risiken immer ein unverantwortliches Handeln darstellt.[765]

Auch aus der Gesetzesbegründung zum UMAG lässt sich ein solcher Schluss nicht ziehen. Es wird Bezug auf die ARAG/Garmenbeck-Entscheidung genommen und im Übrigen ausdrücklich darauf hingewiesen, dass der Mut zum Risiko nicht genommen werden soll.[766] Bestandsgefährdende Risiken werden nicht erwähnt.

(2) Differenzierte Betrachtung des Eingehens bestandsgefährdender Risiken

Teilweise wird die Behandlung bestandsgefährdender Risiken differenzierter und bezogen auf die Umstände des Einzelfalls vorgenommen. So müsse der Unternehmensgegenstand berücksichtigt werden, da in bestimmten Branchen wie beispielsweise bei Banken oder Versicherungen die Übernahme von Risiken zum Geschäftsbereich gehört.[767] In solchen Branchen können Entscheidungen einen bestandsgefährdenden Charakter bekommen. Auch könnte durch die Häufung von Risiken ein bestandsgefährdendes Gesamtrisiko entstehen.[768] In Fällen, in denen der Unternehmensgegenstand die Möglichkeit auch existenzgefährdender Risiken mit sich bringt, könne eine Haftung des Organs allein wegen der Tatsache des Eingehens eines solchen dazu führen, dass das unternehmerische Handeln lahmgelegt würde und die Realisierung des Unternehmensgegenstands unterbliebe.[769] Es entstünde ein Konflikt mit dem Unternehmenszweck.[770]

---

763 *Lutter*, ZIP 2009, S. 197, 199; *Mertens/Cahn*: in Kölner Kommentar zum AktG, § 93 Rdn. 24.

764 *BGH*, Urteil vom 21.04.1997, II ZR 175/95, BGHZ 135, S. 244, 253 – ARAG/Garmenbeck.

765 Vgl. auch *Balthasar/Hamelmann*, WM 2010, S. 589, 590; *Hopt/Roth*: in Großkommentar zum AktG, § 93 Rdn. 88 Fn. 290 und Rdn. 195.

766 RegBegr. UMAG-E, BT-Drucksache 15/5092, S. 1, 12.

767 *Fleischer*: in *Spindler/Stilz*, AktG, § 93 Rdn. 81; *ders.*, NJW 2010, S. 1504, 1506; *Hopt/Roth*: in Großkommentar zum AktG, § 93 Rdn. 88; *Koch*: in *Hüffer/Koch*, AktG, § 93 Rdn. 27; *Krieger/Sailer-Coceani*: in *K. Schmidt/Lutter*, AktG, § 93 Rdn. 18; *Schäfer/Zeller*, BB 2009, S. 1706, 1708.

768 *Schäfer/Zeller*, BB 2009, S. 1706, 1708.

769 *Krieger/Sailer-Coceani*: in *K. Schmidt/Lutter*, AktG, § 93 Rdn. 18.

770 *Meyer*, CCZ 2011, S. 41, 43 nennt weitere Beispiele von Geschäftsbereichen außerhalb des Finanzsektors, die existenzgefährdende Risiken mit sich bringen können wie die chemische Industrie oder der Betrieb eines Atomkraftwerks.

Folgende Beispiele für Maßnahmen mit abstrakt bestandsgefährdenden Risiken, die nicht von vorneherein stets als unverantwortlich einzustufen seien, werden genannt: ein Technologiewechsel, der eine große Chance für die Gesellschaft bedeuten, sich aber bei einem Misserfolg durchaus bestandsgefährdend auswirken könne[771]; Maßnahmen für junge, gering kapitalisierte Start-up-Unternehmen mit innovativen Geschäftsideen[772] und Entscheidungen in der Krise einer Gesellschaft[773]. Das Eingehen eines existenzgefährdenden Risikos könne im Einzelfall die (einzige) Möglichkeit für ein Unternehmen darstellen, weiter am Markt zu bleiben.[774]

Die Vertreter der differenzierten Betrachtungsweise, die nicht pauschal jede Maßnahme mit bestandsgefährdendem Risiko als unzulässig ansehen, stellen darauf ab, ob im Einzelfall ausreichende, in der jeweiligen Branche vorgegebene oder übliche Absicherungen gegen den Eintritt oder zur Beschränkung der Risiken vorgenommen worden seien und eine sorgfältige Prävention stattgefunden habe.[775] Es müsse vermieden werden, dass das Risiko unkontrollierbar werde.[776] Schließlich werden auch hier wie generell bei der Bewertung der Zulässigkeit von Risiken die Risikowahrscheinlichkeit und die Abwägung der Risiken mit den Chancen für die Gesellschaft in die Betrachtung einbezogen.[777] Es müsse nicht davon ausgegangen werden, dass sich bei der geplanten Maßnahme ein völlig fernliegendes Risiko realisiert und der schlimmste Fall eintritt, wenn nicht ausnahmsweise besondere Umstände vorliegen.[778]

Sicherlich werden bestandsgefährdende Risiken im Ergebnis zumeist unverantwortlich sein. Allerdings sind Konstellationen denkbar, in denen dennoch ein Handeln im Rahmen des unternehmerischen Ermessens vorliegen könnte. Gerade in den zuvor genannten Beispielen, in denen das Verbleiben des Unternehmens am Markt ohne die Entscheidung für die bestandsgefährdende Maßnahme äußerst zweifelhaft ist, könnte eine Pflichtverletzung verneint werden, wenn die Entscheidung eine extrem große Chance für die Zukunft der Gesellschaft mit sich bringt, die Wahrscheinlichkeit der Realisierung des Risikos besonders gering ist und die

---

771 *Hopt/Roth*: in Großkommentar zum AktG, § 93 Rdn. 88; *Krieger/Sailer-Coceani*: in *K. Schmidt/Lutter*, AktG, § 93 Rdn. 18; *Meyer*, CCZ 2011, S. 41, 43.

772 *Redeke*, ZIP 2010, S. 159, 160; *Semler*: in Festschrift für *Ulmer*, S. 627, 635.

773 *Redeke*, ZIP 2010, S. 159, 160.

774 *Hopt/Roth*: in Großkommentar zum AktG, § 93 Rdn. 195.

775 *Bank*: in *Patzina/Bank/Schimmer/Simon-Widmann*, Haftung von Unternehmensorganen, S. 91; *Baums*, ZGR 2011, S. 218, 255; *Krieger/Sailer-Coceani*: in *K. Schmidt/Lutter*, AktG, § 93 Rdn. 18; *Meyer*, CCZ 2011, S. 41, 43; *Spindler*: in Münchener Kommentar zum AktG, § 93 Rdn. 64; *ders.*, NZG 2010, S. 281, 284.

776 *Koch*: in *Hüffer/Koch*, AktG, § 93 Rdn. 27.

777 *Balthasar/Hamelmann*, WM 2010, S. 589, 590; *Drygala*: in Festschrift für *Hopt*, S. 541, 558; *Krieger/Sailer-Coceani*: in *K. Schmidt/Lutter*, AktG, § 93 Rdn. 18; *Meyer*, CCZ 2011, S. 41, 43.

778 *Schnorbus*: in *Rowedder/Schmidt-Leithoff*, GmbHG, (6. Aufl.), § 43 Rdn. 32.

erforderlichen Absicherungen vorgenommen worden sind. Es ist eine umfassende Prüfung und Abwägung des Handelnden zu verlangen, die alle Kriterien berücksichtigt.

Auch eine Berücksichtigung des Unternehmensgegenstands ist zu befürworten, da manche Geschäftszweige es mit sich bringen, dass häufiger als in anderen über Maßnahmen oder Geschäfte mit extrem hohen Risiken zu entscheiden sind, die im Einzelfall zur Bestandsgefährdung des Unternehmens führen können. Allerdings rechtfertigt dieser Umstand allein nicht die Ablehnung eines unverantwortlichen Handelns. Auch in diesen Fällen ist auf die Eintrittswahrscheinlichkeit des Risikos, die Größe der möglichen Vorteile für die Gesellschaft und eine optimale Absicherung zu achten.

dd. Behandlung von Klumpenrisiken

Als Klumpenrisiko wird eine Häufung von gleich gelagerten Risiken bezeichnet. Im Bankenbereich hat die Deutsche Bundesbank den Begriff des Klumpenrisikos näher definiert.[779] Aber auch außerhalb dieser Branche können Klumpenrisiken in Betracht kommen, etwa bei Unternehmen, die an einen bestimmten Hersteller gebunden sind oder nur wenige Großkunden haben.[780] Es muss sich auch nicht stets um bestandsgefährdende Risiken handeln. Auch bei Anlageentscheidungen können solche Risiken entstehen, wenn das Leitungsorgan nicht eine hinreichende Diversifikation berücksichtigt. In der Rechtsprechung wird bei unternehmerischen Entscheidungen, die Klumpenrisiken enthalten, ein Überschreiten des Handlungsermessens bejaht, wobei es um den Bereich des Bankmanagements ging. In der Literatur wird dies teilweise genauso streng gesehen,[781] häufig aber differenzierter betrachtet.

Die Eingehung von Klumpenrisiken sei nicht per se rechtswidrig, sondern müsse im Einzelfall betrachtet werden.[782] Es könne eine rechtfertigende Begründung für den Verzicht des Leitungsorgans auf eine Risikostreuung wie beispielsweise den Erhalt einer entsprechenden Risikoprämie oder die Erwartung eines hohen Gewinns geben.[783] Ferner seien auch stets der Unternehmensgegenstand und das Geschäftsmodell zu berücksichtigen, denn diese können Klumpenrisiken

---

779 Siehe oben unter Fn. 629.

780 Vgl. diese und weitere Beispiele bei *Baums*, ZGR 2011, S. 218, 240 und *Hopt/Roth*: in Großkommentar zum AktG, § 93 Rdn. 89 und 200.

781 *Lutter*, ZIP 2009, S. 197, 199.

782 *Fleischer*: in *Spindler/Stilz*, AktG, § 93 Rdn. 83; *ders.*, NJW 2010, S. 1504 f.; *Hopt/Roth*: in Großkommentar zum AktG, § 93 Rdn. 89; *Krieger/Sailer-Coceani*: in *K. Schmidt/Lutter*, AktG, § 93 Rdn. 20; *Müller-Michaels/Wingerter*, AG 2010, S. 903, 907 f.

783 *Fleischer*: in *Spindler/Stilz*, AktG, § 93 Rdn. 83; *ders.*, NJW 2010, S. 1504 f.; *Fleischer/Schmolke*, ZHR 173 (2009), S. 649, 677; *Müller-Michaels/Wingerter*, AG 2010, S. 903, 908.

mit sich bringen oder eine Diversifikation beschränken.[784] Wenn die angebotenen Produkte oder Dienstleistungen und damit auch der Lieferanten- und Kundenkreis sehr speziell seien, oder wenn Unternehmen nur regional tätig sein würden, könne dies zu Klumpenrisiken führen.[785]

Es müssten im Einzelfall Absicherungen gegen den Eintritt der Risiken erfolgen[786] und es dürften keine übermäßig großen Risikohäufungen entstehen[787].

Auch bei Vorliegen von Klumpenrisiken sollte – wie bei bestandsgefährdenden Risiken – immer genau auf den Einzelfall eingegangen und nicht allein aufgrund der Existenz eines solchen Risikos eine Pflichtverletzung bejaht werden. Es muss die konkrete Situation des Unternehmens berücksichtigt und außerdem geprüft werden, inwieweit das handelnde Organ überhaupt die Möglichkeit zur Risikostreuung hatte. Ferner sind auch hier die Chancen für die Gesellschaft, die Höhe des drohenden Verlustes, die Wahrscheinlichkeit des Risikoeintritts und die Vornahme der erforderlichen Sicherungsmaßnahmen in Augenschein zu nehmen. Eine solche umfassende Betrachtung kann ergeben, dass im konkreten Fall trotz Vorliegens eines Klumpenrisikos nicht unverantwortlich gehandelt worden ist.

ee. Spekulationsgeschäfte

Spekulationsgeschäfte sind auf Gewinnerzielung durch das Ausnutzen zeitlicher Preis-, Zins- oder Kursveränderungen gerichtet. Solche Geschäfte sind mit einem Risiko behaftet. In Zusammenhang mit Spekulationsgeschäften hatte bereits das LG Kiel[788] auf eine Berücksichtigung der Branche hingewiesen, in der das Unternehmen tätig ist. Auch in der Literatur werden der Geschäftszweig und noch konkreter der Unternehmensgegenstand in die Bewertung des Handelns zum Wohle der Gesellschaft bei Geschäften mit spekulativem Charakter einbezogen.[789] Lasse der Unternehmensgegenstand ein solches Geschäft zu, seien die weiteren Kriterien wie das Verhältnis von Chancen und Risiken, die Wahrscheinlichkeit der Risikoverwirklichung, die Verlusthöhe und die Möglichkeiten zur Risikobegrenzung zu betrachten.[790]

---

784 *Baums*, ZGR 2011, S. 218, 240; *Spindler*: in Münchener Kommentar zum AktG, § 93 Rdn. 64.

785 *Baums*, ZGR 2011, S. 218, 240; *Meyer*, CCZ 2011, S. 41, 46 für Unternehmen im Bankenbereich.

786 *Meyer*, CCZ 2011, S. 41, 46.

787 *Hopt/Roth*: in Großkommentar zum AktG, § 93 Rdn. 200; *Fleischer*: in *Spindler/Stilz*, AktG, § 93 Rdn. 83; *ders.*, NJW 2010, S. 1504; *Spindler*, NZG 2010, S. 281, 284.

788 *LG Kiel*, Urteil vom 05.02.2016, 14 HKO 134/12, zitiert nach juris; siehe oben unter Gliederungspunkt B III 2 q.

789 *Baums*, ZGR 2011, S. 218, 232; *Fleischer*: in *Spindler/Stilz*, AktG, § 93 Rdn. 82.

790 *Fleischer*: in *Spindler/Stilz*, AktG, § 93 Rdn. 80; *Hopt/Roth*: in Großkommentar zum AktG, § 93 Rdn. 194.

Der Unternehmensgegenstand der Gesellschaft ist – wie bei den existenzgefährdenden Risiken und Klumpenrisiken – auch bei Risiken, die aus einem spekulativen Charakter des Geschäfts resultieren, ein wichtiges Kriterium zur Einordnung der Organentscheidung als unverantwortlich bzw. noch vertretbar. Erfasst der Unternehmenszweck auch Spekulationsgeschäfte, sind die weiteren Kriterien, die bereits bei den Klumpenrisiken aufgeführt worden sind,[791] zu betrachten. Erst aus der Gesamtschau kann im Einzelfall festgestellt werden, ob das spekulative Geschäft die Grenzen des unternehmerischen Ermessens überschreitet.

ff. Pflicht zur Risikominimierung

In einzelnen Entscheidungen haben die Gerichte eine Pflichtverletzung des handelnden Organs wegen fehlender Risikominderung beispielsweise durch Absicherungen oder Risikostreuung bejaht. Eine Pflicht zur generellen Minimierung von Risiken wird jedoch nicht ausdrücklich aufgestellt. In der Literatur wird die Frage nach einer solchen Pflicht des Leitungsorgans nicht einheitlich beantwortet.

Es wird vertreten, dass stets alle Möglichkeiten ausgeschöpft werden müssten, um Risiken zu reduzieren.[792] Dem wird entgegengehalten, dass das Leitungsorgan grundsätzlich nicht verpflichtet sei, risikoscheu zu handeln, sondern sich durchaus für risikobehaftete Maßnahmen entscheiden dürfe bzw. je nach Geschäftsbereich des Unternehmens solche sogar eingehen müsse.[793] Ferner könne nicht verlangt werden, dass Methoden zur Risikominimierung angewandt werden, deren Kosten im Ergebnis ähnlich hoch oder gar höher sind als der mögliche Verlustbetrag bei Eintritt des Risikos.[794] Eine Risikominderung sei auch nur insoweit sinnvoll, als der erwartete Gewinn aus dem Geschäft nicht ebenfalls stark sinkt.[795] Diese Auffassung stellt auch bei der Pflicht zur Risikoreduzierung auf den konkreten Einzelfall ab.[796]

Solche Risikominderungen können beispielsweise durch Absicherungen, Risikodiversifikationen, Begrenzungen des Volumens risikobehafteter Geschäfte oder Übertragungen von Risiken auf Dritte wie Versicherungen erfolgen.[797]

Der Mittelweg scheint hier angezeigt. Das handelnde Organmitglied sollte in jedem einzelnen Fall Möglichkeiten der Risikominderung in Betracht ziehen und dahin gehend überprüfen, ob sie im konkreten Fall angemessen und nicht außer Verhältnis zum Umfang des Risikos erscheinen. Je größer der drohende Schaden

---

791 Siehe oben unter Gliederungspunkt B III 3 c dd.

792 *Lutter*, GmbHR 2000, S. 301, 305; *U. Schmidt*: in *Heidel*, Aktienrecht und Kapitalmarktrecht, § 93 AktG Rdn. 54 und 55.

793 *Hopt/Roth*: in Großkommentar zum AktG, § 93 Rdn. 88; *Müller-Michaels/Wingerter*, AG 2010, S. 903, 907 f.

794 *Baums*, ZGR 2011, S. 218, 237.

795 *M. Schmidt*, ZBB 2006, S. 31, 33.

796 Vgl. auch *Fleischer*: in *Spindler/Stilz*, AktG, § 93 Rdn. 82.

797 *Baums*, ZGR 2011, S. 218, 237; *Fleischer*: in *Spindler/Stilz*, AktG, § 93 Rdn. 82; *Hopt/Roth*: in Großkommentar zum AktG, § 93 Rdn. 192.

und die Eintrittswahrscheinlichkeit sind, desto wichtiger ist die optimale Absicherung des Geschäfts. Daher kann je nach den Umständen des Einzelfalls auch eine Verdichtung der Anforderungen entstehen, die eine fehlende oder völlig unzureichende Risikoreduzierung zur Pflichtverletzung des Handelnden werden lässt.

d. Ergebnis

Während einige Stimmen in der Literatur bei der näheren Konkretisierung, welches Handeln des Organs als nicht mehr zum Wohle der Gesellschaft angenommen werden kann, der Rechtsprechung folgen und bei Vorliegen bestimmter Voraussetzungen strikt ein unverantwortliches Handeln bejahen, weisen andere Ansätze bei den genannten Kriterien eine differenzierte und flexible Betrachtungsweise auf. Sie sind nicht so starr gefasst und berücksichtigen mehr die Umstände des Einzelfalles. Ferner werden die Kriterien in der Literatur nicht isoliert voneinander betrachtet, sondern es werden auch Wechselwirkungen einbezogen. Mit einer solchen präzisen Erstellung des Risikoprofils in der jeweiligen Konstellation kann die Grenze zwischen erlaubten unternehmerischen Wagnissen und verbotenen Risiken feiner gezogen werden. Auch die weniger drastischen Sachverhalte können besser eingeordnet werden, weil das Risiko in der jeweiligen Situation genau analysiert wird. Dies hätte zur Folge, dass auch in weniger offensichtlichen Fällen ein Handeln zum Wohl der Gesellschaft abgelehnt werden könnte und der Prüfungsmaßstab hinsichtlich dieses Tatbestandsmerkmals nicht mehr so großzügig wäre wie in der Rechtsprechung.

Bei der Bestimmung, welches Handeln unverantwortlich bzw. unvertretbar ist und die Grenzen des unternehmerischen Ermessens überschreitet, sollten stets das Verhältnis von Chancen und Risiken, die Wahrscheinlichkeit des Risikoeintritts und die mögliche Verlusthöhe in Abhängigkeit zum Unternehmenswert und zur Finanzlage der Gesellschaft herangezogen werden. Möglichkeiten zur Risikobegrenzung sind in Erwägung zu ziehen und zu prüfen, welche konkret in Betracht kommen und – auch mit Blick auf den Aufwand – geeignet und wirtschaftlich sinnvoll sind. Die Erforderlichkeit und die Art der Absicherungsmaßnahmen sollten sich dabei wiederum nach der Größe und der Eintrittswahrscheinlichkeit des Risikos richten. In diesem Zusammenhang sind auch spezielle Vorgaben zur Durchführung bestimmter Absicherungsstrategien beispielsweise in Bankenbereich zu beachten. Es ist zu prüfen, inwieweit das betreffende Risiko vom Unternehmensgegenstand getragen wird und ob dieser die Eingehung des Risikos möglicherweise sogar mit sich bringt. Auch mögliches Alternativverhalten ist bei der Entscheidungsfindung mit einzubeziehen.

Die Kriterien greifen ineinander und sind im Zusammenspiel zu betrachten. Die Bewertung ändert sich, wenn sich eines der Kriterien verändert. Daher kann zur Bewertung von Risiken nie allein die Höhe des drohenden Schadens ausschlaggebend sein und nicht lediglich der möglicherweise eintretende schlimmste Fall als Maßstab genommen werden, um ein pflichtgemäßes Handeln des Organs zu überprüfen.

Zur Messung des Risikos wird auf ökonomische Berechnungsmethoden zurückgegriffen, die die Schadenshöhe bei Risikoeintritt und die Risikowahrscheinlichkeit erfassen. Bei Investitionen kann ein Erwartungswert berechnet werden, der neben der Eintrittswahrscheinlichkeit auch das Ausmaß des Risikos berücksichtigt.[798] Letztlich ist dann ausschlaggebend, ob ein positiver oder negativer Erwartungswert errechnet wird. Häufig werden auch Value-at-Risk-Analysen vorgenommen, insbesondere in Finanzunternehmen.[799] Dieses Risikomaß gibt den maximal möglichen Wertverlust einer Vermögensposition in einem bestimmten Zeitraum mit einer gegebenen Wahrscheinlichkeit an.

Im Aktienrecht sind keine bestimmten Berechnungsmethoden vorgegeben. Das Organ hat unter Berücksichtigung der Umstände des Einzelfalls eine geeignete Methode zu wählen. Dabei kann es sich je nach Art und Bedeutung des Risikos um einfache oder komplexe Methoden handeln. Es kann unter Umständen auch erforderlich sein, verschiedene Methoden nebeneinander anzuwenden oder zusätzliche Berechnungen vorzunehmen, um eine möglichst genaue Risikoeinschätzung zu erhalten.[800]

IV. Zusammenfassung/Ergebnis

Zusammenfassend lässt sich feststellen, dass die Entwicklung der Rechtsprechung zu den einzelnen Tatbestandsmerkmalen der business judgment rule seit der ARAG/Garmenbeck-Entscheidung im bisher betrachteten originären Anwendungsbereich sehr unterschiedlich verlaufen ist. Während es mit Blick auf das Tatbestandsmerkmal der unternehmerischen Entscheidung keine Rechtsentwicklung im Vergleich zur Ausgangslage gegeben hat, sondern im Rahmen der Gerichtsentscheidungen stets nur neue Fallgruppen einbezogen wurden, ist eine solche sowohl bei der Voraussetzung der angemessenen Informationsgrundlage als auch bei derjenigen des Handelns zum Wohle der Gesellschaft zu verzeichnen.

Dabei tendiert die Rechtsprechung mit Blick auf das Vorliegen einer ausreichenden Informationsgrundlage zu sehr hohen Anforderungen, hinsichtlich des Handelns zum Wohle der Gesellschaft hingegen zu niedrigen. Insgesamt sind der BGH und die seiner Rechtsprechung folgenden Gerichte einerseits sehr streng, sodass viele unternehmerische Entscheidungen bereits an einer nicht ausreichenden Informationsgrundlage scheitern, andererseits sind die Beurteilungen, was die Gerichte als noch vertretbares unternehmerisches Handeln ansehen, sehr großzügig.

In der Gesamtschau kommt es zu einem Übermaß an Haftung, da aufgrund der Strenge im Bereich der als ausreichend erachteten Informationsgrundlage

798 *Drygala*: in Festschrift für *Hopt*, S. 541, 551 f.; *Jungmann*: in Festschrift für *K. Schmidt*, S. 831, 840.
799 *Baums*, ZGR 2011, S. 218, 230 f.
800 Vgl. *Baums*, ZGR 2011, S. 218, 235.

diese Voraussetzung nur selten erfüllt werden kann und eine Privilegierung schon aus diesem Grund entfällt, ohne dass eine Prüfung des Handelns zum Wohle der Gesellschaft noch zu erfolgen hat. Die eher großzügige Handhabung der Rechtsprechung im Rahmen der Prüfung, ob das Handeln des Organmitglieds noch in den Grenzen des unternehmerischen Ermessens liegt, wirkt sich in sehr vielen Fällen daher gar nicht mehr aus.

Sowohl bei der angemessenen Informationsgrundlage als auch beim Handeln zum Wohle der Gesellschaft könnte eine situationsadäquate Betrachtung unter Berücksichtigung verschiedener Kriterien und insbesondere auch derer Ineinandergreifen zu einer feineren und genaueren Abgrenzung zwischen pflichtgemäßem und pflichtwidrigem Verhalten des Organs führen. Eine starre und undifferenzierte Betrachtung der beiden Tatbestandsmerkmale könnte so vermieden werden.

Zur Konkretisierung der Angemessenheit der Informationsgrundlage scheinen die Kriterien der US-amerikanischen business judgment rule zielführend, die auch in der Regierungsbegründung zum UMAG anklingen. Diese umfassen die tatsächliche und rechtliche Verfügbarkeit der Informationen, die Tragweite und die Risikoträchtigkeit der Entscheidung, die Geschäftslage des Unternehmens, das zur Verfügung stehende Zeitfenster und der Kostenaufwand – auch im Verhältnis zum Nutzen – und die Relevanz der Informationen.

Bei der Prüfung, welche Entscheidung des Organs noch vertretbar bzw. verantwortlich mit Blick auf ein Handeln zum Wohle der Gesellschaft ist, sollten das Verhältnis von Chancen und Risiken, die Wahrscheinlichkeit des Risikoeintritts, die mögliche Schadenshöhe unter Berücksichtigung der wirtschaftlichen Situation der Gesellschaft und Möglichkeiten zur Risikoreduzierung betrachtet werden. Ferner ist der jeweilige Unternehmensgegenstand in die Prüfung einzubeziehen.

C. Anwendung des § 93 I 2 AktG auf Fallkonstellationen außerhalb seines originären Anwendungsbereichs

Nachdem in den vorherigen Gliederungspunkten unter Abschnitt B der Tatbestand des § 93 I 2 AktG in seinem originären Anwendungsbereich untersucht worden ist, soll nachfolgend das Augenmerk auf Fälle gerichtet werden, die nicht oder nicht eindeutig unter diesen Anwendungsbereich des § 93 I 2 AktG fallen, bei denen aber dennoch die Haftungsprivilegierung diskutiert wird. Dabei handelt es sich um Maßnahmen von Organmitgliedern, die zwar gegen Recht verstoßen, bei denen aber möglicherweise nicht zwingend die Legalitätspflicht gegenüber der Gesellschaft verletzt, sondern eine Anwendung der business judgment rule in Betracht gezogen wird. Die strikte Abgrenzung von gebundenen und unternehmerischen Entscheidungen wird in diesen Fällen „aufgeweicht".

Zunächst werden sogenannte nützliche Gesetzesverstöße, nützliche Vertragsbrüche und Entscheidungen unter Rechtsunsicherheit betrachtet und untersucht, ob und unter welchen Voraussetzungen diese möglicherweise von der Legalitätspflicht des Organs ausgenommen und der unternehmerischen Entscheidung und damit dem Anwendungsbereich des § 93 I 2 AktG zugeordnet werden können. Anschließend wird herausgearbeitet, ob die Geltendmachung von Schadensersatzansprüchen der Gesellschaft gegenüber dem Vorstand durch den Aufsichtsrat als unternehmerische Entscheidung gewertet werden kann. Und schließlich wird das Augenmerk darauf gerichtet, ob und inwieweit die business judgment rule auf Organisationspflichten des Geschäftsleiters anwendbar ist.

Nach einer kurzen Darstellung der Legalitätspflicht und der grundsätzlichen Abgrenzung rechtlich gebundener von unternehmerischen Entscheidungen wird auf die rechtliche Einordnung der genannten Handlungen und Pflichten eingegangen. Wiederum wird zunächst die Rechtsprechung betrachtet und danach die Diskussion in der Literatur.

I. Legalitätspflicht

Die Legalitätspflicht wird aus der allgemeinen Sorgfaltspflicht des § 93 I 1 AktG hergeleitet[801] und hat zwei Ausprägungen.[802] Zunächst hat sich das Organ im Rahmen der Legalitätspflicht selbst gesetzestreu zu verhalten und die ihm durch Gesetz, Satzung oder Geschäftsordnung auferlegten Verhaltenspflichten gegenüber

---

801 *Fleischer*, ZIP 2005, S. 141, 142; *Koch*: in *Hüffer/Koch*, AktG, § 93 Rdn. 6; *Spindler*: in Münchener Kommentar zum AktG, § 93 Rdn. 86.

802 Für die GmbH vgl. *Fleischer*: in Münchener Kommentar zum GmbHG, § 43 Rdn. 21 ff.

der Gesellschaft zu erfüllen.[803] Eine Verwirklichung von unternehmensbezogenen Straftatbeständen durch Organmitglieder wie beispielsweise Untreue (§ 266 StGB) oder Korruptionsdelikte (§§ 299, 331 ff. StGB) stellt im Innenverhältnis zur Gesellschaft eine Pflichtverletzung dar.[804] Unter die Legalitätspflicht fallen ferner die Sondertatbestände des § 93 III AktG[805] und andere gesetzlich geregelte organschaftliche Pflichten, aber auch die Einhaltung des Unternehmensgegenstands und die Bindung an die rechtlichen Zuständigkeitsregelungen.[806] Ferner hat das Organ dafür Sorge zu tragen, dass sich die Gesellschaft im Außenverhältnis rechtmäßig verhält und alle rechtlichen Vorschriften beachtet, die sie betreffen.[807] Es ist gegenüber der Gesellschaft zur Einhaltung der Vorschriften verpflichtet, die diese binden. So stellt auch Grundsatz 5 unter A. I. des Deutschen Corporate Governance Kodex[808] für den Vorstand der AG klar, dass er „für die Einhaltung der gesetzlichen Bestimmungen zu sorgen hat". Kommt das Organ dieser Aufgabe nicht nach und lässt es die Gesellschaft gegen Gesetze verstoßen, liegt gleichzeitig eine Pflichtverletzung des Organs im Innenverhältnis gegenüber der Gesellschaft vor.[809] Da die Gesellschaft als juristische Person nicht eigenständig, sondern nur über ihr Organ im Außenverhältnis handeln kann, wird die Verantwortung für ihr rechtmäßiges Verhalten von diesem getragen.[810] Es verstößt gegen die Legalitätspflicht nach § 93 I 1 AktG, wenn die Gesellschaft als Rechtssubjekt gesetzwidrig handelt, und das Organ haftet bei Vorliegen der übrigen Voraussetzungen der Gesellschaft auf Schadensersatz.

Bereits bei der Darstellung der Ausgangslage hinsichtlich des Tatbestandsmerkmals der unternehmerischen Entscheidung[811] wurde gezeigt, dass eine Abgrenzung

---

803 *Fleischer*, ZIP 2005, S. 141, 142; *Koch*: in *Hüffer/Koch*, AktG, § 93 Rdn. 6; *Spindler*: in Münchener Kommentar zum AktG, § 93 Rdn. 86; sogenannte „interne Pflichtenbindung".

804 Vgl. *Hopt/Roth*: in Großkommentar zum AktG, § 93 Rdn. 74.

805 Für die GmbH finden sich Sondertatbestände in § 43 III GmbHG, für die Genossenschaft in § 34 III GenG.

806 *Fleischer*, ZIP 2005, S. 141, 142 f.; *Thole*, ZHR 173 (2009), S. 504, 508; *Winnen*, Die Innenhaftung des Vorstandes nach dem UMAG, S. 132 f.

807 *BGH*, Urteil vom 15.10.1996, VI ZR 319/95, BGHZ 133, S. 370, 375; *Fleischer*: in *Spindler/Stilz*, AktG, § 93 Rdn. 23; *Hölters*: in *Hölters*, AktG, § 93 Rdn. 68; *Hopt/Roth*: in Großkommentar zum AktG, § 93 Rdn. 133; *Spindler*: in Münchener Kommentar zum AktG, § 93 Rdn. 87; *Thole*, ZHR 173 (2009), S. 504, 509; sogenannte „externe Pflichtenbindung".

808 In der Fassung vom 16.12.2019, mit der Veröffentlichung im Bundesanzeiger vom 20.03.2020 in Kraft getreten.

809 *Fleischer*: in *Spindler/Stilz*, AktG, § 93 Rdn. 24; *ders.*, ZIP 2005, S. 141, 144; *Hölters*: in *Hölters*, AktG, § 93 Rdn. 69; *Paefgen*: in *Habersack/Casper/Löbbe*, GmbHG Großkommentar, § 43 Rdn. 65; *U.H. Schneider*: in *Scholz*, GmbHG, § 43 Rdn. 78.

810 *Thole*, ZHR 173 (2009), S. 504, 509.

811 Siehe oben unter Gliederungspunkt B I 1.

der unternehmerischen Entscheidung von gesetzlich, satzungsmäßig oder nach der Geschäftsordnung vorgeschriebenen Maßnahmen erfolgt. Die US-amerikanische business judgment rule, die ARAG/Garmenbeck-Rechtsprechung und auch die Regierungsbegründung zum UMAG lassen solche Entscheidungen nicht unter den Schutz der business judgment rule fallen, die gegen gesetzliche Vorgaben verstoßen bzw. zu deren Vornahme das Organ rechtlich verpflichtet ist. Auch die in dieser Arbeit bisher dargestellte Rechtsprechung hat neben einer positiven Erläuterung des Begriffs der unternehmerischen Entscheidung zum Teil[812] auch auf die Abgrenzung zur gesetzlich vorgegebenen Handlungsweise abgestellt.

Aufgrund der strengen Gesetzesbindung ist eine Haftungsprivilegierung in den Fällen einer Gesetzesverletzung grundsätzlich ausgeschlossen. Dem handelnden Organ stehen keine unterschiedlichen Handlungsalternativen offen, da von ihm ausschließlich verlangt wird, nach der rechtlichen Vorgabe zu entscheiden.[813] Zu untersuchen bleibt, ob auch die eingangs genannten Maßnahmen wie nützliche Gesetzes- oder Vertragsverletzungen und Entscheidungen unter Rechtsunsicherheit ausnahmslos unter die Legalitätspflicht fallen, sodass sie von unternehmerischen Entscheidungen nicht erfasst werden können, oder ob der Anwendungsbereich des § 93 I 2 AktG im Wege einer Ausdehnung auch diese Fälle regeln kann.

1. Nützlicher Gesetzesverstoß

Unter die sogenannten nützlichen Gesetzesverstöße fallen Sachverhalte, in denen das handelnde Organ zwar gegen ein gesetzliches Gebot oder Verbot verstößt, das die Gesellschaft betrifft, dieser Verstoß aber wegen seiner positiven Auswirkungen für das Unternehmen zum Nutzen und damit möglicherweise zum Wohle der Gesellschaft erfolgt. Solche Gesetzesverstöße können durchaus im Interesse der Gesellschaft stehen, weil sie dieser im Einzelfall mehr nützen als schaden.[814] Nützliche Gesetzesbrüche wären insbesondere denkbar, wenn sie beträchtliche Vorteile für die Gesellschaft erwarten lassen würden, die die drohenden Sanktionen wegen des Verstoßes überwiegen, oder das Risiko, dass der profitable Verstoß aufgedeckt wird, gering wäre. In solchen Situationen könnte es aus wirtschaftlicher Sicht durchaus sinnvoll sein, einen Rechtsverstoß zu begehen.[815]

---

812 So *BGH*, Urteil vom 18.06.2013, II ZR 86/11, GmbHR 2013, S. 1044, 1047 (siehe oben unter Gliederungspunkt B I 2 h); *BGH*, Urteil vom 03.03.2008, II ZR 124/06, BGHZ 175, S. 365, 371 – UMTS (siehe oben unter Gliederungspunkt B I 2 c); *OLG Celle*, Urteil vom 28.05.2008, 9 U 184/07, zitiert nach juris, Rdn. 35 (siehe oben unter Gliederungspunkt B I 2 d).

813 *Bicker*, AG 2012, S. 542, 543.

814 *Fleischer*: in *Spindler/Stilz*, AktG, § 93 Rdn. 36; *Hopt/Roth*: in Großkommentar zum AktG, § 93 Rdn. 134; *Spindler*: in Münchener Kommentar zum AktG, § 93 Rdn. 106.

815 Vgl. *S.H. Schneider*, DB 2005, S. 707, 710; *Spindler*: in Münchener Kommentar zum AktG, § 93 Rdn. 106; *Thole*, ZHR 173 (2009), S. 504, 512 f.

Beispiele solcher unter bestimmten Umständen nützlichen Gesetzesbrüche findet man bei der Einrichtung sog. schwarzer Kassen, bei Kartellverstößen, Umweltrechtsverstößen oder Steuerhinterziehungen.[816] So kann es durchaus von großem Vorteil für die Gesellschaft sein, wenn das Leitungsorgan Gelder des Unternehmens auf nicht offen gelegte Konten transferiert, um daraus später profitable Aufträge oder nutzbringende Kontakte im Ausland zu erkaufen, damit beispielsweise neue Geschäftsbereiche eröffnet oder vorhandene erweitert werden können.[817] Obwohl bei dieser Vorgehensweise u.a. Buchführungspflichten verletzt werden, kann sie letztlich der Gesellschaft mehr nützen als schaden, sodass fraglich erscheint, ob die Gesetzesverletzung eine Pflichtverletzung gegenüber der Gesellschaft, also im Innenverhältnis, bedeutet. Auch bei einer gegen das Kartellverbot verstoßenden Absprache zwischen Unternehmen ist es denkbar, dass die daraus resultierenden Vorteile die mögliche Geldbuße oder Schadensersatzzahlung übersteigen.[818] Oder das Risiko einer Aufdeckung des Kartells könnte im Einzelfall so gering sein, dass bei einer Abwägung die zu erwartenden Chancen für die Gesellschaft überwiegen. Die Missachtung der Einhaltung teurer Umweltschutzstandards kann zu erheblichen Kosteneinsparungen der Gesellschaft führen, sodass die finanziellen Vorteile die Sanktionen für das Unternehmen überragen könnten.

Es stellt sich die Frage, ob bei solchen – zum Vorteil der Gesellschaft erfolgenden – Rechtsverstößen dem Organmitglied die Haftungsprivilegierung der business judgment rule eröffnet werden kann, ob es also im Innenverhältnis unter den Voraussetzungen des § 93 I 2 AktG an einer Pflichtverletzung gegenüber der Gesellschaft fehlt, oder ob es bei der strengen Gesetzesbindung des Leitungsorgans auch im Innenverhältnis zur Gesellschaft verbleibt.

Bei Befürwortung der Anwendung des § 93 I 2 AktG könnte bei einem gesetzwidrigen Verhalten der Gesellschaft, das sich aus der Ex-ante-Sicht des Leitungsorgans unter Einbeziehung des Risikos einer Aufdeckung und der Höhe der drohenden Sanktion als profitabel für das Unternehmen darstellt, sich im Nachhinein aber doch als nachteilig erweist und einen Schaden verursacht, kein Schadensersatz gegenüber dem Organ geltend gemacht werden. Eine Anwendung der business judgment rule auch auf diese Fälle würde zu einer Haftungserleichterung führen, da sie Gesetzesverletzungen, die grundsätzlich unter die Legalitätspflicht des Leitungsorgans fallen, in das unternehmerische Ermessen stellen würde.

a. *Keine Anerkennung nützlicher Gesetzesverstöße in der Rechtsprechung*

In der Rechtsprechung sind nur wenige Entscheidungen zu finden, die sich mit der Frage, ob nützliche Gesetzesverstöße unter den Anwendungsbereich der business

---

816 Siehe die Beispiele bei *Hopt/Roth*: in Großkommentar zum AktG, § 93 Rdn. 134.
817 *Spindler*: in Münchener Kommentar zum AktG, § 93 Rdn. 108.
818 *Harnos*, Geschäftsleiterhaftung bei unklarer Rechtslage, S. 97.

judgment rule fallen können, befassen. Dies geschieht jeweils auch nur am Rande und in wenigen Sätzen. In diesen Fällen wurde die Frage strikt verneint. So wurden in zwei strafrechtlichen Entscheidungen des BGH, in denen es um Vorwürfe der Untreue ging, und in einem Urteil des Landesarbeitsgerichts Düsseldorf Ausführungen zur Eröffnung des unternehmerischen Handlungsspielraums bei nützlichen Gesetzesverstößen gemacht.[819] Das OLG Karlsruhe und das Landgericht München I haben sich zwar nicht ausdrücklich zur Anwendung der business judgment rule geäußert, aber eine Pflichtverletzung trotz Vorliegens eines Nutzens für die Gesellschaft ohne Weiteres bejaht.

aa. BGH, Urteil vom 27.08.2010, 2 StR 111/09

Im ersten Verfahren ging es um die Einrichtung und Auffüllung einer sogenannten schwarzen Kasse im Ausland, die nicht in der Buchführung erschien und über die Schmiergeldzahlungen zur Erlangung profitabler Aufträge abgewickelt wurden.[820] Der BGH bejahte die Verletzung der Vermögensbetreuungspflicht eines Geschäftsführers einer GmbH bzw. eines Vorstands einer AG iSd. § 266 I StGB durch diese Vorgehensweise. Es werde gegen die Legalitätspflicht nach § 43 I GmbHG bzw. nach § 93 I 1 AktG verstoßen, da das Leitungsorgan dafür sorgen müsse, dass die Gesellschaft die ihr auferlegten handelsrechtlichen Buchführungsregeln einhalte. Durch die Einrichtung der schwarzen Kasse in der Schweiz sei gegen die Pflicht zur vollständigen und richtigen Vornahme der Eintragungen in Büchern nach § 239 II HGB verstoßen worden, indem durch fehlende Buchungen oder Buchungen fingierter Vorgänge die Buchführung manipuliert worden sei. Der BGH betonte, dass eine solche Verletzung der Legalitätspflicht im Innenverhältnis zur Gesellschaft nicht aus dem Grund anders zu behandeln sei, weil sie im Interesse der Gesellschaft erfolgte und wirtschaftliche Vorteile für diese mit sich bringe. Ein unternehmerischer Handlungsspielraum des Geschäftsführers bzw. Vorstands wurde aus Gründen des Vorrangs der zwingenden Einhaltung von Gesetzen abgelehnt.[821]

bb. BGH, Beschluss vom 13.09.2010, 1 StR 220/09

In dem anderen strafrechtlichen Verfahren hatte der BGH zu prüfen, ob der Untreuetatbestand durch eine strafbare Beeinflussung der Betriebsratswahl nach § 119 I Nr. 1 BetrVG erfüllt wird. In diesem Zusammenhang wurde festgestellt, dass ein solcher Normenverstoß in aktienrechtlicher Hinsicht eine Legalitätspflichtverletzung nach § 93 I AktG bedeute und zivilrechtliche Schadensersatzansprüche nach sich ziehen könne. Auch hier wurde ein geschützter Handlungsspielraum für nützliche Gesetzesverletzungen abgelehnt. Mit Hinweis auf die zuvor genannte

819 *BGH*, Urteil vom 27.08.2010, 2 StR 111/09, AG 2010, S. 826, 829; *BGH*, Beschluss vom 13.09.2010, 1 StR 220/09, AG 2010, S. 874, 875.
820 *BGH*, Urteil vom 27.08.2010, 2 StR 111/09, AG 2010, S. 826, 827.
821 *BGH*, Urteil vom 27.08.2010, 2 StR 111/09, AG 2010, S. 826, 829.

BGH-Entscheidung wurde der Vorrang der Gesetzesbefolgung herausgestellt und die Möglichkeit einer Befreiung von der aktienrechtlichen Haftung im Innenverhältnis zur Gesellschaft bei der Missachtung gesetzlicher Verbote verneint.[822]

cc. OLG Karlsruhe, Urteil vom 31.07.2013, 7 U 184/12

Der Geschäftsführer einer GmbH, deren einzige Aufgabe darin bestand, als Komplementärin einer GmbH & Co. KG zu agieren, hatte sich in Zusammenhang mit zwei Zivilverfahren gegen die GmbH & Co. KG gesetzeswidrig verhalten. In einem Verfahren beging er einen Prozessbetrug zum Nachteil der klägerischen Partei. In dem anderen veranlasste er eine Widerklage der KG und fälschte hierfür Beweismittel. Letztlich entstanden der KG durch diese Maßnahmen erhöhte Prozesskosten, die sie vom Geschäftsführer ersetzt verlangte.[823]

Das OLG Karlsruhe bejahte eine Pflichtverletzung des Geschäftsführers aufgrund seines betrügerischen Verhaltens in den Gerichtsverfahren. Es gestand ihm zwar zu, dass er aus Ex-ante-Sicht zum Nutzen der KG handeln wollte, stellte aber sogleich klar, dass auch ein nützlicher Gesetzesverstoß, der zu einem Schaden der Gesellschaft führt, zum Schadensersatz verpflichtet.[824]

dd. LG München I, Urteil vom 10.12.2013, 5 HK O 1387/10 – Siemens/Neubürger

In diesem zivilrechtlichen Verfahren, in dem ein Schadensersatzanspruch einer AG gegen ein Vorstandsmitglied nach § 93 II 1 AktG bejaht wurde, wurde kurz auf nützliche Gesetzesverletzungen eingegangen. Im konkreten Fall ging es um die Zahlung von Schmiergeldern an Amtsträger im Ausland, die unter Strafe gestellt sind und gegen das Gesetz verstoßen. Das Landgericht München I ließ die Rechtfertigung eines solchen Verstoßes nicht aus dem Grunde zu, dass Schmiergeldzahlungen wirtschaftlich sinnvoll und im Interesse der Gesellschaft sein könnten, wenn sie auf einem korrupten Auslandsmarkt tätig werde und ohne Bestechungshandlungen lukrative Aufträge nicht erlangen könne.[825]

ee. LAG Düsseldorf, Urteil vom 20.01.2015, 16 Sa 459/14

Das Landesarbeitsgericht Düsseldorf hatte über Schadensersatzansprüche einer GmbH gegen ihren Geschäftsführer aus § 43 II GmbHG zu entscheiden. Die Gesellschaft verlangte die Erstattung von Kartellbußen, die ihr das Bundeskartellamt wegen rechtswidriger Kartellabsprachen im Rahmen des Schienenkartells

822 *BGH*, Beschluss vom 13.09.2010, 1 StR 220/09, AG 2010, S. 874, 875.

823 *OLG Karlsruhe*, Urteil vom 31.07.2013, 7 U 184/12, NZG 2013, S. 1177.

824 *OLG Karlsruhe*, Urteil vom 31.07.2013, 7 U 184/12, NZG 2013, S. 1177, 2. Leitsatz der Entscheidung und S.1178 f.

825 *LG München I*, Urteil vom 10.12.2013, 5 HK O 1387/10, ZIP 2014, S. 570, 573 – Siemens/Neubürger.

auferlegt hatte.[826] Das Gericht wies auf die Legalitätspflicht des Geschäftsführers hin, wonach er alle Vorschriften zu beachten habe, die die GmbH im Außenverhältnis betreffen, u.a. auch das deutsche und europäische Kartellrecht. Es sei nicht relevant, ob der Geschäftsführer im Interesse der Gesellschaft gegen dieses Recht verstoßen habe. Das Landesarbeitsgericht Düsseldorf stellte ausdrücklich fest, dass dem Entscheidungsträger kein unternehmerisches Ermessen hinsichtlich nützlicher Gesetzesverstöße gewährt wird.[827]

b. Diskussionsstand in der Literatur

Die nahezu einhellige Meinung in der Literatur lehnt einen unternehmerischen Handlungsspielraum und damit ein Eingreifen des § 93 I 2 AktG bei nützlichen Gesetzesverstößen ebenfalls ab.[828] Die Argumentationen werden nachfolgend aufgegriffen. Es gibt aber auch vereinzelte Stimmen, die eine Differenzierung bzw. Einschränkung bei bestimmten Sachverhalten befürworten und für solche Fälle eine Haftungsprivilegierung im Innenverhältnis zulassen.[829] Diese werden im Anschluss erörtert.

aa. Keine Anerkennung nützlicher Gesetzesverstöße

Die Ablehnung einer Haftungsprivilegierung nach § 93 I 2 AktG bei nützlichen Gesetzesverstößen wird damit begründet, dass die Einhaltung gesetzlicher Bestimmungen dem Gesellschaftsinteresse vorgeordnet sei. Gesetzeskonformes Verhalten und damit die Befolgung der Legalitätspflicht habe stets Vorrang vor dem Gesellschaftsinteresse, gleichgültig, ob es sich um nützliche oder andere Gesetzesbrüche handle.[830] Die Einhaltung der gesetzlichen Bindungen der Gesellschaft wird höher bewertet als die allgemeine Pflicht des Organmitglieds zur Erwirtschaftung

---

826 *LAG Düsseldorf*, Urteil vom 20.01.2015, 16 Sa 459/14, BB 2015, S. 1018.

827 *LAG Düsseldorf*, Urteil vom 20.01.2015, 16 Sa 459/14, BB 2015, S. 1018, 1020.

828 *Bayer*: in Festschrift für *K. Schmidt*, S. 85, 90 f.; *J.-H. Binder*, AG 2008, S. 274, 279; *Fleischer*: in *Spindler/Stilz*, AktG, § 93 Rdn. 36; *ders.*, ZIP 2005, S. 141, 148; *Hopt/Roth*: in Großkommentar zum AktG, § 93 Rdn. 134; *Ihrig*, WM 2004, S. 2098, 2105; *Krieger/Sailer-Coceani*: in *K. Schmidt/Lutter*, AktG, § 93 Rdn. 15; *Lutter*, ZIP 2007, S. 841, 844; *Mertens/Cahn*: in Kölner Kommentar zum AktG, § 93 Rdn. 21; *Paefgen*: in *Habersack/Casper/Löbbe*, GmbHG Großkommentar, § 43 Rdn. 66; *S.H. Schneider*, DB 2005, S. 707, 710; *U.H. Schneider*: in *Scholz*, GmbHG, § 43 Rdn. 78; *Thole*, ZHR 173 (2009), S. 504, 513; *Verse*, ZHR 175 (2011), S. 401, 405 f.; *Winnen*, Die Innenhaftung des Vorstandes nach dem UMAG, S. 162 f.

829 So etwa *Habersack*: in Festschrift für *U.H. Schneider*, S. 429, 439; *Ihrig*, WM 2004, S. 2098, 2104; *Kocher*, CCZ 2009, S. 215, 218; *Roth*, Unternehmerisches Ermessen und Haftung des Vorstands, S. 131 f.; *U.H. Schneider*: in *Scholz*, GmbHG, § 43 Rdn. 79 a.

830 *Bayer*: in Festschrift für *K. Schmidt*, S. 85, 90 f.; *Fleischer*: in *Spindler/Stilz*, AktG, § 93 Rdn. 36; *ders.*, ZIP 2005, S. 141, 148; *Hopt/Roth*: in Großkommentar zum AktG, § 93 Rdn. 134; *Verse*, ZHR 175 (2011), S. 401, 406.

von Gewinnen und Nutzung von Chancen für die Gesellschaft. Dies entspricht der Argumentation der Rechtsprechung.

Der Vorrang wird aus der Wertung insbesondere des Aktiengesetzes hergeleitet.[831] So bestimmt § 396 I AktG, dass die Gesellschaft durch Urteil aufgelöst werden kann, wenn sie durch gesetzwidriges Verhalten ihrer Verwaltungsträger das Gemeinwohl gefährdet und der Aufsichtsrat oder die Hauptversammlung nicht für eine Abberufung sorgen. Parallelvorschriften sind für die GmbH § 62 GmbHG und für die Genossenschaft § 81 GenG. Wenn Gesetzesverletzungen die Gefahr einer Auflösung der Gesellschaft bedeuten können, fehle es auch bei nützlichen Verstößen schon aus diesem Grund an einem Handeln im Gesellschaftsinteresse, denn eine Auflösung könne niemals in deren Interesse sein.[832] Nach § 243 I AktG kann ein Beschluss der Hauptversammlung u.a. wegen Verletzung des Gesetzes durch Klage angefochten werden und § 93 IV 1 AktG regelt den Haftungsausschluss des Vorstands bei gesetzmäßigem Hauptversammlungsbeschluss. Auch aus diesen Vorschriften, die nicht unmittelbar den Vorstand betreffen, wird die Wertung des Aktiengesetzes entnommen, dass die Einhaltung der Gesetze vorrangig ist.[833] Die Bindung des Organs an die Gesetze stelle eine Grenze seiner Leitungstätigkeit dar und Gesetzesverstöße seien in keinem Fall zu dulden.[834] Aufgrund dieser strengen Bindung bleibe kein Platz für eine unternehmerische Entscheidung bei vorteilhaften Gesetzesverstößen.[835]

Es wird ferner mit dem Willen des Gesetzgebers argumentiert[836], der bei gesetzwidrigem Verhalten des Vorstands eine Haftungsprivilegierung ausdrücklich ausschließt.[837] Rechtlich gebundene Entscheidungen werden von unternehmerischen Entscheidungen abgegrenzt, wobei nicht zwischen profitablen und anderen Gesetzesverletzungen differenziert wird. Es sei zudem zu berücksichtigen, dass die Einheitlichkeit der Rechtsordnung zu wahren ist.[838] Auch nützliche Gesetzesverstöße

---

831 *Fleischer*: in *Spindler/Stilz*, AktG, § 93 Rdn. 36; *ders.*, ZIP 2005, S. 141, 148; *Thole*, ZHR 173 (2009), S. 504, 514 f.

832 Vgl. *Bayer*: in Festschrift für *K. Schmidt*, S. 85, 90; *Bicker*, AG 2012, S. 542, 543; *Fleischer*: in *Spindler/Stilz*, AktG, § 93 Rdn. 36; *ders.*, ZIP 2005, S. 141, 148; *Pitkowitz*, Praxishandbuch Vorstands- und Aufsichtsratshaftung, S. 153 Rdn. 495; *Thole*, ZHR 173 (2009), S. 504, 514 f.

833 *Paefgen*, Unternehmerische Entscheidungen und Rechtsbindung der Organe in der AG, S. 17; *Pitkowitz*, Praxishandbuch Vorstands- und Aufsichtsratshaftung, S. 153 Rdn. 494.

834 *Kauer*, Die Informationsbeschaffungspflicht des Vorstands einer AG, S. 172; *Thole*, ZHR 173 (2009), S. 504, 514.

835 *Bayer*: in Festschrift für *K. Schmidt*, S. 85, 91; *Fleischer*, ZIP 2005, S. 141, 145.

836 *Fleischer*: in *Spindler/Stilz*, AktG, § 93 Rdn. 37; *Winnen*, Die Innenhaftung des Vorstandes nach dem UMAG, S. 163.

837 RegBegr. UMAG-E, BT-Drucksache 15/5092, S. 1, 11: „Für illegales Verhalten gibt es keinen ‚sicheren Hafen' im Sinne einer haftungstatbestandlichen Freistellung, ...".

838 *Ihrig*, WM 2004, S. 2098, 2105.

bleiben Gesetzesverstöße, und es ist nicht ersichtlich, warum sie dennoch als unternehmerische Entscheidungen einzuordnen und damit anders als andere Gesetzesverletzungen zu behandeln sind.[839]

Für eine strikte Forderung der Einhaltung der Legalitätspflicht auch bei nützlichen Gesetzesverstößen spreche ferner, dass auf diesem Wege eine Verhaltenssteuerung der Organmitglieder bewirkt werden kann. Auch in Fällen, in denen keine eigene Außenhaftung des Handelnden zu befürchten ist, wird dieser wegen der drohenden Innenhaftung für die möglichen Nachteile der Gesellschaft abgeschreckt und von der geplanten Maßnahme und dem damit verbundenen Gesetzesverstoß Abstand nehmen.[840] Durch diese Präventivwirkung werde die Einhaltung der Legalität im Unternehmen gesichert.[841]

Nützlichen Gesetzesverletzungen fehle auch die charakteristische Eigenschaft einer unternehmerischen Entscheidung, nämlich das Erfordernis einer prognostischen Einschätzung wegen der Unsicherheit der Entwicklung der Verhältnisse.[842] Es sei von vornherein gewiss, ob eine Maßnahme gegen das geltende Recht verstößt, und diese Tatsache sei auch gerichtlich umfassend nachprüfbar.[843] Da nur eine Handlungsalternative rechtlich zulässig sei, sei lediglich festzustellen, ob nach der gesetzlichen Vorgabe gehandelt worden ist oder nicht. Allerdings wird bei dieser Argumentation schon vorausgesetzt, dass eine nützliche Gesetzesverletzung wie jede andere Gesetzesverletzung zu behandeln und von der unternehmerischen Entscheidung abzugrenzen ist.

Betrachtet man die Entscheidung des Organmitglieds, im Einzelfall den Rechtsverstoß zu begehen, weil die Gesellschaft daraus letztlich einen Gewinn erzielt, neutral und wendet die Kriterien einer unternehmerischen Entscheidung an, stellt man fest, dass eine Zukunftsbezogenheit sowie eine Behaftung mit Unsicherheiten und Risiken durchaus vorliegen können. Der Entscheidungsträger hat eine Abwägung von Chancen und Risiken der Maßnahme für die Gesellschaft vorzunehmen, insbesondere die Eintrittswahrscheinlichkeit des Aufdeckungs- und Sanktionsrisikos sowie die Höhe der Vermögensvor- und -nachteile abzuschätzen und in Relation zu setzen. Das Argument des fehlenden Prognosecharakters einer Entscheidung zur Vornahme einer nützlichen Gesetzesverletzung zieht demnach nicht.

Schließlich wird darauf hingewiesen, dass bei einer Haftungsprivilegierung des Leitungsorgans einer Gesellschaft eine Ungleichbehandlung zu Privatpersonen erfolgen würde. Diese haften bei Gesetzesverstößen ungeachtet etwaiger Vorteile stets, wohingegen Organe das Gesetz verletzen könnten, ohne selbst eine Haftung befürchten zu müssen.[844] Das Gesetz behandle alle Rechtssubjekte mit Blick auf

839 *Winnen*, Die Innenhaftung des Vorstandes nach dem UMAG, S. 162 f.
840 Vgl. *Thole*, ZHR 173 (2009), S. 504, 516 f.
841 *Breitenfeld*, Die organschaftliche Binnenhaftung der Vorstandsmitglieder, S. 138.
842 *Bicker*, AG 2012, S. 542, 543.
843 *Winnen*, Die Innenhaftung des Vorstandes nach dem UMAG, S. 163.
844 *Habersack*: in Festschrift für *U.H. Schneider*, S. 429, 435; *Verse*, ZHR 175 (2011), S. 401, 406.

Verstöße gleich und unterscheide nicht zwischen Gesellschaften und ihren Organen auf der einen Seite und den übrigen Teilnehmern am Rechtsverkehr auf der anderen Seite.[845] Hierbei ist zu beachten, dass dem handelnden Organmitglied oftmals eine eigene, persönliche Sanktion droht, die auch bei nützlichen Gesetzesverletzungen nicht erlassen wird oder von der Gesellschaft zu ersetzen ist. Eine Haftung im Außenverhältnis bleibt völlig unberührt. So kann der Handelnde bei einem Kartellverstoß selbst gemäß § 81 GWB mit einer Geldbuße belegt werden. Bei der Einrichtung schwarzer Kassen kommt ein strafbewehrtes Untreuedelikt nach § 266 StGB in Betracht. Eine generelle Haftungsfreiheit des Organmitglieds liegt somit nicht vor. Lediglich im Rahmen der Innenhaftung könnte eine Privilegierung erfolgen, wobei eine solche bei einer Privatperson aber gar nicht in Betracht kommt.

bb. Einschränkende Betrachtung

Vereinzelt werden Einschränkungen vorgenommen und wird in besonderen Fällen eine nützliche Gesetzesverletzung unter die Haftungsprivilegierung der business judgment rule gestellt.

So soll lediglich bei vorsätzlichen Gesetzesverstößen das unternehmerische Ermessen entfallen, nicht aber bei fahrlässigen.[846] Dem wird entgegengehalten, dass das Vorliegen eines Handlungsspielraums schon deshalb nicht von der Art des Verschuldens abhängig gemacht werden sollte, da es hinsichtlich des Nachweises des vorsätzlichen Handelns zu Beweisschwierigkeiten kommen könnte.[847] Auch würden bei einer solchen Vorgehensweise die Ebenen von Pflichtverletzung und Verschulden miteinander vermischt.[848]

Eine andere Ansicht stellt auf bestimmte Abwägungskriterien wie die Schwere der Gesetzesverletzung, die Größe und Wahrscheinlichkeit der drohenden Sanktion, die Bedeutung des Nutzens für die Gesellschaft und das Ausmaß der möglichen Rufschädigung ab und befürwortet eine Haftungserleichterung bei einem Gesetzesverstoß nach genauer Abwägung dieser Kriterien im Einzelfall.[849] Ähnlich wird argumentiert, dass bei Bagatellverstößen oder „einem diffusen Schutzzweck der Norm" und gleichzeitigem deutlichen Überwiegen der wirtschaftlichen Vorteile für die Gesellschaft gegenüber den Nachteilen aufgrund des Gesetzesverstoßes

---

845 *Paefgen*, Unternehmerische Entscheidungen und Rechtsbindung der Organe in der AG, S. 24; *Pitkowitz*, Praxishandbuch Vorstands- und Aufsichtsratshaftung, S. 153 Rdn. 496.

846 *Roth*, Unternehmerisches Ermessen und Haftung des Vorstands, S. 132.

847 *Winnen*, Die Innenhaftung des Vorstandes nach dem UMAG, S. 162.

848 *Brock*, Legalitätsprinzip und Nützlichkeitserwägungen, S. 278.

849 *Kocher*, CCZ 2009, S. 215, 218.

eine Haftungsprivilegierung erfolgen könne.[850] Dies soll insbesondere bei einem Verstoß gegen Verwaltungsvorschriften und öffentlich-rechtliche Zahlungsverpflichtungen der Fall sein.[851]

c. Ergebnis und Würdigung

Maßgebliche Argumente für die Ablehnung einer Haftungsprivilegierung des Organmitglieds im Innenverhältnis zur Gesellschaft bei nützlichen Gesetzesverletzungen sind der Vorrang gesetzestreuen Verhaltens vor dem Gesellschaftsinteresse, die Einheitlichkeit der Rechtsordnung und der Wille des Gesetzgebers, den er in der Regierungsbegründung zum UMAG zum Ausdruck gebracht hat. Danach fallen Gesetzesverstöße generell nicht unter den Anwendungsbereich des § 93 I 2 AktG.

Von dem Grundsatz des Vorrangs des Gesetzes vor dem Gesellschaftsinteresse sollten gemäß der Rechtsprechung und der fast einhelligen Literaturmeinung keine Ausnahmen für einzelne Fallgestaltungen zugelassen werden. Es entstünden erhebliche Rechtsunsicherheiten, da die zur Abgrenzung verwendeten Kriterien unbestimmte Rechtsbegriffe wie „Bagatellverstöße", „schwere Gesetzesverstöße", „diffuser Schutzzweck der Norm" oder „Schwere der Sanktion" enthalten, die unterschiedlich ausgelegt werden können. Es wäre völlig ungewiss, welche Verstöße unter die Legalitätspflicht und welche unter § 93 I 2 AktG fielen. Die Grenzziehung würde je nach Betrachter unterschiedlich erfolgen. Jeder Gesetzesverstoß sollte gleichbehandelt werden, wofür auch die Einheit der Rechtsordnung spricht. Der Gesetzgeber hat festgelegt, welche Interessen gesetzlich geschützt und vorrangig beachtet werden sollen. Das Leitungsorgan ist nicht befugt, unter Missachtung dieses Vorrangs und nach eigenen Abwägungen dem Gesellschaftsinteresse ein höheres Gewicht beizuordnen.[852] Lediglich im Rahmen der gesetzlichen Bestimmungen können die Organpflichten unter Berücksichtigung des Wohls der Gesellschaft konkretisiert werden.[853]

Überträgt man diese Überlegungen auf die Frage, ob der Entscheidungsträger sich bei nützlichen Gesetzesverletzungen möglicherweise auf eine Notstandslage gemäß § 34 StGB berufen kann, was dazu führen könnte, dass sein Handeln nicht rechtswidrig ist und bereits die Pflichtverletzung entfallen würde, müsste man

---

850 *Habersack*: in Festschrift für *U.H. Schneider*, S. 429, 435. Er benutzt den Begriff „de-minimis-Regel" für diese Ausnahmen der Verletzung der Legalitätspflicht durch einen Gesetzesverstoß.

851 *Habersack*: in Festschrift für *U.H. Schneider*, S. 429, 435; für den Fall öffentlich-rechtlicher Zahlungsverpflichtungen ebenso *U.H. Schneider*: in *Scholz*, GmbHG, § 43 Rdn. 79a.

852 Vgl. auch *Kaulich*, Die Haftung von Vorstandsmitgliedern einer Aktiengesellschaft für Rechtsanwendungsfehler, S. 188.

853 *Fischer*, Die existenzvernichtende Vorstandshaftung und ihre Begrenzung durch Satzungsbestimmung (de lege lata), S. 39.

konsequenterweise auch diese Frage verneinen. Da eine Legalitätspflicht betroffen ist, haben die gesetzlich geschützten Interessen Vorrang. Der Gesetzgeber hat die Interessen der Gesellschaft als weniger schützenswert eingeordnet, sodass die Gefahren solcher gesetzlichen Vorgaben für die Gesellschaft hinzunehmen sind.[854] Auch aus § 71 I Nr. 1 AktG, wonach die Gesellschaft eigene Aktien u.a. nur dann erwerben darf, wenn der Erwerb notwendig ist, um einen schweren, unmittelbar bevorstehenden Schaden von der Gesellschaft abzuwenden, kann keine Verallgemeinerung hergeleitet werden.[855] Zwar handelt es sich um eine Konstellation, in der eine Legalitätspflicht – Verbot des Erwerbs eigener Aktien nach §§ 71 I, 57 I 1 AktG zum Schutz der Kapitalerhaltung – hinter der Schadensabwendungspflicht zurücktritt. Die betroffenen Pflichten des Organmitglieds beziehen sich jedoch beide auf die Gesellschaft als Begünstigte und den Schutz ihres Vermögens, sind also Pflichten im Innenverhältnis. Bei Vorliegen dieser Besonderheit scheint es – nur ausnahmsweise – interessengerecht, dass eine Haftung des Leitungsorgans bei erheblichem Schadensrisiko für die Gesellschaft trotz eines Gesetzesverstoßes entfallen kann.[856] In den übrigen Fällen bleibt die Handlung rechtswidrig und entfällt eine Legalitätspflichtverletzung nicht.

Die Einordnung des Rechtsbruchs als Legalitätspflichtverletzung sollte auch nicht davon abhängig gemacht werden, ob es sich um Strafgesetze bzw. vergleichbare bedeutende Vorschriften handelt oder um Ordnungswidrigkeiten und Verstöße gegen öffentlich-rechtliche Verpflichtungen.[857] Alle Gesetze stehen gleichsam im öffentlichen Interesse und sind nicht mehr oder weniger beachtenswürdig. So verfolgen beispielsweise bußgeldbewehrte Ordnungswidrigkeiten im Straßenverkehrsrecht das Sicherheitsinteresse der Allgemeinheit. Durch die Regulierung des Straßenverkehrs werden Unfälle vermieden und so die Allgemeinheit vor Rechtsgutsverletzungen geschützt. Es ist auch nicht ersichtlich, dass einer mit Geldstrafe bewehrten Straftat mehr Unwertgehalt zukommen soll als einer mit einem Bußgeld bewehrten Ordnungswidrigkeit.

Auch Verletzungen öffentlich-rechtlicher Zahlungspflichten, beispielsweise Steuerzahlungen oder die Entrichtung von Sozialabgaben, sind nicht anders zu behandeln, da sie ebenfalls im Interesse der Allgemeinheit stehen.

Der Entscheidungsträger benötigt bei Legalitätspflichten auch nicht den Schutz einer Haftungsprivilegierung, da er sich lediglich an die gesetzlichen Vorgaben

---

854 Vgl. *Fleischer*, ZIP 2005, S. 141, 151; *Poelzig/Thole*, ZGR 2010, S. 836, 862.

855 Die Regelung wird angesprochen von *Bicker*, AG 2014, S. 8, 12; *Fleischer*, ZIP 2005, S. 141, 150; *Habersack*: in Festschrift für *U.H. Schneider*, S. 429, 438; *Poelzig/Thole*, ZGR 2010, S. 836, 855 f.

856 Vgl. *Poelzig/Thole*, ZGR 2010, S. 836, 856.

857 Vgl. auch *Brock*, Legalitätsprinzip und Nützlichkeitserwägungen, S. 276; *Fleischer*, ZIP 2005, S. 141, 149, der sich gegen eine Ausnahme von der Legalitätspflicht bei Ordnungswidrigkeiten „als Normen zweiter Klasse" ausspricht; *Thole*, ZHR 173 (2009), S. 504, 521.

halten muss, um pflichtgemäß zu handeln und vor einer Haftung gegenüber der Gesellschaft sicher zu sein. Die Anwendbarkeit der business judgment rule auf nützliche Gesetzesverletzungen ist ausnahmslos abzulehnen und einen safe harbour lediglich dem gesetzestreuen Organ zu eröffnen. Der Rechtsprechung und herrschenden Literaturmeinung ist daher zuzustimmen. Entsteht der Gesellschaft aus der Legalitätspflichtverletzung ein Schaden, käme allenfalls dessen Minderung aufgrund einer Vorteilsausgleichung in Betracht, was sich auf die Höhe des Schadensersatzanspruchs auswirken könnte. Auf die Frage der Vorteilsausgleichung, die im Rahmen der Schadensfeststellung zu prüfen ist, soll in dieser Arbeit aber nicht näher eingegangen werden.

2. Nützlicher Vertragsbruch

Es besteht ferner die Frage, ob sich die Legalitätspflicht des Leitungsorgans auch auf die Einhaltung vertraglicher Bindungen der Gesellschaft gegenüber Dritten erstreckt oder ob eine Vertragsverletzung bei Vorliegen der weiteren Voraussetzungen der Haftungsprivilegierung des § 93 I 2 AktG unterfallen kann. Es sind Situationen denkbar, in denen die Nichterfüllung bestehender Vertragspflichten der Gesellschaft durch das Organ in ihrem Interesse steht, wenn nämlich die Nachteile, die sich aus dem Vertragsbruch für die Gesellschaft ergeben – insbesondere Schadensersatzansprüche des Vertragspartners gegen die Gesellschaft –, geringer sind als die Nachteile der Vertragseinhaltung.[858] Daher soll nachfolgend untersucht werden, ob jede Vertragsverletzung zugleich auch immer eine Pflichtverletzung darstellt oder ob dem Handelnden ein unternehmerisches Ermessen eingeräumt werden kann. Zwar gilt der rechtliche Grundsatz, dass Verträge einzuhalten sind; jedoch ist fraglich, ob daraus bereits eine mit einer gesetzlichen Pflicht vergleichbare Bindung entstehen kann.[859]

Die Anwendbarkeit des § 93 I 2 AktG auf nützliche Gesetzesverletzungen wurde bereits abgelehnt. Im Folgenden wird erörtert, ob bei nützlichen Vertragsverletzungen möglicherweise etwas anderes gilt. Würde in diesen Fällen eine Anwendung der business judgment rule in Betracht kommen, läge eine Haftungserleichterung vor.

---

858 *Bicker*, AG 2014, S. 8, 10 nennt als Beispiele eine Einstellung der Zahlungspflicht, die die Chancen einer Neuregelung von Vertragspflichten fördern könne, oder eine erst spätere Erfüllung der Zahlungspflicht bei vorübergehenden finanziellen Krisen der Gesellschaft; *S.H. Schneider*, DB 2005, S. 707, 711 wählt das Beispiel, dass eine Zahlungspflicht nicht erfüllt wird, weil davon ausgegangen werden könne, dass zum Schutz des bestehenden geschäftlichen Verhältnisses die Forderung nicht beigetrieben werde.

859 Vgl. *Pitkowitz*, Praxishandbuch Vorstands- und Aufsichtsratshaftung, S. 156 Rdn. 508.

a. Behandlung von nützlichen Vertragsverletzungen in der Rechtsprechung

Die Rechtsprechung hat sich bisher – soweit ersichtlich – nur einmal mit dieser Fragestellung zu befassen gehabt. Das Landgericht Essen verneinte in seiner Entscheidung vom 25.04.2012[860], die in dieser Arbeit bereits bei den Tatbestandsmerkmalen des § 93 I 2 AktG erörtert worden ist,[861] Pflichtverletzungen gegen ehemalige Vorstandsmitglieder der Arcandor-AG wegen der unterlassenen Verhinderung bzw. der Veranlassung des Abschlusses nachteiliger Mietverträge für die Gesellschaft, soweit die diesen Mietverträgen zugrunde liegenden Mietverschaffungsverträge wirksam abgeschlossen worden sind.[862] Hätten die Vorstandsmitglieder den Vollzug der wirksamen Mietverschaffungsverträge verweigert, hätte die Arcandor-AG sich vertragswidrig verhalten und möglicherweise schadensersatzpflichtig gegenüber ihrem Vertragspartner gemacht. Es hätte ein Vertragsbruch vorgelegen. Das Landgericht Essen weist auf die Folge der Haftung wegen der Vertragsverletzung hin[863]. Es wird aber nicht festgestellt, dass eine solche Vertragsverletzung per se pflichtwidrig sei und daher kein unternehmerisches Ermessen bei der Frage bestehe, ob wegen der möglichen Vorteilhaftigkeit eines Vertragsbruchs für die Gesellschaft der Mietverschaffungsvertrag nicht durch den Abschluss der Mietverträge vollzogen werden soll. Vielmehr werden weitere Konsequenzen betrachtet, die sich aus der Verweigerung der Vertragsabschlüsse ergeben würden, nämlich die fehlende Möglichkeit der weiteren Nutzung der Warenhäuser, das Erfordernis der Anmietung anderer Immobilien an anderen Standorten und die Auswirkung auf die betroffenen Arbeitsplätze.[864] Diese Folgen bedeuten unüberschaubare Risiken für die Gesellschaft. Unter Berücksichtigung all dieser negativen Folgen hat das Landgericht Essen keine Pflichtverletzung in der Einhaltung der Verträge gesehen. Dies verdeutlicht, dass das Gericht den Vertragsbruch nicht einem Gesetzesverstoß gleichsetzt. Sonst hätte es allein wegen der Verletzung der Mietverschaffungsverträge eine Entscheidung der Vorstandsmitglieder für diese Maßnahme wegen einer Legalitätspflichtverletzung als unzulässig abgelehnt. Eine Abwägung der Risiken bei einer solchen Vorgehensweise hätte nicht erfolgen müssen.

Nach der Rechtsprechung des Landgerichts Essen kommt eine Anwendbarkeit des § 93 I 2 AktG auf nützliche Vertragsverletzungen jedenfalls in Betracht. Höchstrichterliche Entscheidungen hierzu liegen bisher leider nicht vor.

---

860 *LG Essen*, Urteil vom 25.04.2012, 41 O 45/10, NZG 2012, S. 1307 ff. – Arcandor.
861 Siehe oben unter den Gliederungspunkten B II 2 k und B III 2 l.
862 *LG Essen*, Urteil vom 25.04.2012, 41 O 45/10, NZG 2012, S. 1307, 1308 – Arcandor.
863 *LG Essen*, Urteil vom 25.04.2012, 41 O 45/10, NZG 2012, S. 1307, 1308 – Arcandor.
864 *LG Essen*, Urteil vom 25.04.2012, 41 O 45/10, NZG 2012, S. 1307, 1308 – Arcandor.

b. Diskussionsstand in der Literatur

Anders als bei den nützlichen Gesetzesverletzungen befürwortet ein großer Teil der Lehre beim nützlichen Vertragsbruch eine Anwendbarkeit der business judgment rule und damit eine Gewährung eines unternehmerischen Handlungsspielraums hinsichtlich der Entscheidung, ob in einem konkreten Fall vertragliche Pflichten der Gesellschaft verletzt werden sollen.[865] Dies wird insbesondere mit den Unterschieden zwischen einer Gesetzesbindung und einer Vertragsbindung begründet. Die Gegenansicht unterscheidet nicht, sondern setzt eine Vertragsverletzung einer Gesetzesverletzung gleich, lehnt die Anwendbarkeit der business judgment rule mangels Vorliegens einer unternehmerischen Entscheidung ab und ordnet die Erfüllung von Vertragspflichten den Legalitätspflichten zu.[866]

Gegen eine solche Gleichbehandlung von Gesetzes- und Vertragsbruch wird angeführt, dass die Legalitätspflicht die Einhaltung gesetzlicher Gebote und Verbote durch die Gesellschaft erfasse, für die das Leitungsorgan Sorge zu tragen habe, die Erfüllung der Pflichten aus Verträgen, die die Gesellschaft mit Dritten geschlossen hat, aber nicht gesetzlich vorgeschrieben sei. Eine solche Verpflichtung entspringe allenfalls dem allgemeinen Prinzip, dass geschlossene Verträge einzuhalten seien, dem aber kein Gesetzescharakter zukomme.[867] Auch habe der Gesetzgeber durch das Leistungsstörungsrecht geregelt, welche Folgen eine Vertragsverletzung hat. Den Vertragsparteien stehe es letztlich frei, statt der geschuldeten Leistung Ersatzverpflichtungen in Kauf zu nehmen.[868] Ein Vertragsbruch beziehe sich lediglich auf das Verhältnis zwischen der Gesellschaft und ihrem Vertragspartner, ein Gesetzesverstoß betreffe hingegen eine normierte Regelung, die jeder zu beachten habe.[869] Da nur die Beziehung zwischen den Vertragsparteien betroffen ist, sei auch die negative Außenwirkung einer Vertragsverletzung und damit die Wahrnehmung der Pflichtverletzung der Gesellschaft in der Öffentlichkeit meistens nicht so groß wie bei einem Gesetzesverstoß.[870] Die unterschiedliche

---

865 *Bicker*, AG 2014, S. 8, 9 f.; *J.-H. Binder*, AG 2008, S. 274, 279; *Fleischer*, ZIP 2005, S. 141, 150; *Hopt/Roth*: in Großkommentar zum AktG, § 93 Rdn. 148; *Kocher*, CCZ 2009, S. 215, 218; *Krieger/Sailer-Coceani*: in *K. Schmidt/Lutter*, AktG, § 93 Rdn. 15; *Lutter*, ZIP 2007, S. 841, 843; *Pitkowitz*, Praxishandbuch Vorstands- und Aufsichtsratshaftung, S. 156 Rdn. 509; *Roth*, Unternehmerisches Ermessen und Haftung des Vorstands, S. 132; *Thole*, ZHR 173 (2009), S. 504, 518.

866 *Ihrig*, WM 2004, S. 2098, 2105; *Koch*: in *Hüffer/Koch*, AktG, § 93 Rdn. 17; *ders.*, ZGR 2006, S. 769, 786; *C. Schäfer*, ZIP 2005, S. 1253, 1256; *S.H. Schneider*, DB 2005, S. 707, 711; *Wiedemann*, ZGR 2011, S. 183, 199; *Winnen*, Die Innenhaftung des Vorstandes nach dem UMAG, S. 154.

867 *Kocher*, CCZ 2009, S. 215, 218; *Pitkowitz*, Praxishandbuch Vorstands- und Aufsichtsratshaftung, S. 156 Rdn. 508.

868 *Brock*, Legalitätsprinzip und Nützlichkeitserwägungen, S. 299.

869 *Bicker*, AG 2014, S. 8, 9.

870 *Breitenfeld*, Die organschaftliche Binnenhaftung der Vorstandsmitglieder, S. 107; *Thole* ZHR 173 (2009), S. 504, 519.

Behandlung von Gesetzes- und Vertragsverstößen werde auch durch § 396 I AktG und seine Parallelvorschriften im GmbH- und Genossenschaftsrecht belegt, da die Auflösung der Gesellschaft durch Urteil nur bei gesetzwidrigem Verhalten ihrer Verwaltungsträger erfolgen könne, nicht aber bei bloßem vertragswidrigem Verhalten.[871]

Die Gegenansicht argumentiert mit einer indirekten Gesetzesbindung, da die Rechtsordnung den Vertragspartnern durch die Privatautonomie erlaubt, ihre Vertragsbeziehungen untereinander selbstständig zu regeln.[872] Aber gerade die Einräumung der eigenverantwortlichen Vertragsmitgestaltung und des Aushandelns von Vertragsregelungen durch das Leitungsorgan für die Gesellschaft spricht wiederum dafür, dass es im Einzelfall auch berechtigt sein müsse, Verpflichtungen aus diesem Vertrag nicht zu erfüllen.[873] Im Gegensatz zu anderen Vertragspartnern wäre das Leitungsorgan anderenfalls gezwungen, die Verträge der Gesellschaft stets einzuhalten, um eine Haftung zu vermeiden.[874] Dies würde zu einem besonderen Schutz des Vertragspartners bei Verträgen mit Gesellschaften führen und damit zu einer Ungleichbehandlung gegenüber Vertragspartnern anderer Verkehrsteilnehmer, die nicht angestrebt wird.[875]

Vereinzelt wird angeführt, dass ein Vertragsbruch im Einzelfall mit der Tatbestandserfüllung der sittenwidrigen vorsätzlichen Schädigung nach § 826 BGB oder des Betruges nach § 263 StGB einhergehen könne und ein Verstoß gegen diese Vorschriften eine Verletzung der Legalitätspflicht bedeute.[876] Das widerspricht jedoch nicht den vorangegangenen Überlegungen, da in solchen Fällen die Vertragsverletzung gleichzeitig gegen ein gesetzliches Verbot verstößt und daher eine Legalitätspflichtverletzung im Raume steht.[877]

c. *Ergebnis und Würdigung*

Die wesentlichen Argumente sprechen für eine Anwendung des § 93 I 2 AktG auf die Verletzung von Vertragspflichten, und zwar ausnahmslos.[878] Verträge

---

871 *Fleischer*, ZIP 2005, S. 141, 150.

872 *Koch*: in *Hüffer/Koch*, AktG, § 93 Rdn. 17; *ders.*, ZGR 2006, S. 769, 786; *Winnen*, Die Innenhaftung des Vorstandes nach dem UMAG, S. 154.

873 Vgl. *Kauer*, Die Informationsbeschaffungspflicht des Vorstands einer AG, S. 184.

874 *Koch*: in *Hüffer/Koch*, AktG, § 93 Rdn. 17; *ders.*, ZGR 2006, S. 769, 786.

875 Vgl., *Thole* ZHR 173 (2009), S. 504, 519.

876 *Bicker*, AG 2014, S. 8, 10; *Spindler*: in Münchener Kommentar zum AktG, § 93 Rdn. 102; *Thole*, ZHR 173 (2009), S. 504, 518.

877 Vgl. *Kocher*, CCZ 2009, S. 215, 218; *Spindler*: in Münchener Kommentar zum AktG, § 93 Rdn. 102; *Thole*, ZHR 173 (2009), S. 504, 518;

878 *Zöllner/Noack*: in *Baumbach/Hueck*, GmbHG, (21. Aufl.), § 43 Rdn. 23b bejahen ein unternehmerisches Ermessen lediglich für den Fall der Erfüllung von Zahlungsverpflichtungen wegen Liquiditätsschwierigkeiten der Gesellschaft und zwar insoweit, als das Leitungsorgan sorgfältig auswählt, welche Zahlungsverbindlichkeiten es zulasten anderer vorrangig erfüllt.

begründen Rechte und Pflichten nur zwischen den Vertragspartnern, sind nicht allgemeingültig und haben keinen Gesetzescharakter. Zwar werden die Inhalte vertraglicher Pflichten gesetzlich bestimmt, wie beispielsweise in § 433 BGB für den Kaufvertrag oder § 535 BGB für den Mietvertrag. Diese Pflichten werden aber erst durch den Vertragsschluss der Parteien begründet und können im Rahmen der Vereinbarung auch noch näher ausgestaltet werden.[879] Es besteht auch kein konkretes gesetzliches Gebot, Verträge einzuhalten und deren Pflichten zu erfüllen. Wenn auch die Folgen einer Vertragsverletzung durch das Leistungsstörungsrecht gesetzlich normiert werden, handelt es sich nicht um gesetzliche Gebote oder Verbote, deren Nichtbeachtung zur Verletzung der Legalitätspflicht führt, sondern um Ansprüche oder Gestaltungsrechte, die dem Vertragspartner im Falle einer Leistungsstörung eingeräumt werden.

Aufgrund der Unterschiede zwischen Gesetzes- und Vertragsverstößen ist eine Einordnung des Vertragsbruchs unter den Grundsatz des Vorrangs des Gesetzes vor dem Gesellschaftsinteresse abzulehnen. Während die Gesellschaft gegenüber der anderen Vertragspartei die Erfüllung all ihrer Pflichten aus dem Vertragsverhältnis schuldet, hat das Leitungsorgan im Innenverhältnis seine Entscheidung hinsichtlich der Vertragserfüllung im Gesellschaftsinteresse zu treffen.[880]

Ist ein unternehmerischer Handlungsspielraum bei der Entscheidung über eine Vertragsverletzung der Gesellschaft eröffnet, hat das Organ eine sorgfältige Abwägung der Vor- und Nachteile der Vertragsverletzung für die Gesellschaft vorzunehmen.[881] Auch die Wahrscheinlichkeit der Geltendmachung eines Schadensersatzes durch den Vertragspartner der Gesellschaft und die mögliche Anspruchshöhe sind zu beachten. Von großer Bedeutung ist neben den finanziellen Risiken auch eine mögliche Rufschädigung der Gesellschaft aufgrund ihres vertragsbrüchigen Verhaltens. Auch eine solche ist in die Abwägung mit einzubeziehen. Ferner sind die Folgen des Nichterhalts der Leistung zu überdenken. Möglicherweise werden durch den Vertragsbruch gute Beziehungen der Gesellschaft zu langjährigen Vertragspartnern belastet oder sogar beendet.

Aus den vorgenannten Erwägungen kann im Ausnahmefall sogar eine Pflicht des Organs zum Vertragsbruch denkbar sein, wenn die sorgfältige Abwägung der Chancen und Risiken für die zu treffende Entscheidung ergeben würde, dass die Vertragserfüllung im Verhältnis zur Verletzung der Vertragspflichten beträchtliche Nachteile für die Gesellschaft mit sich bringen würde.[882] Bei der Ausübung des unternehmerischen Ermessens wären in solchen Fällen allerdings auch mildere

---

879 Vgl. *Fischer*, Die existenzvernichtende Vorstandshaftung und ihre Begrenzung durch Satzungsbestimmung (de lege lata), S. 45 f.

880 Vgl. *Hopt/Roth*: in Großkommentar zum AktG, § 93 Rdn. 148; *Thole*, ZHR 173 (2009), S. 504, 519.

881 *Fleischer*, ZIP 2005, S. 141, 150; *Hopt/Roth*: in Großkommentar zum AktG, § 93 Rdn. 148; *Kocher*, CCZ 2009, S. 215, 218.

882 Vgl. *Pitkowitz*, Praxishandbuch Vorstands- und Aufsichtsratshaftung, S. 157 Rdn. 511.

Alternativen zum Vertragsbruch zu berücksichtigen wie eine mögliche Vertragsanpassung oder -neuverhandlung unter Mitwirkung der anderen Vertragspartei. Jedenfalls dürfte der Entscheidungsträger nicht von vornherein eine Vertragsverletzung außer Acht lassen.

Diese Betrachtung liegt auch auf der Linie der Entscheidung des Landgerichts Essen. Es wurde geprüft, ob der Abschluss der Mietverträge eine Pflichtverletzung des Vorstands darstellte, ob also der fehlende Bruch der Mietverschaffungsverträge sorgfaltswidrig war. Es erfolgte eine Interessenabwägung, wobei die Nachteile der Arcandor AG bei Vertragsbruch wegen unüberschaubarer Risiken überwogen hätten, sodass im vorliegenden Fall ein Absehen von einem Vertragsbruch pflichtgemäß war.

3. Entscheidung unter Rechtsunsicherheit

Auch bei sogenannten rechtlich gebundenen Entscheidungen unter Rechtsunsicherheit stellt sich die Frage, ob sie wie andere gesetzlich vorgegebene Entscheidungen unter die Legalitätspflicht fallen oder eher dem unternehmerischen Ermessen zuzuordnen sind.[883] Solche Entscheidungen zeichnen sich dadurch aus, dass zwar eine rechtlich vorgegebene Pflicht zu einer Handlung oder Unterlassung existiert, deren Anwendung auf den betreffenden Sachverhalt für das Leitungsorgan aber nicht eindeutig ist. Besteht Unsicherheit darüber, was die relevante Vorschrift bindend anordnet, kann es zu Fehleinschätzungen des handelnden Organs mit Blick auf die Rechtslage kommen und damit zu einem rechtlichen Standpunkt des Organs, der bei der gerichtlichen Überprüfung abgelehnt wird. Dies kann zu einem Verstoß gegen ein gesetzliches Gebot oder Verbot führen, sodass bei strikter Anwendung des Legalitätsprinzips das Organ im Innenverhältnis seine Pflichten verletzt hätte und ein möglicherweise vorliegender Rechtsirrtum lediglich im Rahmen des Verschuldens berücksichtigt würde.[884] Bei Vorliegen von Rechtsunsicherheit könnte aber auch an eine Einräumung unternehmerischen Ermessens und eine mögliche Haftungsprivilegierung gedacht werden, sodass es im Innenverhältnis unter den Voraussetzungen des § 93 I 2 AktG an einer Pflichtverletzung gegenüber der Gesellschaft fehlen würde.[885]

In der Literatur werden in diesen Fällen auch die analoge Anwendung des § 93 I 2 AktG[886] und eine Anerkennung von Beurteilungsspielräumen außerhalb der business judgment rule[887] diskutiert. Darauf wird an späterer Stelle im Rahmen der

883 Vgl. *Fleischer*, ZIP 2005, S. 141, 149; *Koch*: in *Hüffer/Koch*, AktG, § 93 Rdn. 19; *Kocher*, CCZ 2009, S. 215, 217; *Spindler*: in Münchener Kommentar zum AktG, § 93 Rdn. 89; *Thole*, ZHR 173 (2009), S. 504, 521 f.

884 So beispielsweise *Koch*: in *Hüffer/Koch*, AktG, § 93 Rdn. 19.

885 So beispielsweise *Krieger/Sailer-Coceani*: in *K. Schmidt/Lutter*, AktG, § 93 Rdn. 16.

886 So beispielsweise *Spindler*: in Festschrift für *Canaris* Band II, S. 403, 415, 427 f.

887 So beispielsweise *Fleischer*: in *Spindler/Stilz*, AktG, § 93 Rdn. 69 a.

Darstellung der Ansichten in der Literatur zur Einordnung von Entscheidungen unter Rechtsunsicherheit eingegangen.

a. *Ursachen für das Entstehen von Rechtsunsicherheiten*

Zunächst soll ein Blick darauf geworfen werden, in welchen Situationen rechtliche Unsicherheiten bei Entscheidungen des Organs entstehen können. Hier sind unterschiedliche Ursachen anzuführen, wobei die nachfolgende Auflistung nicht abschließend ist:

Der Formulierung gesetzlicher Pflichten kann die Eindeutigkeit fehlen, weil diese unbestimmte Rechtsbegriffe enthalten, die auslegungsbedürftig und bisher für den zu entscheidenden Fall nicht von den Gerichten konkretisiert worden sind.[888] Je nachdem, wie das Gesetz ausgelegt wird, können divergierende Handlungspflichten für das Organ entstehen.

Die zugrunde liegende Rechtslage kann streitig sein. Das ist der Fall, wenn noch keine höchstrichterliche Rechtsprechung besteht und Gerichte der unteren Instanzen und/oder Stimmen in der Literatur unterschiedliche Rechtsansichten vertreten.[889] Dann hängt die Entscheidung für eine Maßnahme davon ab, welcher Rechtsauffassung sich der Handelnde anschließt.

Insbesondere auch bei der Anwendung ausländischen Rechts können rechtliche Unsicherheiten auftreten. Sind ausländische Rechtsnormen für einen Sachverhalt einschlägig, hat das handelnde Organ auch darin vorgegebene Pflichten einzuhalten.[890]

Bei Gesetzesänderungen oder neuen Gesetzen können Unsicherheiten über die Rechtsanwendung entstehen, da es noch an diesbezüglicher Rechtsprechung und Literatur fehlt und das Organ nicht weiß, wie letztlich die Gerichte die Vorschrift anwenden werden.[891]

Schließlich können Unsicherheiten durch Normen hervorgerufen werden, die Tatbestandsmerkmale enthalten, deren Erfüllung aufgrund von Schwierigkeiten bei der Tatsachenermittlung nur schwer festzustellen ist. So ist die Feststellung der Vollwertigkeit des Gegenleistungs- oder Rückgewähranspruchs gegen den Gesellschafter im Rahmen der Prüfung des § 57 I 3 2. Alt. AktG oftmals schwierig. Es muss eine Prognose auf der Tatsachenebene gestellt werden, ob voraussichtlich eine Zahlungsfähigkeit des Aktionärs, dem die Gesellschaft die Leistung gewährt

---

888 *Fleischer:* in *Spindler/Stilz,* AktG, § 93 Rdn. 69 a; *Hasselbach/Ebbinghaus,* AG 2014, S. 873, 876; *U.H. Schneider,* DB 2011, S. 99, 100; *Spindler:* in Festschrift für *Canaris* Band II, S. 403, 414; *Winnen,* Die Innenhaftung des Vorstandes nach dem UMAG, S. 159.

889 *Buck-Heeb,* BB 2013, S. 2247, 2249; *Kocher,* CCZ 2009, S. 215, 217; *Krieger/Sailer-Coceani:* in *K. Schmidt/Lutter,* AktG, § 93 Rdn. 16.

890 *Hasselbach/Ebbinghaus,* AG 2014, S. 873, 881; *Spindler:* in Münchener Kommentar zum AktG, § 93 Rdn. 109 f.; *ders.:* in Festschrift für *Canaris* Band II, S. 403, 426 f.

891 *Buck-Heeb,* BB 2013, S. 2247, 2249; *Hasselbach/Ebbinghaus,* AG 2014, S. 873, 874.

hat, bei Fälligkeit des Gegenleistungsanspruchs oder im Falle einer Kreditgewährung bei Fälligkeit des Darlehensrückzahlungsanspruchs besteht.[892] Ähnlich ist es bei der Beurteilung einer Zahlung als zur Zahlungsunfähigkeit führend im Sinne des Zahlungsverbots nach § 92 II 3 AktG. Auf der Tatsachenebene ist zu prognostizieren, ob eine bestimmte Zahlung ein Insolvenzrisiko der Gesellschaft nach sich ziehen kann.[893] Entstehen bei der Tatsachenfeststellung aufgrund der erforderlichen Prognosen und Einschätzungen Unsicherheiten, ist nicht eindeutig festzustellen, ob das Tatbestandsmerkmal, unter dem zu subsumieren ist, erfüllt ist.

In all diesen Fällen ist die Subsumtion unter den Tatbestand der betreffenden Norm schwierig. Wegen der fehlenden Gewissheit, ob dieser letztlich erfüllt wird oder nicht, kann das handelnde Organ nicht genau einschätzen, welches die richtige zu treffende Maßnahme ist und welche Entscheidung einer gerichtlichen Überprüfung standhält. Hinzu kommt, dass die juristischen Kenntnisse des Entscheidungsträgers gerade bei komplizierten Rechtsfragen nicht immer ausreichen werden.

b. Zunehmende Verschärfung der Organpflichten durch den Gesetzgeber

In die Betrachtung der vielfältigen Situationen, in denen das Organ eine Entscheidung unter Rechtsunsicherheit zu treffen hat, ist auch die Entwicklung einer zunehmenden Verschärfung der Organpflichten durch den Gesetzgeber einzubeziehen. Dieser hat in den letzten Jahren behördliche Entscheidungen auf die Leitungsorgane der Unternehmen zurückübertragen und eine strengere Regulierung insbesondere im Aufsichtsrecht vorgenommen, wodurch die Legalitätspflichten erweitert wurden.[894]

Die Änderung des Systems der behördlichen Entscheidung auf Antrag der Geschäftsleitung in eine Selbsteinschätzung des Vorliegens von Tatbestandsvoraussetzungen und der damit verbundenen Eigenverantwortlichkeit des Organs für die Entscheidung dient der Reduzierung des Verwaltungsaufwands hinsichtlich der Antragsprüfungen durch die Behörden und der Entbürokratisierung bzw. Deregulierung.[895]

---

892 *Kocher*, CCZ 2009, S. 215, 217 f.; *Theusinger/Cernicky*, CCZ 2009, S. 146, 149.

893 *Kocher*, CCZ 2009, S. 215, 217 f.

894 *Buck-Heeb*, BB 2013, S. 2247, 2249; *Hopt*, ZIP 2013, S. 1793, 1796 f., 1798; *Nietsch*, ZGR 2015, S. 631, 652; *Thole*, ZHR 173 (2009), S. 504, 521; *Verse*, ZGR 2017, S. 174, 175; *Winnen*, Die Innenhaftung des Vorstandes nach dem UMAG, S. 159.

895 Vgl. für den Systemwechsel vom Antragsverfahren zur Legalausnahme bei der Befreiung von der Ad-hoc-Publizität: RegBegr. zum Entwurf des Anlegerschutzverbesserungsgesetzes (AnSVG-E), BT-Drucksache 15/3174, S. 1, 35; *Spindler:* in Festschrift für *Canaris* Band II, S. 403, 404; für den Systemwechsel im europäischen und deutschen Kartellrecht: *Fuchs*: in *Immenga/Mestmäcker*, Wettbewerbsrecht, § 2 GWB Rdn. 12 und 13; *Spindler:* in Festschrift für *Canaris* Band II, S. 403, 408.

So wurden früher Entscheidungen über die Befreiung von der Ad-hoc-Veröffentlichung im Kapitalmarktrecht auf Antrag von der Aufsichtsbehörde getroffen,[896] während das Leitungsorgan des Emittenten nach der aktuellen Gesetzeslage über den Aufschub der Veröffentlichung von Insiderinformationen eigenverantwortlich zu entscheiden hat.[897] Ebenso ist die Entscheidung über eine Freistellung vom Kartellverbot auf die Unternehmen verlagert worden. Nach früherer Rechtslage waren die Kommission und das Bundeskartellamt zuständig und haben überprüft, ob (horizontale) Verständigungen von Unternehmen, die den Tatbestand des Kartellverbots erfüllten, freizustellen sind.[898] Nunmehr sind solche Verständigungen bei Vorliegen bestimmter Voraussetzungen nach Art. 101 III AEUV und § 2 GWB freigestellt. Die Unternehmen müssen selbst einschätzen, ob die Freistellungsvoraussetzungen tatsächlich erfüllt sind. Erschwerend kommt hinzu, dass sowohl Art. 17 IV MarktmissbrauchsVO, als auch Art. 101 AEUV bzw. § 2 GWB unbestimmte Rechtsbegriffe wie „berechtigte Interessen des Emittenten", „Irreführung der Öffentlichkeit", „unter angemessener Beteiligung der Verbraucher an dem entstehenden Gewinn" enthalten.

Für die Unternehmen und deren Organe, die die Rechtslage nun selbst einzuschätzen haben, besteht zunächst ein höheres Haftungsrisiko wegen der Verantwortungsverlagerung. Die Abschaffung konstitutiver behördlicher Entscheidungen führt bei den betroffenen Unternehmen zu vermehrten Rechtsunsicherheiten. Weitere treten wegen der vielen unbestimmten Rechtsbegriffe hinzu. Dadurch wird das Haftungsrisiko nochmals erhöht.[899] Da die Organe dafür Sorge zu tragen haben, dass sich die Gesellschaft im Außenverhältnis rechtmäßig verhält und alle rechtlichen Vorschriften beachtet, die sie betreffen, würde gleichsam auch die Haftungsgefahr im Innenverhältnis zur Gesellschaft durch die Erweiterung der Legalitätspflichten verbunden mit den entstehenden Rechtsunsicherheiten erhöht.[900]

Ferner wurden bestimmte Wirtschaftsbereiche in den letzten Jahren – als Reaktion auf die Finanzmarktkrise – stärker reguliert, was zu einer Verschiebung von Maßnahmen in die Legalitätspflicht führt und die Anwendung der business judgment rule auf solche Fälle verdrängt.[901] Hierzu zählen insbesondere der

---

896 So § 15 I 5 WpHG a.F. vor Inkrafttreten des Anlegerschutzverbesserungsgesetzes vom 28.10.2004, BGBl. I, S. 2630 ff.

897 Nach Inkrafttreten des Anlegerschutzverbesserungsgesetzes vom 28.10.2004, BGBl. I, S. 2630 ff., war in § 15 III WpHG a.F. die eigenverantwortliche Entscheidung geregelt. Inzwischen findet sich diese Regelung in Art. 17 IV MarktmissbrauchsVO Nr. 596/2014 vom 16.04.2014, ABl. EU vom 12.06.2014 L 173, S. 1, 34 f.

898 Dies galt bis zum Inkrafttreten der VO Nr. 1/2003 vom 16.12.2002, ABl. EG vom 04.01.2003 L 1, S. 1 ff. bzw. der 7. GWB-Novelle vom 07.07.2005, BGBl. I S. 1954 ff.

899 *Spindler:* in Festschrift für *Canaris* Band II, S. 403, 405 und 410; *Thole*, ZHR 173 (2009), S. 504, 521; *Verse*, ZGR 2017, S. 174, 175; *Winnen*, Die Innenhaftung des Vorstandes nach dem UMAG, S. 159.

900 Vgl. *Spindler:* in Festschrift für *Canaris* Band II, S. 403, 405.

901 *J.-H. Binder*, ZGR 2013, S. 760, 782; *Buck-Heeb*, BB 2013, S. 2247, 2249; *Hopt*, ZIP 2013, S. 1793, 1795, 1797; *Hopt/Roth:* in Großkommentar zum AktG, § 93 Rdn. 75;

Banken- und Versicherungssektor mit detaillierten aufsichtsrechtlichen Vorgaben wie § 25a ff. KWG, § 33 WpHG, § 23 VAG, oder § 28 KAGB, wodurch die Organe in ihren Verhaltensmöglichkeiten stark eingeschränkt werden.[902] Da es sich um prinzipienbasierte Regelungen handelt, die abstrakt-generelle Pflichten beinhalten und für den Einzelfall zu konkretisieren sind[903], finden sich auch hier viele unbestimmte Rechtsbegriffe wie „erforderlich", „angemessen", „wirksam" und „solide", die Rechtsunsicherheiten bei der Auslegung und Anwendung verursachen.[904]

c. Einordnung einer Entscheidung unter Rechtsunsicherheit durch die Rechtsprechung

Zunächst werden Entscheidungen der Gerichte zu Sachverhalten betrachtet, die Rechtsunsicherheit für das handelnde Organ mit sich bringen. Es soll geschaut werden, welchen Ansatz die Rechtsprechung in den Fällen verfolgt, in denen eine gesetzliche Vorgabe für das Organhandeln besteht, aber aufgrund von Unklarheiten bei der Rechtsanwendung letztlich eine fehlerhafte Entscheidung getroffen wird.

Die nachfolgenden Entscheidungen wurden bereits im Rahmen der Untersuchung der Anforderungen an fremden Expertenrat und der Voraussetzungen für ein right of reliance betrachtet.[905] An dieser Stelle wird der Schwerpunkt auf die Ausführungen der Rechtsprechung zur Behandlung von Rechtsunsicherheiten des entscheidenden Organmitglieds gelegt.

aa. BGH, Urteil vom 14.05.2007, II ZR 48/06

Der BGH hatte u.a. darüber zu entscheiden, ob ein Vorstandsmitglied eines Software-Start-up-Unternehmens in der Rechtsform einer AG wegen der Verletzung seiner Insolvenzantragspflicht nach § 92 II AktG a.F.[906] (heute § 15 a I 1 InsO) zu haften hatte.[907]

Ihrig/Schäfer, Rechte und Pflichten des Vorstands, § 38 Rdn. 1524 b; *Verse*, ZGR 2017, S. 174, 175.

902 *Hopt*, ZIP 2013, S. 1793, 1797 spricht mit Blick auf die Verschärfung der Pflichten im Bankenbereich durch das CRD IV – Umsetzungsgesetz vom 28.08.2013, BGBl. I, S. 3395 ff., von einem „Pressen der Bankenorgane in ein eng geschnürten Verhaltenskorsett".

903 Vgl. *Weber-Rey*, ZGR 2010, S. 543, 563.

904 Vgl. *J.-H. Binder*, ZGR 2013, S. 760, 782; *Buck-Heeb*, BB 2013, S. 2247, 2249; *Bürkle*, VersR 2013, S. 792; *Krauel/Winter*, VersR 2013, S. 555, 557; *Verse*, ZGR 2017, S. 174, 175.

905 Siehe oben unter Gliederungspunkt B II 3 a bb.

906 § 92 II AktG in der Fassung vor der Aufhebung dieser Vorschrift durch Art. 5 des Gesetzes zur Modernisierung des GmbH-Rechts und zur Bekämpfung von Missbräuchen (MoMiG) vom 23.10.2008, BGBl. I, S. 2026, 2035.

907 *BGH*, Urteil vom 14.05.2007, II ZR 48/06, AG 2007, S. 548 f.

(1) Sachverhalt

Aus einer im August 2001 aufgestellten Bilanz ging hervor, dass die AG zum 31.12.2000 bilanziell überschuldet war. Das Vorstandsmitglied beauftragte daraufhin auf Veranlassung des Aufsichtsrats einen Wirtschaftsprüfer mit der Prüfung der Insolvenzreife der AG. Dessen Gutachten ergab, dass die AG zwar bilanziell, jedoch nicht insolvenzrechtlich überschuldet war. Zur Begründung wurde angeführt, dass die Einlage eines stillen Gesellschafters der AG mit einem Rangrücktritt ausgestattet war und dessen Forderung nicht zu passivieren wäre. Es läge auch keine Zahlungsunfähigkeit der AG vor. Ende 2001 beantragte das Vorstandsmitglied schließlich die Eröffnung des Insolvenzverfahrens, da zu diesem Zeitpunkt unstreitig Zahlungsunfähigkeit der AG gegeben war. Zwischenzeitlich hatten die stillen Gesellschafter nämlich ihre Beteiligungen gekündigt und die letzten Zahlungen auf ihre Einlagen nicht mehr geleistet.[908]

(2) Entscheidungsgründe

Der BGH lehnte eine Haftung des Vorstandsmitglieds ab, da es seine Insolvenzantragspflicht, wenn eine solche bestanden hätte – was er offen ließ –, nicht schuldhaft verletzt habe. Das Organ hatte zur Frage des Vorliegens der Insolvenzreife der AG fachmännischen Rat bei einem unabhängigen Berater – einem Wirtschaftsprüfer – eingeholt und aufgrund des Ergebnisses des Gutachtens davon ausgehen dürfen, dass weder eine insolvenzrechtliche Überschuldung noch eine Zahlungsfähigkeit der AG zum maßgeblichen Zeitpunkt vorgelegen habe.[909]

Dem Vorstand obliege grundsätzlich die Pflicht zur ständigen Beobachtung der wirtschaftlichen Situation der Gesellschaft, wobei diese Beobachtung bei einem Start-up-Unternehmen, das zu Beginn üblicherweise auf Finanzierungsförderung angewiesen sei und Schulden mache, besonders gründlich zu erfolgen habe. Dabei müsse der Vorstand stets überprüfen, ob Insolvenzreife vorliegt, die ihn zur Stellung des Insolvenzantrags verpflichtet. Im vorliegenden Fall hätte der Vorstand sofort nach Vorliegen der Bilanz zum 31.12.2000 den Rat eines Wirtschaftsprüfers eingeholt, um die Frage der Insolvenzreife der AG klären zu lassen. Eine solche Vorgehensweise wurde vom BGH wegen nicht ausreichender eigener Kenntnisse des Vorstandsmitglieds für erforderlich gehalten. Die an diese Beratung zu stellenden Anforderungen wären erfüllt worden. Der Wirtschaftsprüfer wurde als unabhängiger und kompetenter sowie sachkundiger Berufsträger auf diesem Gebiet anerkannt. Ferner wäre der Berater ausführlich über die finanziellen Verhältnisse der AG informiert worden. Auch eine Prüfung der Plausibilität des Gutachtens und seines Ergebnisses wäre erfolgt.[910]

---

908 *BGH*, Urteil vom 14.05.2007, II ZR 48/06, AG 2007, S. 548, 549.

909 *BGH*, Urteil vom 14.05.2007, II ZR 48/06, AG 2007, S. 548, 550.

910 *BGH*, Urteil vom 14.05.2007, II ZR 48/06, AG 2007, S. 548, 550; vgl. auch den 2. Leitsatz der Entscheidung.

Der Vorstand habe den Rat des Wirtschaftsprüfers befolgen und wegen der Feststellung fehlender insolvenzrechtlicher Überschuldung oder Zahlungsunfähigkeit von der Stellung eines Insolvenzantrags absehen dürfen. Der BGH hob hervor, dass nicht einerseits eine Beratung zur Feststellung der Insolvenzreife gefordert und andererseits das Handeln entsprechend dem Ergebnis der Beratung als eine schuldhafte Pflichtverletzung gewertet werden dürfte.[911]

(3) Einordnung der Entscheidung unter Rechtsunsicherheit

Im zu entscheidenden Sachverhalt bestand eine Rechtsunsicherheit mit Blick auf das Vorliegen der Insolvenzreife der Gesellschaft als Voraussetzung der Pflicht zur Stellung eines Insolvenzantrags. Es handelt sich hierbei um eine Legalitätspflicht. Der Vorstand konnte aufgrund von Schwierigkeiten bei der Subsumtion des Sachverhalts unter den Begriff der Überschuldung iSd. § 92 II AktG a.F. (heute § 15 a I 1 InsO), gerade auch unter Berücksichtigung der Rangrücktrittserklärung eines stillen Gesellschafters, nicht sicher feststellen, ob eine Insolvenzreife vorlag und ihn zur Stellung des Insolvenzantrags verpflichtet hätte. Auch der BGH hat letztlich offen gelassen, ob eine Insolvenzantragspflicht wegen einer Überschuldung der Gesellschaft zu bejahen ist und wie die Rangrücktrittserklärung auf diese Beurteilung Einfluss nimmt, ob also letztlich eine Legalitätspflichtverletzung vorliegt. Er hat allerdings auch nicht ausdrücklich festgestellt, dass – objektiv betrachtet – eine unsichere Rechtslage gegeben ist. Es wurde lediglich auf die fehlenden eigenen Kenntnisse des Vorstandsmitglieds zur rechtlichen Bewertung des Vorliegens einer Überschuldung eingegangen.

Der BGH hat sich in seiner Entscheidung nicht zum Verhältnis der Legalitätspflicht zur business judgment rule geäußert. Eine Anwendung des § 93 I 2 AktG wurde nicht in Erwägung gezogen. Er hat vielmehr ausgeführt, dass selbst bei der Annahme eines Vorliegens der Legalitätspflicht des Vorstands zur Stellung eines Insolvenzantrags wegen Eintritts der Insolvenzreife der Gesellschaft und damit einer Pflichtverletzung durch eine Überschreitung der Antragsfrist jedenfalls das Verschulden zu verneinen sei. Ausführungen zur Einholung von Expertenrat werden nur hinsichtlich der Exkulpation erörtert, nicht in Zusammenhang mit den Voraussetzungen des § 93 I 2 AktG. Der Rechtsirrtum wurde auf der Verschuldensebene berücksichtigt, nicht auf der Ebene der Pflichtverletzung.

bb. BGH, Beschluss vom 16.07.2007, II ZR 226/06

In diesem Beschluss des BGH ging es um eine Verletzung des rechtlichen Gehörs des klagenden Insolvenzverwalters nach Art. 103 I GG in einem Schadensersatzverfahren über die Haftung des Geschäftsführers der Komplementärin einer GmbH & Co. KG wegen Insolvenzverschleppung.

---

911 *BGH*, Urteil vom 14.05.2007, II ZR 48/06, AG 2007, S. 548, 550.

(1) Sachverhalt

Der Insolvenzverwalter hatte substanziiert eine insolvenzrechtliche Überschuldung der Gesellschaft vorgetragen und unter Beweis gestellt.[912] Das Berufungsgericht hatte dieses Vorbringen nicht berücksichtigt, sondern offen gelassen, ob Insolvenzreife der Gesellschaft vorlag, weil der Geschäftsführer jedenfalls nicht schuldhaft von der Stellung eines Insolvenzantrags abgesehen hätte.[913] Er hätte eine fachkundige Beratung bei dem Insolvenzverwalter in Anspruch genommen und sich auf das Ergebnis verlassen dürfen, dass die Voraussetzungen zur Stellung des Insolvenzantrages nicht vorlägen.[914] Dies wurde vom BGH beanstandet.

(2) Entscheidungsgründe

Der BGH verwies auf sein Urteil vom 14.05.2007[915] und stellte klar, dass es zwar zuträfe, dass die Antragspflicht des Geschäftsführers nicht schuldhaft verletzt werde, wenn ein unabhängiger und fachkundiger Berater nach Vorlage aller relevanten Informationen zu dem plausiblen Ergebnis käme, dass keine Insolvenzreife der Gesellschaft vorliege, und der Geschäftsführer diesen Rat befolge. Er verneinte vorliegend jedoch die Erfüllung dieser Voraussetzungen, da dem Berater keine detaillierten Informationen zur Verfügung gestellt worden wären und die Überschuldung der Gesellschaft nach dem Vorbringen des Insolvenzverwalters gar nicht Inhalt der Nachfrage gewesen wäre.[916]

(3) Einordnung der Entscheidung unter Rechtsunsicherheit

In diesem Beschluss bestätigt der BGH seine bisherige Rechtsprechung, verneint aber die Voraussetzungen, die zu einem fehlenden Verschulden der Legalitätspflichtverletzung des Geschäftsführers mit Blick auf die Stellung des Insolvenzantrags führen können. Ein unverschuldeter Rechtsirrtum des Geschäftsführers war schon deshalb ausgeschlossen, weil weder die Nachfrage beim Insolvenzverwalter auf die Klärung der Rechtsunsicherheit abzielte noch Informationen zur Verfügung gestellt wurden. Auch hier geht der BGH mit keinem Wort auf eine mögliche Anwendung der business judgment rule ein, sondern verortet die Frage nach der ordnungsgemäßen Einholung eines Rechtsrats bei eigener rechtlicher Unsicherheit des Geschäftsleiters und dem Sich-Verlassen-Dürfen auf diesen Rechtsrat beim Verschulden.

---

912 *BGH*, Beschluss vom 16.07.2007, II ZR 226/06, DStR 2007, S. 1641, 1642.

913 *OLG Düsseldorf*, Urteil vom 05.09.2006, I-4 U 68/05, zitiert nach juris, Rdn. 49.

914 *OLG Düsseldorf*, Urteil vom 05.09.2006, I-4 U 68/05, zitiert nach juris, Rdn. 50.

915 *BGH*, Urteil vom 14.05.2007, II ZR 48/06, AG 2007, S. 548; siehe oben unter Gliederungspunkt C I 3 c aa.

916 *BGH*, Beschluss vom 16.07.2007, II ZR 226/06, DStR 2007, S. 1641, 1642.

cc. *OLG Stuttgart, Urteil vom 25.11.2009, 20 U 5/09*

Das OLG Stuttgart hatte über einen Schadensersatzanspruch einer AG nach § 93 II, 1, III Nr. 3 AktG gegen ihren ehemaligen Finanzvorstand in Zusammenhang mit dem Erwerb eigener Aktien durch die AG zu entscheiden.

(1) Sachverhalt

Der Finanzvorstand plante, ein Aktienrückkaufprogramm fortzuführen, das bereits vor seinem Amtsantritt im Jahr 2001 begonnen hatte, und kontaktierte diesbezüglich telefonisch einen Rechtsanwalt, der die AG laufend rechtlich beraten und den ihm der Aufsichtsratsvorsitzende empfohlen hatte, um sich zu erkundigen, ob die AG die nach § 71 II 2 AktG a.F.[917] iVm. § 272 IV HGB a.F.[918] erforderliche Rücklage für eigene Aktien bilden könne. Der Rechtsanwalt antwortete per Telefax, dass er aufgrund der wirtschaftlichen Verhältnisse der AG – fehlende erwirtschaftete Gewinne und keine frei verfügbare Gewinnrücklage zum 31.12.2001 – lediglich einen Rückgriff auf die Kapitalrücklage bei Erfüllung der gesetzlichen Voraussetzungen des § 272 II Nr. 4 HGB für möglich halten würde. Er verwies den Vorstand zur konkreten Beantwortung dieser Frage an den Wirtschaftsprüfer, der die Gesellschaft laufend betreute. Der Finanzvorstand holte eine solche Auskunft nicht ein, sondern führte das Aktienrückkaufprogramm ohne weitere Informationen fort.[919]

(2) Entscheidungsgründe

Das OLG Stuttgart bejahte eine Haftung des Vorstands wegen gesetzeswidrigen Erwerbs eigener Aktien nach § 93 II 1, III Nr. 3 AktG, da er die Aktien der AG unter Verstoß gegen § 71 II 2 AktG a.F. erworben und die vor seiner Amtsaufnahme ebenfalls rechtswidrig erworbenen Aktien nicht gemäß § 71 c I AktG innerhalb eines Jahres wieder veräußert hatte. Er habe auch schuldhaft gehandelt.[920]

Das OLG Stuttgart verwies auf das Urteil des BGH vom 14.05.2007[921], wonach ein Verschulden zu verneinen sei, wenn der Geschäftsleiter bei fehlenden eigenen Kenntnissen fremde Beratung eingeholt hat, die vom BGH aufgestellten Anforderungen an diese Beratung erfüllt worden sind und er sich nach einer Plausibilitätskontrolle dem Rat entsprechend verhält. Das OLG verneinte das Vorliegen dieser Voraussetzungen. Wie bereits ausführlich dargestellt,[922] bemängelte es eine

---

917 § 71 II 2 AktG in der Fassung des Art. 2 des Bilanzrichtliniengesetzes vom 19.12.1985, BGBl. I, S. 2355, 2390.

918 § 272 IV HGB in der Fassung des Art. 1 des Bilanzrichtliniengesetzes vom 19.12.1985, BGBl. I, S. 2355, 2364 f.

919 *OLG Stuttgart*, Urteil vom 25.11.2009, 20 U 5/09, NZG 2010, S. 141, 142.

920 *OLG Stuttgart*, Urteil vom 25.11.2009, 20 U 5/09, NZG 2010, S. 141, 143.

921 *BGH*, Urteil vom 14.05.2007, II ZR 48/06, AG 2007, S. 548; siehe oben unter Gliederungspunkt C I 3 c aa.

922 Siehe oben unter Gliederungspunkt B II 3 a bb (3).

ausreichende Information des Beraters über die für die Beurteilung der Rücklagenbildung zum Zeitpunkt des geplanten Erwerbs eigener Aktien maßgeblichen Umstände bei dem Telefonat.[923] Ferner sei es um eine Frage gegangen, die der Rechtsanwalt ohne Hinzuziehung eines Wirtschaftsprüfers nicht endgültig beantworten habe können.[924] Und schließlich beanstandete es auch, dass sich der Vorstand bei der Wahl des Beraters nicht selbst über dessen spezifische Sachkenntnisse erkundigt hatte.[925]

(3) Einordnung der Entscheidung unter Rechtsunsicherheit

Im zu entscheidenden Sachverhalt bestand eine Rechtsunsicherheit mit Blick auf die Zulässigkeit des Erwerbs eigener Aktien. Diese Zulässigkeit richtet sich nach §§ 71 ff. AktG, sodass bei einem Verstoß gegen diese Vorgaben eine Legalitätspflichtverletzung in Betracht kommt. Der Vorstand hatte Schwierigkeiten bei der Subsumtion des Sachverhalts unter § 71 II 2 AktG a.F. iVm. § 272 IV HGB a.F. und konnte nicht sicher feststellen, ob die Gesellschaft die erforderliche Rücklage für eigene Aktien bilden konnte. Das OLG Stuttgart hat die objektive Pflichtwidrigkeit bejaht und beim Verschulden berücksichtigt, dass der Vorstand mangels eigener Kenntnisse zur Einholung von Expertenrat verpflichtet ist und sich unter gewissen Voraussetzungen auf diesen Rat verlassen darf. Mit Blick auf diese Voraussetzungen wird die BGH-Rechtsprechung angewandt und näher konkretisiert.

Auch das OLG Stuttgart hat sich in seiner Entscheidung nicht zum Verhältnis der Legalitätspflicht zur business judgment rule geäußert. Es hat nicht erwogen, wegen der unsicheren Rechtslage § 93 I 2 AktG zugunsten des Finanzvorstands anzuwenden, sondern die Rechtsunsicherheit allein beim Verschulden verortet und an dieser Stelle die Frage des Vorliegens eines unvermeidbaren Schuld ausschließenden Rechtsirrtums des Finanzvorstands geprüft.

dd. BGH, Urteil vom 20.09.2011, II ZR 234/09 – ISION

Der BGH hatte über Schadensersatzansprüche der ISION-AG nach §§ 93 II, III Nr. 4 AktG gegen zwei Mitglieder ihres Vorstands und nach §§ 116 S. 1, 93 II, III Nr. 4 AktG gegen den stellvertretenden Aufsichtsratsvorsitzenden zu entscheiden, die durch den Insolvenzverwalter der AG geltend gemacht wurden.[926]

(1) Sachverhalt

Der stellvertretende Aufsichtsratsvorsitzende war gleichzeitig Rechtsanwalt in einer Kanzlei, die die Gesellschaft laufend rechtlich beriet. Die ISION-AG selbst

---

923 *OLG Stuttgart*, Urteil vom 25.11.2009, 20 U 5/09, NZG 2010, S. 141, 143.
924 *OLG Stuttgart*, Urteil vom 25.11.2009, 20 U 5/09, NZG 2010, S. 141, 144.
925 *OLG Stuttgart*, Urteil vom 25.11.2009, 20 U 5/09, NZG 2010, S. 141, 144.
926 *BGH*, Urteil vom 20.09.2011, II ZR 234/09, NZG 2011, S. 1271 – ISION.

und zwei Tochtergesellschaften erwarben im Jahr 2000 verschiedene Unternehmensbeteiligungen, wobei die Kaufpreise zum Teil mit Aktien der ISION-AG gezahlt werden sollten. Eines der beiden Vorstandsmitglieder hatte zunächst angedacht, der AG diese Aktien im Wege einer Kapitalerhöhung unter Ausnutzung des genehmigten Kapitals zu verschaffen. Das verklagte Aufsichtsratsmitglied und ein Steuerberater zeigten die rechtliche Unzulässigkeit dieses Vorhabens aufgrund der Regelung des § 71 AktG auf. Nach einer entsprechenden Überlegung des Vorstandsmitglieds mit Blick auf eine andere Gestaltung beschloss der Aufsichtsrat auf Vorschlag des stellvertretenden Aufsichtsratsvorsitzenden, die für die Beteiligungskäufe erforderlichen Aktien im Wege eines Wertpapierdarlehens bei einer AG, die die Mehrheit der Aktien der ISION-AG hielt, zu erwerben und später dieses Darlehen mit aus einer Kapitalerhöhung stammenden neuen Aktien zurückzuführen.[927] Die Vorstandsmitglieder hatten eine diesbezügliche mündliche Auskunft bei der Kanzlei des stellvertretenden Aufsichtsratsvorsitzenden eingeholt, wobei zum Umfang und Inhalt dieses Rats im Berufungsverfahren nichts vorgetragen worden war.[928] Lediglich in der mündlichen Verhandlung vor dem Senat des BGH wurde behauptet, dass Inhalt die Bejahung der Wirksamkeit der geplanten Vorgehensweise gewesen wäre.[929] Der stellvertretende Aufsichtsratsvorsitzende nahm die Planung der Abwicklung vor und seine Anwaltskanzlei fertigte die Verträge. Die Kapitalerhöhung wurde durchgeführt. Die Mehrheitsaktionärin zeichnete die neuen Aktien und verzichtete auf die Rückübertragung der im Rahmen des Wertpapierdarlehens zur Verfügung gestellten Aktien.[930]

(2) Entscheidungsgründe

Der BGH bejahte eine Haftung der beiden Vorstandsmitglieder, da sie gemäß § 93 III Nr. 4 AktG Aktien der ISION-AG an ihre Aktionärin vor Leistung des Ausgabebetrags ausgegeben hätten. Die Bareinlagepflicht der Aktionärin wäre entstanden, weil der Verzicht auf die Rückforderung des Wertpapierdarlehens keine wirksame Sacheinlage darstellte. Der BGH begründete dies damit, dass eigene Aktien nicht als Sacheinlage dienen könnten, da der Gesellschaft kein neues Haftungskapital zugeführt würde und die eigenen Aktien aufgrund ihrer bilanziellen Behandlung keinen Vermögenszuwachs bedeuten würden, und führte aus, dass die vorgenommene Gestaltung die Übertragung eigener Aktien an die ISION-AG lediglich vertuschen sollte.[931]

Der BGH kam zu dem Ergebnis, dass die beiden Vorstandsmitglieder schuldhaft gehandelt hätten. Sie könnten sich nicht dadurch exkulpieren, dass sie die

927 *BGH*, Urteil vom 20.09.2011, II ZR 234/09, NZG 2011, S. 1271 – ISION.
928 *BGH*, Urteil vom 20.09.2011, II ZR 234/09, NZG 2011, S. 1271, 1273 – ISION.
929 *BGH*, Urteil vom 20.09.2011, II ZR 234/09, NZG 2011, S. 1271, 1273, 1275 – ISION.
930 *BGH*, Urteil vom 20.09.2011, II ZR 234/09, NZG 2011, S. 1271 – ISION.
931 *BGH*, Urteil vom 20.09.2011, II ZR 234/09, NZG 2011, S. 1271, 1272 – ISION.

Rechtslage mit Blick auf die Unwirksamkeit der geleisteten Sacheinlage verkannt hätten.[932] Es läge kein unverschuldeter Rechtsirrtum vor, da die hohen Anforderungen, die an einen solchen zu stellen seien, nicht gegeben wären. Mit Verweis auf ständige BGH-Rechtsprechung müsste die rechtliche Situation unter Berücksichtigung von Gesetz und höchstrichterlichen Entscheidungen genau analysiert werden, wobei große Sorgfalt anzuwenden wäre. Bei einem Mangel eigener Fachkenntnisse hätten die Vorstandsmitglieder fremden Rechtsrat einholen müssen, wobei auch an einen solchen strenge Maßstäbe anzulegen wären. Unter Hinweis auf sein Urteil vom 14.05.2007[933] und die Entscheidung des OLG Stuttgart vom 25.11.2009[934] forderte der BGH neben der sorgfältigen Auswahl eines unabhängigen, auf dem betreffenden Gebiet fachkundigen Berufsträgers dessen umfassende Information durch die Überlassung aller relevanten Unterlagen und die Darstellung der für die Beantwortung der Frage erheblichen Fakten sowie eine genaue Überprüfung des Beratungsergebnisses auf seine Plausibilität.[935]

Diese Anforderungen hielt der BGH, wie bereits ausführlich dargelegt[936], nicht für erfüllt, da eine lediglich mündliche Information der Anwaltskanzlei des stellvertretenden Aufsichtsratsvorsitzenden nicht genüge, weil sie der erforderlichen sorgfältigen Plausibilitätskontrolle nicht zugänglich sei.[937] Der BGH betonte bei seinem Hinweis für das weitere Verfahren, dass auch eine Erklärung eines Anwalts der Kanzlei des Inhalts, dass die beabsichtigte Vorgehensweise wirksam wäre, nicht ausreichen würde.[938] Zudem wäre den Vorstandsmitgliedern die Problematik des Erwerbs eigener Aktien durch die ISION-AG bereits aufgrund der durch den stellvertretenden Aufsichtsratsvorsitzenden und den Steuerberater geäußerten Bedenken in Bezug auf die zuerst angedachte Maßnahme bekannt gewesen, sodass auch bei der Änderung des Transaktionsmodells rechtliche Zweifel angebracht gewesen wären und eine Überprüfung der Plausibilität besonders sorgfältig hätte ausfallen müssen.[939]

Die Tatsache, dass der stellvertretende Aufsichtsrat und Rechtsanwalt die umstrittene Konstruktion in der Aufsichtsratssitzung angeregt hatte, habe nicht zu einer Exkulpation der Vorstandsmitglieder führen können, da sie dadurch nicht von ihren eigenen Prüfungspflichten befreit worden seien, zumal überhaupt nicht ersichtlich gewesen sei, ob diese Vorgehensweise rechtlich geprüft

---

932 *BGH*, Urteil vom 20.09.2011, II ZR 234/09, NZG 2011, S. 1271, 1272 – ISION.

933 *BGH*, Urteil vom 14.05.2007, II ZR 48/06, AG 2007, S. 548; siehe oben unter Gliederungspunkt C I 3 c aa.

934 *OLG Stuttgart*, Urteil vom 25.11.2009, 20 U 5/09, NZG 2010, S. 141; siehe oben unter Gliederungspunkt C I 3 c cc.

935 *BGH*, Urteil vom 20.09.2011, II ZR 234/09, NZG 2011, S. 1271, 1273 – ISION; vgl. auch den 2. Leitsatz der Entscheidung.

936 Siehe oben unter Gliederungspunkt B II 3 a bb (4).

937 *BGH*, Urteil vom 20.09.2011, II ZR 234/09, NZG 2011, S. 1271, 1273 – ISION.

938 *BGH*, Urteil vom 20.09.2011, II ZR 234/09, NZG 2011, S. 1271, 1275 – ISION.

939 *BGH*, Urteil vom 20.09.2011, II ZR 234/09, NZG 2011, S. 1271, 1273 – ISION.

worden war. Genauso unbeachtlich sei es im Hinblick auf das Verschulden, dass die Abwicklung und die Verträge vom stellvertretenden Aufsichtsratsvorsitzenden bzw., seiner Anwaltskanzlei konzipiert worden seien, da dies nicht von der Pflicht befreien könne, eine Beratung einzuholen und das Ergebnis auf Plausibilität hin zu überprüfen.[940] Schließlich ergäbe sich auch aus der Tatsache, dass der Sacheinlagenprüfer und das Registergericht die Sacheinlage ebenfalls als wirksam angesehen hätten, keine Entlastung der Vorstandsmitglieder.[941]

Der BGH bejahte ferner eine Haftung des stellvertretenden Aufsichtsratsvorsitzenden nach §§ 116 S. 1, 93 II, III Nr. 4 AktG, da er die Vorstandsmitglieder fehlerhaft beraten hätte und seiner Verpflichtung nicht nachgekommen wäre, bei einem rechtswidrigen Verhalten des Vorstands einzugreifen. Auch er habe keinem unverschuldeten Rechtsirrtum unterlegen, da er als Rechtsanwalt über besondere juristische Fachkenntnisse verfüge, zu deren Nutzung er gegenüber der ISION-AG verpflichtet gewesen wäre.[942]

(3) Einordnung der Entscheidung unter Rechtsunsicherheit

Wie in den zuvor untersuchten Entscheidungen lag auch hier eine Rechtsunsicherheit der beiden Vorstandsmitglieder vor. Der BGH hielt die Rechtslage für „eindeutig“.[943] Mangels genügender eigener Rechtskenntnisse konnten die Vorstandsmitglieder jedoch nicht selbst einschätzen, ob die geplante Konstruktion rechtlich zulässig war und der Verzicht auf die Rückforderung des Wertpapierdarlehens eine wirksame Sacheinlage darstellte oder ob anderenfalls eine Legalitätspflichtverletzung nach § 93 III Nr. 4 AktG in Betracht kommt, weil sie aufgrund der Unwirksamkeit der Sacheinlagevereinbarung und der daraus folgenden – nicht erfüllten – Bareinlagepflicht Aktien vor Leistung des Ausgabebetrages ausgegeben hätten. Diese Rechtsunsicherheit hat den BGH zu der Prüfung veranlasst, ob es möglicherweise wegen Vorliegens eines unverschuldeten Rechtsirrtums an einem schuldhaften Handeln im Rahmen der Legalitätspflichtverletzung fehlte.

Eine Anwendung der business judgment rule zugunsten der Vorstandsmitglieder wurde nicht erörtert. Wiederum wurde die Rechtsunsicherheit im Rahmen der Legalitätspflichtverletzung auf der Verschuldensebene behandelt.

ee. BGH, Urteil vom 27.03.2012, II ZR 171/10

Der BGH hatte über einen Anspruch einer GmbH gegen ihren ehemaligen Geschäftsführer nach § 64 II 1 GmbHG a.F.[944] (heute § 64 S. 1

940 *BGH*, Urteil vom 20.09.2011, II ZR 234/09, NZG 2011, S. 1271, 1273 – ISION.
941 *BGH*, Urteil vom 20.09.2011, II ZR 234/09, NZG 2011, S. 1271, 1274 – ISION.
942 *BGH*, Urteil vom 20.09.2011, II ZR 234/09, NZG 2011, S. 1271, 1274 – ISION.
943 *BGH*, Urteil vom 20.09.2011, II ZR 234/09, NZG 2011, S. 1271, 1274 – ISION.
944 § 64 II 1 GmbHG in der Fassung vor der Änderung dieser Vorschrift durch Art. 1 des Gesetzes zur Modernisierung des GmbH-Rechts und zur Bekämpfung von Missbräuchen (MoMiG) vom 23.10.2008, BGBl. I, S. 2026, 2031.

GmbHG[945]) auf Ersatz von Zahlungen zu entscheiden, die nach Eintritt ihrer Insolvenzreife geleistet worden waren. Er erörterte in diesem Zusammenhang, welche Anforderungen an einen Schuldausschluss zu stellen seien, wenn der Geschäftsführer nicht über eigene ausreichende Kenntnisse verfügt, um die Pflicht zur Stellung des Insolvenzantrags selbst zu prüfen, und deshalb externen Rat einholt.[946]

(1) Sachverhalt

Der Geschäftsführer hatte im August 2003 auf Empfehlung der Hausbank der GmbH eine Unternehmensberaterin mit der Erstellung eines Gutachtens zur Finanzlage der GmbH und zu Möglichkeiten der Fortführung beauftragt. Er erhielt das Gutachten mit dem Ergebnis einer positiven Fortführungsprognose am 09.11.2003. Am 12.12.2003 stellte er den Insolvenzantrag. Der Insolvenzverwalter der GmbH begründete die Geltendmachung des Anspruchs aus § 64 II GmbHG a.F. damit, dass die GmbH bereits seit dem 31.08.2003 zahlungsunfähig gewesen sei, aber dennoch Zahlungen der GmbH getätigt habe.[947]

(2) Entscheidungsgründe

Der BGH bestätigte das Vorliegen einer objektiven Pflichtverletzung und bejahte auch das Verschulden des Geschäftsführers. Bei fehlenden eigenen Fachkenntnissen zur Überprüfung der Insolvenzreife der Gesellschaft und Klärung der Stellung eines Insolvenzantrags hätte er sich bei ersten Anzeichen einer wirtschaftlichen Krise unverzüglich kompetent beraten lassen müssen, wobei an diese Beratung bestimmte Anforderungen zu stellen seien. Nur wenn ein solches Gutachten zu dem nachvollziehbaren Ergebnis käme, dass keine Insolvenzreife vorläge, könne dies zu einem Schuldausschluss führen. Der BGH nahm Bezug auf seine Entscheidungen vom 14.05.2007[948] und 20.09.2011[949] und wiederholte die Anforderungen an den zu wählenden Berater und dessen Information durch das Organ sowie an die Überprüfung der Plausibilität des Gutachtens.[950] Der BGH verneinte bereits eine unverzügliche Einholung des Rats, da zwar der Auftrag für die gutachterliche Stellungnahme rechtzeitig erteilt worden wäre, diese aber erst drei Monate später und damit nicht unverzüglich vorgelegt worden sei. Der Geschäftsführer hätte für eine unverzügliche Prüfung und Ergebnisvorlage Sorge zu tragen. Der BGH hielt die Unternehmensberaterin zwar für fachlich kompetent, beanstandete aber die

945 Für die AG gilt entsprechende Regelung der §§ 92 II, 93 II, III Nr. 6 AktG.
946 *BGH*, Urteil vom 27.03.2012, II ZR 171/10, CCZ 2013, S. 34.
947 *BGH*, Urteil vom 27.03.2012, II ZR 171/10, CCZ 2013, S. 34.
948 *BGH*, Urteil vom 14.05.2007, II ZR 48/06, AG 2007, S. 548; siehe oben unter Gliederungspunkt C I 3 c aa.
949 *BGH*, Urteil vom 20.09.2011, II ZR 234/09, NZG 2011, S. 1271 – ISION; siehe oben unter Gliederungspunkt C I 3 c dd.
950 *BGH*, Urteil vom 27.03.2012, II ZR 171/10, CCZ 2013, S. 34, 35.

Tatsache, dass der Geschäftsführer sie lediglich mit der Prüfung der Finanzsituation der GmbH und einer möglichen Sanierung des Unternehmens beauftragt und nicht speziell die Untersuchung der Insolvenzreife und damit der Pflicht zur Stellung des Insolvenzantrags veranlasst hatte. Es wäre nicht ersichtlich, dass diese allgemeine und weit gefasste Auftragserteilung auch die Aufgabe zur unverzüglichen und vorab vorzunehmenden Prüfung und Mitteilung der Insolvenzreife umfasse.[951]

(3) Einordnung der Entscheidung unter Rechtsunsicherheit

Wie in den zuvor untersuchten Entscheidungen lag auch hier eine Rechtsunsicherheit des Geschäftsführers insoweit vor, dass er mangels ausreichender eigener Kenntnisse nicht einschätzen konnte, ob die Gesellschaft insolvenzreif war. Wieder prüft der BGH diese Rechtsunsicherheit im Rahmen des Verschuldens und lässt unter gewissen Umständen eine Exkulpation aufgrund eines unverschuldeten Verbotsirrtums zu. Die business judgment rule wird wie in den vorherigen Entscheidungen nicht erwähnt.

ff. BGH, Urteil vom 28.04.2015, II ZR 63/14

Der BGH hatte über einen Schadensersatzanspruch einer AG gegen ihr ehemaliges Vorstandsmitglied wegen einer Missachtung der Kompetenzen beim Abschluss eines Beratervertrages zu entscheiden.[952]

(1) Sachverhalt

Der Beklagte war Alleingesellschafter und Geschäftsführer einer GmbH, die die klagende AG seit 2007 beratend unterstützte. Im Jahr 2008 wurde er zum Vorstandsmitglied der AG bestellt, blieb aber Geschäftsführer der GmbH und sollte an vier Tagen in der Woche für die AG tätig sein. Ein Anstellungsvertrag zwischen ihm und der AG wurde nicht geschlossen. Vielmehr sollte seine Vergütung in dem zu ändernden Beratungsvertrag zwischen der AG und der GmbH geregelt werden. Wegen rechtlicher Bedenken und auf Bitte des Aufsichtsrats beauftragte der Vorstandsvorsitzende eine Rechtsanwaltskanzlei mit der Erstellung eines umfassenden Vertragsentwurfs. Bei der Vorlage des Entwurfs wies die Kanzlei darauf hin, dass der Vertrag nach den Geschäftsordnungen von Vorstand und Aufsichtsrat nicht der Zustimmung des Aufsichtsrats bedürfte, sondern der alleinigen Zuständigkeit des Vorstandes unterfiele, da das betroffene Vorstandsmitglied auch weiterhin seine Vergütung von der GmbH erhielte.[953] Nachdem ein Aufsichtsratsmitglied noch einmal Bedenken geäußert hatte, teilte die Rechtsanwaltskanzlei mit, dass auch eine erneute juristische Begutachtung ergeben hätte, dass für

951 *BGH*, Urteil vom 27.03.2012, II ZR 171/10, CCZ 2013, S. 34, 36.
952 *BGH*, Urteil vom 28.04.2015, II ZR 63/14, NZG 2015, S. 792.
953 *BGH*, Urteil vom 28.04.2015, II ZR 63/14, NZG 2015, S. 792.

die Vergütungsvereinbarung keine Genehmigung des Aufsichtsrats zu verlangen wäre. Daraufhin wurde von einem Beschluss des Aufsichtsrats abgesehen und der Beschluss des Vorstands unter Stimmenthaltung des betroffenen Vorstandsmitglieds gefasst. Der Beratungsvertrag zwischen der AG und der GmbH wurde unterzeichnet, wobei für die AG die beiden anderen Vorstandsmitglieder auftraten und für die GmbH das betroffene Vorstandsmitglied als Geschäftsführer.[954]

(2) Entscheidungsgründe

Der BGH bejahte eine Pflichtverletzung des verklagten Vorstandsmitglieds, da er die beiden anderen Vorstandsmitglieder nicht an dem Vertragsschluss gehindert habe, obwohl sie dabei ihrerseits ihre Pflicht nach § 82 II AktG verletzt hätten, wonach sie zur Beachtung der aktienrechtlichen Kompetenzverteilung verpflichtet waren. Die Zuständigkeit des Aufsichtsrats für den Abschluss des Beratungsvertrags mit der GmbH ergäbe sich aus § 84 I 5 iVm. S. 1, § 87 und § 112 AktG, da in diesem Vertrag eine Vergütungsvereinbarung für das Vorstandsmitglied enthalten sei. Dann könnte nichts anderes gelten als bei einer direkt zwischen der AG und dem Vorstandsmitglied vereinbarten Vergütungsregelung. Das verklagte Vorstandsmitglied hätte dagegen einschreiten müssen, dass seine Vorstandskollegen die Kompetenzverteilung missachteten und sich pflichtwidrig verhielten. Dies habe er pflichtwidrig unterlassen.[955]

Im Rahmen der Prüfung eines Verschuldens des Vorstandsmitglieds ging der BGH auf die Möglichkeit einer Entlastung wegen eines Rechtsirrtums ein. Er betonte, dass dies eine Ausnahme darstelle und an bestimmte Voraussetzungen geknüpft sei. Hierzu wurde auf die ISION-Entscheidung[956] verwiesen und die dort aufgestellten Anforderungen übernommen. Er beanstandete die Ausführungen des Berufungsgerichts zur Anwendung dieser Grundsätze. Das OLG Saarbrücken[957] hatte einen Schuldausschluss abgelehnt, weil sich aus der Stellungnahme der Rechtsanwaltkanzlei lediglich ergeben hätte, dass der Vertrag nach den Geschäftsordnungen nicht zustimmungsbedürftig wäre, eine Stellungnahme zur Anwendung des § 112 AktG aber nicht erfolgt und möglicherweise auch nicht beauftragt worden sei. Der verklagte Vorstand hätte eine ergänzende Prüfung verlangen müssen.[958] Der BGH ließ es hingegen genügen, dass der Beratungsauftrag aus Sicht des Ratsuchenden die Frage umfasst, über die rechtliche Unsicherheit besteht, und hielt es nicht für erforderlich, dass diese Rechtsfrage ausdrücklich gestellt wurde. Maßgeblich für das betroffene Vorstandsmitglied als juristischem Laien war das Ergebnis der Stellungnahme, dass nämlich der Abschluss des Beratungsvertrags

954 *BGH*, Urteil vom 28.04.2015, II ZR 63/14, NZG 2015, S. 792, 793.

955 *BGH*, Urteil vom 28.04.2015, II ZR 63/14, NZG 2015, S. 792, 794.

956 *BGH*, Urteil vom 20.09.2011, II ZR 234/09, NZG 2011, S. 1271 – ISION; siehe oben unter Gliederungspunkt C I 3 c dd.

957 *OLG Saarbrücken*, Urteil vom 22.01.2014, 2 U 69/13, ZIP 2014, S. 822.

958 *BGH*, Urteil vom 28.04.2015, II ZR 63/14, NZG 2015, S. 792, 793.

in die alleinige Zuständigkeit des Vorstands fiele. Auch die Tatsache, dass in der Stellungnahme nur das Zustimmungserfordernis und nicht die Vertretungsmacht behandelt werde, führe zu keinem anderen Ergebnis, da diese rechtliche Unterscheidung nur bei Rechtskenntnissen erwartet werden könnte.[959]

Mit Blick auf die Plausibilitätsprüfung stellte der BGH auf die Sicht des juristischen Laien ab und führte aus, dass es keinesfalls auf eine rechtliche Überprüfung des Gutachtens ankäme. Vielmehr müsste der Ratsuchende kontrollieren, ob dem Berater alle zur Beantwortung der Rechtsfrage relevanten Informationen bzw. Unterlagen vorlagen, er diese auch in sein Gutachten eingearbeitet und die Fragen eindeutig beantwortet hat, und schließlich, ob sich nach der Kenntnisnahme noch weitere Fragen stellen, die ergänzend zu beantworten sind.[960]

Schließlich beanstandete der BGH, dass das Berufungsgericht keine Feststellung zur erforderlichen Unabhängigkeit des Beraters getätigt hatte. Der BGH verwies das Verfahren an das OLG zurück und forderte u.a. weitere Feststellungen zu einem Ausschluss des Verschuldens.[961]

(3) Einordnung der Entscheidung unter Rechtsunsicherheit

Der BGH hat seine bisherige Rechtsprechung sowohl zu der Behandlung einer Entscheidung unter Rechtsunsicherheit als auch zu den Voraussetzungen eines unverschuldeten Rechtsirrtums bei Einholung eines Rechtsrats fortgeführt. Es bestand eine Rechtsunsicherheit mangels genügender eigener Rechtskenntnisse des Vorstandsmitglieds hinsichtlich der Frage, ob der Vorstand zum Abschluss des Beratungsvertrags zuständig war. Wieder prüft der BGH diese Rechtsunsicherheit im Rahmen des Verschuldens und lässt unter gewissen Voraussetzungen eine Entlastung aufgrund eines unverschuldeten Verbotsirrtums zu. Die business judgment rule wird wie in den vorherigen Entscheidungen nicht erwähnt.

d. Zusammenfassung

Alle aufgeführten Entscheidungen befassen sich mit Rechtsunsicherheiten von Organmitgliedern bei der Subsumtion unter Rechtsnormen, die ihnen eine Legalitätspflicht auferlegen. Dabei ist jeweils die interne Pflichtenbindung betroffen, da es sich um gesetzlich vorgegebene Verhaltenspflichten des Organmitglieds gegenüber der Gesellschaft handelt. Es liegt bei keiner genannten Entscheidung ein Sachverhalt zugrunde, bei dem eine Pflichtverletzung der Gesellschaft im Außenverhältnis relevant ist, die zugleich eine Pflichtverletzung des Organmitglieds im Innenverhältnis gegenüber der Gesellschaft darstellt. Daher können konkrete Schlussfolgerungen aus den Entscheidungen nur beschränkt auf die interne Pflichtenbindung gezogen werden.

---

959 *BGH*, Urteil vom 28.04.2015, II ZR 63/14, NZG 2015, S. 792, 795.
960 *BGH*, Urteil vom 28.04.2015, II ZR 63/14, NZG 2015, S. 792, 795.
961 *BGH*, Urteil vom 28.04.2015, II ZR 63/14, NZG 2015, S. 792, 795.

Ferner handelt es sich jeweils um Rechtsunsicherheiten, die auf fehlenden eigenen ausreichenden Fachkenntnissen der zur Handlung Verpflichteten beruhen und daher Zweifel an der ordnungsgemäßen Verhaltensweise in der konkreten Situation aufkommen lassen. Die Organmitglieder haben Schwierigkeiten bei der Subsumtion der Sachverhalte unter die Tatbestandsmerkmale der jeweiligen Normen. In keiner Entscheidung wird ausdrücklich eine unklare Rechtslage festgestellt, die auch aus objektiver Sicht besteht, weil beispielsweise die Vorschrift auslegungsbedürftige Rechtsbegriffe enthält und noch nicht feststeht, ob der betroffene Sachverhalt unter die Norm fällt, oder die Rechtslage streitig und bisher nicht höchstrichterlich entschieden ist bzw. sich widersprechende Urteile der Instanzgerichte vorliegen. Im ISION-Urteil bewertete der BGH die Rechtslage sogar ausdrücklich als eindeutig.[962] Somit können Schlussfolgerungen für die Behandlung einer Rechtsunsicherheit durch die Gerichte zunächst auch nur für die Fälle des Mangels eigener Kenntnisse zur Bewertung der Rechtslage gezogen werden.

Der BGH und auch das OLG Stuttgart haben die Rechtsunsicherheit in allen Fällen im Rahmen des Verschuldens geprüft. Das Vorliegen einer Pflichtverletzung wurde bejaht bzw. in einer Entscheidung offen gelassen und auf Verschuldensebene geprüft, ob möglicherweise ein unvermeidbarer Verbotsirrtum des Handelnden gegeben ist. Die Vorschrift des § 93 I 2 AktG wurde in keinem Fall auch nur erwähnt. Da es an einer Auseinandersetzung mit der Frage fehlt, ob nicht möglicherweise trotz Vorliegens einer Legalitätspflicht wegen der Rechtsunsicherheit die business judgment rule anwendbar sein könnte, können nur vorsichtige Schlussfolgerungen aus den Entscheidungen gezogen werden. Es spricht viel dafür, dass der BGH und das OLG Stuttgart (im Folgenden „die Gerichte") den Anwendungsbereich des § 93 I 2 AktG nicht bei solchen Sachverhalten auf Legalitätspflichten ausweiten möchten, in denen das Organ einer Rechtsunsicherheit unterliegt[963].

Aufgrund der Einordnung der Entscheidung unter Rechtsunsicherheit bei der Schuldfrage prüfen die Gerichte einen Ausschluss der Haftung im Rahmen einer möglichen Exkulpation des Handelnden. Nur für den Fall, dass die Rechtsunsicherheit einen unvermeidbaren Verbotsirrtum hervorgerufen hat, kommt eine Entlastung in Betracht. Das Organ muss versuchen, die Rechtslage aufzuklären, und hierfür gegebenenfalls kompetente Beratung einholen. Unter bestimmten Voraussetzungen darf sich der Handelnde auf diesen Rat verlassen und haftet bei Befolgen des Rats nicht, auch wenn dieser sich letztlich als falsch herausstellt.

962 *BGH*, Urteil vom 20.09.2011, II ZR 234/09, NZG 2011, S. 1271, 1274 – ISION.

963 So auch *J.-H. Binder*, AG 2012, S. 885, 888; mit Blick auf die ISION-Entscheidung auch *Harnos*, Geschäftsleiterhaftung bei unklarer Rechtslage, S. 119; *Holle*, Legalitätskontrolle im Kapitalgesellschafts- und Konzernrecht, S. 70.

e. *Diskussionsstand in der Literatur zur Einordnung einer Entscheidung unter Rechtsunsicherheit*

In der Literatur haben sich unterschiedliche Ansätze zur Behandlung von Rechtsunsicherheiten des Entscheidungsträgers im Rahmen von Legalitätspflichten herausgebildet, die nachfolgend näher betrachtet werden.

aa. *Prüfung eines unvermeidbaren Rechtsirrtums auf der Verschuldensebene*

Ein Teil der Literatur lässt entsprechend der Vorgehensweise der Rechtsprechung die Haftung gegenüber der Gesellschaft mangels eines Verschuldens entfallen, wenn der Handelnde in Zusammenhang mit einer Legalitätspflicht einem unvermeidbaren Verbotsirrtum unterliegt.[964] Sie hält auch bei Vorliegen einer Rechtsunsicherheit im Rahmen einer Legalitätspflicht strikt an der Gesetzesbindung des handelnden Organmitglieds fest und berücksichtigt auf der Verschuldensebene eine mögliche Exkulpation, wenn die Rechtslage im Zeitpunkt der Entscheidung unklar war. Dies wird bei allen Entscheidungen unter Rechtsunsicherheit so gehandhabt, nicht nur mit Blick auf den begrenzten Bereich der von der Rechtsprechung erfassten Sachverhalte.[965] Ein Pflichtverstoß wird in diesen Fällen zwar bejaht, die Vorwerfbarkeit jedoch wegen der rechtlichen Unsicherheit verneint, wenn der Handelnde alles ihm Zumutbare zur Klärung der Rechtslage und damit zur Vermeidung der Pflichtverletzung getan hat, der auf dieser Grundlage gebildete Rechtsstandpunkt sich aber dennoch als unzutreffend erweist.[966] Habe der Entscheidungsträger Schwierigkeiten, die Rechtslage zum Zeitpunkt seiner Entscheidung einzuschätzen, läge ein „klassischer" Irrtumsfall vor, der auf der Verschuldensebene zu berücksichtigen sei.[967] Dies entspreche der Behandlung eines Rechtsirrtums im allgemeinen Haftungsrecht.[968]

Es wird zudem die Gesetzesbegründung zum UMAG herangezogen, die eine Haftung des Organmitglieds bei gesetzeswidrigem Verhalten allenfalls wegen fehlenden Verschuldens ausschließen will.[969] Dies lasse den Schluss zu, dass eine

---

964 *J.-H. Binder*, ZGR 2012, S. 757, 767 Fn. 49; *ders.*: AG 2012, S. 885, 888; *Harnos*, Geschäftsleiterhaftung bei unklarer Rechtslage, S. 150; *Holle*, AG 2016, S. 270, 280; *ders.*, Legalitätskontrolle im Kapitalgesellschafts- und Konzernrecht, S. 82; *Kauer*, Die Informationsbeschaffungspflicht des Vorstands einer AG, S. 195 f.; *Koch*: in *Hüffer/Koch*, AktG, § 93 Rdn. 19, 43, 44; *Krieger*, ZGR 2012, S. 496, 497; *Merkt/Mylich*, NZG 2012, S. 525, 529.

965 *J.-H. Binder*, ZGR 2013, S. 760, 787 ff. allerdings unterscheidet zwischen interner und externer Pflichtenbindung des Organmitglieds und befürwortet zumindest bei Ersterer die Behandlung der Rechtsunsicherheit auf Verschuldensebene.

966 *Harnos*, Geschäftsleiterhaftung bei unklarer Rechtslage, S. 150; *Holle*, AG 2016, S. 270, 274 und 277; *Koch*: in *Hüffer/Koch*, AktG, § 93 Rdn. 44.

967 *Holle*, Legalitätskontrolle im Kapitalgesellschafts- und Konzernrecht, S. 82.

968 *J.-H. Binder*, AG 2012, S. 885, 888.

969 RegBegr. UMAG-E, BT-Drucksache 15/5092, S. 1, 11.

gegen gesetzliche Vorgaben verstoßende Maßnahme stets, also auch bei rechtlicher Unsicherheit, pflichtwidrig und eine Enthaftung nur auf Verschuldensebene möglich sei.[970] Die Haftungsprivilegierung des § 93 I 2 AktG werde ausschließlich im unternehmerischen Bereich zugelassen.

Teilweise wird bei Vorliegen eines Rechtsirrtums die Möglichkeit einer Enthaftung erst im Rahmen des Verschuldens abgelehnt und die Berücksichtigung bereits auf der Ebene der Pflichterfüllung befürwortet.[971] Nur auf diesem Wege könne der Handelnde ausreichend geschützt werden, da lediglich das Fehlen des Verschuldens ihn nicht davor bewahre, wegen der Pflichtverletzung abberufen zu werden oder eine außerordentliche Kündigung zu erhalten.[972] Ein schuldhaftes Handeln sei weder bei §§ 84 III 2 AktG, 38 II 2 GmbHG (bei Vorliegen einer entsprechenden Satzungsklausel) noch bei § 626 I BGB vorausgesetzt. Somit könne er trotz seines Rechtsirrtums wegen des Gesetzesverstoßes den verschuldensunabhängigen Sanktionen ausgesetzt sein.

Dieser Argumentation wird entgegengehalten, dass aus dem fehlenden Erfordernis eines Verschuldens im Rahmen der genannten Vorschriften nicht per se folgt, dass der Handelnde auch dann wegen seiner Pflichtverletzung abberufen bzw. gekündigt werden könne, wenn er unverschuldet einem Rechtsirrtum unterliegt.[973] Bei der Prüfung der in Betracht kommenden Fallgruppe einer „groben“ Pflichtverletzung sei ihre fehlende Vorwerfbarkeit zu berücksichtigen. Wenn das Organmitglied die Sorgfalt eines ordentlichen und gewissenhaften Geschäftsleiters eingehalten hat, werde für die Gesellschaft keine Unzumutbarkeit bestehen, es weiterhin im Amt zu behalten.[974] Da die Anforderungen an den wichtigen Grund nach § 626 I BGB noch höher sind als diejenigen an den Abberufungsgrund, sei auch die Erfüllung der Voraussetzungen des § 626 I BGB zu verneinen.[975]

---

970 *Holle*, AG 2016, S. 270, 273.

971 So etwa *S. Binder*, Grenzen der Vorstandshaftung, S. 170; *Fleischer:* in *Spindler/Stilz*, AktG, § 93 Rdn. 32 und 35 f; *ders.*: in Festschrift für *Hüffer*, S. 187, 201; *Hopt/Roth*: in Großkommentar zum AktG, § 93 Rdn. 140; *Sander/Schneider*, ZGR 2013, S. 725, 731; *Selter*, AG 2012, S. 11, 12; *Thole*, ZHR 173 (2009), S. 504, 523 f.

972 *Bürkle*, VersR 2013, S. 792, 796; *Fleischer:* in *Spindler/Stilz*, AktG, § 93 Rdn. 35 f; *Habersack*: in Festschrift für *U.H. Schneider*, S. 429, 437; *Kaulich*, Die Haftung von Vorstandsmitgliedern einer Aktiengesellschaft für Rechtsanwendungsfehler, S. 167.

973 *Harnos*, Geschäftsleiterhaftung bei unklarer Rechtslage, S. 151 f.; *Holle*, AG 2016, S. 270, 277; *Paefgen*, AG 2014, S. 554, 560; *Sander/Schneider*, ZGR 2013, S. 725, 744 f.

974 *Harnos*, Geschäftsleiterhaftung bei unklarer Rechtslage, S. 151 f.; *Holle*, AG 2016, S. 270, 277.

975 Vgl. *BGH*, Urteil vom 29.05.1989, II ZR 220/88, NJW 1989, S. 2683, 2684; *Fleischer:* in *Spindler/Stilz*, AktG, § 84 Rdn. 152; *Sander/Schneider*, ZGR 2013, S. 725, 745.

bb. Unmittelbare oder analoge Anwendung des § 93 I 2 AktG

Teilweise wird bei Vorliegen einer Rechtsunsicherheit nicht strikt an der Legalitätspflicht festgehalten, sondern die Anwendung[976] oder zumindest analoge Anwendung[977] der business judgment rule in diesen Fällen befürwortet. Manche Autoren sprechen insoweit von einer "legal judgment rule", die eine rechtliche statt einer wirtschaftlichen Unsicherheit betreffe, und ziehen die Kriterien des § 93 I 2 AktG entsprechend heran.[978] Der Entscheidungsträger könne rechtlichen Fehleinschätzungen ebenso unterliegen wie wirtschaftlichen. Bei unternehmerischen Entscheidungen verhindere die Erfüllung der Voraussetzungen der business judgment rule die Haftung bei wirtschaftlichen Fehleinschätzungen und bei Entscheidungen unter Rechtsunsicherheit die Einhaltung der legal judgment rule die Haftung für rechtliche Fehlbeurteilungen.[979]

Befürworter der Einschlägigkeit des § 93 I 2 AktG erweitern den Begriff der unternehmerischen Entscheidung auf solche Fälle, in denen der Handelnde wegen der unsicheren Rechtslage der gleichen Situation ausgesetzt sei wie bei wirtschaftlichen Unsicherheiten. Er wisse bei seiner Entscheidung nicht, welche Alternative die Gerichte später als rechtmäßig ansehen werden. Daher sei seine Entscheidung von Unsicherheiten und prognostischen Einschätzungen geprägt.[980] Es bestünden mehrere Handlungsalternativen und der Handelnde befinde sich in einem typischen Entscheidungsdilemma, da er eine Entscheidung auf der Grundlage einer unsicheren Situation treffen müsse.[981]

Befürworter einer analogen Anwendung der business judgment rule gehen zwar nicht soweit, eine Entscheidung unter Unsicherheit in den Schutzbereich der business judgment rule einzubeziehen, argumentieren aber mit der Vergleichbarkeit

---

976 *Hasselbach/Ebbinghaus,* AG 2014, S. 873, 876; *Hopt/Roth*: in Großkommentar zum AktG, § 93 Rdn. 140; *Kocher,* CCZ 2009, S. 215, 217; *Krieger/Sailer-Coceani*: in *K. Schmidt/Lutter,* AktG, § 93 Rdn. 16; *Pitkowitz,* Praxishandbuch Vorstands- und Aufsichtsratshaftung, S. 156 Rdn. 506; *Schlimm,* Das Geschäftsleiterermessen des Vorstands einer Aktiengesellschaft, S. 187 f.; *Seibt/Cziupka,* AG 2015, S. 93, 99; *Winnen,* Die Innenhaftung des Vorstandes nach dem UMAG, S. 157 f.

977 *Spindler*: in Münchener Kommentar zum AktG, § 93 Rdn. 90.; *ders.*: in Festschrift für *Canaris* Band II, S. 403, 415, 427 f.

978 *Bürkle,* VersR 2013, S. 792 ff.; *Krauel/Winter,* VersR 2013, S. 555, 557; *Seibt/Cziupka,* AG 2015, S. 93, 99.

979 *Bürkle,* VersR 2013, S. 792, 795.

980 Vgl. *Kocher,* CCZ 2009, S. 215, 217; *Krieger/Sailer-Coceani*: in *K. Schmidt/Lutter,* AktG, § 93 Rdn. 16; *Pitkowitz,* Praxishandbuch Vorstands- und Aufsichtsratshaftung, S. 156 Rdn. 505; *Winnen,* Die Innenhaftung des Vorstandes nach dem UMAG, S. 157 f. spricht sogar von einem „Paradefall der unternehmerischen Entscheidung" bei umstrittener oder unklarer Rechtslage.

981 Vgl. *Kocher,* CCZ. 2009, S. 215, 217.

der Interessenlage, da sowohl die unternehmerische Entscheidung als auch die gebundene Entscheidung unter Rechtsunsicherheit Prognosecharakter hätten.[982]

Der Heranziehung des § 93 I 2 AktG wird entgegengehalten, dass der Gesetzgeber gesetzeswidriges Verhalten ausdrücklich von der Haftungsprivilegierung ausgenommen hat.[983] Er habe unternehmerische Entscheidungen u.a. von rechtlichen Pflichtbindungen abgegrenzt.[984] Die Einordnung einer Entscheidung als gebundene oder unternehmerische müsse aufgrund objektiver Kriterien vorgenommen werden, wobei die Kenntnis des Entscheidungsträgers von der Rechtslage nicht relevant sei.[985] Die rechtliche Unsicherheit könne zudem einer Unsicherheit bei unternehmerischen Entscheidungen nicht gleichgesetzt werden. Bei rechtlichen Unsicherheiten könne der Entscheidungsträger – wie ein Richter – mithilfe der juristischen Methodenlehre eine Bewertung der Rechtssituation vornehmen, indem er die betroffene normative Regelung nach ihrem Wortlaut, ihrem systematischen Zusammenhang im Gesetz, ihrem Sinn und Zweck und ihrer Entstehungsgeschichte auslegt und daraus fundierte Schlüsse zur Klärung der Rechtslage zieht. Die Unsicherheit bei unternehmerischen Entscheidungen hingegen entstehe aus Unwägbarkeiten im tatsächlichen Bereich wie beispielsweise der ungewissen Marktentwicklung und den nicht vorhersehbaren Reaktionen anderer Marktteilnehmer. Bei solchen Entscheidungen sei eine Vielzahl von Faktoren zu berücksichtigen, was zu einer viel größeren Unberechenbarkeit führe.[986]

Auch spreche der Zweck der business judgment rule gegen eine Einbeziehung rechtlich bestimmter Maßnahmen. Die gerichtliche Überprüfung unternehmerischer Entscheidungen wird u.a. aus dem Grund auf das Vorliegen der Voraussetzungen des § 93 I 2 AktG beschränkt, weil es für den Richter sehr schwierig ist, eine unternehmerische Entscheidung aus der Ex-ante-Sicht des Handelnden als richtig oder falsch zu bewerten.[987] Die damalige Situation ist rückblickend gedanklich wiederherzustellen, was insbesondere bei komplexen und komplizierten Sachverhalten problematisch ist, zumal der Richter selbst kein Unternehmer ist und daher – wenn überhaupt – nur sehr begrenzt wirtschaftliche Einschätzungen aus der Ex-ante-Perspektive des Organmitglieds vornehmen kann. Darüber hinaus besteht die Gefahr eines hindsight bias, also von gerichtlichen Rückschaufehlern.[988]

---

982 Vgl. *Bürkle*, VersR 2013, S. 792, 795; *Spindler:* in Festschrift für *Canaris* Band II, S. 403, 415, 427 f.

983 Vgl. *S. Binder*, Grenzen der Vorstandshaftung, S. 168 f.; *Habersack*: in Festschrift für *U.H. Schneider*, S. 429, 437; *Spindler:* in Festschrift für *Canaris* Band II, S. 403, 415 jeweils mit Verweis auf RegBegr. UMAG-E, BT-Drucksache 15/5092, S. 1, 11.

984 *Spindler:* in Festschrift für *Canaris* Band II, S. 403, 415.

985 *U. H. Schneider*, DB 2011, S. 99, 100.

986 Zu Vorstehendem: *Harnos*, Geschäftsleiterhaftung bei unklarer Rechtslage, S. 128.

987 *Hauger/Palzer*, ZGR 2015, S. 33, 47 f.; *Harnos*, Geschäftsleiterhaftung bei unklarer Rechtslage, S. 129.

988 Siehe schon oben unter Gliederungspunkt A I.

Diese Situation ergebe sich nicht, wenn rechtliche Unsicherheiten bei einer Entscheidung vorliegen. Es sei gerade Aufgabe des Richters, Gesetze auszulegen, unter Vorschriften zu subsumieren und Verhaltensweisen als rechtmäßig oder rechtswidrig zu bewerten.[989] Anders als bei unternehmerischen Entscheidungen könne das Gericht anhand der gesetzlichen Regelungen konkrete Maßstäbe zur Überprüfung des Organhandelns anwenden, wodurch ihm eine Inhaltskontrolle der Entscheidung möglich werde.[990]

Auch ein Rückschaufehler sei nicht zu befürchten, da diese Problematik bei unsicherer Rechtslage gar nicht auftrete.[991] Bei Überprüfungen der Rechtmäßigkeit von Maßnahmen entscheide der Richter stets aus seiner eigenen beruflichen Position heraus und nicht aus der Perspektive des Handelnden. Bereits im Zeitpunkt der Entscheidung des Organmitglieds stehe das rechtliche Ergebnis fest und werde nicht erst im Rahmen des Urteils gesetzt. Es werde lediglich geschaut, ob das damalige Verhalten den rechtlichen Vorgaben entsprochen habe. Anders als bei unternehmerischen Entscheidungen bestehe keine Entwicklung zwischen dem Entscheidungszeitpunkt und dem Zeitpunkt der gerichtlichen Kontrolle, sodass sich der zu beurteilende Fall in beiden Zeitpunkten gleich darstelle.[992]

Gegen eine Analogie spreche bereits das Fehlen einer Lücke im Sinne einer planwidrigen Unvollständigkeit des § 93 I 2 AktG. Der Gesetzgeber habe Gesetzesverstöße expressis verbis von der Haftungsprivilegierung der business judgment rule ausgenommen, was den Schluss zulasse, dass das Nichteinbeziehen von Handlungen unter Rechtsunsicherheit nicht versehentlich geschehen ist. Dem Gesetzgeber sei auch schon bei Erlass des UMAG erkennbar gewesen, dass es bei Legalitätspflichten zu rechtlichen Unsicherheiten des Organmitglieds kommen kann, sodass er dies, wenn er gewollt hätte, hätte berücksichtigen können.[993]

Es bleibt anzumerken, dass auch die Abteilung Wirtschaftsrecht des 70. Deutschen Juristentags 2014 eine Erweiterung des Anwendungsbereichs des § 93 I 2 AktG auf Entscheidungen unter Rechtsunsicherheit abgelehnt hat.[994]

---

989 *Hauger/Palzer*, ZGR 2015, S. 33, 48; *Harnos*, Geschäftsleiterhaftung bei unklarer Rechtslage, S. 129; *Kaulich*, Die Haftung von Vorstandsmitgliedern einer Aktiengesellschaft für Rechtsanwendungsfehler, S. 206.

990 *Fleischer*, ZIP 2005, 141, 149; *ders.*: in Festschrift für *Wiedemann*, S. 827, 845.

991 *Buck-Heeb*, BB 2013, S. 2247, 2253; *Harnos*, Geschäftsleiterhaftung bei unklarer Rechtslage, S. 129; *Hauger/Palzer*, ZGR 2015, S. 33, 48; *Kaulich*, Die Haftung von Vorstandsmitgliedern einer Aktiengesellschaft für Rechtsanwendungsfehler, S. 203; *Langenbucher*, ZBB 2013, S. 16, 22.

992 Vgl. zum Vorstehenden: *Harnos*, Geschäftsleiterhaftung bei unklarer Rechtslage, S. 129; *Kaulich*, Die Haftung von Vorstandsmitgliedern einer Aktiengesellschaft für Rechtsanwendungsfehler, S. 203 f.

993 *Harnos*, Geschäftsleiterhaftung bei unklarer Rechtslage, S. 141 f.

994 70. Deutscher Juristentag am 17. und 18.09.2014 in Hannover, Beschlüsse der Abteilung Wirtschaftsrecht, I.4: „Der Anwendungsbereich der business judgment rule sollte ausdrücklich auf alle Entscheidungen des Vorstands unter Unsicherheit und

cc. *Beurteilungsspielraum außerhalb der business judgment rule*

Der Vollständigkeit halber soll darauf hingewiesen werden, dass ein Teil der Literatur dem Handelnden bei unsicherer Rechtslage einen Beurteilungsspielraum außerhalb des § 93 I 2 AktG und damit im Einzelfall eine Ausnahme von der Legalitätspflicht zugesteht, ohne allerdings eine dogmatische Herleitung herauszuarbeiten.[995] Es wird argumentiert, dass die business judgment rule zwar weder direkt noch analog anwendbar sei, doch das Ergebnis, dass das Organmitglied pflichtwidrig handelt, obwohl es einer Rechtsunsicherheit unterliegt und alles ihm Mögliche getan hat, um die Rechtslage aufzuklären, nicht hinnehmbar sei.[996] Ihm könne in einer solchen Situation nicht das volle Risiko dafür aufgebürdet werden, dass sich die vertretene Rechtsauffassung später als falsch erweist. Der Handelnde könne einen für die Gesellschaft vorteilhaften Rechtsstandpunkt einnehmen, wenn er sich einen solchen sorgfältig gebildet hat, wobei im Falle des Fehlens eigener ausreichender Kompetenzen sachkundiger Rechtsrat einzuholen ist, und eine Abwägung der Chancen und Risiken für die Gesellschaft vorgenommen hat.[997]

An die Einholung von Rechtsrat und ein berechtigtes Vertrauen auf diesen werden die bereits oben dargelegten Anforderungen – fachlich qualifizierter und unabhängiger Berater, Überlassung aller zur Begutachtung der Rechtsfrage relevanten Informationen und Unterlagen sowie Plausibilitätskontrolle – gestellt.[998] Für den Fall, dass auch nach der Stellungnahme des Beraters noch Zweifel an der Rechtslage verbleiben, weil mehrere Alternativen bzw. unterschiedliche Rechtsstandpunkte in Betracht kommen, habe der Entscheidungsträger unter Zugrundelegung der gutachterlichen Bewertungen der einzelnen Rechtsauffassungen die Chancen der Gesellschaft durch die Einnahme eines für sie günstigen Rechtsstandpunkts mit den Risiken abzuwägen, die sich ergeben, wenn das Gericht später zu

---

damit insbesondere auf solche unter rechtlicher Unsicherheit erweitert werden. Abgelehnt 29:41:12".

995 *Bachmann*, ZHR 177 (2013), S. 1, 8; *Fleischer:* in *Spindler/Stilz*, AktG, § 93 Rdn. 69a, spricht von einer „dogmatischen Zuweisung zu einer eigenen Kategorie"; *ders.*, ZIP 2005, S. 141, 149 f.; *Habersack*: in Festschrift für *U. H. Schneider*, S. 429, 436 weist auf „eine Schranke der Legalitätspflicht" hin, die „sich von selbst verstehe" und erkennt auf S. 437 insoweit „Beurteilungs- und Abwägungsspielräume des Vorstands und Aufsichtsrats jenseits unternehmerischer Entscheidungen" an; *U. H. Schneider*, in: *Scholz*, GmbHG, § 43 Rdn. 79. Zur fehlenden dogmatischen Herleitung vgl. auch *Buck-Heeb*, BB 2013, S. 2247, 2251.

996 Vgl. *Breitenfeld*, Die organschaftliche Binnenhaftung der Vorstandsmitglieder, S. 135; *Buck-Heeb*, BB 2013, S. 2247, 2253; *Kauer*, Die Informationsbeschaffungspflicht des Vorstands einer AG, S. 195.

997 Vgl. *Bayer*: in Festschrift für *K. Schmidt*, S. 85, 92; *Fleischer*, ZIP 2005, S. 141, 149 f.; *J. Wagner*, BB 2012, S. 651, 653; *Zöllner/Noack*, in: *Baumbach/Hueck*, GmbHG, (21. Aufl.), § 43 Rdn. 23 c.

998 Siehe oben unter Gliederungspunkt B II 3 d.

einem anderen Ergebnis kommt und die Maßnahme als rechtswidrig beurteilt.[999] Es wird dem Entscheidungsträger ein Handlungsspielraum gewährt, wobei dessen Grenzen unterschiedlich gezogen werden.[1000]

Der Einräumung eines Handlungsspielraums außerhalb der business judgment rule wird entgegengehalten, dass bei der Legalitätspflicht nur eine konkrete Entscheidung rechtmäßig sei. Es könne nicht allein wegen der Rechtsunsicherheit mit Blick auf die einzige richtige Entscheidung und den damit verbundenen Schwierigkeiten, diese zu erkennen, eine Ausnahme von der Legalitätspflicht zugelassen werden. Das Organmitglied wäre in diesen Fällen nicht mehr verpflichtet, gesetzliche Vorgaben einzuhalten, sondern es würde ausreichen, wenn es alles dafür getan hätte, um die unsichere Rechtslage aufzuklären.[1001]

f. Ergebnis und Würdigung

Während die Gerichte in den bisher entschiedenen Fällen zum Vorliegen einer Rechtsunsicherheit im Rahmen einer gesetzlich vorgegebenen Handlungsweise diese Situation beim Verschulden des Handelnden berücksichtigt haben, und einige Literaturstimmen dieser Einordnung folgen, befürworten andere eine Anwendung des § 93 I 2 AktG bzw. zumindest eine entsprechende Anwendung der Vorschrift auf diese Fälle. Die Gewährung eines Beurteilungsspielraums jenseits der business judgment rule wird vorliegend nicht weiter betrachtet, da nach einer möglichen Anwendung des Tatbestands des § 93 I 2 AktG gefragt ist. Auch wenn die Prüfungskriterien den Voraussetzungen der business judgment rule zum Teil vergleichbar sind, handelt es sich gerade nicht um deren Anwendung.

In der Gesamtschau ist der Rechtsprechung zu folgen und eine Ausdehnung des Anwendungsbereichs nicht zu befürworten, da gewichtige Gründe dagegen sprechen. Eine rechtlich gebundene Entscheidung bleibt trotz des Vorliegens von rechtlichen Unwägbarkeiten eine solche, und § 93 I 2 AktG schützt das Organmitglied nach dem ausdrücklichen Willen des Gesetzgebers ausschließlich bei unternehmerischen Entscheidungen. Im Gegensatz zu unternehmerischen Entscheidungen steht bei gebundenen Entscheidungen unter Rechtsunsicherheit die richtige Entscheidung bereits im Zeitpunkt ihrer Findung fest. Es ist lediglich schwierig, diese zu erkennen. Da es nur eine rechtmäßige Entscheidung gibt, fehlt es an den für unternehmerische Entscheidungen charakteristischen Handlungsalternativen. Aus diesem Grund besteht auch keine Gefahr eines Rückschaufehlers. Zudem ist der Richter – anders als bei Entscheidungen unter wirtschaftlichen Zweckmäßigkeitserwägungen – unter Berücksichtigung seiner juristischen Ausbildung und der

---

999 Vgl. *Bayer*: in Festschrift für *K. Schmidt*, S. 85, 92; *Buck-Heeb*, BB 2013, S. 2247, 2255; *Dreher*: in Festschrift für Konzen, S. 85, 93.f.; *Mertens/Cahn*: in Kölner Kommentar zum AktG, § 93 Rdn. 75; *Sander/Schneider*, ZGR 2013, S. 725, 756 f.

1000 Vgl. die Darstellung der unterschiedlichen Ansätze bei *Verse*, ZGR 2017, S. 174, 178 f.

1001 *Harnos*, Geschäftsleiterhaftung bei unklarer Rechtslage, S. 149 f.

beruflichen Erfahrung in der Lage, den Inhalt der Entscheidung zu überprüfen. Die business judgment rule soll den Entscheidungsträger ferner privilegieren, um eine gewisse Risikobereitschaft bei der Vornahme von Geschäften zu fördern. Gebundene Aufgaben stehen nicht im Ermessen des Handelnden, sodass er nicht vor der Wahl gestellt ist, die betreffende Maßnahme vorzunehmen oder sich risikoavers zu verhalten. Somit droht bei gebundenen Entscheidungen keine Lähmung der Tätigkeit des Organmitglieds. Die Vermeidung eines risikoaversen Verhaltens kann beim Handeln unter Rechtsunsicherheit also kein Ziel sein. Nach dem Sinn und Zweck der business judgment rule liegt eine Anwendung für das Handeln unter Rechtsunsicherheit also fern.

Der Handelnde ist keinesfalls schutzlos, da der Rechtsirrtum auf der Ebene des Verschuldens Berücksichtigung finden kann. Dies entspricht der Behandlung von Rechtsirrtümern im allgemeinen Zivilrecht und stellt eine dogmatisch klare Vorgehensweise dar. Der Schutz auch vor einer Abberufung als Organ und einer Kündigung des Anstellungsvertrags wäre allerdings bei einer Berücksichtigung der Rechtsunsicherheit bereits auf der Ebene der Pflichtwidrigkeit größer. Da ein Verschulden bei der Anwendung der §§ 84 III 2 AktG, 38 II 2 GmbHG, 626 I BGB nicht vorausgesetzt wird, kann dessen Fehlen aufgrund des unvermeidbaren Irrtums lediglich beim Merkmal der Grobheit der Pflichtverletzung oder der Wichtigkeit des Grundes in die Bewertung einbezogen werden.

II. Geltendmachung von Schadensersatzansprüchen der Gesellschaft gegenüber Vorstandsmitgliedern durch den Aufsichtsrat

Dem Aufsichtsrat obliegt nach § 111 I AktG die Überwachung der Geschäftsführung. Von der Überwachungsaufgabe werden auch bereits abgeschlossene Geschäfte und Vorgänge erfasst, also die Kontrolle der Vorstandstätigkeit in der Vergangenheit.[1002] Aus ihr erwächst daher die Prüfungs- und Verfolgungspflicht des Aufsichtsrats hinsichtlich Schadensersatzansprüchen der Gesellschaft gegenüber ihren Vorstandsmitgliedern.[1003] Dabei vertritt der Aufsichtsrat die Gesellschaft nach § 112 AktG gerichtlich und außergerichtlich.

Bei der Geltendmachung solcher Schadensersatzansprüche durch den Aufsichtsrat stellt sich die Frage, ob die Anspruchsverfolgung und -durchsetzung eine zwingende Verpflichtung darstellt oder als unternehmerische Entscheidung zu werten ist, die unter den Anwendungsbereich des § 93 I 2 AktG fällt. Diese Vorschrift gilt über § 116 S. 1 AktG auch für unternehmerische Entscheidungen des Aufsichtsrats.

1002 *Koch*: in *Hüffer/Koch*, AktG, § 111 Rdn. 5.
1003 *BGH*, Urteil vom 21.04.1997, II ZR 175/95, BGHZ 135, S. 244, 252 – ARAG/Garmenbeck.

1. Behandlung der Verfolgungspflicht des Aufsichtsrats in der Rechtsprechung

Zunächst wird herausgearbeitet, wie die Gerichte die Entscheidung des Aufsichtsrats, ob er einen Schadensersatzanspruch der Gesellschaft gegenüber ihrem Vorstand geltend macht oder nicht, einordnet. Die Untersuchung beginnt bei der ARAG/Garmenbeck-Entscheidung, die der vorliegenden Arbeit als Ausgangslage dient und bereits bei den einzelnen Tatbestandsmerkmalen der business judgment rule betrachtet wurde.

a. BGH, Urteil vom 21.04.1997, II ZR 175/95 – ARAG/Garmenbeck

Der BGH hatte über die Nichtigkeit zweier Aufsichtsratsbeschlüsse zu entscheiden, mit denen die Geltendmachung von Schadensersatzansprüchen der ARAG AG gegen ihren Vorstandsvorsitzenden abgelehnt worden war.[1004] Dabei hatte er zu bestimmen, welche Maßstäbe der Aufsichtsrat bei seiner Prüfung zur Anspruchsverfolgung zugrunde zu legen hat.

aa. Zweistufige Prüfung durch den Aufsichtsrat

Der BGH hat eine zweistufige Prüfung durch den Aufsichtsrat gefordert. Zunächst habe er den Schadensersatzanspruch der Gesellschaft gegen den Vorstand nach § 93 II AktG zu prüfen und eine Prozessrisikoanalyse vorzunehmen, wobei auch die Beitreibbarkeit des Anspruchs zu berücksichtigen sei. Hierbei hat der BGH mit Blick auf das Handeln des Aufsichtsrats ein unternehmerisches Ermessen und eine Einschränkung der gerichtlichen Kontrolle abgelehnt und allenfalls einen engen Beurteilungsspielraum eingeräumt.[1005] Der Aufsichtsrat habe bei seiner Prüfung der Entscheidung des Vorstands dessen Ermessen zu berücksichtigen.[1006] Beurteilt der Aufsichtsrat die Grenzen des Ermessens des Leitungsorgans falsch und lehnt eine Pflichtverletzung unter Zugrundelegung des fehlerhaften Beurteilungsmaßstabs ab, habe er seine Pflicht aus §§ 111 I, 112 AktG verletzt. Der Aufsichtsrat befinde sich im kognitiven Bereich, in dem es richtige bzw. falsche Erkenntnisse gebe, aber keine unterschiedlichen Handlungsmöglichkeiten.[1007] Eine Einschränkung der gerichtlichen Kontrolle dieser ersten Prüfungsstufe wird abgelehnt.[1008]

1004 *BGH,* Urteil vom 21.04.1997, II ZR 175/95, BGHZ 135, S. 244, 245 – ARAG/Garmenbeck.

1005 *BGH,* Urteil vom 21.04.1997, II ZR 175/95, BGHZ 135, S. 244, 254 – ARAG/Garmenbeck.

1006 *BGH,* Urteil vom 21.04.1997, II ZR 175/95, BGHZ 135, S. 244, 255 – ARAG/Garmenbeck.

1007 *BGH,* Urteil vom 21.04.1997, II ZR 175/95, BGHZ 135, S. 244, 254 – ARAG/Garmenbeck.

1008 *BGH,* Urteil vom 21.04.1997, II ZR 175/95, BGHZ 135, S. 244, 254 – ARAG/Garmenbeck

Die zweite Stufe sieht eine Prüfung der Frage vor, ob der Aufsichtsrat ausnahmsweise auf die Geltendmachung eines voraussichtlich bestehenden Schadensersatzanspruchs der Gesellschaft gegen den Vorstand verzichten darf, wenn „gewichtige Interessen und Belange der Gesellschaft dafür sprechen, den ihr entstandenen Schaden ersatzlos hinzunehmen“.[1009] Der Aufsichtsrat habe eine Abwägungsentscheidung zu treffen, wobei grundsätzlich von einer Verfolgungspflicht auszugehen sei und an das Vorliegen einer ausnahmsweisen Rechtfertigung des Unterlassens der Verfolgung strenge Anforderungen zu stellen seien. Dabei wird die Nähe des Absehens von der Verfolgung zu einem Anspruchsverzicht der Gesellschaft nach § 93 IV 3 AktG betont.[1010] Der BGH nennt als Beispiele negative Auswirkungen auf die Geschäftstätigkeit und das Ansehen der Gesellschaft in der Öffentlichkeit, eine Behinderung der Vorstandsarbeit und eine Beeinträchtigung des Betriebsklimas.[1011] Im absoluten Ausnahmefall könne auch ein Umstand außerhalb des Gesellschaftswohls berücksichtigt werden, wenn beispielsweise die Pflichtverletzung nicht schwer wiegt und der Schaden der Gesellschaft nur gering ist, dem betroffenen Vorstandsmitglied aber beträchtliche soziale Konsequenzen drohen.[1012]

Der BGH billigte dem Aufsichtsrat auch bei der Entscheidung über ein ausnahmsweises Absehen von der Anspruchsverfolgung zunächst ausdrücklich kein unternehmerisches Ermessen zu, da es sich bei der Geltendmachung von Schadensersatzansprüchen gegen Vorstandsmitglieder um eine nachträgliche Überwachungsmaßnahme handele und nicht um eine unternehmerische Aufgabe des Aufsichtsrats.[1013] Der Aufsichtsrat habe bei seiner Prüfung der Entscheidung des Vorstands im Rahmen seiner Kontrollaufgabe zwar dessen Ermessen zu berücksichtigen, aber kein eigenes Ermessen auszuüben.[1014] An späterer Stelle des Urteils fügte der BGH hinzu, dass der Aufsichtsrat nach der Feststellung der

1009 *BGH,* Urteil vom 21.04.1997, II ZR 175/95, BGHZ 135, S. 244, 255 – ARAG/Garmenbeck.

1010 *BGH,* Urteil vom 21.04.1997, II ZR 175/95, BGHZ 135, S. 244, 256 – ARAG/Garmenbeck unter Verweis auf *Raiser,* NJW 1996, S. 552, 554, der die Geltendmachung der Schadensersatzansprüche die Regel nennt und für den ausnahmsweisen Verzicht eine besondere Rechtfertigung verlangt.

1011 *BGH,* Urteil vom 21.04.1997, II ZR 175/95, BGHZ 135, S. 244, 255 – ARAG/Garmenbeck.

1012 *BGH,* Urteil vom 21.04.1997, II ZR 175/95, BGHZ 135, S. 244, 255 f. – ARAG/Garmenbeck.

1013 *BGH,* Urteil vom 21.04.1997, II ZR 175/95, BGHZ 135, S. 244, 254 f. – ARAG/Garmenbeck.

1014 *BGH,* Urteil vom 21.04.1997, II ZR 175/95, BGHZ 135, S. 244, 255 – ARAG/Garmenbeck; anders die Vorinstanz *OLG Düsseldorf,* Urteil vom 22.06.1995, 6 U 104/94, AG 1995, S. 416, 418 f. – ARAG/Garmenbeck.

Abwägungskriterien in den genannten engen Grenzen ein Ermessen bei der Entscheidung über das Absehen von der Geltendmachung ausüben könne.[1015]

Die Zurückverweisung zur erneuten Prüfung und Entscheidung an das Berufungsgericht begründete der BGH unter anderem damit, dass die Vorinstanz weder festgestellt habe, ob gewichtige Gründe des Unternehmenswohls zum ausnahmsweisen Absehen von der Anspruchsverfolgung vorlägen, noch eine „ins Einzelne gehende Bewertung und Gewichtung" der abzuwägenden Umstände für und gegen eine Geltendmachung der Schadensersatzansprüche vorgenommen habe.[1016]

bb. Keine unternehmerische Entscheidung

Während auf der ersten Prüfungsstufe im Rahmen der Verfolgungsentscheidung ein unternehmerisches Ermessen des Aufsichtsrats eindeutig verneint wird, erscheint die Formulierung bei der zweiten Stufe nicht derart klar. Der BGH lehnt zwar zunächst wiederum ausdrücklich ein autonomes unternehmerisches Ermessen ab, am Ende seiner Entscheidungsgründe räumt er aber das Vorliegen eines eng begrenzten Ermessens bei der Frage des ausnahmsweisen Absehens von der Anspruchsverfolgung trotz positiver Prozessrisikoanalyse ein. Weitere Ausführungen zur Einordnung dieses begrenzten Ermessens im Verhältnis zum zuvor mehrfach verneinten autonomen unternehmerischen Ermessen enthält das Urteil nicht. Aber jedenfalls wird deutlich, dass der BGH auch bei dieser Abwägungsentscheidung letztlich keine unternehmerische Entscheidung annimmt, die die Anwendung der business judgment rule ermöglichen würde. Lediglich im Ausnahmefall kann unter eng gefassten, strengen Voraussetzungen eine Verfolgungspflicht entfallen. Die Geltendmachung des Schadensersatzanspruchs bleibt die Regel.

Ob bei der Prüfung der zweiten Stufe eine umfassende oder nur eingeschränkte gerichtliche Kontrolle besteht, wird in der Entscheidung nicht ausdrücklich erwähnt. Auch aus den Äußerungen des BGH im Zusammenhang mit seiner Zurückverweisung an das Berufungsgericht kann kein eindeutiger Schluss gezogen werden. Das Gericht ist jedenfalls zur Überprüfung auch der Abwägungsentscheidung des Aufsichtsrats befugt, da der BGH vom Berufungsgericht vorzunehmende detaillierte Bewertungen und Gewichtungen der abzuwägenden Umstände für die ausnahmsweise Nichtverfolgung der Ansprüche gegen den Vorstand für erforderlich hält. Wie weit jedoch eine Einschränkung der gerichtlichen Bewertung aufgrund des lediglich zugebilligten engen Entscheidungsermessens des Aufsichtsrats reicht, wird nicht konkretisiert.

Das Zusammentreffen der beiden Äußerungen des BGH – kein unternehmerischer Ermessensspielraum und ein Entscheidungsermessen in engen Grenzen – hat

---

1015 *BGH,* Urteil vom 21.04.1997, II ZR 175/95, BGHZ 135, S. 244, 256 – ARAG/Garmenbeck.

1016 *BGH,* Urteil vom 21.04.1997, II ZR 175/95, BGHZ 135, S. 244, 256 f. – ARAG/Garmenbeck.

bis heute zu lebhaften Diskussionen in der Literatur geführt, wie diese zu interpretieren und bewerten sind und wie die Verfolgungsentscheidung letztlich einzuordnen ist. Darauf wird später zurückzukommen sein.

b. LG Essen, Urteil vom 25.04.2012, 41 O 45/10 – Arcandor

In dieser bereits unter anderen Gesichtspunkten betrachteten Entscheidung ging es u.a. um die Haftung von Aufsichtsratsmitgliedern wegen der unterlassenen Geltendmachung von Schadensersatzansprüchen gegen frühere Vorstands- und Aufsichtsratsmitglieder.[1017] Der Aufsichtsrat hatte beschlossen, keine Ansprüche geltend zu machen. Zuvor hatte er drei Rechtsgutachten eines Rechtsprofessors und anerkannten Aktienrechtlers sowie eine Stellungnahme der Investmentbank eingeholt, die zu dem Ergebnis kamen, dass aus Gründen des Gesellschaftswohls von einem Regress abgesehen werden sollte. Auch die eigene Rechtsabteilung wurde dazu befragt und gab eine entsprechende Empfehlung ab. Es erfolgte eine kritische Auseinandersetzung mit den Stellungnahmen und schließlich – dem Rechtsrat entsprechend – ein Absehen von der Anspruchsverfolgung.[1018]

Das Landgericht Essen zitierte zunächst aus der ARAG/Garmenbeck-Entscheidung und zeigte dann die Diskussion in der Literatur mit Blick auf den Umfang des Entscheidungsspielraums des Aufsichtsrats und der gerichtlichen Überprüfung seiner Entscheidung bei der Geltendmachung von Schadensersatzansprüchen gegen Vorstandsmitglieder auf.[1019] Es stellte fest, dass auch nach der h.M. in der Literatur die business judgment rule auf diese Entscheidung des Aufsichtsrats keine Anwendung fände, dem Organ aber ein gewisser Beurteilungsspielraum zustünde. Das Landgericht Essen wandte die business judgment rule nicht an, nahm allerdings eine lediglich eingeschränkte gerichtliche Kontrolle der Entscheidung an, ob wegen entgegenstehender Gründe des Gesellschaftswohls ausnahmsweise von einer Anspruchsverfolgung abzusehen wäre. Die Überprüfung könnte nur beinhalten, ob die damaligen Organmitglieder nach einer Abwägung aller Argumente für oder gegen einen Regress und unter Einholung fachkundigen Rechtsrats und kritischer Auseinandersetzung mit diesem aus Ex-ante-Sicht vertretbar gehandelt hätten.[1020] Damit befürwortet es eine eingeschränkte gerichtliche Kontrolle auch außerhalb der business judgment rule.[1021] Letztlich ließ das Landgericht Essen sowohl das Vorliegen von Pflichtverletzungen damaliger Aufsichtsrats- und Vorstandsmitglieder als auch der beklagten Aufsichtsratsmitglieder wegen der unterlassenen Anspruchsverfolgung offen. Da vor der Entscheidung ausreichender Rechtsrat eingeholt worden war, der inhaltlich auf den Grundsätzen des ARAG/

1017 *LG Essen*, Urteil vom 25.04.2012, 41 O 45/10, NZG 2012, S. 1307 – Arcandor.
1018 *LG Essen*, Urteil vom 25.04.2012, 41 O 45/10, NZG 2012, S. 1307, 1309 f. – Arcandor.
1019 *LG Essen*, Urteil vom 25.04.2012, 41 O 45/10, NZG 2012, S. 1307, 1309 – Arcandor.
1020 *LG Essen*, Urteil vom 25.04.2012, 41 O 45/10, NZG 2012, S. 1307, 1309 – Arcandor.
1021 Vgl. den Kurzkommentar zur Entscheidung von *Redeke*, EWiR 2012, S. 645, 646.

Garmenbeck-Urteils basierte und auf den sich die Organmitglieder verlassen durften, verneinte das Landgericht jedenfalls ein Verschulden.[1022]

Das Landgericht Essen ist der ARAG/Garmenbeck-Entscheidung gefolgt und hat eine unternehmerische Entscheidung bei der Frage der Geltendmachung von Schadensersatzansprüchen abgelehnt. Die business judgment rule wird daher nicht angewandt. Die Entscheidung des Aufsichtsrats, ob wegen übergeordneter Gesellschaftsinteressen im Einzelfall auf die Geltendmachung verzichtet wird, wird als lediglich beschränkt gerichtlich überprüfbar angesehen. Der zur Entscheidungsvorbereitung eingeholte Rechtsrat und das Vertrauen-Dürfen auf diesen werden im Rahmen des Verschuldens der Pflichtverletzung geprüft.

c. *BGH, Urteil vom 08.07.2014, II ZR 174/13*

Gegenstand dieses Verfahrens war die Übernahme einer Geldstrafe für ein Vorstandsmitglied durch die Gesellschaft.[1023] Der BGH stellte fest, dass die Zustimmung der Hauptversammlung gemäß § 93 IV 3 AktG erforderlich gewesen wäre, wenn die Straftat des Vorstands, für die die Geldstrafe auferlegt wurde, zugleich eine Pflichtverletzung gegenüber der AG gewesen wäre. Ein Aufsichtsratsbeschluss über die Übernahme der Geldstrafe würde in diesem Fall nicht reichen.[1024]

In diesem Zusammenhang äußerte sich der BGH einerseits dazu, ob dem Aufsichtsrat bei der Beurteilung der Pflichtverletzung des Vorstands gegenüber der Gesellschaft ein Handlungsermessen zustand, und andererseits, ob der Aufsichtsrat auch bei Vorliegen einer Pflichtverletzung des Vorstands ausnahmsweise die Übernahme der Geldstrafe beschließen durfte, wenn dies dem Wohle der Gesellschaft diente.[1025]

Der BGH bezog sich uneingeschränkt auf seine Rechtsprechung in der ARAG/Garmenbeck-Entscheidung. Er stellte erneut fest, dass dem Aufsichtsrat bei der Prüfung der Pflichtverletzung kein Ermessensspielraum zustehe, sondern Prüfungsmaßstab allein die objektive Rechtslage sei, sodass er grundsätzlich verpflichtet sei, Ansprüche der Gesellschaft wegen der Pflichtverletzung geltend zu machen.[1026] Auch die Formulierung aus der damaligen Entscheidung, dass „es nicht um ein unternehmerisches Handlungsermessen gehe, sondern um Fragen des Erkenntnisbereichs, für die von vorneherein allenfalls die Zubilligung eines begrenzten Beurteilungsspielraums in Betracht kommen kann", wurde im aktuellen Urteil wiederholt.[1027] Mit Blick auf die Übernahme der Geldstrafe trotz Pflichtwidrigkeit betonte der BGH, dass die darin liegende Schädigung der Gesellschaft

1022 *LG Essen*, Urteil vom 25.04.2012, 41 O 45/10, NZG 2012, S. 1307, 1309 – Arcandor.
1023 *BGH*, Urteil vom 08.07.2014, II ZR 174/13, NZG 2014, S. 1058 ff.
1024 *BGH*, Urteil vom 08.07.2014, II ZR 174/13, NZG 2014, S. 1059.
1025 *BGH*, Urteil vom 08.07.2014, II ZR 174/13, NZG 2014, S. 1059.
1026 *BGH*, Urteil vom 08.07.2014, II ZR 174/13, NZG 2014, S. 1059.
1027 *BGH*, Urteil vom 08.07.2014, II ZR 174/13, NZG 2014, S. 1060.

über die Grenzen für ein ausnahmsweises Absehen der Geltendmachung von Schadensersatzansprüchen gegen den Vorstand, wenn dies zum Wohle der Gesellschaft dient, hinausgehe. Die Übernahme der Geldstrafe stelle eine aktive Leistung der Gesellschaft dar, die Nichtgeltendmachung von Schadensersatzansprüchen dagegen nur ein passives Verhalten.[1028]

Der BGH übernimmt in seiner Entscheidung die Grundsätze aus dem ARAG/Garmenbeck-Urteil. Insbesondere wird darauf hingewiesen, dass der Aufsichtsrat nur in Ausnahmefällen zum Wohl der Gesellschaft von der Verfolgung etwaiger Schadensersatzansprüche absehen dürfe. Die Grundsätze werden unverändert übernommen und nicht weiter erörtert. Eine Auseinandersetzung mit der Literatur, die die Urteilsgründe im Nachhinein zum Teil anders interpretiert hat oder sogar eine unternehmerische Entscheidung mit Ermessen im Sinne des § 93 I 2 AktG bei der Anspruchsverfolgung gegen den Vorstand annimmt, erfolgt nicht. Der BGH hält an seiner Rechtsprechung fest und kommentiert diese nicht.[1029]

d. BGH, Urteil vom 18.09.2018, II ZR 152/17

Der BGH hatte über die Verjährung von Schadensersatzansprüchen einer AG gegen ein Aufsichtsratsmitglied wegen Verjährenlassens von Ersatzansprüchen der AG gegen ein Vorstandsmitglied zu entscheiden. Der Beklagte war von 2002 bis 2013 Aufsichtsratsvorsitzender der AG und zudem Inhaber eines Anteils von 27,4 % des Grundkapitals der börsennotierten Gesellschaft.[1030] Der Vorstand der AG leistete in der Zeit von Dezember 2002 bis März 2003 Zahlungen in Höhe von rund 1,5 Mio. Euro an das Aufsichtsratsmitglied, wobei der Verdacht bestand, damit gegen das Verbot der Einlagenrückgewähr verstoßen bzw. eine verbotene Rückzahlung eigenkapitalersetzender Darlehen vorgenommen zu haben.[1031] Der Aufsichtsrat unterließ es, den daraus möglicherweise resultierenden Schadensersatzanspruch der AG gegen den Vorstand innerhalb der Verjährungsfrist gemäß § 93 VI AktG geltend zu machen. Aus diesem Grunde klagte die AG gegen den Aufsichtsratsvorsitzenden auf Schadensersatz wegen Verletzung seiner Aufsichtsratspflichten aus § 116 S. 1 iVm. § 93 II 1 AktG.[1032]

Im Rahmen dieser Entscheidung, in der es schwerpunktmäßig um Verjährungsfragen ging, macht der BGH Ausführungen zur Prüfungs- und Verfolgungspflicht des Aufsichtsrats bei Schadensersatzansprüchen der Gesellschaft gegen Vorstandsmitglieder aus § 93 II AktG. Dabei nimmt er häufig Bezug auf seine ARAG/Garmenbeck-Entscheidung. Mit Verweisen auf dieses Urteil bestätigt er die aus §§ 111, 112 AktG resultierende Pflicht des Aufsichtsrats zur Prüfung und

---

1028 *BGH*, Urteil vom 08.07.2014, II ZR 174/13, NZG 2014, S. 1059.

1029 Vgl. *Mayer*, NZG 2014, S. 1208, 1210.

1030 *BGH*, Urteil vom 18.09.2018, II ZR 152/17, AG 2018, S. 893.

1031 *BGH*, Urteil vom 18.09.2018, II ZR 152/17, AG 2018, S. 893 und 894.

1032 *BGH*, Urteil vom 18.09.2018, II ZR 152/17, AG 2018, S. 894.

Geltendmachung solcher Schadensersatzansprüche.[1033] Er hält auch an dem abgestuften Prüfungsaufbau – Prüfung des Vorliegens eines Schadensersatzanspruchs gegen den Vorstand mit Prozesskostenanalyse und Berücksichtigung der Durchsetzbarkeit des Anspruchs auf der ersten Stufe und ausnahmsweises Absehen von der Verfolgung wegen gewichtiger Interessen und Belange der Gesellschaft auf der zweiten Stufe – fest.[1034] Schließlich wird ausdrücklich darauf hingewiesen, dass dem Aufsichtsrat bei seiner Verfolgungspflicht kein unternehmerisches Ermessen zukomme.[1035]

Die Grundsätze der ARAG/Garmenbeck-Entscheidung werden abermals unverändert übernommen und einem unternehmerischen Ermessen bei der Verfolgungsentscheidung wird erneut eindeutig widersprochen. Es erfolgen keine zusätzlichen Erörterungen. Erwähnenswert ist mit Blick auf die zweite Prüfungsstufe noch die Feststellung des BGH, dass das persönliche Interesse des Aufsichtsratsmitglieds, sich durch die Geltendmachung der Ersatzansprüche der AG gegen den Vorstand nicht indirekt seiner eigenen damit verbundenen Pflichtverstöße zu bezichtigen, nicht als Ausnahme von der Verfolgungspflicht gewertet wird.[1036]

Eine Auseinandersetzung mit der Literatur, die die Urteilsgründe der ARAG/Garmenbeck-Entscheidung im Nachhinein zum Teil anders interpretiert hat oder zur Anwendung des § 93 I 2 AktG bei der Anspruchsverfolgung gegen den Vorstand tendiert, erfolgt wieder nicht. Der BGH hält ohne weiteren Kommentar an seiner Rechtsprechung fest.[1037]

2. Zusammenfassung

Nach der Rechtsprechung findet die business judgment rule auf die Pflicht des Aufsichtsrats zur Geltendmachung von Schadensersatzansprüchen der Gesellschaft gegenüber ihren Vorstandsmitgliedern keine Anwendung. Das eng begrenzte Entscheidungsermessen bei der Frage der Inanspruchnahme des Vorstands, das bei der Abwägung der grundsätzlichen Anspruchsverfolgung mit dem ausnahmsweisen Verzicht aufgrund gewichtiger Gründe aus dem Unternehmenswohl verbleibt, stellt kein unternehmerisches Ermessen im Sinne der business judgment rule dar. Die Aussagen des BGH stehen zueinander nicht in Widerspruch, da es durchaus einen gewissen Entscheidungsspielraum geben kann, der kein unternehmerisches Ermessen darstellt.[1038]

Bei der gerichtlichen Überprüfung der Verfolgungsentscheidung, die nach der Feststellung der abzuwägenden Umstände erfolgt, bejaht das LG Essen eine

---

1033 *BGH*, Urteil vom 18.09.2018, II ZR 152/17, AG 2018, S. 894.
1034 *BGH*, Urteil vom 18.09.2018, II ZR 152/17, AG 2018, S. 896.
1035 *BGH*, Urteil vom 18.09.2018, II ZR 152/17, AG 2018, S. 896.
1036 *BGH*, Urteil vom 18.09.2018, II ZR 152/17, AG 2018, S. 896 f.
1037 Vgl. auch *Bayer/Scholz*, NZG 2019, S. 201, 206.
1038 Vgl. *Koch*, NZG 2014, S. 934, 938.

lediglich eingeschränkte Kontrolle, während der BGH sich hierzu nicht ausdrücklich äußert. Die Befürwortung einer umfänglichen gerichtlichen Überprüfung kann auch nicht ohne Weiteres aus der Anweisung des BGH an das Berufungsgericht herausgelesen werden, bei der erneuten Prüfung auch eine detaillierte Bewertung und Gewichtung der für und gegen eine Anspruchsverfolgung sprechenden Umstände durchzuführen.

3. Diskussionsstand in der Literatur zur Behandlung der Verfolgungspflicht des Aufsichtsrats

In der Literatur wird bis heute diskutiert, wie die Rechtsprechung des BGH zu verstehen sei, wobei insbesondere die Aussagen des BGH hinsichtlich des Bestehens eines Ermessens bei der zweiten Prüfungsstufe unterschiedlich interpretiert werden. Es wird sowohl – entgegen den Aussagen des BGH – ein weites Ermessen iSd. § 93 I 2 AktG befürwortet[1039] als auch jedes Ermessen abgelehnt[1040]. Andere bleiben bei dem Wortlaut des BGH und räumen einen eingeschränkten Handlungsspielraum ein, auf den die business judgment rule mangels unternehmerischer Entscheidung nicht anzuwenden sei.[1041]

a. Anwendbarkeit der business judgment rule

Autoren, die für die Verfolgungsentscheidung des Aufsichtsrats die Anwendung der §§ 116 S. 1, 93 I 2 AktG befürworten, argumentieren insbesondere damit, dass in diesen Fällen die charakteristischen Kriterien für eine unternehmerische Entscheidung vorlägen. Die Entscheidung sei zukunftsbezogen und mit Unsicherheit und Risiken behaftet, da sowohl die Durchsetzbarkeit der Schadensersatzansprüche als auch die Auswirkungen der Geltendmachung auf die Gesellschaftsinteressen im Entscheidungszeitpunkt für den Aufsichtsrat nicht absehbar seien.[1042] Der

---

1039 *S. Binder*, Grenzen der Vorstandshaftung, S. 541; *Fehrenbach*, AG 2015, S. 761, 763; *Goette*: in Festschrift für *Hoffmann-Becking*, S. 377, 387; *ders.*, ZHR 176 (2012), S. 588, 595, 615; *ders.*: in Liber Amicorum für *Winter*, S. 153, 161; völlig anderer Auffassung aber noch *ders.*: in Festschrift 50 Jahre BGH, S. 123, 139; *Kocher*, CCZ 2009, S. 215, 219; *Paefgen*, AG 2014, S. 554, 571; *ders.*, AG 2008, S. 761, 764, 769; *Reichert*, ZHR 177 (2013), S. 756, 768; *Schnorbus/Ganzer*, WM 2015, S. 1832, 1842.

1040 *Drygala*: in *Schmidt/Lutter*, AktG, § 116 Rdn. 10; *Henze*, NJW 1998, S. 3309, 3311; *Koch*, in *Hüffer*, AktG, § 111 Rdnr. 24; *ders.*, NZG 2014, S. 934, 941; *ders.*, AG 2009, S. 93, 100, 102; *Lutter*: in Festschrift für *Hoffmann-Becking*, S. 747, 753; *Mayer*, NZG 2014, S. 1208, 1210; *G. Wagner*, ZHR 178 (2014), S. 227, 236.

1041 *Habersack*: in Münchener Kommentar zum AktG, § 111 Rdn. 44; *ders.*, NZG 2016, S. 321, 322 f.; *Hasselbach/Seibel*, AG 2008, S. 771, 773; *Kindler*, ZHR 162 (1998), S. 101, 114.

1042 Vgl. *Bieder*, NZG 2015, S. 1178, 1184; *S. Binder*, Grenzen der Vorstandshaftung, S. 540; *Kocher*, CCZ 2009, S. 215, 219; *Paefgen*, AG 2008, S. 761, 763.

Aufsichtsrat könne zudem als mit der Situation im Einzelfall vertrautes Organ die Gesellschaftsinteressen und deren Einhaltung besser analysieren und beurteilen als ein Gericht.[1043]

Für die Anwendung des § 93 I 2 AktG spreche auch, dass diese Vorschrift eine gewisse Rechtssicherheit gebe, da ihre Voraussetzungen klarer umrissen seien als solche eines außerhalb der business judgment rule liegenden beschränkten Entscheidungsermessens. Haftungsbedingungen sollten eindeutig sein.[1044]

Es wird sogar die Gefahr gesehen, dass der Aufsichtsrat die Tätigkeit des Vorstands insoweit blockieren könnte, als dass er zur Vermeidung einer strengen Haftung für eine fehlerhafte Verfolgungsentscheidung übereilt Untersuchungen und Ermittlungen eröffnet.[1045]

Gegen das Vorliegen einer unternehmerischen Entscheidung und die Anwendbarkeit der business judgment rule wird angeführt, dass dem Aufsichtsrat keine Handlungsalternativen zur Auswahl stehen, sondern die aus §§ 111 I, 112 AktG resultierende Pflicht zur Haftungsverfolgung der Grundsatz sei. Die Ersatzforderung für den Vermögensschaden der Gesellschaft entspreche grundsätzlich dem Gesellschaftswohl. Wenn der Regelfall vorliege, müsse der Aufsichtsrat den Anspruch demnach verfolgen. Bei Bestehen eines Ausnahmefalls, bei dem die Verfolgung dem Gesellschaftswohl widerspreche, müsse er hingegen davon absehen, da seine Pflicht zur Wahrung des Unternehmenswohls dies im Einzelfall erfordern könne.[1046] Die Entscheidung zum ausnahmsweisen Absehen der Verfolgung stehe nicht in seinem freien Ermessen, sondern erfordere das Vorliegen bestimmter, streng gefasster Voraussetzungen.[1047] Ein solches Regel-Ausnahme-Verhältnis bei der Entscheidung für oder gegen eine Geltendmachung von Schadensersatzansprüchen der Gesellschaft gegenüber ihren Vorstandsmitgliedern dürfe nicht dadurch unterlaufen werden, dass man die Prüfung einer tatsächlich bestehenden Ausnahme von der gerichtlichen Kontrolle entbindet.[1048] Der Aufsichtsrat könne seine Entscheidung nicht frei treffen, sondern müsse grundsätzlich einer Rechtspflicht aus seiner nachträglichen Überwachungsaufgabe nachkommen.[1049]

Ferner würden sich unternehmerische Entscheidungen dadurch auszeichnen, dass Unsicherheiten aufgrund zukünftiger wirtschaftlicher Entwicklungen

---

1043 Vgl. *Kocher*, CCZ 2009, S. 215, 219; *Paefgen*, AG 2008, S. 761, 763; *Reichert*, ZHR 177 (2013), S. 756, 768.

1044 Vgl. *S. Binder*, Grenzen der Vorstandshaftung, S. 545; *Goette*, ZHR 176 (2012), S. 588, 597; *Kocher*, CCZ 2009, S. 215, 220; *Reichert*, ZHR 177 (2013), S. 756, 768; *Schnorbus/Ganzer*, WM 2015, S. 1832, 1842.

1045 *S. Binder*, Grenzen der Vorstandshaftung, S. 544.

1046 *Kindler*, ZHR 162 (1998), S. 101, 113 f.; *Thümmel*, DB 1997, S. 1117, 1119.

1047 *Lutter*: in Festschrift für *Hoffmann-Becking*, S. 747, 751.

1048 Vgl. *Casper*, ZHR 176 (2012), S. 617, 635, der beim Fehlen jeglicher Überprüfung des ausnahmsweisen Absehens vom Grundsatz der Verfolgungspflicht diese als „stumpfes Schwert" ansieht; *Koch*, NZG 2014, S. 934, 938.

1049 *Lutter*: in Festschrift für *Hoffmann-Becking*, S. 747, 751 f.

bestünden, die Einschätzungen und Prognosen erfordern. Bei der nachträglichen Überwachungsaufgabe mit Blick auf abgeschlossene Lebenssachverhalte lägen solche Entscheidungen nicht vor.[1050] Verfolgungsentscheidungen unterfielen auch nicht dem Schutzzweck der business judgment rule. Weder gehe es um die Förderung der Risikobereitschaft des Aufsichtsrats noch um die Vermeidung von Rückschaufehlern.[1051]

Zum Teil wird auch § 148 I 2 Nr. 4 AktG herangezogen, der ebenfalls im Jahr 2005 durch das UMAG in das Aktiengesetz eingeführt worden ist und regelt, dass das Gericht im Rahmen der Zulassung der Aktionärsklage zu prüfen habe, ob der Geltendmachung des Ersatzanspruchs keine „überwiegenden" Gründe des Gesellschaftswohls entgegenstehen. Es wird darauf hingewiesen, dass der Gesetzgeber diese Vorschrift an die Grundsätze der ARAG/Garmenbeck-Entscheidung angelehnt habe, nach denen die Verfolgungspflicht des Aufsichtsrats ausnahmsweise entfallen könne, wenn „gewichtige" Gesellschaftsinteressen gegen eine Geltendmachung des Schadensersatzanspruches sprechen.[1052] Es bestehe Einigkeit darüber, dass die Rechtsfrage des Vorliegens überwiegender Gründe des Gesellschaftswohls uneingeschränkt vom Gericht zu untersuchen und beantworten ist.[1053] Daraus sei zu folgern, dass das Gericht als fähig und geeignet angesehen werde, die Abwägungsentscheidung des Aufsichtsrats in vollem Umfang zu überprüfen.[1054]

Es müsse zudem berücksichtigt werden, dass bei einer Pflichtverletzung des Vorstands auch eine Haftung des Aufsichtsrats aufgrund mangelhafter Überwachung im Raume stehen und sich der Aufsichtsrat aus diesem Grunde in einem Interessenkonflikt befinden könne.[1055] Denkbar sei auch, dass amtierende Aufsichtsratsmitglieder früher im Vorstand tätig waren und die zu überprüfenden Vorfälle aus der damaligen Zusammenarbeit resultieren.[1056] Könnte der Aufsichtsrat frei und ohne gerichtliche Überprüfungsmöglichkeit entscheiden, könnte er sich aus Furcht vor eigener Inanspruchnahme auf einen Ausnahmefall wie beispielsweise ein zu erwartender erheblicher Reputationsschaden oder eine große Beeinträchtigung der Vorstandstätigkeit oder des Betriebsklimas berufen. Auch aus kollegialer Verbundenheit mit dem pflichtvergessenen Vorstandsmitglied oder

1050 Vgl. *Kauer*, Die Informationsbeschaffungspflicht des Vorstands einer AG, S. 191; *Koch*, AG 2009, S. 93, 95.

1051 So *Kauer*, Die Informationsbeschaffungspflicht des Vorstands einer AG, S. 191 f.; *Koch*, AG 2009, S. 93, 95.

1052 RegBegr. UMAG-E, BT-Drucksache 15/5092, S. 1, 22.

1053 So beispielsweise *Mock*: in *Spindler/Stilz*, AktG, § 148 Rdn. 96; *Koch*: in *Hüffer/Koch*, AktG, § 148 Rdn. 9; *Arnold*: in Münchener Kommentar zum AktG, § 148 Rdn. 46; *Rieckers/Vetter*: in Kölner Kommentar zum AktG, § 148 Rdn. 358; *Spindler*, NZG 2005, S. 865, 867.

1054 *Koch*, NZG 2014, S. 934, 940; *ders.*, AG 2009, S. 93, 96.

1055 *Faßbender*, NZG 2015, S. 501, 507; *Habersack*, NZG 2016, S. 321, 322; *ders.*, ZHR 177 (2013), S. 782, 785 f.; *Heermann*, AG 1998, S. 201 f.

1056 Vgl. *G. Wagner*, ZHR 178 (2014), S. 227, 239.

aus Scheu vor dessen möglichen finanziellen Vernichtung könnte der Aufsichtsrat geneigt sein, Gründe für das Absehen von der Verfolgung zu suchen.[1057] So könne es beispielsweise sein, dass sich im Aufsichtsrat auch ehemalige Vorstandsmitglieder befinden, die gehemmt sein werden, frühere Vorstandskollegen zu verklagen. Diese Gefahren habe bereits der Gesetzgeber in seiner Regierungsbegründung zum UMAG dargelegt.[1058] Aufgrund der vielfältigen Aspekte, die unter das Unternehmenswohl fallen, wäre es leicht für den Aufsichtsrat, eine Begründung zu finden, auf die er seine Ermessensentscheidung stützen könne.[1059] Dies würde auch dem Zweck des Schadensersatzanspruchs entgegenwirken, das Verhalten des Vorstands zu lenken, indem er zur Vermeidung einer sonst drohenden Haftung bestrebt sein wird, pflichtgemäß zu handeln.[1060] Der Vorstand solle gerade zur Befolgung seiner Pflichten angehalten werden, was einem freien Ermessen bei der Frage der Inanspruchnahme eines pflichtwidrig handelnden Vorstandsmitglieds widerspreche.[1061] Daher sei die Anwendung der business judgment rule und eine Verfolgungsentscheidung des Aufsichtsrats, die allein in dessen Ermessen steht, nicht sachgerecht.

Erwähnenswert sind noch die Erläuterungen des ehemaligen Vorsitzenden des II. Zivilsenats am BGH, der an der ARAG/Garmenbeck-Entscheidung beteiligt war. Während er im Jahr 2000 die Entscheidungsgründe zunächst ihrem Wortlaut entsprechend so ausgelegt hatte, dass dem Aufsichtsrat kein Ermessen für seine Entscheidung über die Geltendmachung eines bestehenden und beitreibbaren Schadensersatzanspruches eingeräumt werde und er nur ausnahmsweise von dieser absehen dürfe,[1062] interpretierte er später die Entscheidung dahin gehend, dass die Regeln der business judgment rule anwendbar seien[1063]. Er macht dies insbesondere an einer Aussage des BGH fest. Danach lehne der BGH in der ARAG/Garmenbeck-Entscheidung zwar ein unternehmerisches Ermessen des Aufsichtsrats auf der zweiten Prüfungsstufe ab, bestätige aber auch, dass diesem Organ bei unternehmerischen Aufgaben ein unternehmerisches Ermessen zustehe. Entgegen der „zu engen, maßgeblich auf die retrospektive Überwachungstätigkeit abstellende Formulierung des Senats" handele es sich aber bei der zweiten Prüfungsstufe um eine solche unternehmerische Tätigkeit.[1064] Der Aufsichtsrat sei auch im Rahmen seiner nachträglichen Überwachung vergangener Vorstandsmaßnahmen unternehmerisch tätig, wenn er untersucht, wie das Wohl der Gesellschaft optimal

1057 Vgl. *Bayer*, NJW 2014, S. 2546; *Mayer*, NZG 2014, S. 1208, 1210; *G. Wagner*, ZHR 178 (2014), S. 227, 239 f.

1058 RegBegr. UMAG-E, BT-Drucksache 15/5092, S. 1, 19 f.

1059 *Lutter*: in Festschrift für *Hoffmann-Becking*, S. 747, 752.

1060 Vgl. *Jaeger/Trölitzsch*, ZIP 1995, S. 1157, 1158.

1061 Vgl. *Lutter*: in Festschrift für *Hoffmann-Becking*, S. 747, 751 f.

1062 *Goette*: in Festschrift 50 Jahre BGH, S. 123, 139.

1063 *Goette*: in Festschrift für *Hoffmann-Becking*, S. 377, 387; *ders.*, ZHR 176 (2012), S. 588, 595, 615; *ders.*: in Liber Amicorum für *Winter*, S. 153, 161.

1064 *Goette*: in Liber Amicorum für *Winter*, S. 153, 160.

geschützt werden könne.[1065] Der BGH habe Anforderungen an das Vorliegen von Gründen genannt, die zu einem ausnahmsweisen Absehen von der Verfolgung des Vorstandsmitglieds ermächtigen können.[1066] Dies zeige, dass der Aufsichtsrat in solchen Fällen frei entscheiden könne, in denen das Wohl der Gesellschaft ein Absehen von der Geltendmachung der Schadensersatzansprüche erfordere.[1067]

Dieser Ansicht, die bei den Aussagen des BGH ansetzt und diese in der Weise deutet, dass die business judgment rule auf Verfolgungsentscheidungen anwendbar sei, wird entgegengehalten, dass der BGH das Vorliegen einer unternehmerischen Entscheidung ausdrücklich verneint habe. Er habe die Verfolgung von Schadensersatzansprüchen der Gesellschaft gegenüber ihren Vorstandsmitgliedern als nachträgliche Überwachungsaufgabe klar und deutlich von unternehmerischen Entscheidungen des Aufsichtsrats wie Zustimmungsvorbehalten, Bestellungen und Abberufungen sowie der Begleitung unternehmerischer Vorstandstätigkeit abgegrenzt.[1068]

b. Keinerlei Ermessen des Aufsichtsrats

Einige Stimmen, die gegen die Anwendung der business judgment rule plädieren, gewähren dem Aufsichtsrat bei seiner Verfolgungsentscheidung auf keiner Prüfungsstufe irgendein Ermessen und befürworten eine umfassende gerichtliche Kontrolle.[1069] Das Zulassen einer Abwägung bedeute nicht gleichsam die Gewährung eines Ermessens, das einen Ausschluss der gerichtlichen Überprüfung der Abwägungsentscheidung zur Folge habe.[1070] Stimme das Ergebnis der Abwägung des Aufsichtsrats nicht mit der späteren Beurteilung des Gerichts überein und hatte dieser entgegen der richterlichen Entscheidung einen Ausnahmefall angenommen, läge eine Pflichtwidrigkeit vor.[1071] Der Aufsichtsrat sei nicht schutzlos, da im Rahmen des Verschuldens berücksichtigt werden könne, ob seine von der des Gerichts abweichende Abwägung, die er nach Herausarbeitung der maßgeblichen Abwägungskriterien und deren Gewichtung vorgenommen hat, noch vertretbar

---

1065 *Goette*: in Liber Amicorum für *Winter*, S. 153, 161.
1066 *Goette*: in Liber Amicorum für *Winter*, S. 153, 160.
1067 *Goette*: in Liber Amicorum für *Winter*, S. 153, 161.
1068 Vgl. *Koch*, NZG 2014, S. 934, 937 mit Verweis auf *BGH*, Urteil vom 21.04.1997, II ZR 175/95, BGHZ 135, S. 244, 254 f. – ARAG/Garmenbeck.
1069 *Drygala*: in *Schmidt/Lutter*, AktG, § 116 Rdn. 10; *Henze*, NJW 1998, S. 3309, 3311; *Koch*, in *Hüffer*, AktG, § 111 Rdnr. 24; *ders.*, NZG 2014, S. 934, 941; *ders.*, AG 2009, S. 93, 100, 102; *Lutter*: in Festschrift für *Hoffmann-Becking*, S. 747, 753; *Mayer*, NZG 2014, S. 1208, 1210.
1070 *Koch*, in *Hüffer*, AktG, § 111 Rdnr. 24.
1071 Vgl. *Koch*, in *Hüffer*, AktG, § 111 Rdnr. 24; *ders.*, NZG 2014, S. 934, 941; *ders.*, AG 2009, S. 93, 100, 102; *Lutter*: in Festschrift für *Hoffmann-Becking*, S. 747, 752; *Mayer*, NZG 2014, S. 1208, 1210.

sei. Dann könne das Verschulden für die Fehleinschätzung des Aufsichtsrats bei seiner Verfolgungsentscheidung fehlen.[1072]

Dem wird entgegengehalten, dass die Ablehnung jeglichen Handlungsspielraums den Aussagen des BGH widerspreche, da er ausdrücklich ein eng begrenztes Entscheidungsermessen des Aufsichtsrats bei der Frage nach einem ausnahmsweisen Absehen von der Verfolgung annehme. Dies setze nach der Feststellung der gegeneinander abzuwägenden Kriterien ein. Dem sei zu entnehmen, dass die Entscheidung des Aufsichtsrats über die Gewichtung der Abwägungsumstände nicht durch eine gerichtliche Entscheidung ersetzt, sondern lediglich auf ihre Plausibilität hin überprüft werden könne.[1073] Die Verfechter der Anwendbarkeit der business judgment rule setzen dieser Ansicht das Bestehen einer unternehmerischen Entscheidung und das damit verbundene weite unternehmerische Ermessen des Aufsichtsrats entgegen.[1074]

c. Ermessen außerhalb der business judgment rule

Schließlich wird vertreten, dass die Verfolgungsentscheidung des Aufsichtsrats zwar keine unternehmerische sei und die Anwendbarkeit der business judgment rule entfiele, aber im Einzelfall ein „gewisses" Ermessen bei der Abwägung bestehe.[1075] Diese Ansicht folgt der Formulierung des BGH, wobei der Umfang des verbleibenden Ermessens unterschiedlich – von eng bis weit – gefasst wird. Teilweise wird ein weites Ermessen bei der Abwägungsentscheidung befürwortet, das nur sehr eingeschränkt, nämlich lediglich auf grobe Ermessensfehler, gerichtlich kontrolliert werden könne.[1076] Der Richter dürfe die Gewichtung der in die Abwägung einfließenden Gesichtspunkte nur einer Plausibilitätsüberprüfung unterziehen und nicht etwa seine eigene Abwägung an die Stelle der Entscheidung des Aufsichtsrats setzen.[1077] Die gerichtliche Überprüfung dürfe sich nur auf die Vertretbarkeit der Ermessensausübung beschränken. Dabei sei darauf zu achten, dass der Aufsichtsrat frei von Interessenkonflikten und sachfremder Beeinflussung, sowie unter sorgfältiger Sachprüfung seine Abwägungsentscheidung getroffen hat.[1078] Andere gehen von einem eng beschränkten „Beurteilungsspielraum" des

1072 *Drygala*: in *Schmidt/Lutter*, AktG, § 116 Rdn. 10; *Holle*, ZHR 182 (2018), S. 569, 580 f.; *Koch*, NZG 2014, S. 934, 941; *ders.*, AG 2009, S. 93, 100, 102; *Lutter*: in Festschrift für *Hoffmann-Becking*, S. 747, 753.

1073 Vgl. *Habersack*, NZG 2016, S. 321, 323.

1074 Zu den Vertretern dieser Ansicht siehe oben unter Gliederungspunkt C II 3 a.

1075 *Habersack*: in Münchener Kommentar zum AktG, § 111 Rdn. 44; *ders.*, NZG 2016, S. 321, 322; *Hasselbach/Seibel*, AG 2008, S. 771, 773; *Kindler*, ZHR 162 (1998), S. 101, 114.

1076 *Casper*, ZHR 176 (2012), S. 617, 636.

1077 *Habersack*, in Münchener Kommentar zum AktG, § 111 Rdn. 44; *ders.*, NZG 2016, S. 321, 323.

1078 *Hasselbach/Seibel*, AG 2008, S. 771, 773.

Aufsichtsrats bei dem Ausnahmefall des Absehens von der Verfolgung aus und lehnen ein Handlungsermessen ab, wobei eine Abgrenzung zwischen diesen beiden Begrifflichkeiten nicht erfolgt. Zur Begründung wird angegeben, dass im Regelfall der Schadensersatzanspruch geltend gemacht werden müsse und bei Vorliegen einer Ausnahme nicht geklagt werden dürfe, weil dies dem Gesellschaftswohl entgegenstünde, zu dessen Schutz der Aufsichtsrat verpflichtet sei.[1079]

4. Ergebnis und Würdigung

Die Rechtsprechung hat in den bisher entschiedenen Fällen zur Verfolgungspflicht des Aufsichtsrats ein unternehmerisches Ermessen bei der Entscheidung, ob ausnahmsweise eine Geltendmachung von Schadensersatzansprüchen gegen den Vorstand unterlassen werden soll, abgelehnt und nur ein eng begrenztes Entscheidungsermessen in dieser zweiten Prüfungsstufe anerkannt. Eine Anwendung der business judgment rule wird nicht vorgenommen. Während einige Literaturstimmen dieser Einordnung folgen, wobei der Umfang des Ermessens variiert, befürworten andere eine Anwendung des § 93 I 2 AktG bzw. lehnen jegliches Ermessen ab.

Im Ergebnis ist der Rechtsprechung zu folgen und keine Anwendung des § 93 I 2 AktG auf diese Fälle vorzunehmen. Die Versagung jeglichen Ermessens bei der Abwägungsentscheidung scheint ebenso wenig interessengerecht.

Gegen die Befürwortung eines weiten unternehmerischen Ermessens spricht zunächst das Fehlen einer unternehmerischen Entscheidung. Die Verfolgungspflicht resultiert aus §§ 111 I, 112 AktG und ist gesetzlich vorgegeben, sodass deren Erfüllung gerichtlich nachprüfbar ist. Die damit verbundene Wiederherstellung des gesellschaftlichen Vermögens entspricht auch grundsätzlich dem Unternehmenswohl. Ist dies ausnahmsweise wegen des Vorliegens besonderer Umstände einmal nicht der Fall, kann auf die Geltendmachung von Schadensersatzansprüchen verzichtet werden. Das Zulassen eines Abweichens von der rechtlichen Vorgabe im Ausnahmefall verändert den Charakter der grundsätzlich gebundenen Entscheidung nicht.

Häufig besteht die Gefahr einer eigenen Inanspruchnahme des Aufsichtsrats bei Pflichtverletzungen des Vorstands, weil eine Verletzung der Überwachungspflicht in Betracht kommt. In diesen Fällen wäre die Anwendung der business judgment rule wegen des Vorliegens eines Interessenkonflikts von vorneherein ausgeschlossen.

Überzeugend erscheint ferner das Argument der Verhinderung von „Kungeleien zwischen den Organen“[1080] aus kollegialen Gründen. Eine zumindest eingeschränkte Entscheidungskontrolle durch das Gericht kann dem entgegenwirken.

1079 *Kindler*, ZHR 162 (1998), S. 101, 113 f.; *Thümmel*, DB 1997, S. 1117, 1119.

1080 So *Reichert*, ZHR 2013, S. 756, 768.

Der Ablehnung jeden Ermessens bei der Abwägungsentscheidung und Befürwortung vollumfänglicher gerichtlicher Überprüfung steht entgegen, dass der Aufsichtsrat als Gesellschaftsorgan näher zum Unternehmen steht als das Gericht. Daher wird er regelmäßig besser beurteilen können, wie die einzelnen Abwägungskriterien zu bewerten und gewichten sind. Aufgrund seiner Kenntnisse der gesellschaftlichen Verhältnisse kann er beispielsweise die individuellen Auswirkungen der Anspruchsverfolgung auf den Ruf der Gesellschaft, das Betriebsklima oder die Geschäftstätigkeit genauer einschätzen. Bei einer Ersetzung der Abwägung des Aufsichtsrats durch eine Entscheidung des Gerichts könnten diese besonderen Verhältnisse der jeweils betroffenen Gesellschaft unberücksichtigt bleiben.

Liegen tatsächlich relevante Umstände für das Absehen der Anspruchsverfolgung vor, ist dem Aufsichtsrat bei der Abwägung der Gesichtspunkte, die für und gegen eine Anspruchsverfolgung sprechen, ein Ermessen zuzubilligen. Dieses Ermessen bezieht sich nur auf den eigentlichen Abwägungsvorgang, also die Bewertung und Gewichtung der einzelnen Abwägungskriterien. Die Abwägungsentscheidung sollte nur dahin gehend überprüft werden können, ob sie plausibel und nachvollziehbar erscheint und ihr keine Ermessensfehler zugrunde liegen.

III. Organisationspflichten, insbesondere Compliance-Organisationspflichten

Dem Vorstand obliegt nach den §§ 76, 93 AktG u.a. die Organisationsverantwortung für die Gesellschaft.[1081] Sie ist Teil seiner Leitungsaufgabe. Er hat für rechtskonforme Strukturen und effiziente Abläufe, die den Unternehmenszielen entsprechen, in den einzelnen Unternehmensbereichen Sorge zu tragen und das Unternehmen intern so zu organisieren, dass ihm ein kontinuierlicher Überblick über dessen wirtschaftliche Lage ermöglicht wird.[1082]

Vereinzelt sind Organisationspflichten gesetzlich geregelt. So verpflichtet die Vorschrift des § 91 II AktG zur Einrichtung eines geeigneten Risikofrüherkennungssystems, damit den Fortbestand der Gesellschaft gefährdende Entwicklungen frühzeitig identifiziert und Maßnahmen zur Sicherung des Fortbestands ergriffen werden können. Auch mehren sich spezialgesetzliche Vorgaben für Organisationspflichten in regulierten Unternehmen des Finanz- und Versicherungssektors (beispielsweise §§ 25a, 25c Abs. 3, Abs. 4a und 4b KWG für Kreditinstitute, § 80 WpHG für Wertpapierdienstleistungsunternehmen, § 23 VAG für Versicherungsunternehmen, § 28 KAGB für Kapitalverwaltungsgesellschaften). Weitere öffentlich-rechtliche Organisationspflichten finden sich im Umweltrecht (§ 52 b BImSchG) oder in Zusammenhang mit dem Tatbestand der Geldwäsche (§ 6 GwG).

1081 *Fleischer*: in *Spindler/Stilz*, AktG, § 93 Rdn. 56; *Hopt/Roth*: in Großkommentar zum AktG, § 93 Rdn. 153; *Spindler*: in Münchener Kommentar zum AktG, § 93 Rdn. 114.

1082 Vgl. *Fleischer*: in *Spindler/Stilz*, AktG, § 93 Rdn. 56; *Hopt/Roth*: in Großkommentar zum AktG, § 93 Rdn. 153; *Ott*, ZGR 2017, S. 149, 162.

In der Praxis besonders bedeutsam geworden sind Compliance-Organisationspflichten. Daher werden diese Pflichten bei der nachfolgenden Untersuchung in den Vordergrund gestellt. Der Begriff der Compliance ist nicht legal definiert. Er umschreibt die Einhaltung der Gesetze sowie gesellschaftsinterner Standards und Richtlinien in Unternehmen.[1083] Compliance-relevante Sachverhalte in Unternehmen sind beispielsweise die Bildung von Kartellen oder die Zahlung von Schmiergeldern, aber auch umwelt-, steuer-, oder datenschutzrechtliche Verstöße. Das Leitungsorgan hat sich – wie bereits dargelegt – selbst rechtskonform zu verhalten. Über die Beachtung seiner Legalitätspflicht gegenüber der Gesellschaft hinaus hat das Leitungsorgan auch dafür Sorge zu tragen, dass sich die nachgeordneten Unternehmensangehörigen rechtmäßig verhalten und insbesondere Rechtsverstöße der Gesellschaft aufgrund von Handlungen der Mitarbeiter verhindert werden. Um dieses Ziel zu erreichen, hat es geeignete organisatorische Maßnahmen zu ergreifen, wobei unter Umständen die Errichtung eines umfassenden Compliance-Systems erforderlich werden kann.[1084] Beispiele für Compliance-Maßnahmen sind Schulungen der Mitarbeiter oder interne Handbücher über zu beachtende Rechtsregeln in den einzelnen Tätigkeitsbereichen, Handlungsanweisungen in kritischen Situationen, Vertragsmanagementsysteme, Einrichtung von anonymen Whistleblower-Hotlines, Compliance-Audits, Ernennung eines Compliance-Beauftragten oder Errichtung einer Compliance-Abteilung.[1085]

Die Pflicht zur Sicherstellung des rechtmäßigen Verhaltens von Unternehmensangehörigen wird häufig auch „Legalitätskontrollpflicht“ genannt.[1086] Der Begriff der Kontrolle ist dabei nicht allein vergangenheitsbezogen zu verstehen, sondern beinhaltet insbesondere auch präventive Maßnahmen zur Vorbeugung von Rechtsverstößen durch Unternehmensangehörige.[1087]

Nachfolgend wird die Compliance-Pflicht in nicht regulierten Unternehmen näher betrachtet. Auf die spezialgesetzlichen Compliance-Anforderungen in bestimmten einzelnen Branchen (wie Versicherungen und Finanzdienstleistungsunternehmen) wird inhaltlich nicht weiter eingegangen. Ferner werden keine konzernrechtlichen Besonderheiten dargestellt.

1083 Vgl. Ziff. 4.1.3 Deutscher Corporate Governance Kodex in der Fassung vom 07.02.2017 (DCGK); *Kort*, NZG 2008, S. 81.

1084 *Arnold*, ZGR 2014, S. 76, 79; *Bicker*, AG 2012, S. 542, 543 und 544; *Fleischer*, CCZ 2008, S. 1, 2; *Nietsch*, ZGR 2015, S. 631, 633; *Seibt/Cziupka*, AG 2015, S. 93, 94.

1085 Vgl. die Auflistung praxisrelevanter Compliance-Maßnahmen bei *Harbarth*, ZHR 179 (2015), S. 136, 154 f.

1086 So etwa *Arnold*, ZGR 2014, S. 76, 79; *Balke/Klein*, ZIP 2017, S. 2038, 2042; *Bicker*, AG 2012, S. 542, 543; *Breitenfeld*, Die organschaftliche Binnenhaftung der Vorstandsmitglieder, S. 145; *Fleischer*, CCZ 2008, S. 1, 2; *Holle*, Legalitätskontrolle im Kapitalgesellschafts- und Konzernrecht, siehe bereits den Titel der Dissertation; *Koch*: in *Hüffer/Koch*, AktG, § 93 Rdn. 6 c; *Paefgen*, WM 2016, S. 433, 436; *Harbarth*, ZHR 179 (2015), S. 136, 138 verwendet den Begriff „Legalitätsdurchsetzungspflicht“.

1087 Vgl. *Verse*, ZHR 175 (2011), S. 401, 403.

Das Kapitalgesellschaftsrecht enthält keine allgemeine – branchenübergreifende – gesetzliche Regelung der Compliance-Pflicht. Ihre dogmatische Herleitung wird unterschiedlich begründet. Die Verortung bei der Organisationsverantwortung als Teil der Leitungsverantwortung des Vorstands ist nur ein vertretener Ansatz. Daher werden im Folgenden kurz die verschiedenen Ansätze in Rechtsprechung und Literatur mit Blick auf die Rechtsgrundlagen der Compliance-Organisationspflicht im Innenverhältnis erläutert und kritisch betrachtet. Von besonderer Bedeutung ist die weitere Frage, ob Geschäftsleitern aus der Compliance-Pflicht stets eine Verpflichtung gegenüber der Gesellschaft zur Errichtung einer (standardisierten) Compliance-Organisation erwächst oder ob ein unternehmerisches Ermessen bei der Entscheidung der Errichtung und/oder Ausgestaltung des Systems besteht. Daher ist zu untersuchen, ob und inwieweit die business judgment rule Anwendung finden und eine Haftungsprivilegierung erfolgen kann, wenn der Gesellschaft infolge von Rechtsverstößen aus dem Unternehmen heraus Schäden durch beispielsweise Umsatzeinbußen, Bußgeld- oder Schadensersatzzahlungen entstehen.

1. Behandlung von Compliance-Pflichten in der Rechtsprechung

Bislang hat sich – soweit ersichtlich – nur eine Gerichtsentscheidung mit der Verletzung von Compliance-Pflichten und der daraus resultierenden Haftung des Geschäftsleiters näher befasst. Das Landgericht München I hatte einen Schadensersatzanspruch der Siemens-AG gegen ihren ehemaligen Finanzvorstand wegen Compliance-Verstößen zu prüfen.[1088]

a. Sachverhalt

Bereits in den 1980er-Jahren hatte sich in der Siemens-AG, die in besonders korruptionsanfälligen Ländern wie beispielsweise Nigeria tätig war, ein System sogenannter „schwarzer Kassen“ gebildet, in denen Finanzmittel zur Zahlung von Korruptionsgeldern vorgehalten wurden. Ab dem Jahr 2002 wurde dieses System geändert und der AG die Mittel für die Bestechungsgelder durch den Abschluss von Scheinberaterverträgen abgezweigt, aus denen sie keinerlei Beratungsleistung erhielt.[1089] Mehrfach hatte der Vorstand und damit auch der Beklagte, der seit 1998 dem Vorstand angehörte, Kenntnis von Bestechungsfällen bei der AG erhalten. Insbesondere haben Abschlussprüfer und Mitarbeiter der Rechtsabteilung, u.a. im

---

1088 *LG München I*, Urteil vom 10.12.2013, 5 HK O 1387/10, ZIP 2014, S. 570, 572 - Siemens/Neubürger. Das Urteil ist nicht rechtskräftig. Im Rahmen des Berufungsverfahrens vor dem OLG München wurde ein Vergleich geschlossen.

1089 *LG München I*, Urteil vom 10.12.2013, 5 HK O 1387/10, ZIP 2014, S. 570, 571, 573 - Siemens/Neubürger.

Rahmen einer vom Finanzvorstand veranlassten internen Untersuchung, darauf hingewiesen. Auch wurden die Schwächen der bestehenden Compliance-Organisation bemängelt.[1090] Diese wurde im Jahr 2001 unter dem Namen „Compliance im Wettbewerb" eingeführt.[1091] Bereits in 2002 hatte ein Vorstandsmitglied das Fehlen eines Systems zur Kontrolle der Einhaltung bestehender Compliance-Regeln kritisiert.[1092] Zwei Jahre später wurde ein Chief Compliance Officer bestellt und ein Compliance Office eingerichtet. Auch hatte der Finanzvorstand angeordnet, dass große Barabhebungen von Konten nur mit seiner Zustimmung und detaillierter Dokumentation erfolgen dürften.[1093]

Wegen der Korruptionszahlungen wurden gegen die Siemens AG in den Jahren 2007 und 2008 zwei Bußgelder verhängt. Nach dem Scheitern von Vergleichsverhandlungen zwischen der Siemens AG und dem Finanzvorstand machte sie gegen diesen im Wege der Teilklage eine Zahlung von 15 Mio. Euro geltend.[1094] Dieser Betrag setzt sich zusammen aus dem geleisteten Honorar für eine US-amerikanische Rechtsanwaltskanzlei, die die AG wegen Sanktionen der US-amerikanischen Börsenaufsicht vertrat, und aus der Honorarzahlung an einen Empfänger in Nigeria aufgrund eines unwirksamen Beratervertrages.[1095] Dem Finanzvorstand wurden eine mangelhafte Compliance-Organisation zur Verhinderung von Korruptionsfällen und eine nachlässige Überwachung der tatsächlichen Einhaltung der Compliance-Regeln im Unternehmen vorgeworfen.[1096]

b. Entscheidungsgründe

Das Landgericht München I bejahte einen Schadensersatzanspruch der Siemens AG gegen ihren ehemaligen Finanzvorstand aus § 93 II AktG, da dieser in Zusammenhang mit den gesetzeswidrigen grenzüberschreitenden Zahlungen von Bestechungsgeldern bei der Siemens-AG seine Legalitätspflicht verletzt habe. Zahlungen von Bestechungsgeldern an Amtsträger ausländischer Staaten sind nach Art. 2 § 1 EUBestG[1097] und Art. 2 § 2

1090 *LG München I*, Urteil vom 10.12.2013, 5 HK O 1387/10, ZIP 2014, S. 570, 571 f. – Siemens/Neubürger.

1091 *LG München I*, Urteil vom 10.12.2013, 5 HK O 1387/10, ZIP 2014, S. 570, 574 – Siemens/Neubürger.

1092 *LG München I*, Urteil vom 10.12.2013, 5 HK O 1387/10, ZIP 2014, S. 570, 571 – Siemens/Neubürger.

1093 *LG München I*, Urteil vom 10.12.2013, 5 HK O 1387/10, ZIP 2014, S. 570, 572 – Siemens/Neubürger.

1094 *LG München I*, Urteil vom 10.12.2013, 5 HK O 1387/10, ZIP 2014, S. 570, 572 – Siemens/Neubürger.

1095 *LG München I*, Urteil vom 10.12.2013, 5 HK O 1387/10, ZIP 2014, S. 570, 576 – Siemens/Neubürger.

1096 *LG München I*, Urteil vom 10.12.2013, 5 HK O 1387/10, ZIP 2014, S. 570, 572 – Siemens/Neubürger.

1097 EU-Bestechungsgesetz vom 10.09.1998, BGBl. II, S. 2340 ff.

IntBestG[1098] verboten. Die Legalitätspflicht umfasse nämlich neben der eigenen Gesetzestreue auch die Verantwortung für Organisations- und Überwachungsmaßnahmen, die die Einhaltung der Gesetze durch Unternehmensangehörige gewährleisten. Dabei wurde offen gelassen, ob diese Compliance-Pflicht aus § 91 II AktG oder §§ 76 I, 93 I AktG herzuleiten ist.[1099] Das Landgericht betonte, dass die Compliance-Verantwortung zwingend dem Gesamtvorstand obliegt.[1100]

Das Landgericht München I hielt es zur Erfüllung der Compliance-Pflicht für notwendig, „bei entsprechender Gefährdungslage eine auf Schadensprävention und Risikokontrolle angelegte Compliance-Organisation einzurichten, deren Umfang sich im Einzelnen nach Art, Größe und Organisation des Unternehmens, die zu beachtenden Vorschriften, die geografische Präsenz wie auch die Verdachtsfälle aus der Vergangenheit richtet“.[1101] Das bestehende System wurde für unzureichend erachtet und die vorgenommenen Änderungen daran als ineffizient. Dies würde bereits dadurch belegt, dass es immer wieder zu Verdachtsfällen von Korruptionen kam.[1102] Weder wären geeignete Maßnahmen ergriffen worden, diese Vorfälle aufzuklären, noch weiteren Bestechungen vorzubeugen oder das rechtswidrige Verhalten der involvierten Mitarbeiter zu sanktionieren.[1103]

Da die Siemens-AG in besonders korruptionsanfälligen Ländern tätig sei, seien strenge Anforderungen an die Compliance-Organisation zu stellen. So hätte eine Erfassung aller Beraterverträge an zentraler Stelle vorgenommen werden müssen. Jeder Vertrag und jede einzelne Auszahlung von Konten müssten auf einen Korruptionszusammenhang hin kontrolliert werden. Das Fehlen eindeutiger Zuständigkeiten und klarer Berichtsstrukturen wurde ebenso bemängelt wie dasjenige einer Befugnis der Compliance-Beauftragten, Gesetzesverstöße bei den Unternehmensangehörigen zu ahnden, um weiteres rechtswidriges Verhalten zu unterbinden. Ferner hielt es das Landgericht für erforderlich, dass die Einhaltung der Compliance-Vorgaben laufend überwacht würde. Das Leitungsorgan müsste sich regelmäßig über den Stand einzelner Ermittlungen, den personellen Konsequenzen

1098 Gesetz zur Bekämpfung internationaler Bestechung vom 10.09.1998, BGBl. II, S. 2327 ff.

1099 *LG München I*, Urteil vom 10.12.2013, 5 HK O 1387/10, ZIP 2014, S. 570, 573 – Siemens/Neubürger.

1100 *LG München I*, Urteil vom 10.12.2013, 5 HK O 1387/10, ZIP 2014, S. 570, 2. Leitsatz – Siemens/Neubürger.

1101 *LG München I*, Urteil vom 10.12.2013, 5 HK O 1387/10, ZIP 2014, S. 570, 1. Leitsatz – Siemens/Neubürger.

1102 *LG München I*, Urteil vom 10.12.2013, 5 HK O 1387/10, ZIP 2014, S. 570, 574 – Siemens/Neubürger.

1103 *LG München I*, Urteil vom 10.12.2013, 5 HK O 1387/10, ZIP 2014, S. 570, 573 – Siemens/Neubürger.

gesetzeswidrigen Verhaltens und der vorgenommenen Maßnahmen zur künftigen Verhinderung weiterer Verstöße informieren lassen.[1104]

Das Landgericht München I bejahte auch die Kausalität der Unterlassungen des Vorstands für den eingetretenen Schaden der Siemens-AG, da bei einer Implementierung eines entsprechend straffen Compliance-Systems und der Überwachung der Regelbefolgung Korruptionszahlungen von Unternehmensangehörigen hätten verhindert werden können.

c. *Eigene Würdigung*

Das Landgericht München I hat sich sehr ausführlich und detailliert mit der Compliance-Pflicht des Vorstands befasst. Sie wird als Teil der Legalitätspflicht angesehen. Hinsichtlich der dogmatischen Herleitung dieser Pflicht legt sich das Landgericht nicht fest, ob sie unmittelbar unter der Vorschrift des § 91 II AktG oder unter der allgemeinen Leitungspflicht der §§ 76 I, 93 I AktG zu verorten ist. Mit Blick auf § 91 II AktG ist allerdings zu berücksichtigen, dass dort die Errichtung eines Risikofrüherkennungssystems für „bestandsgefährdende" Entwicklungen im Unternehmen geregelt ist und es zweifelhaft erscheint, dass den Korruptionsvorfällen mit ihren finanziellen Konsequenzen eine derart große Tragweite hätte zukommen können.

Das Landgericht München I befasst sich schwerpunktmäßig mit der rechtmäßigen Ausgestaltung der Compliance-Organisation. Im Unternehmen bestand nämlich bereits eine solche, die jedoch als mangelhaft und ineffizient bewertet wird. Wenn das Landgericht hervorhebt, dass dies bereits dadurch belegt werde, dass die bisher ergriffenen Maßnahmen keine weiteren Gesetzesverstöße verhindern konnten, findet eine rückschauende Bewertung statt.[1105] Das birgt jedoch die Gefahr, von der gegenwärtigen Situation auf den Zeitpunkt vor der Entscheidung des Vorstands über die Ausgestaltung des Compliance-Systems bzw. über die Vornahme von Änderungen an dieser rückzuschließen. Der damals vorliegende Stand der Erkenntnisse zur Compliance könnte unberücksichtigt bleiben.

Das Landgericht stellt zunächst fest, dass für den Umfang des Compliance-Systems Art, Größe und Organisation des Unternehmens, die zu beachtenden Vorschriften, die geografische Präsenz sowie Verdachtsfälle in der Vergangenheit zu berücksichtigen sind. Diese Aussage deutet einen gewissen Entscheidungsspielraum bei der Ausgestaltung an. Nachfolgend stellt es jedoch konkrete Anforderungen auf, wie das System bei der Siemens AG hätte ausgestaltet und überwacht werden müssen. Dabei werden einzelne Pflichten des Vorstands im Rahmen seiner Compliance-Verantwortung wie Aufklärungs-, Abstellungs- und Sanktionspflichten nicht nur allgemein beschrieben, sondern die Maßnahmen, die das Landgericht

---

1104 *LG München I*, Urteil vom 10.12.2013, 5 HK O 1387/10, ZIP 2014, S. 570, 574 – Siemens/Neubürger.

1105 Vgl. *Bachmann*, ZIP 2014, S. 579, 580.

für erforderlich hält, zum Teil detailliert dargestellt, so beispielsweise die zentrale Erfassung aller Beraterverträge, die Prüfung derjenigen Verträge, die in Zusammenhang mit Tätigkeiten in korruptionsanfälligen Ländern stehen und die Sicherstellung, dass Zahlungen von Unternehmenskonten stets nachvollzogen werden können.

Es werden genaue Vorgaben gemacht, wie das Compliance-System in der Siemens-AG auszusehen hat. Aufgrund der bereits bekannten Korruptionszahlungen, weiterer Verdachtsfälle und der Tatsache, dass die Siemens AG in korruptionsanfälligen Ländern tätig ist, wird ein strenges und bis in Einzelheiten ausgearbeitetes System verlangt. Das Landgericht äußert sich nicht zu einem noch verbleibenden Ermessensspielraum des Vorstands der Siemens-AG bei der Ausgestaltung der Organisation. Die business judgment rule oder § 93 I 2 AktG werden bei der Entscheidung des Vorstands über die Regeln des Compliance-Systems nicht erwähnt bzw. angewandt. Vielmehr findet eine umfassende Überprüfung der bisher veranlassten bzw. unterlassenen Maßnahmen statt, indem das tatsächliche Handeln des Vorstands mit den konkret herausgearbeiteten Pflichtenanforderungen verglichen wird. Aufgrund der Einordnung der Compliance-Organisationspflicht als Legalitätspflicht und fehlender Differenzierung zwischen Legalitäts- und Legalitätskontrollpflicht erscheint diese Vorgehensweise konsequent.

2. Diskussionsstand in der Literatur zur Behandlung von Compliance-Pflichten

a. Dogmatische Herleitung

In der Literatur wird die dogmatische Herleitung der Compliance-Pflicht, die das Landgericht München I in seiner Entscheidung offen gelassen hat, diskutiert. Es gibt im Wesentlichen vier unterschiedliche Ansätze: Eine Gesamtanalogie zu den spezialgesetzlichen Organisations- und Compliance-Vorschriften, die Herleitung aus § 130 OWiG, aus § 91 II AktG und diejenige aus der allgemeinen Sorgfaltspflicht nach §§ 76 I, 93 I AktG. Die beiden Letztgenannten hat auch das Landgericht München I in Erwägung gezogen.

aa. Gesamtanalogie zu gesetzlich geregelten Organisations- und Compliance-Pflichten

Dieser Ansatz, der die gesetzlichen Vorgaben in den §§ 25 a KWG, 80 WpHG (früher § 33 WpHG), 52 b BImSchG (früher § 52 a BImSchG) und § 6 GwG (früher § 14 GwG) heranzieht und aus dem darin zum Ausdruck kommenden Rechtsgedanken eine allgemeine Compliance-Pflicht ableitet,[1106] wird zu recht sehr kritisch gesehen.

1106 *U. H. Schneider*, ZIP 2003, S. 645, 648 f.; *ders.*, ZGR 1996, S. 225, 230.

Gegen diese Herleitung wird angeführt, dass es sich um Regelungen für spezielle Bereiche und Branchen handele, die auf deren Gefährdungslagen und Risiken zugeschnitten seien und nicht verallgemeinert werden könnten.[1107] Gerade die Einführung spezieller Vorschriften in besonderen Bereichen zeige, dass der Gesetzgeber keine allgemeingültige und branchenübergreifende Regelung der Compliance-Pflicht wollte.[1108] Von einer planwidrigen Regelungslücke kann nicht ausgegangen werden. Eine (analoge) Anwendung der Vorschriften auf Unternehmen, die nicht in diese Regelungsbereiche fallen und nicht den spezifischen Gefahren bestimmter Gesetzesverstöße ausgesetzt sind, kann nicht erfolgen. Allerdings spricht nichts dagegen, bei der Einrichtung einer Compliance-Organisation solche Regelungen inhaltlich zu berücksichtigen und zu prüfen, ob sie Anhaltspunkte für die eigene Systemausgestaltung liefern.[1109]

bb. § 130 OWiG

§ 130 OWiG regelt die Ordnungswidrigkeit des Unterlassens von erforderlichen Aufsichtsmaßnahmen zur Verhinderung von Straftaten und Ordnungswidrigkeiten im Unternehmen. Nach § 9 OWiG richtet sich diese Vorschrift auch an das Vertretungsorgan einer juristischen Person. Es wird vertreten, dass aus dieser Regelung eine Pflicht der Geschäftsleitung zur Einrichtung einer Compliance-Organisation hergeleitet werden kann.[1110]

Dem wird entgegengehalten, dass aus der Aufsichtspflicht nach § 130 OWiG keine generelle Compliance-Organisationspflicht geschlossen werden kann, da dies zu weitreichend sei.[1111] Konkrete Anforderungen an eine erforderliche Aufsicht seien gesetzlich nicht geregelt und ließen sich allenfalls der Rechtsprechung zu § 130 OWiG entnehmen.[1112] Dies ist zu befürworten, da die ordnungswidrigkeitenrechtliche Aufsichtspflicht nicht gleichzusetzen ist mit der Organisationspflicht zur Errichtung und Ausgestaltung von Compliance-Programmen.

1107 Vgl. *Bicker*, AG 2012, S. 542, 544; *Breitenfeld*, Die organschaftliche Binnenhaftung der Vorstandsmitglieder, S. 147; *Fleischer*: in *Spindler/Stilz*, AktG, § 91 Rdn. 50; *Harbarth*, ZHR 179 (2015), S. 136, 142; *Koch*: in *Hüffer/Koch*, AktG, § 76 Rdn. 14; *Kort*: in Großkommentar zum AktG, § 91 Rdn. 137; *Kremer/Klahold*, ZGR 2010, S. 113, 119; *Spindler*: in Münchener Kommentar zum AktG, § 91 Rdn. 65.

1108 *Harbarth*, ZHR 179 (2015), S. 136, 142; *Koch*: in *Hüffer/Koch*, AktG, § 76 Rdn. 14.

1109 Vgl. *Fleischer*: in *Spindler/Stilz*, AktG, § 91 Rdn. 61; *Kort*, NZG 2008, S. 81, 82 f.; *Spindler*: in Münchener Kommentar zum AktG, § 91 Rdn. 65.

1110 Vgl. *Bunting*, ZIP 2012, S. 1542, 1545; *von Busekist/Hein*, CCZ 2012, S. 41, 43.

1111 Vgl. *Fleischer*: in *Spindler/Stilz*, AktG, § 91 Rdn. 50; *Harbarth*, ZHR 179 (2015), S. 136, 141 f.; *Hauschka/Moosmayer/Lösler*, Corporate Compliance, § 1 Rdn. 31; *Kremer/Klahold*, ZGR 2010, S. 113, 119; *Verse*, ZHR 175 (2011), S. 401, 403.

1112 *Kremer/Klahold*, ZGR 2010, S. 113, 119.

cc. § 91 II AktG

Die dogmatische Herleitung der Compliance-Pflicht aus § 91 II AktG wird damit begründet, dass nach der Regierungsbegründung zu dieser Vorschrift zu den den Fortbestand der Gesellschaft gefährdenden Entwicklungen auch Verstöße gegen gesetzliche Vorschriften gehören, die sich wesentlich auf deren Vermögens-, Finanz- und Ertragslage auswirken.[1113] Da Gesetzesverstöße sich mit Blick auf ihre Rechtsfolgen wie Bußgelder, Schadensersatzleistungen, Gewinnabschöpfungen, aber auch Umsatzeinbußen wegen Reputationsschäden, finanziell existenzgefährdend für das Unternehmen auswirken könnten, könne das Fehlen einer Compliance-Organisation ein bestandsbedrohendes Risiko bedeuten.[1114]

Zutreffend wird dem entgegengehalten, dass einerseits nicht jede Gesetzesverletzung zu einer Existenzgefährdung für die Gesellschaft führt und sich andererseits die Compliance-Pflicht nicht lediglich auf existenzgefährdende Gesetzesverletzungen bezieht.[1115] § 91 II AktG habe nicht den Zweck, jegliche Verstöße gegen gesetzliche Gebote und Verbote zu verhindern.[1116] Er soll vielmehr dem Eintritt von Insolvenzen vorbeugen.[1117] Auch müsse eine Compliance-Organisation bereits zu einem früheren Zeitpunkt einsetzen als ein Früherkennungssystem zur Erfassung bestandsgefährdender Entwicklungen.[1118]

Dieser Argumentation ist zu folgen, da das Verständnis von Compliance weiter ist als die Erkennung und Verhinderung von bestandsbedrohenden Risiken. Durch Compliance soll regelkonformes Verhalten in Unternehmen gewährleistet werden, indem Rechtsverstöße von Unternehmensangehörigen verhindert werden. Nur im Einzelfall kann bei einem solchen Verstoß die Schwelle der Bestandsgefährdung überschritten sein. Dann würde es zu einer Überschneidung der Compliance-Organisationspflicht und der Pflicht zur Errichtung eines Systems nach § 91 II AktG kommen.

1113 *Berg*, AG 2007, S. 271, 276 mit Verweis auf RegBegr. zum Entwurf eines Gesetzes zur Kontrolle und Transparenz im Unternehmensbereich (KonTraG), BT-Drucksache 13/9712, S. 1, 15; ebenso *Dreher*: in Festschrift für *Hüffer*, S. 161, 169; *Spindler*, WM 2008, S. 905, 907.

1114 *Berg*, AG 2007, S. 271, 276; *Passarge*, DStR 2010, S. 1675, 1676.

1115 Vgl. *Bicker*, AG 2012, S. 542, 544; *Breitenfeld*, Die organschaftliche Binnenhaftung der Vorstandsmitglieder, S. 147; *Harbarth*, ZHR 179 (2015), S. 136, 144; *Nietsch*, ZHR 184 (2020), S. 60, 97; *ders.*, ZHR 180 (2016), S. 733, 740; *Paefgen*, WM 2016, S. 433, 438; *Unmuth*, AG 2017, S. 249, 252.

1116 *Koch*: in *Hüffer/Koch*, AktG, § 76 Rdn. 14; *ders.*, WM 2009, S. 1013, 1014.

1117 *Kremer/Klahold*, ZGR 2010, S. 113, 120.

1118 *Fleischer*: in *Spindler/Stilz*, AktG, § 91 Rdn. 50; *Goette*, ZHR 175 (2011), S. 388, 392.

dd. Allgemeine Sorgfaltspflicht nach §§ 76 I, 93 I AktG

Überwiegend wird die Compliance-Organisationspflicht im Innenverhältnis aus der allgemeinen Leitungssorgfalt gemäß §§ 76 I, 93 I AktG hergeleitet.[1119] Wie bereits erwähnt, trägt das Leitungsorgan die Organisationsverantwortung als Teil der Leitungsverantwortung. Die Pflicht, durch geeignete Maßnahmen dafür zu sorgen, dass die Unternehmensangehörigen sich rechtskonform verhalten, stellt wiederum einen Unterfall der Organisationsverantwortung dar.[1120] Auch bei der Compliance-Organisation geht es um die Schaffung effektiver Abläufe und Strukturen im Unternehmen.

ee. Eigene Würdigung

Die Gesamtanalogie zu spezialgesetzlichen Sonderregelungen insbesondere im Aufsichtsrecht überzeugt nicht, da diese gerade nicht in das Kapitalgesellschaftsrecht übernommen worden sind. Zudem beziehen sie sich auf bestimmte Branchen, denen spezifische Risiken anhaften. Auch § 130 OWiG stellt keine geeignete Rechtsgrundlage dar, da diese allgemeine Aufsichtspflicht nicht so weit reicht, dass eine Pflicht zur Errichtung und Gestaltung von Compliance-Programmen entsteht. Einer Herleitung aus § 91 II AktG steht die Anwendungsbeschränkung auf bestandsgefährdende Entwicklungen entgegen. Der Tatbestand ist für eine Compliance-Organisationspflicht zu eng gefasst und kann nur im Einzelfall bei besonders schwerwiegenden Auswirkungen eines Gesetzesverstoßes, die eine existenzielle Gefahr für die Gesellschaft bedeuten, erfüllt sein. Daher ist eine dogmatische Verortung der Compliance-Organisationspflicht als Teilbereich der Organisationsverantwortung des Vorstands unter §§ 76 I, 93 I AktG zu befürworten.

Der Vollständigkeit halber wird nachfolgend noch kurz auf die Regelungen des Deutschen Corporate Governance Kodex[1121] und des Prüfungsstandards IDW PS 980 eingegangen.

In Grundsatz 5 unter A. I. DCGK ist geregelt, dass der Vorstand für die Einhaltung der gesetzlichen Bestimmungen und der internen Richtlinien zu sorgen und auf deren Beachtung im Unternehmen hinzuwirken hat (Compliance). Die Empfehlung und Anregung unter A.2 bestimmt, dass der Vorstand für ein an der Risikolage des Unternehmens ausgerichtetes Compliance Management System sorgen

---

1119 *Arnold/Rudzio*, KSzW 2016, S. 231, 232; *Bicker*, AG 2012, S. 542, 544; *Fleischer:* in *Spindler/Stilz*, AktG, § 91 Rdn. 50; ders., NZG 2014, S. 321, 322; *Goette*, ZHR 175 (2011), S. 388, 392; *Harbarth*, ZHR 179 (2015), S. 136, 144 f.; *Ihrig/C. Schäfer*, Rechte und Pflichten des Vorstands, § 22 Rdn. 590; *Koch*: in *Hüffer/Koch*, AktG, § 76 Rdn. 12; *Seibt/Cziupka*, AG 2015, S. 93, 94; *Verse*, ZHR 175 (2011), S. 401, 404; *Weber*: in *Hölters*, AktG, § 76 Rdn. 28.

1120 *Bachmann*, ZIP 2014, S. 579, 581; *Seibt/Cziupka*, AG 2015, S. 93, 94; *Weber*: in *Hölters*, AktG, § 76 Rdn. 28.

1121 In der Fassung vom 16.12.2019, mit der Veröffentlichung im Bundesanzeiger vom 20.03.2020 in Kraft getreten.

und dessen Grundzüge offenlegen soll. Beschäftigten soll auf geeignete Weise die Möglichkeit eingeräumt werden, geschützt Hinweise auf Rechtsverstöße im Unternehmen zu geben; auch Dritten sollte diese Möglichkeit eingeräumt werden.

Aus diesen Bestimmungen kann keine Rechtspflicht zur Compliance-Organisation hergeleitet werden, da der Kodex keine Gesetzeskraft besitzt und seine Regelungen kein zwingendes Recht bedeuten.[1122] Der Grundsatz 5 gibt lediglich die geltende Gesetzeslage wieder, wie auch die sprachliche Formulierung zeigt. Die übrige Regelung ist ausdrücklich mit Empfehlung und Anregung überschrieben.

Das IDW hat „Grundsätze ordnungsgemäßer Prüfung von Compliance Management Systemen" aufgestellt (IDW PS 980 vom 11.03.2011). Auch aus diesen Prüfungsstandards lässt sich keine Pflicht zur Errichtung und Ausgestaltung einer bestimmten Compliance-Organisation herleiten, da sie als betriebswirtschaftliche Grundsätze rechtlich unverbindlich sind.[1123]

b. Anwendbarkeit der business judgment rule

Das Landgericht München I hatte lediglich über die Ausgestaltung des Compliance-Systems zu entscheiden, da in der Siemens-AG ein solches bereits eingerichtet war. Es hat konkrete Einzelpflichten des Vorstands bei der Ausgestaltung herausgearbeitet und präzise vorgegeben, wie die Compliance-Organisation bei der Siemens-AG aussehen hätte müssen. § 93 I 2 AktG wird nicht angewandt.

In der Literatur wird zumeist unterschieden zwischen der den Vorstand treffenden Pflicht, Compliance-Maßnahmen zu ergreifen, also dem „Ob" einer Organisation, und der konkreten Umsetzung und Ausgestaltung, dem „Wie". Während bei der Frage des Ergreifens von Maßnahmen eher eine Rechtspflicht ohne Ermessensspielraum gesehen wird, wird für die Art und Weise der Ausgestaltung unter Berücksichtigung von Art, Größe und Besonderheiten des Unternehmens von vielen Stimmen die Einräumung eines unternehmerischen Ermessens befürwortet.[1124] Es wird aber auch vertreten, dass sowohl beim „Ob" als auch beim „Wie" der Compliance-Organisation die Vorschrift des § 93 I 2 AktG greift.[1125] Andersherum wird die Anwendbarkeit der business judgment rule im Bereich der Compliance-Organisationspflichten sowohl für die Errichtung als auch die Ausgestaltung verneint.[1126]

1122 *Harbarth*, ZHR 179 (2015), S. 136, 143; *Koch*, WM 2009, S. 1013, 1020; *Kort*: in Großkommentar zum AktG, § 91 Rdn. 125.

1123 *Fleischer*: in *Spindler/Stilz*, AktG, § 91 Rdn. 62; *Harbarth*, ZHR 179 (2015), S. 136, 143; *Koch*: in *Hüffer/Koch*, AktG, § 76 Rdn. 17; *Paefgen*, WM 2016, S. 433, 438.

1124 So etwa *Bachmann*, BB 2015, S. 771, 773; *Balke/Klein*, ZIP 2017, S. 2038, 2043; *Bürkle*, BB 2007, S. 1797, 1799; *Fleischer*: in *Spindler/Stilz*, AktG, § 93 Rdn. 69; *Goette*, ZHR 175 (2011), S. 388, 392 f.; *Hoffmann/Schieffer*, NZG 2017, S. 401, 403; *Ott*, ZGR 2017, S. 149, 166 f.; *Seibt/Cziupka*, AG 2015, S. 93, 95.

1125 *Harbarth*, ZHR 179 (2015), S. 136, 153; *Paefgen*, WM 2016, S. 433, 437.

1126 *Breitenfeld*, Die organschaftliche Binnenhaftung der Vorstandsmitglieder, S. 151.

aa. *Ablehnung der Anwendbarkeit des § 93 I 2 AktG sowohl bei dem „Ob" als auch bei dem „Wie" von Compliance-Organisationsmaßnahmen*

Diese Ansicht lehnt bei Compliance-Sachverhalten generell die Anwendbarkeit der business judgment rule ab. Sie nimmt nicht nur die Legalitätspflicht von der Anwendung der Haftungsprivilegierung aus, sondern auch die Legalitätskontrollpflicht als deren wesentlicher Bestandteil. Der Gesetzesverstoß des Leitungsorgans selbst wird gleichgestellt mit dem Unterlassen, etwas gegen rechtswidriges Verhalten von Mitarbeitern zu unternehmen.[1127] Es müsse umfassend gerichtlich nachprüfbar sein, ob eine ordnungsgemäße Organisation eingerichtet worden ist. Gewisse Spielräume werden bei der Ausgestaltung zugestanden, aber kein unternehmerisches Ermessen iSd. § 93 I 2 AktG.[1128]

Diesem Standpunkt wird entgegengehalten, dass zwischen der Legalitäts- und der Legalitätskontrollpflicht als Pflicht, für rechtskonformes Verhalten der Unternehmensangehörigen zu sorgen, unterschieden werden müsse. Im Rahmen der eigenen Gesetzestreue bestehe eine strikte Rechtsbindung. Gehe es jedoch nicht um eigenes Fehlverhalten, sondern um Gesetzesverstöße von anderen Unternehmensangehörigen, an denen das Leitungsorgan nicht selbst beteiligt ist, habe es dieses rechtswidrige Verhalten nicht gleichermaßen automatisch zu verantworten. Die Pflicht beinhalte lediglich, mit geeigneten organisatorischen Maßnahmen Rechtsverstößen von Mitarbeitern entgegenzuwirken. Dabei werden ihm gesetzlich keine konkreten Maßnahmen vorgegeben.[1129]

bb. *Anwendbarkeit des § 93 I 2 AktG bei dem „Wie" der Compliance-Organisationsmaßnahmen*

Die herrschende Ansicht wendet bei der Ausgestaltung der Compliance-Maßnahmen die business judgment rule an, da solche Organisationsentscheidungen als unternehmerische Entscheidungen iSd. § 93 I 2 AktG zu qualifizieren seien.[1130] Es gebe keinerlei gesetzliche Vorgaben für die Art und Weise, wie die Compliance-Organisation auszurichten sei. Die Zukunftsbezogenheit und das Handeln unter Unsicherheit ergäben sich aus der Tatsache, dass der Entscheidungsträger zu prognostizieren habe, wie sich die Risikolage des Unternehmens mit Blick auf

---

1127 *Breitenfeld*, Die organschaftliche Binnenhaftung der Vorstandsmitglieder, S. 148.
1128 *Breitenfeld*, Die organschaftliche Binnenhaftung der Vorstandsmitglieder, S. 150 f.
1129 Vgl. *Holle*, Legalitätskontrolle im Kapitalgesellschafts- und Konzernrecht, S. 45 und 61; *Koch*: in *Hüffer/Koch*, AktG, § 93 Rdn. 6 c.
1130 Vgl. etwa *Balke/Klein*, ZIP 2017, S. 2038, 2043; *Bicker*, AG 2012, S. 542, 546; *Bürkle*, BB 2007, S. 1797, 1799; *Goette*, ZHR 175 (2011), S. 388, 392 f.; *Hoffmann/Schieffer*, NZG 2017, S. 401, 403; *Kort*, GmbHR 2013, S. 566, 573; *Merkt*, ZIP 2014, S. 1705, 1711; *Nietsch*, ZHR 184 (2020), S. 60, 98 f.; *Ott*, ZGR 2017, S. 149, 166 f; *Paefgen*, WM 2016, S. 433, 438; *Seibt/Cziupka*, AG 2015, S. 93, 95; *Spindler*: in Münchener Kommentar zum AktG, § 91 Rdn. 67.

rechtswidriges Verhalten von Unternehmensangehörigen entwickeln wird und welche Anforderungen an eine optimale Organisation daraus resultieren.[1131] Das Leitungsorgan habe aus vielen möglichen Maßnahmen die geeigneten auszuwählen, und über die Art und den Umfang der Organisation sowie über die Schwerpunktsetzung zu entscheiden.[1132] Risiken für Gesetzesverstöße im Unternehmen können sich verändern oder hinzutreten, zum Beispiel in Zusammenhang mit der Erschließung neuer Märkte. Es könne auch nicht mit Gewissheit vorhergesagt werden, ob bestimmte geplante Maßnahmen alle Risiken erfassen und vermeiden können. Zudem sei das Verhalten Dritter, nämlich der Unternehmensangehörigen, und insbesondere die Wirkung der unterschiedlichen Compliance-Maßnahmen auf dieses Verhalten maßgeblich, was schwierig einzuschätzen sei und eine weitere Unsicherheit bedeute.[1133] Eine Entscheidung über die Ausgestaltung der Compliance-Organisation sei zudem risikobehaftet, da eine Auswahl aus einem großen Katalog möglicher Compliance-Maßnahmen zu erfolgen hat und das Risiko bestehe, die für den individuellen Einzelfall geeigneten Maßnahmen unberücksichtigt zu lassen und ungeeignete umzusetzen.[1134]

Auch werde der Zweck der business judgment rule, Rückschaufehler zu vermeiden, erfüllt. Im Rahmen der Haftung des Leitungsorgans für Compliance-Verstöße könne es zu Rückschauverzerrungen kommen.[1135] Bei der gerichtlichen Überprüfung, ob die Voraussetzungen für einen Schadensersatzanspruch erfüllt sind, lägen die aus Ex-ante-Sicht bestehenden Unsicherheiten nicht mehr vor. Im Nachhinein werde ersichtlich, dass die vorgenommenen Maßnahmen nicht zur Verhinderung der eingetretenen Rechtsverstöße durch Unternehmensangehörige geeignet oder ausreichend waren. Dies berge die Gefahr, dass solche nachträglichen Erkenntnisse auf die Perspektive zur Zeit der Entscheidung über Compliance-Maßnahmen übertragen und deren Mängel als vorhersehbar bewertet werden.[1136] Die nachträgliche Bewertung der damaligen Entscheidung bleibe nicht unbeeinflusst und sachlich. Gerade im Compliance-Bereich komme hinzu, dass die Anforderungen an eine Compliance-Organisation sich im Laufe der Zeit durch fortschreitende Erkenntnisse weiterentwickelt hätten.[1137]

Die Ausgestaltung einer Compliance-Organisation sei zudem insbesondere in größeren Unternehmen sehr komplex, sodass Gerichte oftmals nicht über

1131 *Balke/Klein*, ZIP 2017, S. 2038, 2043; *Ott*, ZGR 2017, S. 149, 163.
1132 *Ott/Klein*, AG 2017, S. 209, 216.
1133 Vgl. *Nietsch/Hastenrath*, CB 2015, S. 177, 181.
1134 Vgl. *Balke/Klein*, ZIP 2017, S. 2038, 2043.
1135 *Balke/Klein*, ZIP 2017, S. 2038, 2043; *Harbarth/Brechtel*, ZIP 2016, S. 241, 247 f.; *Nietsch/Hastenrath*, CB 2015, S. 177, 181; *Ott*, ZGR 2017, S. 149, 165.
1136 *Ott/Klein*, AG 2017, S. 209.
1137 *Arnold/Rudzio*, KSzW 2016, S. 231, 239; *Harbarth*, ZHR 179 (2015), S. 136, 160; *Harbarth/Brechtel*, ZIP 2016, S. 241, 248; *Ott/Klein*, AG 2017, S. 209, 216.

genügende betriebswirtschaftliche Kenntnisse verfügen würden, um diese sachlich zu bewerten.[1138]

cc. Anwendbarkeit des § 93 I 2 AktG auch bei dem „Ob" der Compliance-Organisationsmaßnahmen

Ein unternehmerisches Ermessen bei der Entscheidung zur Errichtung eines angemessenen Compliance-Systems wird zumeist abgelehnt. Das „Ob" von Compliance-Maßnahmen unterliege nicht der Dispositionsbefugnis des Leitungsorgans.[1139] Vielmehr müsse zwingend eine zur Sicherstellung der Regeltreue im Unternehmen erforderliche Compliance-Organisation errichtet werden.

Vereinzelt wird auch hier die business judgment rule angewandt.[1140] Die Entscheidung, ob für die Gesetzestreue der Mitarbeiter die Errichtung eines Compliance-Systems notwendig sei oder ob sie auch ohne eine solche gewährleistet werden könne, sei von Prognosen und Einschätzungen abhängig.[1141] Allerdings wird einschränkend festgestellt, dass in börsennotierten und größeren Kapitalgesellschaften sowie bei besonderen Risikolagen im Regelfall eine Verpflichtung zur Errichtung bestehen wird.[1142]

Hier ist bemerkenswert, dass auch bei der herrschenden Ansicht, die die Anwendung des § 93 I 2 AktG beim „Ob" von Maßnahmen ablehnt, nicht zwingend gefordert wird, dass stets ein ausgefeiltes, institutionalisiertes Compliance-System zu errichten sei. Auf solche formalisierten Strukturen könne bei einem kleineren Unternehmen, dessen Geschäftstätigkeit nur geringen Risiken ausgesetzt ist, verzichtet werden.[1143] Vom Ergebnis her findet also eine Annäherung zwischen beiden Auffassungen statt.[1144]

dd. Eigene Würdigung

Es wird der herrschenden Lehre gefolgt, die das Ergreifen von Compliance-Maßnahmen als Rechtspflicht ansieht und bei der Ausgestaltung des Compliance-Systems ein weites unternehmerisches Ermessen nach § 93 I 2 AktG annimmt.

1138 *Ott*, ZGR 2017, S. 149, 164 f.

1139 Vgl. etwa *Bachmann*, BB 2015, S. 771, 773; *Balke/Klein*, ZIP 2017, S. 2038, 2041; *Bürkle*, BB 2007, S. 1797, 1799; *Fleischer*: in *Spindler/Stilz*, AktG, § 93 Rdn. 69; *Goette*, ZHR 175 (2011), S. 388, 392; *Hoffmann/Schieffer*, NZG 2017, S. 401, 403; *Ihrig/Schäfer*, Rechte und Pflichten des Vorstands, § 22 Rdn. 590; *Kort*, GmbHR 2013, S. 566, 573; *Ott*, ZGR 2017, S. 149, 166 f.

1140 *Harbarth*, ZHR 179 (2015), S. 136, 153; *Paefgen*, WM 2016, S. 433, 437.

1141 *Harbarth*, ZHR 179 (2015), S. 136, 153.

1142 *Harbarth*, ZHR 179 (2015), S. 136, 153; *Paefgen*, WM 2016, S. 433, 437.

1143 Vgl. etwa *Hauschka*, CCZ 2018, S. 159, 160; *ders.*, ZIP 2004, S. 877, 878; *Koch*: in *Hüffer/Koch*, AktG, § 76 Rdn. 15 und 16; *Ott*, ZGR 2017, S. 149, 166 f.; *Seibt/Cziupka*, AG 2015, S. 93, 95; *Weber*, in *Hölters*, AktG, § 76 Rdn. 29.

1144 Vgl. *Fleischer*: in *Spindler/Stilz*, AktG, § 91 Rdn. 48.

Wie bereits dargelegt, hat das Leitungsorgan für rechtmäßiges Verhalten im Unternehmen Sorge zu tragen und Vorkehrungen gegen Rechtsverstöße von Unternehmensangehörigen zu treffen (Compliance-Organisationspflicht als Teil der Organisationsverantwortung des Vorstands nach §§ 76 I, 93 I AktG). Es muss sich des Compliance-Themas annehmen, es im Unternehmen platzieren und diesbezügliche organisatorische Maßnahmen ergreifen, wobei nicht generell ein ausgefeiltes, standardisiertes System zu verlangen ist. Vielmehr bedürfen die geeignete Art und der erforderliche Umfang der Compliance-Organisation einer unternehmerischen Entscheidung unter Berücksichtigung bestimmter unternehmensbezogenen Faktoren.

Die Auffassung, die bereits ein unternehmerisches Ermessen bei der Frage gewährt, ob Compliance-Maßnahmen zu ergreifen sind, stört sich insbesondere an einer strikten Verpflichtung zur Errichtung einer formalisierten Organisation.[1145] Dies ist aber auch dann nicht der Fall, wenn eine Rechtspflicht zum Ergreifen von Compliance-Maßnahmen angenommen wird. Die Sicherstellung der Kontrolle der Rechtstreue und Verhinderung von Normverstößen ist maßgeblich. Die Entscheidung des Leitungsorgans, welche Maßnahmen als erforderlich angesehen und aus dem umfangreichen Portfolio ausgewählt werden, betrifft bereits die konkrete Ausgestaltung der Compliance-Organisation. Es ist zwischen der Einrichtung und der Ausgestaltung zu trennen, wenn auch der Übergang fließend ist.

Für die Anwendbarkeit der business judgment rule auf die Entscheidung des Leitungsorgans über die individuelle Ausgestaltung von Compliance-Organisationsmaßnahmen sprechen sowohl die Erfüllung der Kriterien unternehmerischer Entscheidungen (Zukunftsbezogenheit, Prognosecharakter und Risikobehaftung) als auch die Erfüllung des Normzwecks des § 93 I 2 AktG (Schwierigkeit der Überprüfung durch einen Richter aufgrund der Komplexität der Entscheidung, Gefahr von Rückschaufehlern). Niemand kann mit Sicherheit vorhersagen, welches die einzig richtige Ausgestaltung der Compliance-Organisation für das individuelle Unternehmen sein wird. Daher ist dem Entscheidungsträger ein unternehmerisches Ermessen einzuräumen, wie er seiner Organisationspflicht nachkommt und welche Mittel er wählt, um die Sorge für die Rechtstreue im Unternehmen zu erfüllen. Dabei hat er unternehmensindividuelle Kriterien wie Branche, Größe, Aufbau und Risikolage der Gesellschaft sowie bereits geschehene Rechtsverstöße oder vorhandene Verdachtsfälle bei der Entscheidung zu berücksichtigen

Unter Anwendung der business judgment rule haftet das Leitungsorgan nicht, wenn es vernünftigerweise annehmen durfte, aufgrund angemessener Informationsgrundlage Compliance-Maßnahmen ergriffen zu haben, die dem Wohle der Gesellschaft dienen. Erforderliche Informationen können insbesondere aus einer Ermittlung und Analyse der konkreten Risiken für Rechtsverstöße im Unternehmen geschöpft werden. Dabei sind die einzelnen Risikobereiche zu gewichten sowie Eintrittswahrscheinlichkeiten und die Höhe drohender Schäden zu berücksichtigen.[1146]

1145 *Harbarth*, ZHR 179 (2015), S. 136, 153; *Paefgen*, WM 2016, S. 433, 437.
1146 Vgl. *Arnold/Rudzio*, KSzW 2016, S. 231, 237.

Ferner sind Informationen über mögliche Arten von Compliance-Instrumenten und Organisationsstrukturen sowie deren Wirkungsweisen einzuholen. Aufgrund dieser Informationen ist eine zum Wohle der Gesellschaft geeignete Auswahl zu treffen und mit diesen Maßnahmen ein individuelles Compliance-System zu gestalten. Bei der Abwägung der Vor- und Nachteile der unterschiedlichen Ausgestaltungsmöglichkeiten ist auch die Kosten-Nutzen-Relation zu beachten.[1147] Das Leitungsorgan muss sowohl die finanziellen als auch die personellen Mittel sinnvoll und daher unter Berücksichtigung des Verhältnisses zur Risikolage der Gesellschaft einsetzen. Es sind nicht alle nur erdenklichen Compliance-Maßnahmen für sämtliche Arten von Rechtsverstößen zu ergreifen.

Die Grenze des unternehmerischen Ermessens wird überschritten, wenn das Leitungsorgan eine völlig unvertretbare bzw. unverantwortliche Entscheidung trifft. An einem Handeln zum Wohle der Gesellschaft wird es demnach fehlen, wenn die getroffenen Compliance-Maßnahmen offensichtlich unzureichend sind. Das wäre der Fall, wenn konkrete, sich aufdrängende Risikobereiche für Rechtsverletzungen im Unternehmen gar nicht berücksichtigt würden oder ergriffene Maßnahmen evident nicht geeignet wären, das Regelungsziel der Rechtstreue von Unternehmensangehörigen zu erreichen.[1148]

Eine Pflichtverletzung liegt zudem vor, wenn das Compliance-Thema im Unternehmen gar nicht beachtet oder keinerlei Maßnahme zur Sicherstellung rechtstreuen Verhaltens ergriffen wurde.

3. Ergebnis

Das Landgericht München I hat § 93 I 2 AktG nicht auf die Compliance-Organisationspflicht angewandt, obwohl die vorherigen Ausführungen zeigen, dass hinsichtlich der Ausgestaltung eines Compliance-Systems gewichtige Argumente für die Einräumung eines unternehmerischen Ermessens sprechen. Da die damit verbundene Haftungserleichterung des Leitungsorgans vom Gericht nicht gewährt wird, ist diese Rechtsprechung als zu streng einzuordnen.

IV. Fazit

Es wurden unterschiedliche Möglichkeiten von Anwendungen des § 93 I 2 AktG auf Fälle, die nicht oder nicht eindeutig unter den Tatbestand dieser Norm fallen, betrachtet. Im Ergebnis kann festgestellt werden, dass die Rechtsprechung eine Anwendbarkeit der business judgment rule zumeist abgelehnt und sich für das strikte Vorliegen von Legalitätspflichten trotz der jeweiligen besonderen Umstände der Fallbereiche ausgesprochen hat. Lediglich bei nützlichen Vertragsbrüchen wird eine Subsumtion unter § 93 I 2 AktG in Betracht gezogen, wobei

1147 Vgl. *Nietsch/Hastenrath*, CB 2015, S. 221, 223.
1148 Vgl. *Ott*, ZGR 2017, S. 149, 171.

dieser Vorgehensweise mit der herrschenden Meinung in der Literatur zuzustimmen ist.

In der Literatur werden solche „Grenzfälle“ zwischen Legalitätspflicht und unternehmerischer Sorgfaltspflicht häufig milder behandelt als von den Gerichten und ein unternehmerisches Ermessen iSv. § 93 I 2 AktG gewährt. Allein bei der Einordnung nützlicher Gesetzesverletzungen wird fast einheitlich der Rechtsprechung gefolgt und die Anwendbarkeit dieser Regelung verneint.

Oftmals sprechen die besseren Argumente für die Vorgehensweise der Gerichte. So ist eine Zurückhaltung bei der Ausweitung der business judgment rule auf Entscheidungen unter Rechtsunsicherheit und solchen über die Geltendmachung von Schadensersatzansprüchen der Gesellschaft gegenüber dem Leitungsorgan zu befürworten.

Im Rahmen der Compliance-Organisationspflichten allerdings erscheint die Vorgehensweise der Rechtsprechung zu strikt und hat zu Recht für große Aufregung in Praxis und Literatur gesorgt. Die minutiöse Vorgabe der konkret erforderlichen Compliance-Maßnahmen im Siemens/Neubürger-Fall und der Abgleich zwischen den vom Vorstand ergriffenen Instrumenten bedeuten eine umfassende Überprüfung der diesbezüglichen Entscheidungen des Vorstands und lassen keinen Raum für ein unternehmerisches Ermessen. Bei Anwendung des § 93 I 2 AktG hätte sich die Frage gestellt, ob möglicherweise die Informationsgrundlage des Vorstands für seine Entscheidung über Art und Umfang der Compliance-Organisation nicht angemessen gewesen ist oder ob er nicht zum Wohle der Gesellschaft gehandelt hat, weil die ergriffenen Maßnahmen evident ungeeignet oder unzureichend sind. Dies wäre aus Ex-ante-Sicht zu beantworten gewesen.

Insgesamt gesehen ist die Rechtsprechung bei der Frage möglicher Extensionen des § 93 I 2 AktG streng. Zu streng erscheint sie jedenfalls im Bereich der Compliance-Organisationspflichten.

D. Gesamtergebnis

Als Gesamtergebnis ist festzuhalten, dass die Entwicklung der Rechtsprechung mit Blick auf die Erfüllung der Voraussetzungen des § 93 I 2 AktG und damit auf das Eingreifen der Haftungsprivilegierung zu einem Übermaß an Haftung geführt hat. Insbesondere die Strenge bei der Beurteilung, ob die unternehmerische Entscheidung auf einer ausreichenden Informationsgrundlage basiert, führt häufig zur Versagung des "safe harbour" zugunsten des Entscheidungsträgers. Die Zurückhaltung der Gerichte bei möglichen Ausdehnungen der Anwendbarkeit der business judgment rule, gerade auch im Bereich der Compliance-Organisationspflichten, trägt ebenfalls zu einer verschärften Haftung bei. Es sollte hierbei mitberücksichtigt werden, dass die Tendenz des Gesetzgebers zur stärkeren Regulierung und der damit einhergehenden Verschiebung der unternehmerischen Leitungs- und Sorgfaltspflicht in Richtung Legalitätspflicht hinzukommt, die eine Reduzierung des originären Anwendungsbereichs der business judgment rule zur Folge hat.

Zur Rückführung dieses Übermaßes an Haftung wurden insbesondere im Rahmen des 70. Deutschen Juristentags[1149] unterschiedliche Lösungsansätze diskutiert. Es wurde über eine gesetzliche Erweiterung des Tatbestandsmerkmals der unternehmerischen Entscheidung nachgedacht, um auch Entscheidungen unter rechtlicher Unsicherheit vom Anwendungsbereich zu erfassen.[1150] Überlegungen zur Einfügung einer Billigkeitsklausel in das Aktiengesetz wurden angestellt, die das in Anspruch genommene Organmitglied vor unbilligen Härten schützen soll, indem das Gericht in Ausnahmefällen Ratenzahlung oder Stundung bestimmen oder die Schadensersatzforderung auf eine zumutbare Höhe reduzieren kann.[1151] Ferner wurden gesetzliche oder satzungsmäßige Haftungsbegrenzungen vorgeschlagen wie etwa eine Beschränkung der Haftung auf Vorsatz und grobe Fahrlässigkeit[1152], eine satzungsmäßige Festlegung von Haftungshöchstgrenzen[1153] oder die Beschränkung der Vorstandshaftung auf die Deckungssumme der D&O-Versicherung[1154]. Auch wurde die Anwendung der arbeitsrechtlichen Grundsätze über die Haftung von Arbeitnehmern in Betracht gezogen[1155] oder die Herleitung einer Haftungsbeschränkung aus der Fürsorgepflicht der Aktiengesellschaft gegen ihre

1149 70. Deutscher Juristentag, Abteilung Wirtschaftsrecht, am 17. und 18.09.2014 in Hannover.
1150 Vgl. *Bachmann*, Gutachten E zum 70. Deutschen Juristentag, S. 43 ff.
1151 Vgl. *Bachmann*, Gutachten E zum 70. Deutschen Juristentag, S. 58.
1152 Vgl. *Hoffmann*, NJW 2012, S. 1393, 1395; *Spindler*, AG 2013, S. 889, 894 f.
1153 Vgl. *Fleischer*, ZIP 2014, S. 1305, 1312 f.; *Habersack*, ZHR 177 (2013), S. 782, 803 f.; *Spindler*, AG 2013, S. 889, 896.
1154 Vgl. *G. Wagner*, ZHR 178 (2014), S. 227, 278 f.
1155 Vgl. *Hoffmann*, NJW 2012, S. 1393, 1396 f.; *Koch*, AG 2012, S. 429, 435 ff.

Vorstandsmitglieder vorgeschlagen[1156]. Die Zulässigkeit und Praktikabilität dieser Vorschläge soll hier nicht weiter untersucht werden.

Es erscheint nämlich nicht unbedingt erforderlich, sogleich wegen einer Änderung des § 93 I 2 AktG nach dem Gesetzgeber zu rufen, satzungsmäßige Haftungsbeschränkungen einzuführen oder arbeitsrechtliche Haftungsgrundsätze heranzuziehen, um die Haftung bei unternehmerischen Entscheidungen auf ein ausgeglichenes Maß zurückzuführen. Vielmehr ist bei der Ausgangslage, also der ARAG/Garmenbeck-Entscheidung, dem Willen des Gesetzgebers bei der Kodifizierung der Grundsätze dieser Rechtsprechung und der dort in Bezug genommenen US-amerikanischen business judgment rule anzusetzen. Eine Besinnung auf die damit verbundenen Intentionen dürfte bereits ausreichen, um eine übermäßige Haftung zu verhindern und den "safe harbour" bei unternehmerischen Entscheidungen zu gewährleisten. In seiner Begründung hat der Gesetzgeber in Grundzügen dargelegt, wie die einzelnen Tatbestandsmerkmale des § 93 I 2 AktG näher zu konkretisieren sind und welche Kriterien hierbei eine Rolle spielen. Dabei hat er sowohl die Feststellungen in der ARAG/Garmenbeck-Entscheidung zur Haftungsprivilegierung als auch die US-amerikanische Praxis aufgegriffen. Bei der Betrachtung des einzelnen Falls mit seinen individuellen Besonderheiten sollte stets der vom Gesetzgeber intendierte Ermessensspielraum des Entscheidungsträgers ausreichend beachtet werden. Ziel ist die Gewährleistung eines "safe harbour" für das sorgfältig handelnde Organmitglied, um eine Erfolgshaftung bei zu treffenden Entscheidungen zu vermeiden und einer daraus resultierenden Risikoaversion und fehlenden Handlungsbereitschaft des Entscheidungsträgers entgegenzuwirken. So hat der Gesetzgeber in der Regierungsbegründung ausdrücklich darauf hingewiesen, dass der Entscheidungsträger „den Mut zum unternehmerischen Risiko" beibehalten und lediglich leichtsinniges oder völlig unverantwortliches Handeln sanktioniert werden soll.[1157] Dies entspricht auch der ARAG/Garmenbeck-Entscheidung und den US-amerikanischen Grundsätzen. Ziel sollte ein Haftungsmaß sein, das einerseits die unternehmerische Freiheit ausreichend berücksichtigt und andererseits zur sorgfältigen und verantwortungsbewussten Leitung der Gesellschaft beiträgt, also weder zu hoch noch zu gering ist. Die künftige Rechtsprechung sollte diese Zielsetzung im Auge behalten.

So ist bei der Frage, ob das Organmitglied vernünftigerweise annehmen durfte, auf der Grundlage angemessener Information zu handeln, eine Prüfung, ob es alle zur Verfügung stehenden Informationen auch tatsächlich eingeholt hat, zu eng und rein objektiv gefasst. Die Berücksichtigung der Sachverhaltsumstände in Bezug auf die Entscheidung im Einzelfall (Zeitdruck, Komplexität, Tragweite, Kosten-Nutzen-Relation) fehlen völlig, ebenso wird der subjektive Aspekt vernachlässigt.

1156 Vgl. *Scholz,* Die existenzvernichtende Haftung von Vorstandsmitgliedern in der Aktiengesellschaft, S. 302.

1157 RegBegr. UMAG-E, BT-Drucksache 15/5092, S. 1, 11 und 12.

Diese Anforderungen sind mit Blick auf die Ausgangslage viel zu streng und müssen entsprechend angepasst werden.

Die Anforderungen an den einzuholenden Rechtsrat und insbesondere an die Plausibilitätsprüfung sind im Sinne der Ausgangslage zu konkretisieren und entsprechend abzumildern, wobei die neuere Rechtsprechung bereits in diese Richtung tendiert und die früheren sehr streng aufgestellten Kriterien im Weiteren präzisiert und einzelfallbezogen abgeschwächt hat. Diesem eingeschlagenen Weg sollte weiter gefolgt werden.

Im Bereich der Compliance-Organisationspflichten kann bei der individuellen Ausgestaltung der Maßnahmen im Unternehmen von einer unternehmerischen Entscheidung ausgegangen werden, da deren Voraussetzungen erfüllt sind. Somit sollte § 93 I 2 AktG auf die Entscheidung, wie die Compliance-Organisation im Einzelnen auszusehen hat, angewandt werden. Eine andere Interpretation dieser Maßnahme scheint unter Heranziehung der Ausgangslage nicht vertretbar.

Insgesamt ist bei der Anwendung der business judgment rule noch genauer darauf zu achten, stets die Ex-ante-Perspektive des Entscheidungsträgers einzunehmen und konsequent beizubehalten.

Wird die business judgment rule im Sinne der Ausgangslage und unter Beachtung ihrer Zielrichtung angewandt, kann die Organhaftung im Bereich der unternehmerischen Entscheidungen auf ein ausgeglichenes Maß zurückgeführt werden.

Literaturverzeichnis

A

Abeltshauser, Thomas E., Leitungshaftung im Kapitalgesellschaftsrecht, 1998

Altmeppen, Holger (Hrsg.), Kommentar zum GmbHG, 10. Auflage 2021

Arndt, Matthias M., Vorstandshaftung bei fehlgeschlagener Anlage in strukturierte Finanzprodukte – oder: War die Finanzmarktkrise vorhersehbar?, jurisPR-BKR 12/2014 Anm. 4

Arnold, Michael, Verantwortung und Zusammenwirken des Vorstands und Aufsichtsrats bei Compliance-Untersuchungen, ZGR 2014, S. 76 ff.

Arnold, Michael/Rudzio, Moritz, Die Pflicht des Vorstands der Aktiengesellschaft zur Einrichtung und Ausgestaltung einer Compliance-Organisation, KSzW 2016, S. 231 ff.

B

Bachmann, Gregor, Die Geschäftsleiterhaftung im Fokus von Rechtsprechung und Rechtspolitik, BB 2015, S. 771 ff.

ders., Anmerkung zum Urteil des LG München I vom 10.12.2013 – 5 HK O 1387/10 – Zur Haftung des Vorstands für Mängel des Compliance-Systems, ZIP 2014, S. 579 ff.

ders., Reform der Organhaftung? – Materielles Haftungsrecht und seine Durchsetzung in privaten und öffentlichen Unternehmen, Gutachten E zum 70. Deutschen Juristentag, Hannover 2014

ders., Die Haftung des Geschäftsleiters für die Verschwendung von Gesellschaftsvermögen, NZG 2013, S. 1121 ff.

ders., Reformbedarf bei der Business Judgement Rule?, ZHR 177 (2013), S. 1 ff.

ders., Das „vernünftige" Vorstandsmitglied – Zum richtigen Verständnis der deutschen Business Judgment rule (§ 93 Abs. 1 Satz 2 AktG), in: Habersack, Mathias/Huber, Karl/Spindler, Gerald (Hrsg.), Festschrift für Eberhard Stilz zum 65. Geburtstag, 2014, S. 25 ff.

Balke, Michaela/Klein, Karen, Vorstandshaftung für fehlerhafte Ausrichtung der Compliance-Organisation – Bedeutung von Compliance-Risikoanalyse und Business Judgment Rule, ZIP 2017, S. 2038 ff.

Balthasar, Stephan/Hamelmann, Uwe, Finanzkrise und Vorstandshaftung nach § 93 Abs. 2 AktG: Grenzen der Justiziabilität unternehmerischer Entscheidungen, WM 2010, S. 589 ff.

Baumbach, Adolf/Hueck, Alfred (Hrsg.), Kommentar zum GmbH-Gesetz, 22. Auflage 2019 (Bearbeiter: Beurskens, Michael) und 21. Auflage 2017 (Bearbeiter Zöllner, Wolfgang/Noack, Ulrich)

Baums, Theodor, Risiko und Risikosteuerung im Aktienrecht, ZGR 2011, S. 218 ff.

Bauer, Jobst-Hubertus/Arnold, Christian, Festsetzung und Herabsetzung der Vorstandsvergütung nach dem VorstAG, AG 2009, S. 717 ff.

Baur, Alexander/Holle, Philipp Maximilian, Zur privilegierenden Wirkung der Business Judgment Rule bei Schaffung einer angemessenen Informationsgrundlage – Haften unbefangene Vorstandsmitglieder im Rahmen unternehmerischer Entscheidungen nur für grobe Fehler?, AG 2017, S. 597 ff.

Bayer, Walter, Vorstandshaftung in der AG de lege lata und de lege ferenda, NJW 2014, S. 2546 ff.

ders., Legalitätspflicht der Unternehmensleitung, nützliche Gesetzesverstöße und Regress bei verhängten Sanktionen – dargestellt am Beispiel von Kartellverstößen –, in: Bitter, Georg/Lutter, Marcus/Priester, Hans-Joachim u.a. (Hrsg.), Festschrift für Karsten Schmidt zum 70. Geburtstag, 2009, S. 85 ff.

Bayer, Walter/Meier-Wehrsdorfer, Annett, Abfindungsleistungen an Manager – Rechtstatsachen, Rechtsdogmatik und rechtspolitische Vorschläge für verbesserte Transparenz und angemessene Begrenzungen, AG 2013, S. 477 ff.

Bayer, Walter/Scholz, Philipp, Organhaftung wegen Nichtdurchsetzung von Ansprüchen der Gesellschaft, NZG 2019, S. 201 ff.

Bayer, Walter/Scholz, Philipp, Haftungsbegrenzung und D&O-Versicherung im Recht der aktienrechtlichen Organhaftung, Grundsatzüberlegungen zum 70. DJT 2014, NZG 2014, S. 926 ff.

Berg, Cai, Korruption in Unternehmen und Risikomanagement nach § 91 Abs 2 AktG, AG 2007, S. 271 ff.

Bicker, Eike, Legalitätspflicht des Vorstands – ohne Wenn und Aber?, AG 2014, S. 8 ff.

ders., Compliance – organisatorische Umsetzung im Konzern, AG 2012, S. 542 ff.

Bieder, Marcus, Grund und Grenzen der Verfolgungspflicht des Aufsichtsrats bei pflichtwidrigem Vorstandshandeln, NZG 2015, S. 1178 ff.

Binder, Hinrich, Vorstandshandeln zwischen öffentlichem und Verbandsinteresse, Pflichten- und Kompetenzkollisionen im Spannungsfeld von Bankaufsichts- und Gesellschaftsrecht, ZGR 2013, S. 760 ff.

ders., Anforderungen an Organentscheidungsprozesse in der neueren höchstrichterlichen Rechtsprechung – Grundlagen einer körperschaftsrechtlichen Entscheidungslehre?, AG 2012, S. 885 ff.

ders., Mittelbare Einbringung eigener Aktien als Sacheinlage und Informationsgrundlagen von Finanzierungsentscheidungen in Vorstand und Aufsichtsrat, Zugleich Besprechung von BGH ZIP 2011, 2097 (ISION), ZGR 2012, S. 757 ff.

ders., Geschäftsleiterhaftung und fachkundiger Rat, AG 2008, S. 274 ff.

Binder, Sabrina, Grenzen der Vorstandshaftung, 2016

Böttcher, Lars, Organpflichten beim Unternehmenskauf, NZG 2007, S. 481 ff.

Breitenfeld, Eva, Die organschaftliche Binnenhaftung der Vorstandsmitglieder. 2016

Brock, Karl, Legalitätsprinzip und Nützlichkeitserwägungen, 2017

Brömmelmeyer, Christoph, Neue Regeln für die Binnenhaftung des Vorstands – Ein Beitrag zur Konkretisierung der Business Judgment Rule, WM 2005, S. 2065 ff.

Brüning, Janique/Samson, Erich, Bankenkrise und strafrechtliche Haftung wegen Untreue gem § 266 StGB, ZIP 2009, S. 1089 ff.

Buck-Heeb, Petra, Die Haftung von Mitgliedern des Leitungsorgans bei unklarer Rechtslage,

Notwendigkeit einer Legal Judgment Rule?, BB 2013, S. 2247 ff.

Bürkle, Jürgen, Aufsichtsrechtliches Legal Judgment: Sachlicher Anwendungsbereich und prozedurale Voraussetzungen, VersR 2013, S. 792 ff.

ders., Corporate Compliance als Standard guter Unternehmensführung des Deutschen Corporate Governance Kodex, BB 2007, S. 1797 ff.

Bunting, Nikolaus, Konzernweite Compliance – Pflicht oder Kür?, ZIP 2012, S. 1542 ff.

C

Cahn, Andreas, Aufsichtsrat und Business Judgment Rule, WM 2013, S. 1293 ff.

Cannivé, Klaus/Suerbaum, Andreas, Die Fairness Opinion bei Sachkapitalerhöhungen von Aktiengesellschaften: Rechtliche Anforderungen und Ausgestaltung nach IDW S 8, AG 2011, S. 317 ff.

Casper, Matthias, Hat die grundsätzliche Verfolgungspflicht des Aufsichtsrats im Sinne der ARAG/Garmenbeck-Urteils ausgedient?, ZHR 176 (2012), S. 617 ff.

D

Decker, Andreas, Organhaftung und Expertenrat, GmbHR 2014, S. 72 ff.

Dietz-Vellmer, Fabian, Organhaftungsansprüche in der Aktiengesellschaft – Anforderungen an Verzicht oder Vergleich durch die Gesellschaft, NZG 2011, 248 ff.

Doralt, Walter, Organhaftung und D&O-Versicherung – Jüngere Entwicklungen und aktuelle Gestaltungsfragen –, ZGR 2019, S. 996 ff.

Dreher, Meinrad, Die Vorstandsverantwortung im Geflecht von Risikomanagement, Compliance und interner Revision, in: Kindler, Peter/Koch, Jens/Ulmer, Peter/Winter, Martin (Hrsg.), Festschrift für Uwe Hüffer zum 70. Geburtstag, 2010, S. 161 ff.

ders., Die kartellrechtliche Bußgeldverantwortlichkeit von Vorstandsmitgliedern, Vorstandshandeln zwischen aktienrechtlichem Legalitätsprinzip und kartellrechtlicher Unsicherheit, in: Dauner-Lieb, Barbara/Hommelhoff, Peter/Jacobs, Matthias u.a. (Hrsg.), Festschrift für Horst Konzen zum 70. Geburtstag, 2006, S. 85 ff.

Druey, Jean Nicolas, Standardisierung der Sorgfaltspflicht? Fragen zur Business Judgment Rule, in: Habersack, Mathias/Hommelhoff, Peter (Hrsg.), Festschrift für Wulf Goette zum 65. Geburtstag, 2011, S. 57 ff.

Drygala, Tim, Die Pflicht des Managements zur Vermeidung existenzgefährdender Risiken, in: Grundmann, Stefan/Haar, Brigitte/ Merkt, Hanno/Mülbert, Peter O. u.a. (Hrsg.), Festschrift für Klaus J. Hopt zum 70. Geburtstag am 24. August 2010, Unternehmen, Markt und Verantwortung, Band 1, 2010, S. 541 ff.

F

Faßbender, Paul-Otto, 18 Jahre ARAG Garmenbeck – und alle Fragen offen?, NZG 2015, S. 501 ff.

Fehrenbach, Markus, Beschränkte Vorstandshaftung? Zur Frage, ob sich aus dem geltenden Recht Regeln zur Haftungsverschonung oder Haftungsbegrenzung zugunsten von Vorstandsmitgliedern ableiten lassen, AG 2015, S. 761 ff.

Fleischer, Holger, Die „Business Judgment Rule“ im Spiegel von Rechtsvergleichung und Rechtsökonomie, in: Wank, Rolf/Hirte, Heribert/Frey, Kaspar u.a. (Hrsg.), Festschrift für Herbert Wiedemann zum 70. Geburtstag, 2002, S. 827 ff.

ders., Rechtsrat und Organwalterhaftung im Gesellschafts- und Kapitalmarktrecht, in: Kindler, Peter/Koch, Jens/Ulmer, Peter/Winter, Martin (Hrsg.), Festschrift für Uwe Hüffer zum 70. Geburtstag, 2010, S. 187 ff.

ders., Das Mannesmann-Urteil des Bundesgerichtshofs: Eine aktienrechtliche Nachlese, Anmerkung zum BGH-Urteil vom 21.12.2005 – 3 StR 470/04, DB 2006, S. 542 ff.

ders., Corporate Compliance im aktienrechtlichen Unternehmensverbund CCZ 2008, S. 1 ff.

ders., Das unternehmerische Ermessen des GmbH-Geschäftsführers und seine GmbH-spezifischen Grenzen, NZG 2011, S. 521 ff.

ders., Aktienrechtliche Compliance-Pflichten im Praxistest: Das Siemens/Neubürger-Urteil des LG München I, NZG 2014, S. 321 ff.

ders., Ruinöse Managerhaftung: Reaktionsmöglichkeiten de lege lata und de lege ferenda, ZIP 2014, S. 1305 ff.

Fleischer, Holger/Bauer, Leopold, Von Vorstandsbezügen, Flugreisen, Festschriften, Firmensponsoring und Festessen: Vorstandshaftung für übermäßige Vergütung und "fringe benefits", Zugleich Besprechung LG Essen v. 9.9.2013 – 44 O 164/10 – Arcandor/Middelhoff, ZIP 2015, S. 1901 ff.

Fleischer, Holger/Bedkowski, Dorothea, „Say on Pay" im deutschen Aktienrecht: Das neue Vergütungsvotum der Hauptversammlung nach § 120 Abs. 4 AktG, AG 2009, S. 677 ff.

Fleischer, Holger/Schmolke, Klaus Ulrich, Klumpenrisiken im Bankaufsichts-, Investment- und Aktienrecht, ZHR 173 (2009), S. 649 ff.

Fleischer, Holger/Goette, Wulf (Hrsg.), Münchener Kommentar zum GmbHG, Band 2 (§§ 35–52), 3. Auflage 2019

Florstedt, Tim, Cum/ex-Geschäfte und Vorstandshaftung, Zur Reichweite des Vertrauensschutzes beim Rechtsirrtum, NZG 2017, S. 601 ff.

Freitag, Robert/Korch, Stefan, Die Angemessenheit der Information im Rahmen der Business Judgment Rule (§ 93 Abs. 1 Satz 2 AktG), ZIP 2012, S. 2281 ff.

Freund, Stefan, Brennpunkte der Organhaftung, Anmerkungen aus der Praxis zur organrechtlichen Innenhaftung, NZG 2015, S. 1419 ff.

ders., Organhaftung von Vorständen und Geschäftsführern, Ein Überblick mit Hinweisen aus der Praxis, GmbHR 2009, S. 1185 ff.

G

Gaul, Björn/Janz, Alexandra, Wahlkampfgetöse im Aktienrecht: Gesetzliche Begrenzung der Vorstandsvergütung und Änderungen der Aufsichtsratstätigkeit, NZA 2009, S. 809 ff.

Geißler, Dennis, BGH: Geschäftsführerhaftung bei der GmbH & Co. KG, Anmerkung zur Entscheidung des BGH vom 18.06.2013, II ZR 86/11, GWR 2013, S. 422 ff.

Geschwandtner, Marcus, Kreditvergabe durch den Vorstand einer Genossenschaftsbank, BB 2009, 465 f.

Glozbach, Pierre, jurisPR-HaGesR 12/2014, Anm. 2

Goette, Wulf, Grundsätzliche Verfolgungspflicht des Aufsichtsrats bei sorgfaltswidrig schädigendem Verhalten im AG-Vorstand?, ZHR 176 (2012), S. 588 ff.

ders., Organisationspflichten in Kapitalgesellschaften zwischen Rechtspflicht und Opportunität, ZHR 175 (2011), S. 388 ff.

ders., Gesellschaftsrechtliche Grundfragen im Spiegel der Rechtsprechung, ZGR 2008, S. 436 ff.

ders., Leitung, Aufsicht, Haftung – zur Rolle der Rechtsprechung bei der Sicherung einer modernen Unternehmensführung, in: Geiß, Karlmann/Nehm, Kay/Brandner, Hans Erich/Hagen, Horst (Hrsg.), Festschrift aus Anlass des fünfzugjährigen Bestehens von Bundesgerichtshof, Bundesanwaltschaft und Rechtsanwaltschaft beim Bundesgerichtshof, 2000, S. 123 ff.

ders.: „Zu den vom Aufsichtsrat zu beachtenden Abwägungskriterien im Rahmen seiner Entscheidung nach den ARAG/GARMENBECK-Kriterien – dargestellt am Beispiel des Kartellrechts", in: Krieger, Gerd/Lutter, Marcus/Schmidt, Karsten (Hrsg.), Festschrift für Michael Hoffmann-Becking zum 70. Geburtstag, 2013, S. 377 ff.

ders., „Zur ARAG/GARMENBECK-Doktrin", in: Hoffmann-Becking, Michael/Hüffer, Uwe/Reichert, Jochem (Hrsg.), Liber Amicorum für Martin Winter, 2011, S. 153 ff.

Goette, Wulf/Habersack, Mathias (Hrsg.), Münchener Kommentar zum Aktiengesetz, Band 2 (§§ 76–117), 5. Auflage 2019 und Band 3 (§§ 118–178), 4. Auflage 2018

Gottschalk, Eckart/Weng, Andreas, Was ist bei der Inanspruchnahme rechtlicher Beratung zu beachten? Ein Leitfaden für Geschäftsleiter, GWR 2013, S. 243 ff.

Graef, Joachim, Auch bei der Genossenschaft beschränkt sich Verzichtswirkung der Entlastung des Vorstands auf dem entlastenden Organ bekannte Ansprüche, BB 2002, S. 378 ff.

Grundei, Jens/von Werder, Axel, Die Angemessenheit der Informationsgrundlage als Anwendungsvoraussetzung der Business Judgment Rule – Anforderungen an die Fundierung strategischer Entscheidungen aus betriebswirtschaftlicher Sicht –, AG 2005, S. 825 ff.

H

Haas, Ulrich, Anmerkung zum Urteil des OLG Jena vom 08.08.2000, 8 U 1387/98: Schadensersatzanspruch einer GmbH gegen ihren Geschäftsführer wegen Pflichtverletzung bei Exportgeschäften, DStR 2001, S. 863 ff.

Habersack, Mathias, 19 Jahre „ARAG/Garmenbeck" – und viele Fragen offen, NZG 2016, S. 321 ff.

ders., Perspektiven der aktienrechtlichen Organhaftung, ZHR 177 (2013), S. 782 ff.

ders.: Die Legalitätspflicht des Vorstands der AG, in: Burgard, Ulrich/Hadding, Walther/Mülbert, Peter O. u.a. (Hrsg.), Festschrift für Uwe H. Schneider zum 70. Geburtstag, 2011, S. 429 ff.

Habersack, Mathias/Casper, Matthias/Löbbe, Marc (Hrsg.), GmbHG Großkommentar, Band II (§§ 29–52), 3. Auflage 2020

Harbarth, Stephan, Anforderungen an die Compliance-Organisation in börsennotierten Unternehmen, ZHR 179 (2015), S. 136 ff.

Harbarth, Stephan/Brechtel, Micha, Rechtliche Anforderungen an eine pflichtgemäße Compliance-Organisation im Wandel der Zeit, ZIP 2016, S. 241 ff.

Harnos, Rafael, Geschäftsleiterhaftung bei unklarer Rechtslage, 2013

Hasselbach, Kai/Ebbinghaus, Felix, Anwendung der Business Judgement Rule bei unklarer Rechtslage, AG 2014, S. 873 ff.

Hasselbach, Kai/Seibel, Markus, Die Freistellung von Vorstandsmitgliedern und leitenden Angestellten von der Haftung für Kartellrechtsverstöße, AG 2008, S. 770 ff.

Hauger, Nils F. W./Palzer, Christoph, Kartellbußen und gesellschaftsrechtlicher Innenregress, ZGR 2015, S. 33 ff.

Hauschka, Christoph E., Fünf Jahre Siemens-Entscheidung des LG München I, CCZ 2018, S. 159 ff.

ders., Ermessensentscheidungen bei der Unternehmensführung, GmbHR 2007, S. 11 ff.

ders., Compliance am Beispiel der Korruptionsbekämpfung, ZIP 2004, S. 877 ff.

Hauschka, Christoph E./Moosmayer, Klaus/Lösler, Thomas (Hrsg.), Corporate Compliance, 3. Auflage 2016

Heermann, Peter W., Wie weit reicht die Pflicht des Aufsichtsrats zur Geltendmachung von Schadensersatzansprüchen gegen Mitglieder des Vorstands? AG 1998, S. 201 ff.

Heidel, Thomas (Hrsg.), Aktienrecht und Kapitalmarktrecht, 5. Auflage 2020

Hellwig, Hans-Jürgen, Die Finanzkrise – Fragen und Anmerkungen, Grunewald, Barbara/Westermann, Harm Peter (Hrsg.), in: Festschrift für Georg Maier-Reimer zum 70. Geburtstag, 2010, S. 201 ff.

Henze, Hartwig, Prüfungs- und Kontrollaufgaben des Aufsichtsrates in der Aktiengesellschaft, Die Entscheidungspraxis des Bundesgerichtshofes, NJW 1998, S. 3309 ff.

Himmelsbach, Rainer/Krüger, Stefan, Anmerkung zum Urteil des OLG Oldenburg vom 22.06.2006, 1 U 34/03: Geschäftsführerhaftung wegen unterlassener Due Diligence, NZI 2007, S. 309 ff.

Hirte, Heribert/Mülbert, Peter O./Roth, Markus (Hrsg.), Großkommentar zum Aktiengesetz, Band 4/1 (§§ 76–91) und Band 4/2 (§§ 92–94), 5. Auflage 2015

Hoffmann, Gunter M., Existenzvernichtende Haftung von Vorständen und Aufsichtsräten?, NJW 2012, S. 1393 ff.

Hoffmann, Andreas C./Schieffer, Anita, Pflichten des Vorstands bei der Ausgestaltung einer ordnungsgemäßen Compliance-Organisation, NZG 2017, S. 401 ff.

Hoffmann-Becking, Michael, Vorstandsvergütung nach Mannesmann, NZG 2006, S. 127 ff.

ders., Rechtliche Anmerkungen zur Vorstands- und Aufsichtsratsvergütung, ZHR 169 (2005), S. 155 ff.

Holle, Philipp Maximilian, Aufarbeitung pflichtwidrigen Vorstandshandelns durch Aufsichtsrat und Aktionäre, ZHR 182 (2018), S. 569 ff.

ders., Die Binnenhaftung des Vorstandes bei unklarer Rechtslage, AG 2016, S. 270 ff.

ders., Rechtsbindung und Business Judgment Rule, AG 2011, S. 778 ff.

ders., Legalitätskontrolle im Kapitalgesellschafts- und Konzernrecht, 2014

Hölters, Wolfgang (Hrsg.), Kommentar zum Aktiengesetz, 3. Auflage 2017

Hoor, Gerd, Die Präzisierung der Sorgfaltsanforderungen nach § 93 Abs. 1 AktG durch den Entwurf des UMAG, DStR 2004, S. 2104 ff.

Hopt, Klaus J., Der Aufsichtsrat – Bedeutungswandel, Konvergenz, unternehmerische Mitverantwortung, Pflichten- und Haftungszuwachs –, ZGR 2019, S. 507 ff.

ders., Die Verantwortlichkeit von Vorstand und Aufsichtsrat: Grundsatz und Praxisprobleme – unter besonderer Berücksichtigung der Banken, ZIP 2013, S. 1793 ff.

Horn, Norbert, Die Haftung des Vorstands der AG nach § 93 AktG und die Pflichten des Aufsichtsrats; Zugleich Besprechung der Urteile des Bundesgerichtshofs vom 21 April 1997, ZIP 1997, 883, und des OLG Düsseldorf vom 28 November 1996, ZIP 1997, 27, im Fall ARAG/Garmenbeck, ZIP 1997, S. 1129 ff.

Hüffer, Uwe (Hrsg.), Aktiengesetz Kommentar, 15. Auflage 2021

Hüffer, Uwe, Unternehmenszusammenschlüsse: Bewertungsfragen, Anfechtungsprobleme und Integrationsschranken, ZHR 172 (2008), S. 572 ff.

I

Ihrig, Hans-Christoph, Reformbedarf beim Haftungstatbestand des § 93 AktG, WM 2004, S. 2098 ff.

Ihrig, Hans-Christoph/Schäfer, Carsten, Rechte und Pflichten des Vorstands, 2. Auflage 2020

Immenga, Ulrich/Mestmäcker, Ernst-Joachim (Hrsg.), Wettbewerbsrecht, Band 2. GWB/Teil 1, Kommentar zum Deutschen Kartellrecht, 6. Auflage 2020

J

Jaeger, Carsten/Trölitzsch, Thomas, Unternehmerisches Ermessen des Aufsichtsrats bei der Geltendmachung von Schadensersatzansprüchen gegenüber Vorstandsmitgliedern;Zugleich Besprechung des Urteils des OLG Düsseldorf vom 22 Juni 1995, ZIP 1995, 1183 – ARAG/Garmenbeck, ZIP 1995, S. 1157 ff.

Jungmann, Carsten, Die Business Judgment Rule – ein Institut des allgemeinen Verbandsrechts? – Zur Geltung von § 93 Abs. 1 Satz 2 AktG außerhalb des Aktienrechts –, in: Bitter, Georg/Lutter, Marcus/Priester, Hans-Joachim u.a. (Hrsg.), Festschrift für Karsten Schmidt zum 70. Geburtstag, 2009, S. 831 ff.

Junker, Claudia/Biederbick, Jörn, Die Unabhängigkeit der Unternehmensjuristen;Dürfen Organmitglieder auf den Rat der Rechtsabteilung hören?, AG 2012, S. 898 ff.

K

Kauer, Dorothee, Die Informationsbeschaffungspflicht des Vorstands einer AG, 2015

Kaulich, Matthias, Die Haftung von Vorstandsmitgliedern einer Aktiengesellschaft für Rechtsanwendungsfehler, 2012

Kiefner, Alexander/Krämer, Lutz, Geschäftsleiterhaftung nach ISION und das Vertrauendürfen auf Rechtsrat; Plädoyer für eine Anwendung der Rechtsprechungsgrundsätze mit Augenmaß, AG 2012, S. 498 ff.

Kindler, Peter, Unternehmerisches Ermessen und Pflichtenbindung; Voraussetzungen und Geltendmachung der Vorstandshaftung in der Aktiengesellschaft, ZHR 162 (1998), S. 101 ff.

ders., Vorstands- und Geschäftsführerhaftung mit Augenmaß – Über einige neuere Grundsatzentscheidungen des II. Zivilsenats des BGH zu §§ 93 AktG und 43 GmbHG, in: Habersack, Mathias/Hommelhoff, Peter (Hrsg.), Festschrift für Wulf Goette zum 65. Geburtstag, 2011, S. 231 ff.

Koch, Jens, Die schleichende Erosion der Verfolgungspflicht nach ARAG/Garmenbeck, NZG 2014, S. 934 ff.

ders., Beschränkung der Regressfolgen im Kapitalgesellschaftsrecht, AG 2012, S. 429 ff.

ders., Keine Ermessensspielräume bei der Entscheidung über die Inanspruchnahme von Vorstandsmitgliedern, AG 2009, S. 93 ff.

ders., Compliance-Pflichten im Unternehmensverbund?, WM 2009, S. 1013 ff.

ders. Das Gesetz zur Unternehmensintegrität und Modernisierung des Anfechtungsrechts (UMAG), ZGR 2006, S. 769 ff.

Kocher, Dirk, Zur Reichweite der Business Judgment Rule, CCZ 2009, S. 215 ff.

Kock, Martin/Dinkel, Renate, Die zivilrechtliche Haftung von Vorständen für unternehmerische Entscheidungen; Die geplante Kodifizierung der Business Judgment Rule im Gesetz zur Unternehmensintegrität und Modernisierung des Anfechtungsrechts, NZG 2004, S. 441 ff.

Kort, Michael, Compliance-Pflichten und Haftung von GmbH-Geschäftsführern, GmbHR 2013, S. 566 ff.

ders., Verhaltensstandardisierung durch Corporate Compliance, NZG 2008, S. 81 ff.

ders., Mannesmann – Das "Aus" für nachträglich vorgesehene Vorstandsvergütungen ohne Anreizwirkung?, NZG 2006, S. 131 ff.

ders., Das Mannesmann-Urteil im Lichte von § 87 AktG, NJW 2005, S. 333 ff.

Krauel, Wolfgang/Winter, Frederik, Erweiterung der gesetzlichen Vorgaben für das Risikomanagement von Versicherungsunternehmen, VersR 2013, S. 555 ff.

Kremer, Thomas/Klahold, Christoph, Compliance-Programme in Industriekonzernen, ZGR 2010, S. 113 ff.

Krieger, Gerd, Wie viele Rechtsberater braucht ein Geschäftsleiter?, ZGR 2012, S. 496 ff.

Krieger, Gerd/Schneider, Uwe H., Handbuch Managerhaftung, 3. Auflage 2017

Kropff, Bruno, Informationsbeschaffungspflichten des Aufsichtsrats, in: Damm, Reinhard/Heermann, Peter W./Veil, Rüdiger (Hrsg.), Festschrift für Thomas Raiser zum 70. Geburtstag am 20. Februar 2005, 2005, S. 225 ff.

L

Langenbucher, Katja, Vorstandshaftung und Legalitätspflicht in regulierten Branchen, ZBB 2013, S. 16 ff.

dies., Vorstandshandeln und Kontrolle, Zu einigen Neuerungen durch das UMAG, DStR 2005, S. 2083 ff.

Lieder, Jan, Unternehmerische Entscheidungen des Aufsichtsrats, ZGR 2018, S. 523 ff.

Liese, Jens/Theusinger, Ingo, Anmerkung zum Urteil des OLG Oldenburg vom 22.06.2006, 1 U 34/03: Zur Frage der Geschäftsführerhaftung aufgrund einer Fehlinvestition, BB 2007, S. 71 f.

Lohse, Andrea, Unternehmerisches Ermessen, 2005

Lutter, Marcus, Bankenkrise und Organhaftung, ZIP 2009, S. 197 ff.

ders., Die Business Judgment Rule und ihre praktische Anwendung, ZIP 2007, S. 841 ff.

ders., Haftung und Haftungsfreiräume des GmbH-Geschäftsführers; 10 Gebote an den Geschäftsführer, GmbHR 2000, S. 301 ff.

ders.: Zum Beschluss des Aufsichtsrats über den Verzicht auf eine Haftungsklage gegen den Vorstand, in: Krieger, Gerd/Lutter, Marcus/Schmidt, Karsten (Hrsg.), Festschrift für Michael Hoffmann-Becking zum 70. Geburtstag, 2013, S. 747 ff.

Lutter, Marcus/Hommelhoff, Peter (Hrsg.), Kommentar zum GmbH-Gesetz, 20. Auflage 2020

M

Mayer, Bernd R., Die aktienrechtliche Organhaftung – Reform durch juristische Methodik oder gesetzgeberisches Handeln?, NZG 2014, S. 1208 ff.

Merkt, Hanno, Compliance und Risikofrüherkennung in kleinen und mittleren Unternehmen, ZIP 2014, S. 1705 ff.

ders., US-amerikanisches Gesellschaftsrecht, 3. Auflage 2013

Merkt, Hanno/Mylich, Falk, Einlage eigener Aktien und Rechtsrat durch den Aufsichtsrat; Zwei aktienrechtliche Fragen im Lichte der ISION-Entscheidung des BGH, NZG 2012, S. 525 ff.

Mertens, Hans-Joachim, Schadensersatzhaftung des Aufsichtsrats bei Nichtbeachtung der Regeln des ARAG-Urteils über die Inanspruchnahme von Vorstandsmitgliedern?, in: Bitter, Georg/Lutter, Marcus/Priester, Hans-Joachim u.a. (Hrsg.), Festschrift für Karsten Schmidt zum 70. Geburtstag, 2009, S. 1183 ff.

Meyer, Andreas, Finanzmarktkrise und Organhaftung, CCZ 2011, S. 41 ff.

Möslein, Florian, Grenzen unternehmerischer Leitungsmacht im marktoffenen Verband, 2007

Müller, Hans-Friedrich, Geschäftsleiterhaftung wegen Insolvenzverschleppung und fachkundige Beratung, NZG 2012, S. 981 ff.

Müller-Michaels, Olaf/Wingerter, Eugen, Die Wiederbelebung der Sonderprüfung durch die Finanzkrise: IKB und die Folgen, AG 2010, S. 903 ff.

Mutter, Stefan, Unternehmerische Entscheidungen und Haftung des Aufsichtsrats der Aktiengesellschaft, 1994

N

Nietsch, Michael, Grundsatzfragen der Organhaftung bei Kartellverstößen, ZHR 184 (2020), S. 60 ff.

ders., Compliance-Risikomanagement als Aufgabe der Unternehmensleitung, ZHR 180 (2016), S. 733 ff.

ders., Geschäftsleiterermessen und Unternehmensorganisation bei der AG; Zur haftungsbegrenzenden Wirkung des § 93 Abs. 1 Satz 2 AktG im Bereich gesetzlicher Pflichtaufgaben unter besonderer Berücksichtigung von Compliance, ZGR 2015, S. 631 ff.

Nietsch, Michael/Hastenrath, Katharina, Business-Judgement bei Compliance-Entscheidungen – ein Ausweg aus der Haftungsfalle?, CB 2015, S. 177 ff. und S. 221 ff.

O

Oltmanns, Martin, Geschäftsleiterhaftung und unternehmerisches Ermessen; Die Business Judgement Rule im deutschen und im amerikanischen Recht, 2001

Ott, Nicolas, Anwendungsbereich der Business Judgment Rule aus Sicht der Praxis – Unternehmerische Entscheidungen und Organisationsermessen des Vorstands, ZGR 2017, S. 149 ff.

Ott, Nicolas/Klein, Karen, Hindsight Bias bei der Vorstandshaftung wegen Compliance-Verstößen; Auswirkungen und Methoden des „Debiasing“, AG 2017, S. 209 ff.

P

Paefgen, Walter G., „Compliance“ als gesellschaftsrechtliche Organpflicht?, WM 2016, S. 433 ff.

ders., Organhaftung: Bestandsaufnahme und Zukunftsperspektiven; Ein kritischer Werkstattbericht vor dem Hintergrund der Beratungen des 70. Deutschen Juristentages 2014, AG 2014, S. 554 ff.

ders., Die Inanspruchnahme pflichtvergessener Vorstandsmitglieder als unternehmerische Ermessensentscheidung des Aufsichtsrats, AG 2008, S. 761 ff.

ders., Dogmatische Grundlagen, Anwendungsbereich und Formulierung einer Business Judgment Rule im künftigen UMAG, AG 2004, S. 245 ff.

ders., Unternehmerische Entscheidungen und Rechtsbindung der Organe in der AG, 2002

Passarge, Malte, Grundzüge eines nachhaltigen Compliance-Programms – Was jeder Steuerberater zum Thema Compliance wissen sollte, DStR 2010, S. 1675 ff.

Patzina, Reinhard/Bank, Stefan/Schimmer, Dieter/Simon-Widmann, Michaele, Haftung von Unternehmensorganen, 2010

Peters, Kai, Angemessene Informationsbasis als Voraussetzung pflichtgemäßen Vorstandshandelns, AG 2010, S. 811 ff.

Pitkowitz, Matthias M., Praxishandbuch Vorstands- und Aufsichtsratshaftung, 2014

Poelzig, Dörte/Thole, Christoph, Kollidierende Geschäftsleiterpflichten, ZGR 2010, S. 836 ff.

Primaczenko, Vladimir, Eigene Aktien der Gesellschaft können nicht als Sacheinlage eingebracht werden; Anmerkung zum Urteil des BGH vom 20.09.2011 – II ZR 234/09 – Ision, GWR 2011, S. 518 f.

R

Raiser, Thomas, Pflicht und Ermessen von Aufsichtsratsmitgliedern; Zum Urteil des OLG Düsseldorf im Fall ARAG/Garmenbeck, NJW 1996, S. 552 ff.

Redeke, Julian, Anmerkung zum Urteil des LG Essen vom 25.4.2012, Az. 41 O 45/10 – Zur Organhaftung bei unterlassener Haftungsdurchsetzung, EWiR 2012, S. 645 f.

ders., Zur gerichtlichen Kontrolle der Angemessenheit der Informationsgrundlage im Rahmen der Business Judgement Rule nach § 93 Abs. 1 S. 2 AktG, ZIP 2011, S. 59 ff.

ders., Zu den Organpflichten bei bestandsgefährdenden Risiken, ZIP 2010, S. 159 ff.

ders., Zu den Voraussetzungen unternehmerischer Ermessensentscheidungen, NZG 2009, S. 496 ff.

Reichert, Jochem, Existenzgefährdung bei der Durchsetzung von Organhaftungsansprüchen, ZHR 177 (2013), S. 756 ff.

Roth, Markus, Unternehmerisches Ermessen und Haftung des Vorstands, 2001

Rowedder, Heinz/Schmidt-Leithoff, Christian, GmbHG, Kommentar, 6. Auflage 2017 (Bearbeiter: Schnorbus, York) und 5. Auflage 2013 (Bearbeiter: Koppensteiner, Hans-Georg/Gruber, Michael)

S

Sander, Julian/Schneider, Stefan, Die Pflicht der Geschäftsleiter zur Einholung von Rat: Dogmatische Grundlagen und praktische Folgerungen, ZGR 2013, S. 725 ff.

Schäfer, Achim/Zeller, Ulrich, Finanzkrise, Risikomodelle und Organhaftung, BB 2009, S. 1706 ff.

Schäfer, Carsten, Die Binnenhaftung von Vorstand und Aufsichtsrat nach der Renovierung durch das UMAG, ZIP 2005, S. 1253 ff.

Schäfer, Frank A., Vorsatz bei unterlassener Aufklärung über den Erhalt von Rückvergütungen, WM 2012, S. 1022 ff.

Schaub, Peter/Schaub, Michael, Ratingurteile als Entscheidungsgrundlage für Vorstand und Abschlussprüfer?, ZIP 2013, S. 656 ff.

Schlimm, Katrin, Das Geschäftsleiterermessen des Vorstands einer Aktiengesellschaft, 2009

Schmidt, Karsten/Lutter, Marcus (Hrsg.), Aktiengesetz Kommentar, I. Band (§§1–149), 4. Auflage 2020

Schmidt, Martin, Die Sorgfaltspflicht des Vorstands nach § 93 Abs 1 AktG bei Kreditvergabeentscheidungen aus ökonomischer Sicht, ZBB 2006, S. 31 ff.

Schneider, Sven H., Unternehmerische Entscheidungen als Anwendungsvoraussetzung für die Business Judgement Rule, DB 2005, S. 707 ff.

Schneider, Uwe H., Anwaltlicher Rat zu unternehmerischen Entscheidungen bei Rechtsunsicherheit: Ein Beitrag zum Management der Organhaftung, DB 2011, S. 99 ff.

ders., Compliance als Aufgabe der Unternehmensleitung, ZIP 2003, S. 645 ff.

ders., Die Überlagerung des Konzernrechts durch öffentlich-rechtliche Strukturnormen und Organisationspflichten – Vorüberlegungen zu „Compliance im Konzern“ –, ZGR 1996, S. 225 ff.

Scholz, Franz (Hrsg.), Kommentar zum GmbH-Gesetz, II. Band (§§35–52), 11. Auflage 2014

Scholz, Philipp, Die existenzvernichtende Haftung von Vorstandsmitgliedern in der Aktiengesellschaft, 2014

Schwark, Eberhard, Zur Angemessenheit der Vorstandsvergütung, in: Damm, Reinhard/Heermann, Peter W./Veil, Rüdiger (Hrsg.), Festschrift für Thomas Raiser zum 70. Geburtstag am 20. Februar 2005, 2005, S. 377 ff.

Schwarz, Volker, Anmerkung zum Urteil des BGH vom 27. 3. 2012 – II ZR 171/10, CCZ 2013, S. 36 ff.

Seibt, Christoph H./Cziupka, Johannes, Rechtspflichten und Best Practices für Vorstands- und Aufsichtsratshandeln bei der Kapitalmarktrecht-Compliance, AG 2015, S. 93 ff.

Selter, Wolfgang, Haftungsrisiken von Vorstandsmitgliedern bei fehlendem und von Aufsichtsratsmitgliedern bei vorhandenem Fachwissen, AG 2012, S. 11 ff.

Semler, Johannes, Entscheidungen und Ermessen im Aktienrecht, in: Habersack, Mathias/Hüffer, Uwe/Hommelhoff, Peter/Schmidt, Karsten (Hrsg.), Festschrift für Peter Ulmer zum 70. Geburtstag am 2. Januar 2003, 2003, S. 627 ff.

Spindler, Gerald, Organhaftung in der AG – Reformbedarf aus wissenschaftlicher Perspektive, AG 2013, S. 889 ff.

ders., Rechtsfolgen einer unangemessenen Vorstandsvergütung, AG 2011, S. 725 ff.

ders., Sonderprüfung und Pflichten eines Bankvorstandes in der Finanzmarktkrise; Anmerkung zu OLG Düsseldorf, Beschluss vom 09.12.2009 – 6 W 45/09 – IKB, NZG 2010, S. 281 ff.

ders., Prognosen im Gesellschaftsrecht, AG 2006, S. 677 ff.

ders., Haftung und Aktionärsklagen nach dem neuen UMAG, NZG 2005, S. 865 ff.

ders., Die Haftung von Vorstand und Aufsichtsrat für fehlerhafte Auslegung von Rechtsbegriffen, in: Heldrich, Andreas/Prölss, Jürgen/Koller, Ingo u.a. (Hrsg.), Festschrift für Claus-Wilhelm Canaris zum 70. Geburtstag, Band II, 2007, S. 403 ff.

Spindler, Gerald/Stilz, Eberhard (Hrsg.), Kommentar zum Aktiengesetz, Band 1 (§§ 1–149), 4. Auflage 2019

Steber, Tobias, Die Weiterentwicklung der Rechtsprechung zur Enthaftung von Vorstandsmitgliedern bei Einholung von Rechtsrat; Zugleich Besprechung des Urteils des BGH v. 28.4.2015 – II ZR 63/14, DStR 2015, S. 2391 ff.

Strohn, Lutz, Pflichtenmaßstab und Verschulden bei der Haftung von Organen einer Kapitalgesellschaft, CCZ 2013, S. 177 ff.

ders., Beratung der Geschäftsleitung durch Spezialisten als Ausweg aus der Haftung?, ZHR 176 (2012), S. 137 ff.

T

Theusinger, Ingo/Cernicky, Majka, Kreditgewährung an Gesellschafter; Praktische Hinweise zum Umgang mit MoMiG und neuer Rechtsprechung, CCZ 2009, S. 146 ff.

Thole, Christoph, Managerhaftung für Gesetzesverstöße; Die Legalitätspflicht des Vorstands gegenüber seiner Aktiengesellschaft, ZHR 173 (2009), S. 504 ff.

Thümmel, Roderich C., Aufsichtsratshaftung vor neuen Herausforderungen – Überwachungsfehler, unternehmerische Fehlentscheidungen, Organisationsmängel und andere Risikofelder, AG 2004, S. 83 ff.

ders., Zu den Pflichten des Aufsichtsrats bei der Verfolgung von Haftungsansprüchen gegenüber dem Vorstand der AG; Zugleich Besprechung der Entscheidung des BGH vom 21.04.1997 – III ZR 175/95, DB 1997 S. 1068 ff. „ARAG/Garmenbeck", DB 1997, S. 1117 ff.

Trockels, Friedrich, „Business Judgement Rule" und „Corporate Take-overs", AG 1990, S. 139 ff.

U

Ulmer, Peter, Haftungsfreistellung bis zur Grenze grober Fahrlässigkeit bei unternehmerischen Fehlentscheidungen von Vorstand und Aufsichtsrat?, DB 2004, S. 859 ff.

Unmuth, Nikolai, Die Entwicklung der Corporate Compliance in Recht und Praxis, AG 2017, S. 249 ff.

V

von Busekist, Konstantin/Hein, Oliver, Der IDW PS 980 und die allgemeinen rechtlichen Mindestanforderungen an ein wirksames Compliance Management System (1) – Grundlagen, Kultur und Ziele, CCZ 2012, S. 41ff.

Verse, Dirk A., Organhaftung bei unklarer Rechtslage – Raum für eine Legal Judgment Rule?, ZGR 2017, S. 174 ff.

ders., Compliance im Konzern, Zur Legalitätskontrollpflicht der Geschäftsleiter einer Konzernobergesellschaft, ZHR 175 (2011), S. 401 ff.

Vetter, Eberhard, Drittanstellung von Vorstandsmitgliedern, aktienrechtliche Kompetenzverteilung und Exkulpation des Vorstands bei rechtlicher Beratung, NZG 2015, S. 889 ff.

ders., Anmerkung zum Urteil des BGH vom 20.9.2011, Az. II ZR 234/09 – Zur Haftung organschaftlicher Vertreter einer AG wegen der Verletzung von Sorgfaltspflichten, EWiR 2011, S. 793 f.

von Falkenhausen, Joachim, Die Haftung außerhalb des Business Judgment Rule, Ist die Business Judgment Rule ein Haftungsprivileg für Vorstände? NZG 2012, S. 644 ff.

von Werder, Axel/Feld, Christa, Sorgfaltsanforderungen der US-amerikanischen Rechtspre-chung an das Top Management, RIW 1996, S. 481 ff.

W

Wagner, Gerhard, Organhaftung im Interesse der Verhaltenssteuerung – Skizze eines Haftungsregimes, ZHR 178 (2014), S. 227 ff.

Wagner, Jens, Die Rolle der Rechtsabteilung bei fehlenden Rechtskenntnissen der Mitglieder von Vorstand und Geschäftsführung, BB 2012, S. 651 ff.

ders., "Internal Investigations" und ihre Verankerung im Recht der AG, CCZ 2009, S. 8 ff.

Weber-Rey, Daniela, Ausstrahlungen des Aufsichtsrechts (insbesondere für Banken und Versicherungen) auf das Aktienrecht – oder die Infiltration von Regelungssätzen?, ZGR 2010, S. 543 ff.

Wiedemann, Herbert, Verantwortung in der Gesellschaft – Gedanken zur Haftung der Geschäftsleiter und der Gesellschafter in der Kapitalgesellschaft, ZGR 2011, S. 183 ff.

Winnen, Armin, Die Innenhaftung des Vorstandes nach dem UMAG, 2009

Z

Zöllner, Wolfgang/Noack, Ulrich (Hrsg.), Kölner Kommentar zum Aktiengesetz, Band 2/1 (§§ 76–94 AktG), 3. Auflage 2010 und Band 3/2 (§§ 142–178 AktG), 3. Auflage 2015

Rechtsprechungsverzeichnis

Gericht und Datum	Aktenzeichen und Name	Fundstelle
BGH, Urteil vom 18.09.2018	II ZR 152/17	AG 2018, S. 893 ff.
BGH, Urteil vom 12.10.2016	5 StR 134/15	zitiert nach juris (auszugs-weise abgedruckt in AG 2017, S. 72 ff.)
BGH, Urteil vom 28.04.2015	II ZR 63/14	NZG 2015, S. 792 ff.
BGH, Urteil vom 08.07.2014	II ZR 174/13	NZG 2014, S. 1058 ff.
BGH, Urteil vom 18.06.2013	II ZR 86/11	GmbHR 2013, S. 1044 ff.
BGH, Urteil vom 15.01.2013	II ZR 90/11	ZIP 2013, S. 455 ff.
BGH, Urteil vom 27.03.2012	II ZR 171/10	CCZ 2013, S. 34 ff.
BGH, Beschluss vom 07.02.2012	II ZR 253/10	AG 2012, S. 248 ff.
BGH, Urteil vom 20.09.2011	II ZR 234/09 – ISION	NZG 2011, S. 1271 ff.
BGH, Urteil vom 22.02.2011	II ZR 146/09	NZG 2011, S. 549 ff.
BGH, Beschluss vom 13.09.2010	1 StR 220/09	AG 2010, S. 874 ff.
BGH, Urteil vom 27.08.2010	2 StR 111/09	AG 2010, S. 826 ff.
BGH, Beschluss vom 03.11.2008	II ZR 236/07	ZIP 2009, S. 223 ff.
BGH, Beschluss vom 14.07.2008	II ZR 202/07	NZG 2008, S. 751 ff.
BGH, Urteil vom 03.03.2008	II ZR 124/06 – UMTS	BGHZ 175, 365 ff.
BGH, Beschluss vom 16.07.2007	II ZR 226/06	DStR 2007, S. 1641 ff.
BGH, Urteil vom 14.05.2007	II ZR 48/06	AG 2007, S. 548 ff.
BGH, Urteil vom 21.12.2005	3 StR 470/04 – Mannesmann	BGHSt 50, 331 ff.
BGH, Urteil vom 21.03.2005	II ZR 54/03	NZG 2005, S. 562 ff.
BGH, Urteil vom 04.11.2002	II ZR 224/00	BGHZ 152, S. 280 ff.
BGH, Urteil vom 03.12.2001	II ZR 308/99	ZIP 2002, S. 213 ff.

Gericht und Datum	**Aktenzeichen und Name**	**Fundstelle**
BGH, Urteil vom 21.04.1997	II ZR 175/95 – ARAG/Garmenbeck	BGHZ 135, S. 244 ff.
BGH, Urteil vom 15.10.1996	VI ZR 319/95	BGHZ 133, S. 370 ff.
BGH, Urteil vom 06.06.1994	II ZR 292/91	BGHZ 126, S. 181 ff.
BGH, Urteil vom 01.07.1991	II ZR 180/90	ZIP 1991, S. 1140 ff.
BGH, Urteil vom 29.05.1989	II ZR 220/88	NJW 1989, S. 2683 ff.
OLG Köln, Urteil vom 01.10.2019	18 U 34/18	NZG 2020, S. 110 ff.
OLG Frankfurt, Urteil vom 02.06.2017	25 U 107/13	zitiert nach juris (auszugs-weise abgedruckt in GmbHR 2017, S. 974 ff.)
OLG Hamm, Urteil vom 17.03.2016	27 U 36/15	zitiert nach juris (auszugs-weise abgedruckt in AG 2016, S. 508 ff.)
OLG Düsseldorf, Urteil vom 15.01.2015	I-6 U 48/14	zitiert nach juris (auszugs-weise abgedruckt in AG 2016, S. 410 ff)
OLG Naumburg, Urteil vom 23.01.2014	2 U 57/13	GmbHR 2014, S. 985 ff.
OLG Saarbrücken, Urteil vom 22.01.2014	2 U 69/13	ZIP 2014, S. 822 ff.
OLG Karlsruhe, Urteil vom 31.07.2013	7 U 184/12	NZG 2013, S. 1177 ff.
OLG Köln, Urteil vom 31.01.2013	18 U 21/12 – Solar-world	zitiert nach juris (auszugs-weise abgedruckt in NZG 2013, S. 548 ff.)
OLG Hamm, Urteil vom 12.07.2012	27 U 12/10	WM 2012, S. 2200 ff.
OLG Frankfurt, Beschluss vom 15.06.2011	21 W 18/11	ZIP 2011, S. 1764 ff.

Gericht und Datum	Aktenzeichen und Name	Fundstelle
OLG Frankfurt, Urteil vom 07.12.2010	5 U 29/10	zitiert nach juris (auszugs-weise abgedruckt in AG 2011, S. 173 ff.)
OLG Stuttgart, Beschluss vom 14.10.2010	20 W 16/06 – Daimler /Chrysler	zitiert nach juris (auszugs-weise abgedruckt in AG 2011, S. 49 ff.)
OLG Köln, Beschluss vom 22.02.2010	18 W 1/10	AG 2010, S. 414 ff.
OLG Düsseldorf, Urteil vom 14.05.2009	I-6 U 29/08	zitiert nach juris
OLG Düsseldorf, Beschluss vom 09.12.2009	I-6 W 45/09 – IKB	AG 2010, S. 126 ff.
OLG Stuttgart, Urteil vom 25.11.2009	20 U 5/09	NZG 2010, S. 141 ff.
OLG Celle, Urteil vom 28.05.2008	9 U 184/07	zitiert nach juris (auszugs-weise abgedruckt in AG 2008, S. 711 ff.)
OLG Dresden, Urteil vom 25.09.2007	2 U 318/07	zitiert nach juris
OLG München, Urteil vom 08.08.2007	7 U 1917/07	zitiert nach BeckRS 2008
OLG Düsseldorf, Urteil vom 05.09.2006	I-4 U 68/05	zitiert nach juris
OLG Oldenburg, Urteil vom 22.06.2006	1 U 34/03	zitiert nach juris (auszugs-weise abgedruckt in NZG 2007, S. 434 ff.)
OLG Stuttgart, Urteil vom 26.05.2003	5 U 160/02	zitiert nach juris (auszugs-weise abgedruckt in GmbHR 2003, S. 835 ff.)
OLG Jena, Urteil vom 08.08.2000	8 U 1387/98	NZG 2001, S. 86 ff.

Gericht und Datum	**Aktenzeichen und Name**	**Fundstelle**
OLG Düsseldorf, Urteil vom 22.06.1995	6 U 104/94 – ARAG/ Garmenbeck	AG 1995, S. 416 ff.
KG Berlin, Urteil vom 24.02.2011	19 U 83/10	GmbHR 2011, S. 477 ff.
KG Berlin, Urteil vom 22.03.2005	14 U 248/03	AG 2005, S. 581 ff.
LG Kiel, Urteil vom 05.02.2016	14 HKO 134/12	zitiert nach juris
LG Hamburg, Urteil vom 09.07.2014	608 KLs 12/11	AG 2015, S. 368 ff.
LG Düsseldorf, Urteil vom 25.04.2014	39 O 36/11 – ApoBank	zitiert nach juris (auszugs-weise abgedruckt in WM 2014, S. 1293 ff.)
LG München I, Urteil vom 10.12.2013	5 HK O 1387/10 – Sie-mens/Neubürger	ZIP 2014, S. 570 ff.
LG Essen, Urteil vom 25.04.2012	41 O 45/10 – Arcandor	NZG 2012, S. 1307 ff.
LG Düsseldorf, Urteil vom 27.05.2005	39 O 73/04	zitiert nach juris (auszugs-weise abgedruckt in GmbHR 2005, S. 1298 ff.)
LAG Düsseldorf, Urteil vom 20.01.2015	16 Sa 459/14	BB 2015, S. 1018 ff.
Supreme Court of Delaware, Entscheidung vom 13.03.1986	Revlon Inc. v. MacAndrews & Forbes Holding	506 A.2d 173
Supreme Court of Delaware, Entscheidung vom 01.03.1984	Aronson v. Lewis	473 A.2d 805

Intradisziplinäre Forschung zur Compliance
Studien zur Rechtsentwicklung und -praxis

Herausgegeben von Andrea Lohse, Roman Seer und Katharina Uffmann

Band 1 Henrik Zapfe: Compliance und Strafverfahren. Das Spannungsverhältnis zwischen Unternehmensinteressen und Beschuldigtenrechten. 2013

Band 2 Christina Altemeier: Verantwortlichkeit des Vorstands für Kartellrechtsverstöße. Ein Beitrag zur Organhaftung und zur Organuntreue. 2013

Band 3 Kristof Nenninger: Kartellrechtliche Kronzeugenprogramme und Datenschutzrecht. Eine Untersuchung der datenschutzrechtlichen Voraussetzungen und Grenzen der Informationsweitergabe anlässlich einer freiwilligen Kooperation mit nationalen und U.S.-Behörden. 2013

Band 4 André Frischemeier: Die Haftung geschäftsführender Organe für Compliance-Verstöße in Tochtergesellschaften. 2014.

Band 5 Christian Schützler: Tax Compliance im Kooperationsverhältnis zwischen Unternehmen und Finanzverwaltung. 2015.

Band 6 Alexander Roos: Compliance Defence. Kartellrechtliche Umsetzung im verfassungsrechtlichen Rahmen. 2015.

Band 7 Armin Gasper: Tax Compliance aus unternehmensrechtlicher Sicht. Die Pflichtenstellung des Vorstandes angesichts systemischer Steuerrisiken internationaler Unternehmen. 2016.

Band 8 David Wolfmeyer: Steuerung von Corporate Social Responsibility durch Recht. Der normative Rahmen der Unternehmensverantwortung im europäischen und globalen Raum. 2016.

Band 9 Jens Hausmanns: Pflichten zum Compliance-Management in der konzernfreien Kapitalgesellschaft und im Konzern. 2018.

Band 10 Claudia Fobe: Die business judgment rule (§ 93 I 2 AktG) in der Entscheidungspraxis. Eine kritische Würdigung der Rechtsentwicklung seit der ARAG/Garmenbeck-Entscheidung. 2022.

www.peterlang.com

www.ingramcontent.com/pod-product-compliance
Ingram Content Group UK Ltd.
Pitfield, Milton Keynes, MK11 3LW, UK
UKHW022102051026
15623UKWH00003B/639

9 783631 869208